Kontaktadresse nach EU-Produktsicherheitsverordnung:
produktsicherheit@droemer-knaur.de

DROEMER

Von Lilli Gruber ist im Droemer Taschenbuch bereits der folgende Titel erschienen:
Das Erbe. Die Geschichte meiner Südtiroler Familie

Über die Autorin:
Lilli Gruber, geb. 1957 in Bozen, moderierte als erste Frau die Hauptnachrichtensendung Italiens. Den deutschen Fernsehzuschauern ist sie u. a. bekannt als Moderatorin von Focus TV. 2004 wurde sie ins Europäische Parlament gewählt. Die preisgekrönte Journalistin und Bestsellerautorin hat sich weit über die Grenzen Italiens hinaus einen Namen gemacht.

Lilli Gruber

DER STURM

Die Kriegsjahre meiner Südtiroler Familie

Aus dem Italienischen von
Franziska Kristen

DROEMER

Die italienische Originalausgabe erschien 2014 unter dem Titel
»Tempesta« bei Rizzoli, Mailand.

Besuchen Sie uns im Internet:
www.droemer.de

Vollständige Taschenbuchausgabe November 2016
Droemer Taschenbuch

Ein Imprint der Verlagsgruppe
Droemer Knaur GmbH & Co. KG, München

Covergestaltung: Büro Jorge Schmidt für
Kommunikationsdesign, München
Coverabbildung: Trevillion Images / Bridgeman / Gettyimages
Landkarte: Computerkartographie Carrle
Alle Fotos: Privatarchiv Lilli Gruber
Printed in Germany
ISBN978-3-426-30098-5

5 7 8 6 4

Für Jacques.
For all these foolish things

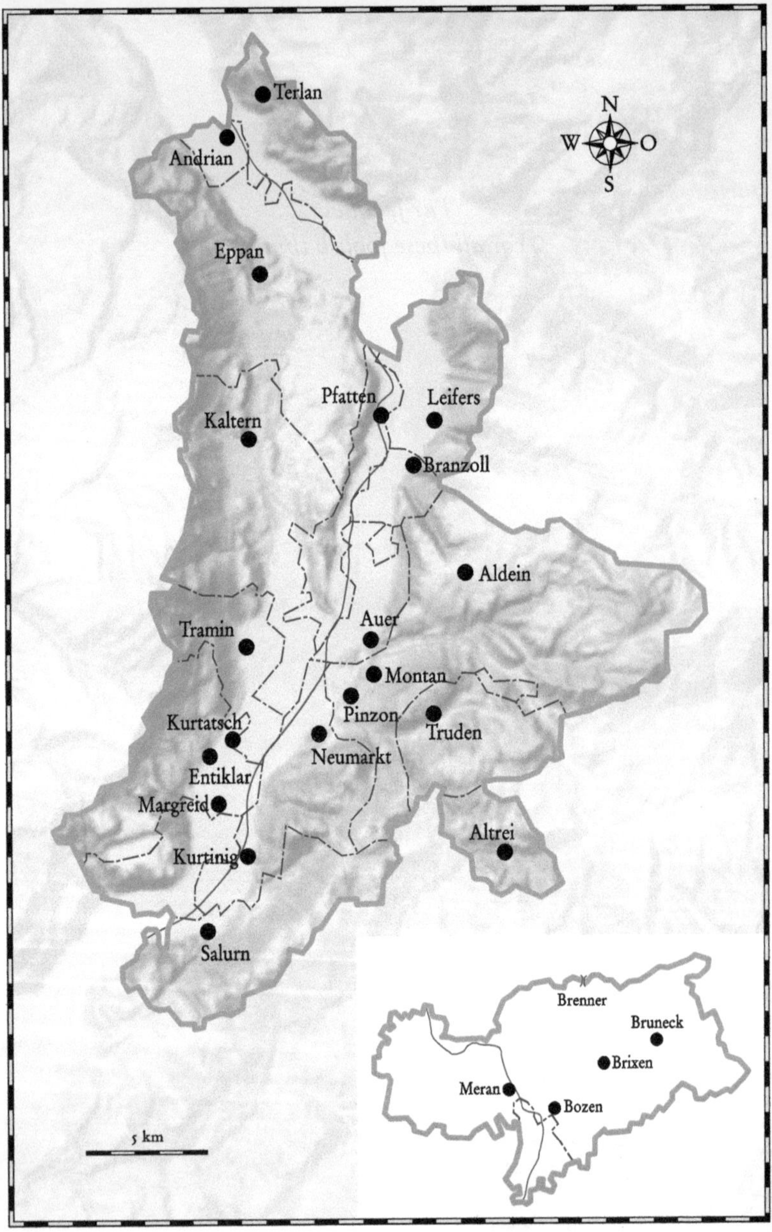

N
W
O
S
Terlan
Andrian
Eppan
Pfatten
Leifers
Kaltern
Branzoll
Aldein
Tramin
Auer
Montan
Pinzon
Truden
Kurtatsch
Neumarkt
Entiklar
Margreid
Altrei
Kurtinig
Salurn
Brenner
Bruneck
Brixen
Meran
Bozen
5 km

Vorbemerkung

Dieses Buch setzt die mit *Das Erbe* begonnene Erinnerungsarbeit fort. Ebenso wie sein Vorgänger hat es zwei Jahre Arbeit in Anspruch genommen, aber es hätten auch zwanzig werden können. Die europäische Geschichte zwischen 1941 und 1945 ist komplex und auf vielfältige Weise mit dem wechselvollen Schicksal Südtirols und meiner Familie verwoben. Die historischen Passagen und Daten, mit denen der Leser hier konfrontiert wird, entsprechen den Fakten, ebenso fußen die Ereignisse, die meine Familie betreffen, auf Briefen, Tagebüchern, Interviews, Büchern über Heimatgeschichte und Archivdokumenten. Dennoch habe ich beschlossen, Situationen und Stimmungen in narrativer Form wiederzugeben: Einige Figuren, Szenen und Dialoge sind ein Werk der Phantasie.

Wie in *Das Erbe* – und überwiegend auch im italienischen Original – sind in vorliegender Übersetzung die Namen der Städte, Dörfer, kleineren Ortschaften sowie Straßen und Plätze in deutscher Sprache wiedergegeben, obwohl zu Zeiten der geschilderten Ereignisse allein die italienischen Bezeichnungen erlaubt und amtlich anerkannt waren. Für eine bessere Übersicht sei an dieser Stelle auf das im Anhang aufgeführte Verzeichnis der deutschen Ortsnamen und ihrer jeweils italienischen Entsprechungen verwiesen.

»For among mortal powers,
only imagination can bring back the dead.«

»In der vergänglichen Welt des Menschen kann allein die Vorstellungskraft den Toten neues Leben einhauchen.«

Rick Atkinson, *An Army at Dawn*

Stilles Gedenken

Bozen, Sommer 2014

Kurz hinter dem Dörfchen Tramin steht eine kleine Kirche. Ich habe den Wagen auf dem verlassenen Parkplatz abgestellt. Zwei Zypressen und der über den Friedhof wachende Glockenturm kreuzen ihre langen Schatten. Langsam und in vollkommene Stille getaucht, geht der Julinachmittag zur Neige. Ich laufe einige Schritte, beuge mich über ein Grabmal und lese: Vincenzo Bologna, geboren am 24. Juni 1919, gestorben am 7. Oktober 1942 in dem russischen Dorf Malyševa. Auf dem Foto trägt er die Wehrmachtuniform. In den Grabstein nebenan ist die kurze Geschichte der beiden Brüder Josef und Johann Fischer eingraviert. Auch sie haben unter Adolf Hitler im Heer des Dritten Reiches gekämpft. Der erste starb mit zwanzig Jahren, am 25. April 1944. Der zweite war fünfundzwanzig, als er drei Monate später ums Leben kam. Wo? Der Grabstein verrät es nicht. Ein wenig weiter befindet sich die Grabstätte der Familie Mitterer. Einer der Söhne, Ludwig, ist am 16. Mai 1942 an der Ostfront gefallen. Ein zweiter am 3. Januar 1945 in Belgien. Der dritte am 17. März 1945 in Ungarn. Daten, die ein kleines Stück Vergangenheit rekonstruieren: angefangen bei Hitlers größten Triumphen in Russland bis hin zum Todeskampf seines Regimes. Im Zweiten Weltkrieg gab es sechzig Millionen Tote, davon fast vierzig Millionen in Europa: Meine von Bergen umschlossene Heimat war nur ein winziger Teil einer ungeheuren Katastrophe. Und dennoch gibt es auf diesem Friedhof Dutzende junger Gesichter, die mir über ihren steifen Uniformkragen ernst entgegenblicken. Langsam laufe ich über die wie zu einer seltsamen *Via Crucis* angeordneten Pfade. Der Abendwind erhebt sich und trägt Stimmen und Seufzer fort. Ihnen wollte ich begegnen. Diesen Toten, die nicht mir angehören. Sondern uns.

Die stillen Friedhöfe meiner Heimat zeugen von einzelnen Tragödien, Wunden und Schicksalen, die der über einem ganzen Kontinent wütende Sturm fortgerissen hat. Sie ruhen abgelegen im Schutz von Mauern, Laubengängen und schmiedeeisernen Gittern. Anderswo erinnern gewaltige Gräberfelder an die gefallenen Patrioten des tödlichsten Konflikts der Geschichte. Und an die Opfer des nationalsozialistischen Plans, für ein »rassereines« Europa ganze Völker auszurotten und andere zu unterwerfen. Anderswo, doch nicht in Südtirol. Hier steht jedes Familiengrab für einen eigenen Schmerz. Was macht die Trauer der Südtiroler so still, ja fast verschwiegen? Ist es Zurückhaltung? Oder die Scham jenes Bevölkerungsteils, der die falsche Wahl getroffen hatte? Sie traten unter der deutschen Fahne an, als das Hakenkreuz bereits den Reichsadler ersetzt hatte. Es fällt schwer, sich nicht sowohl schuldig als auch betrogen zu fühlen. Heute bin ich hergekommen, habe mich unter diese jungen, verlorenen Gesichter begeben, um sie zu befragen.

Ein anderes Grab, ein weiterer Name: Lino Calliari. Sein kurzes Leben endet im Januar 1943, unmittelbar vor der Kapitulation der Deutschen in Stalingrad, in der sowjetischen Steppe. Er kam am 19. September 1919 zur Welt, wenige Tage nach Unterzeichnung des Vertrages von Saint-Germain. Ein Abkommen der Siegermächte des Ersten Weltkrieges, das zum Untergang der österreich-ungarischen Monarchie führte. Und zur Errichtung einer Grenze am Brennerpass: Südtirol und seine über 250 000 deutschsprachigen Bewohner gehörten mit einem Schlag zu Italien. Von diesem Trauma sollten sich viele nie wieder erholen. Darunter meine Urgroßmutter Rosa, meine Großtante Hella sowie ein Mann, den ich nur von einem Foto in Uniform kenne: Sebastian Tschigg. Hella nannte ihn Wastl. Der Mann, den sie geliebt hat.

1

Liebe und Krieg

Mai 1941

Berlin, Herz des Dritten Reiches. Mit ein wenig Ellbogeneinsatz hat es Hella geschafft, bis in die vorderste Reihe vorzudringen. Wastl steht neben ihr, mit seiner Uniform der Waffen-SS hat er ihr geholfen, einen Weg durch die Menge zu bahnen. Die Zuschauer hinter ihnen drängeln und schwitzen. Links ein Aufgebot an Fotoapparaten und riesigen Filmkameras. Zu diesem Ereignis hat sich die Presse aus der gesamten Welt versammelt. Alle wollen über die jüngsten Neuigkeiten eines Krieges berichten, der Europa seit zwanzig Monaten in Atem hält.

Von der Publikumsgalerie beugt sich Hella zum Parkett der Krolloper hinunter.

»Es sind alle da«, flüstert sie Wastl aufgeregt zu. »Sie sind alle gekommen!«

Die Männer nehmen in den rot gepolsterten Stuhlreihen Platz. Einige tragen die braune Uniform der obersten nationalsozialistischen Parteifunktionäre. Sie begrüßen sich, bekunden einander ihre Ehrerbietung. Wer würde es wagen, dieser Versammlung vom 4. Mai 1941 fernzubleiben? Über achthundert Abgeordnete aus allen Provinzen des Großdeutschen Reiches drängen sich in dem riesigen Opernhaus. Hier versammelt sich der Reichstag, seit das Reichstagsgebäude 1933 von den Flammen zerstört wurde. Hella war damals noch keine achtzehn Jahre alt. Überall sprach man von nichts anderem als von dieser grauenhaften Tat. Natürlich steckten die Kommunisten dahinter. Wer sonst? Darin waren sich alle einig.

Die übrigen hochrangigen Vertreter des Regimes sitzen auf der Ehrentribüne unter einem gewaltigen Bronzeadler und roten Vorhängen mit Hakenkreuz. Hella erkennt sie alle: Heinrich Himmler, Joseph Goebbels, Adolf Eichmann, Albert Speer. Und Hermann Göring: Er leitet die zu großen Anlässen einberufenen Plenarsitzungen des Parlaments.

»Wo Heß stecken mag?«

Hella wendet den Blick, um zu sehen, wer da gesprochen hat: ein Mann in blauem Überzieher mit schweißglänzendem Gesicht.

»Hat er da zu sein?«, fragt sie erstaunt.

Rudolf Heß, der zweite Mann nach Adolf Hitler, der Schatten des Führers. Gemeinsam haben sie ein neues Deutschland ersonnen, errichtet auf den Trümmern der ermatteten Weimarer Republik.

»Natürlich. Es sei denn ...« Der Mann schaut sie an, als frage er sich, wie weit er dieser reizenden Unbekannten vertrauen könne. Dann schüttelt er den Kopf. »Einen schönen Tag noch«, verabschiedet er sich kurzerhand und verschwindet in der Menge.

Plötzlich wird es still. Die Anwesenden drängen weiter zur Tribüne, richten sich auf, recken die Hälse. Alle schauen in dieselbe Richtung und halten den Atem an. Schritte sind zu hören. Energisch hallen sie auf dem Boden wider. Dann erscheint er, neben der Tribüne. Entschlossen, aufrecht, allein. Adolf Hitler.

Ich heiße Hella, Hella Rizzolli, und meine Stimme kommt aus der Vergangenheit. In ein paar Tagen, am 15. Mai 1941, werde ich fünfundzwanzig Jahre alt. Ich bin nur für kurze Zeit in Berlin, gemeinsam mit dem Mann, den ich liebe. Wer, wenn nicht ich, sollte euch von mir erzählen? Wer interessiert sich schon für eine junge Frau aus einem kleinen Dorf in einer Gegend, über die der Sturmwind der Geschichte ohne jede Rücksicht hinweggefegt ist? Ich spreche von Pinzon in Südtirol.

In dem Durcheinander der Ereignisse, von denen die Welt und meine Heimat erschüttert wurden, hätte mein Leben leicht in Vergessenheit geraten können. Selbst Wastl, »mein« Wastl, mit amtlichem Namen Sebastian Tschigg, weiß nicht alles von mir. Er kann mich nicht vollkommen verstehen. Und nun muss er fort, dieser Krieg führt ihn weit weg von mir. Aber auch wenn er Zeit gehabt hätte, mein Herz zu ergründen, hätte er die Geduld und den Mut dazu aufgebracht?

Hella hat die Krolloper mit glühenden Wangen verlassen. Gegen Ende der mitreißenden Führerrede war es sehr warm geworden, aber vor allem hat sie sich von der kollektiven Erregung anstecken lassen. Der Feuereifer, der gleich mit den ersten Worten des Reichskanzlers den Saal erfüllt hatte, die »Heil Hitler«-Rufe zu seiner Begrüßung, der Beifall. Das Gelächter, das er geerntet hat, als er sich über den britischen Premierminister Churchill lustig machte, diesen »Trunkenbold«, der es wagt, Deutschland herauszufordern. Eineinviertel Stunden, fünfundsiebzig Minuten lang, hat der von Hella so bewunderte Mann der Welt ihr Schicksal verkündet. Sie schmiegt sich an Wastl, der seinen Arm um ihre Schultern gelegt hat, während sie den Tiergarten durchqueren. Es ist Nacht geworden in der Hauptstadt, und für Anfang Mai ist es kühl, die Berliner sagen, es sei sogar außergewöhnlich. Die beiden Verliebten eilen auf das Brandenburger Tor zu. Aus Furcht vor den Bombardements der Engländer ist die Straßenbeleuchtung auf ein Minimum reduziert. Erst vor zwei Tagen haben britische Geschwader die Luftabwehr getroffen und den Stadtrand bombardiert, ohne jedoch großen Schaden anzurichten. Sie haben auch den Kieler Ostseehafen angegriffen. Und das ist erst der Anfang.

Im Stadtzentrum sind die Fenster der Büros und Wohnungen von schweren Vorhängen verdeckt. Sandsäcke schützen die

Schaufenster der noch geöffneten Geschäfte und Restaurants. Die Dunkelheit ist vom Kreischen bremsender Straßenbahnen erfüllt, von den hastenden Schritten der in die U-Bahn strömenden Passanten und dem Brummen vereinzelter Automobile mit abgeschirmten Scheinwerfern. In jedem Viertel sind Schutzräume für Zivilisten eingerichtet, die man aufsuchen soll, sobald der Fliegeralarm die angespannte Stille der Nacht zerreißt.

»Und? Was sagst du zu der Rede unseres Führers?«, fragt Wastl. Er sieht sie zärtlich an, sein Mädel mit dem strahlenden Gesicht, den hohen, fast slawischen Wangenknochen unter den braunen Augen. Für ihn ist sie die Schönste in ganz Südtirol. Er ist so stolz, dass sie ihn unter all den Verehrern gewählt hat.

Sie sitzen in der Bar ihres Hotels, im Adlon. In diesem Gebäude im Herzen Berlins hat Hella die letzten freien Tage verbringen wollen, bevor der soeben aus Frankreich eingetroffene Wastl erneut aufbrechen muss, an einen noch unbekannten Bestimmungsort. Nichts soll ihr Glück trüben. In dieser ihr riesig und gewaltig erscheinenden Metropole möchte sie sich als Prinzessin fühlen. Wenn auch in der Gewalt des Schicksals, wie alle anderen, so trotz allem als Prinzessin.

Sie überlegt einen Augenblick, bevor sie antwortet. Hitler hat über so viele Dinge gesprochen! Über die Verschwörung der großen Bankiers und Juden gegen Deutschland; über die glorreichen Siege in Polen und der Tschechoslowakei, über das ein Jahr zuvor innerhalb weniger Wochen niedergerungene Frankreich. Über die Angriffslust Churchills, dieses auf Krieg und Whisky versessenen Irren. Dann ist er auf die Einzelheiten der jüngsten großartigen Erfolge der deutschen Truppen in Griechenland und Jugoslawien eingegangen.

»Er hat gesagt, dass dieses Jahr für die Auferstehung der deutschen Nation von größter Bedeutung sein werde«, erinnert sie sich beinahe gedankenverloren. »Was meint er damit?«

»Er hat auch die deutschen Frauen aufgefordert, ihre Anstrengungen zu verdoppeln!«, fügt Wastl ein wenig scherzhaft hinzu.
»Ich habe es gehört«, erwidert Hella. Sie schaut ihn an. Er ist schön, er hat ein ebenmäßiges Gesicht, helle Augen, braunes Haar. Die SS-Rottenführer-Uniform sitzt perfekt an seinen breiten Schultern und verleiht ihm ein martialisches Äußeres. »Aber auf welche Entscheidungen hat er angespielt? Welchen Schritt wird er als nächsten gehen?«
»Man wird den Italienern beistehen müssen, die ziemliche Versager sind«, sagt Wastl. »Ohne uns hätten die Serben und die Griechen sie in Stücke zerrissen! Wir dagegen haben die Arbeit in drei Wochen erledigt, haben Belgrad und Athen eingenommen. Die Italiener sind wie die Franzosen: Sie reden, regen sich auf und drohen, aber wenn es ums Kämpfen geht, kann es keiner mit den Deutschen aufnehmen.«

Gewiss, mein Liebster. Aber was wusstest du vom Krieg? Wir hatten beschlossen, Deutsche zu sein, um unser Land, unsere Sprache und unsere Seele gegen die italienischen Faschisten zu verteidigen. Aber was wussten wir vom Krieg? Wir waren jung und unbeugsam. Wir konnten nicht einfach, wie unsere Eltern, die Teilung Tirols hinnehmen. Die Zerstörung unserer Heimat durch einen einzigen Federstrich, die Unterzeichnung eines infamen Vertrages.
Ich bin 1916 geboren, zwei Jahre vor der Spaltung, der Annexion Südtirols durch Italien. Ich bin in einer Familie aufgewachsen, die ein einziges Motto kannte: Gott, Kaiser und Vaterland. Aber welches Vaterland? Als Österreich zu schwach geworden war, um uns gegen die Italiener und ihre Kolonisation zu verteidigen, haben wir uns an die Einzigen gewandt, die, wie es schien, in der Lage waren, uns zu beschützen: die Deutschen. Aber welche Deutschen und welches Deutschland? Es blieb nur diese eine Lösung, oder

nicht? Was hätte ich anderes tun sollen? Was hättest du, mein Liebster, anderes tun sollen?

Tagsüber erkundet Hella Berlin, so wie sie nachts all das erkundet, was sie von einem Mann wissen möchte. Unermüdlich streift sie durch die Stadt, die gegen die Präsenz des Krieges aufbegehrt. Wie ein kleines Mädchen rennt sie die breite Straße Unter den Linden entlang, um die Militärparade zu sehen, die ihren Aufmarsch mit lauten Trommelschlägen und Fanfaren ankündigt. Sogar die Handschuhe hat sie zwischen all den glänzenden Stiefeln von Hitlers Heerscharen verloren, als sie noch rasch die Straße überqueren wollte.

»Mach dir nichts draus«, hat Wastl ihr gesagt und sie umarmt. »Wir kaufen ein Paar neue.«

Sie haben sich zum Kurfürstendamm mit seinen zahlreichen Modegeschäften begeben. Viele sind wegen der Rationalisierung und wirtschaftlicher Probleme geschlossen.

Wir können froh sein, denkt Hella. Daheim fehlt es uns an nichts. Das ist der Vorteil, wenn man auf dem Land lebt, inmitten von Weinbergen und Gärten, Obsthainen und saftigen Weiden. Hier stehen die Dinge ganz anders.

»Kriegswirtschaft«, kommentiert sie. Die Zeit der Eitelkeiten ist vorbei. Stoffe müssen für Soldatenuniformen statt für Damenbekleidung herhalten, und Nylon für Fallschirme statt für Strümpfe.

Hinzu kommen die Übergriffe. Hella ist nie Zeugin geworden, aber sie hat davon gehört, auch wenn sie nicht daran denken mag. Die jüdischen Händler, die boykottiert, enteignet, geschlagen, vertrieben werden. Der Führer wird schon wissen, was er tut, hat er nicht immer recht? Aber Hella denkt an ihre Mutter, Rosa, die ihr so sehr fehlt, seit sie ein Jahr zuvor für immer die Augen geschlossen hat. Sie pflegte zu sagen: »Einem Mann, der nicht an Gott glaubt, kann man nicht vertrauen.«

»Wie will man das wissen?«, murmelt Hella, während sie das imposante Warenhaus KaDeWe betreten. Dieses Kaufhaus ist seit jenen Zeiten, als Berlin und Paris noch auf dem friedlichen Terrain der Haute Couture gegeneinander antraten, ein Tempel der Eleganz, der Wohlgerüche und des Luxus. Lange liegen diese Zeiten zurück …

»Was hast du gesagt?«, fragt Wastl.

»Nichts«, erwidert sie. »Wie dumm von mir, ich habe laut gedacht.«

Unter den goldfarbenen Kronleuchtern herrscht unerwartete Stille. Die Gänge zwischen den Verkaufstischen und Vitrinen sind praktisch leer. Es gibt nur wenig Kundschaft, und die Verkäuferinnen stehen reglos wie Schaufensterpuppen da. Hella nähert sich einem Tisch, auf dem einige Accessoires ausliegen: Tücher, Hüte, Schals. Sie lächelt: Hier wäre ihre Schwester Berta in ihrem Element! Aber auch bei ihr daheim in Wien fehlt es gottlob an nichts.

Eine junge Verkäuferin tritt anmutig auf sie zu: »Darf ich Ihnen behilflich sein, Madame?« Ihre Stimme klingt so zaghaft, dass Hella sie kaum hören kann. Neugierig schaut sie zu ihr, und der Anblick berührt sie. Ein glattes, blasses, fast durchscheinendes Gesicht, wie eine Totenmaske. Und in den Augen glaubt sie Angst zu erkennen.

»Ich bin auf der Suche nach beigefarbenen Handschuhen«, sagt sie zögernd. Die junge Frau zieht eine breite Schublade aus hellem Holz hervor, die sich lautlos unter dem Glas des Vitrinentischs bewegt. Weshalb zittern ihre Hände so stark? Die Schublade fällt mit einem furchtbaren Krachen zu Boden. Plötzlich scheint die Welt rings um Hella und Wastl zu erwachen.

Drei Männer in schlichten grauen Anzügen nähern sich. Auf dem Kopf tragen sie akkurat sitzende Filzhüte. Gleich beim Eintreten hat Hella sie in der Nähe des Eingangs mit anderen Angestellten sprechen sehen.

»Heil Hitler!«, grüßt einer von ihnen und zieht eine Dienstmarke mit Adler und Hakenkreuz aus der Tasche. Er grinst Wastl zu und wendet die Marke: Geheime Staatspolizei. Gestapo. »Folgen Sie uns«, befiehlt er der Verkäuferin.

Sie rührt sich nicht, steht aufrecht inmitten der auf dem Marmorboden verstreuten Handschuhe. Sie hält den Blick gesenkt, sie würde gern normale Gesten verrichten, die Ware aufsammeln, ordnen, sich bei der Kundin entschuldigen, die so verständnisvoll wirkte.

»Vorwärts!«, knurrt der Polizist, und einer seiner Untergebenen umrundet den Vitrinentisch. Er trampelt über die Handschuhe, packt die junge Frau am Arm und zerrt sie fort.

Alles geschieht so rasch, dass Hella kein Wort hervorbringen kann. Auch Wastl hat es die Sprache verschlagen.

»Jemand muss sie angezeigt haben«, bemerkt eine verhaltene Stimme neben ihnen. Sie gehört zu einer kleinen Frau mit faltigem Gesicht, bordeauxfarbenem Glockenhut und feinem Schleier. Sie hat grüne Augen, einen Hauch Rouge auf den Wangen und den vornehmen Tonfall einer Berliner Aristokratin. Ihre Stimme verrät unsagbare Abscheu.

»Weswegen angezeigt?«, schafft es Hella nach einer Weile zu fragen. Gewiss nicht wegen des Missgeschicks mit der Schublade.

»Sie suchen Juden.« Die alte Dame deutet mit dem Kinn zu den Männern, die ihr Opfer umringt haben und sich entfernen. »Die Eigentümer des Kaufhauses sind schon längst vertrieben worden. Jetzt spüren sie diejenigen auf, die nicht haben fliehen können.«

»Lass uns gehen«, sagt Hella zu Wastl.

Auf dem Rückweg muss Hella innehalten. Sie merkt, wie ihr die Knie weich werden, in ihrem Kopf beginnt sich alles zu drehen. Wastl beschließt, sie zur Erfrischung in den Gartenhof des Hotel Esplanade am Potsdamer Platz auszuführen.

Das Orchester spielt im Hintergrund. Es ist die Zeit des Tanztees. Hella steht nicht der Sinn danach, sich unter die tanzenden Paare zu mischen, aber in diesem grünen Winkel fühlt sie sich sicher, geschützt vor der Welt.
Wastl greift nach ihrer Hand. »Denk nicht mehr daran, Liebling. Das ist der Preis, den es für die Wiederherstellung der Ordnung zu zahlen gilt.«
»Aber die junge Frau wirkte so zerbrechlich!«
»Mag sein. Aber Gesetz bleibt Gesetz. Juden haben kein Recht zu arbeiten. Sie sind keine Deutschen.«
»Natürlich, ich weiß. Und der Führer hat bestimmt seine Gründe. Aber sie war noch so jung und hat doch kein Unrecht begangen ...« Hella fühlt sich auf merkwürdige Weise in der Zeit zurückversetzt. Auch sie ist einmal von der Polizei abgeführt worden, vor drei Jahren sind die Carabinieri sogar bis in ihr Elternhaus in Pinzon gekommen, um sie zu holen. Die Faschisten haben sie ins Gefängnis geworfen, sie verhört, verbannt und in ein Dorf in Süditalien gebracht. Und all das, weil sie in den Südtiroler Geheimschulen Kindern Deutschunterricht erteilt hatte!
»Das geht uns nichts an, Liebling«, sagt Wastl und zieht seinen Stuhl näher heran. Er beugt sich vor und spricht mit zärtlicher Stimme. »Wir haben so lange auf diesen Augenblick gewartet. Endlich dürfen wir wieder von einem Vaterland träumen, und unser Vaterland ist Deutschland.« Seine Lippen berühren die ihren.
Hella erwidert den Kuss. Aber sie ist nicht bei der Sache. Wieder muss sie an ihre Mutter Rosa denken. Sie sieht sie vor sich, wie sie im Radio eine Rede Hitlers anhört, dicht vor den Apparat aus Holz gekauert, den sie leise geschaltet hat, damit keine neugierigen Ohren mithören können. Es war gegen Ende Januar 1939, Österreich war seit einem Jahr angeschlossen, das Saargebiet bereits seit 1935, und nun träumten die Südtiroler davon, dass auch Südtirol sich mit dem Deutschen

Reich vereinen könne. Hella war näher getreten, um ebenfalls zuzuhören. Die Worte skandierend, schrie Hitler: »Wenn es dem internationalen Finanzjudentum in und außerhalb Europas gelingen sollte, die Völker noch einmal in einen Weltkrieg zu stürzen, dann wird das Ergebnis nicht die Bolschewisierung der Erde und damit der Sieg des Judentums sein, sondern die Vernichtung der jüdischen Rasse in Europa.«[1] Die Stimme des obersten deutschen Führungskopfes verlor sich in dem Jubel der in Berlin versammelten Menge. Rosa hatte sich mühsam aufgerichtet, das Radio ausgeschaltet und gemurmelt: »Wohin wird uns dieser Irrsinn führen?«

Am ersten September desselben Jahres war der Krieg ausgebrochen.

In seiner Weddinger Wohnung, am Stadtrand von Berlin, lauscht Karl angestrengt auf die morgendlichen Geräusche im Treppenhaus. Kein Licht. Leise steigt er die ausgetretenen Stufen hinab. In einem Flur hört jemand hinter geschlossener Tür die Morgennachrichten, gesprochen von Hans Fritzsche. Im Dienst der Propaganda verkündet der Mann die neuesten Erfolge des Deutschen Reiches: London von Bomben verwüstet, U-Boote beherrschen den Atlantik.
Karl geht in den Keller. Die Klinke, diese verdammt laute Klinke! Er spürt, wie es ihm allmählich eng wird in der Lunge. Einen Moment lang bleibt er stehen, versucht, ruhiger zu atmen. Seit Jahren lebt er mit dem Asthma, er kennt es gut. Es muss ihm gelingen, es in Schach zu halten. Er wirft einen Blick durch das kleine Fenster, es ist ein heller Morgen. Er hatte auf Regen oder auf Nebel gehofft. Aber es ist Mai …
Er muss sich bereit machen. Er schlüpft in einen grauen Arbeitsanzug und knöpft den Kragen zu, um das abgetragene weiße Hemd, die blaue Krawatte und den verschlissenen braunen Anzug zu verbergen. Der ist ihm zu weit, sein Vater

war größer als er. Und kräftiger. Vor acht Jahren. Er stülpt sich eine breite Kappe auf die blonden Haare. »Die sind zu lang«, sagt seine Mutter immer. »Damit fällst du auf.«
Er rückt die Brille mit dem schmalen Drahtgestell zurecht. Die blauen Augen blicken starr und entschlossen. Um den Mund bindet er ein großes schwarzes Tuch.
Alles geschieht in großer Eile. Das Kreischen der Bremsen, die den Lastwagen zum Stehen bringen. Die Rufe der Männer. Das Kellerfenster öffnet sich mit einem lauten Schlag. Die Kohlerutsche gleitet in den Keller. Karl verliert keine Zeit. Er klammert sich an die Ränder der Rutsche, entschlossen, daran hinaufzuklimmen. Er kniet sich hin, zieht den Kopf ein und schiebt sich Zentimeter um Zentimeter durch die rußerfüllte Luft. Er kann kaum atmen. Noch ein paar Sekunden, und die Kräfte werden ihn verlassen.
»Du musst fliehen«, schreit eine Stimme in seinem Kopf. Es ist die seiner Mutter. »Ich werde wiederkommen und dich retten«, hatte er beteuert und sie dabei im Arm gehalten. Aber wie soll er das schaffen, wenn er jetzt aufgibt?
Dann packt ihn eine Hand, zieht ihn bis auf die Straße. Endlich ein wenig Luft im Gesicht. Rasch klettert er ganz hinaus, mischt sich im Schutz des von den Säcken aufgewirbelten schwarzen Staubes unter die Kohlenhändler. Er steigt in den Laderaum des zur Abfahrt bereitstehenden Lastwagens.
Es sind nur wenige Straßen, aber es kommt ihm vor wie eine Ewigkeit, ehe er erneut die Ladeklappe aufgehen hört. Jemand nimmt ihm das Tuch ab, zieht ihm die Kappe vom Kopf und schiebt ihn auf den Gehweg.
»Lauf langsam! Dreh dich nicht um!«, sagt eine Stimme. »Und zieh den Arbeitsanzug aus.«
Die Mitarbeiter der Gestapo, die das Gebäude bewachen, haben nichts bemerkt. Der Lastwagen, die Kohlenhändler. Eine normale Lieferung. Die Nacht ist lang und kühl. Bald kommt der Sechs-Uhr-Schichtwechsel. Alles ist wie immer.

2

Die Schicksale kreuzen sich

Mai 1941

Anhalter Bahnhof, das Tor zum Süden. Hella kehrt zurück in die Heimat, kehrt zurück nach Südtirol. Der riesige Bahnhof erscheint ihr kalt und abweisend. Was ist mit den Deutschen geschehen, die sie von den Propagandaveranstaltungen kennt? Wohin ist ihr einladendes Lächeln verschwunden? Sie streicht eine braune Haarsträhne unter dem eleganten, dunkelgrünen Filzhütchen zurecht. Tränen brennen ihr in den Augen. Sie hat viel geweint, nachdem Wastl in seiner sorgfältig wie für eine Parade geknöpften Uniform mit geschultertem Rucksack das Hotelzimmer verlassen hat. Ihr Zug, der D80, fährt um neun. Sie ist viel zu früh gekommen. Der Koffer wiegt schwer, ihr tun die Arme weh. Sie setzt sich in ein Café unter der großen Bahnhofsuhr.

»Eine heiße Schokolade, bitte«, bestellt sie. Dieser Maimorgen erscheint ihr so kalt wie ein Novembertag.

Sie greift nach einer für die Gäste bereitliegenden Zeitung und überfliegt die Titel. Seit einer Woche beherrscht eine einzige Nachricht die Schlagzeilen: Rudolf Heß, der Stellvertreter des Führers, hat das Kommando über ein Flugzeug übernommen und ist mit dem Fallschirm über einem Feld in Schottland abgesprungen. Die deutsche Regierung hat versucht, den Zwischenfall zu vertuschen, aber die britische Presse hat es ausposaunt. Heß habe einen Vorschlag für Friedensverhandlungen mit sich geführt, hieß es dort. Am Ende hatte man sich auf deutscher Seite gezwungen gesehen, amtlich zu verlautbaren, dass der Mann den Verstand verloren habe.

Hella erscheint das merkwürdig. Wie kann ein hoher Parteifunktionär, der rechte Arm des Führers, verrückt werden, ohne dass es irgendjemand bemerkt? Andererseits – ein Friedensangebot Hitlers an Churchill? Niemals! Welchen Sinn sollte das ergeben, wo doch Deutschland im Begriff ist, den Krieg zu gewinnen?

Karl ist am Anhalter Bahnhof eingetroffen. Er ringt nach Luft, die Lunge schmerzt. Er ist schnell gelaufen von seiner Wohnung im Wedding, wo er seine Mutter und zweiundzwanzig Jahre seines Lebens zurückgelassen hat. Ausgeschlossen, die U-Bahn zu nehmen, sie ist viel zu überwacht. Die Gestapo macht Jagd auf die »Untergetauchten«: Juden, Kommunisten, Homosexuelle, die ihre Tage in Bussen, Straßenbahnen und der U-Bahn verbringen, um sich auszuruhen und ein wenig zu schlafen.

Ängstlich blickt er sich um. Die große Halle ist voller Menschen. Karl hat sich so lange versteckt gehalten, dass ihm die Menge ein beklemmendes Gefühl einflößt. Ist unter all den Männern im Regenmantel und Frauen im Kostüm jemand, der ihn beobachtet?

Er stellt den kleinen Koffer ab, den er aus der Gepäckaufbewahrung geholt hat. Die Männer vom NKWD, dem sowjetischen Geheimdienst, haben ihn dort hinterlegt. Sie haben an alles gedacht: an Geld, ärztliche Atteste, Empfehlungsschreiben für zukünftige Arbeitgeber. Und an den einzigen Luxus, den Karl sich erbeten hat: einen Hahnemühle-Zeichenblock, das beste Papier der Welt. Er schaut auf die Zugfahrkarte. Nachdem er beschlossen hatte zu fliehen, war die erste und nächstliegende Frage die nach dem Wie gewesen. Doch die zweite, nicht minder entscheidende Frage hatte gelautet: wohin?

Berlin zu verlassen, aber in Deutschland zu bleiben, war nicht in Frage gekommen: Die Gestapo ist überall. Frankreich ist verloren, zweigeteilt nach dem Waffenstillstand vom Juni 1940. Paris ist besetzt, der Süden zwar noch frei, aber das

Regime unter Pétain macht Jagd auf Juden und politisch Verfolgte. Die Schweiz? Eine gefährliche Reise in ein Land, das ihm seine kommunistische Gesinnung vorhalten würde. Dann halt Moskau! Doch dagegen haben sich die Sowjets verwahrt. Zu spät, so die Entscheidung. Sie werden ihre Gründe haben, wie stets.
Also in den Süden. In eine kleine, gebeutelte Region, in der man als Deutscher noch unbemerkt bleiben kann. Ein ihm vertrauter Landstrich zwischen hohen Bergen und schattigen Tälern. Viele Jahre zuvor hatte sein Vater geglaubt, Südtirol könne seinem Sohn das Leben retten. Vielleicht wird diese Reise ihm recht geben.

Hella schließt die Augen und stellt sich Wastls Gesicht vor, seinen weichen Mund, die glänzenden Augen. In der vergangenen Nacht sind sie kaum zur Ruhe gekommen. Sie haben miteinander geschlafen und lange gesprochen. Und sie hat es nicht geschafft, die flehende Bitte einer jeden verliebten Frau für sich zu behalten: Geh nicht fort! Bleib bei mir!
»Hella, du weißt, dass ich nicht kann.« Seine Hand hat ihr zärtlich über das Gesicht gestreichelt, doch seine Stimme klang streng. »Und du würdest es auch gar nicht wollen. Zuschauen, wie die Geschichte an uns vorbeizieht? Du hast den Führer gehört: Solange wir dem deutschen Volk nicht seine Ehre zurückgegeben haben, können wir nicht an Frieden denken.«
»Aber der Krieg ist so gut wie vorbei!«
»Der Krieg wird so lange nicht vorbei sein, wie uns die Bolschewiken weiter bedrohen.«
»Stalin ist unser Verbündeter, wir haben einen Pakt mit ihm unterzeichnet.«
»Ein Stück Papier. Was ist das schon wert? Es ist bloß eine Strategie. Die Bolschewisten sind unsere ärgsten Feinde.« Wastl hatte sie ernst angeblickt: »Es wird ein heldenhafter

Kampf, Hella. Ein Kampf zwischen Zivilisation und Barbarei. Ich kann mich dem nicht entziehen.«
»Wo wird man dich hinschicken?«
»Ich weiß es nicht. Aber vielleicht bleibe ich für lange Zeit fort.«
Hella schüttelt den Kopf, um die Erinnerung an diese Worte zu verjagen. Sie will nicht daran denken, wie Wastl kämpft. Wie er leidet. Wie er sein Leben riskiert. Sie hat das Gefühl, verrückt zu werden. So muss ihre Mutter empfunden haben, damals, vor vielen Jahren, als ihr Mann Jakob in den Krieg zog. Aber als nicht mehr ganz junger Familienvater drohte ihm nicht, an die vorderste Front geschickt zu werden. Wastl dagegen schon.
Sie sieht den Zug, der langsam, mit ruckartigen Stößen rückwärts in die Haupthalle einfährt. Die Wagen der ersten Klasse befinden sich an der Spitze. Vor der Schranke, an der die Polizei die Ausweise kontrolliert, bildet sich eine Schlange. Hella hält Ausschau nach einem Gepäckträger, aber nirgends ist einer zu sehen. Sie winkt dem Kellner, zahlt und bückt sich, um nach dem Koffer zu greifen. Die Schokolade hat einen Geschmack von Verbranntem in ihrem Mund hinterlassen.

Karl beobachtet die Schlangen vor der Passkontrolle. Die Reisenden in der längeren Schlange drängeln. Die andere, kürzere, ist Passagieren der ersten Klasse mit den Schlafwagen vorbehalten.
Die Agenten der Gestapo in Zivil haben tausend Augen. Seit der Flucht von Heß sind die Nationalsozialisten nervös. Karl hat nicht genügend Zeit gehabt, die gefälschten Papiere genau zu prüfen, die aus ihm Karl Müller machen. Wenigstens hat man ihm seinen Vornamen gelassen und ihm den in Deutschland am weitesten verbreiteten Nachnamen verpasst. Das ist nicht sein Werk, sondern das der Männer vom NKWD. Ob sie nach den Regeln der Kunst gearbeitet haben?

Rasch blickt er sich um. Eine einsame junge Frau starrt auf einen Zug auf dem Nachbargleis, in den in gleichförmigen Reihen Soldaten einsteigen. Sie laufen im Gleichschritt, die Maschinenpistole geschultert, den Helm oben auf den Rucksack geschnallt. Der Koffer steht zu ihren Füßen, die Arme baumeln herab. Mit mechanischer Geste rückt sie das grüne Filzhütchen zurecht. Ihr Blick streift über die Soldaten, als suche sie nach einem Gesicht, sie findet es nicht, sucht weiter, gibt enttäuscht auf.

»Darf ich Ihnen behilflich sein, Fräulein?« Mit höflicher, aber entschlossener Geste greift Karl nach dem Koffer. »Sie nehmen ebenfalls den Zug nach München, oder? Mein Gepäck ist leicht, im Gegensatz zu Ihrem …«

Mühsam kehrt Hella in die Wirklichkeit zurück. Da ist er, der freundliche Ausdruck, den sie vermisst hat. Blaue, unglaublich strahlende Augen, blonde, ein wenig längere Haare als üblich, ein schmales Gesicht mit markantem Kinn. Der Besitzer dieser angenehmen Stimme ist ein wenig größer als sie und wirkt schmächtig. Aber ihren Koffer hebt er mühelos an.

»Gehen wir?«, sagt er mit aufmunterndem Lächeln.

Er hat recht. Sie muss sich beeilen, sonst verpasst sie den Zug. Auf diesem Bahnsteig geschehen keine Wunder.

»Ich danke Ihnen.«

»Geben Sie mir Ihren Pass.« Als sie den Männern in Grau gegenüberstehen, hält Karl beide Papiere hin. Er sucht in der Tasche und zieht auch die Bescheinigung hervor, die ihm wegen seines Asthmas Wehrdienstuntauglichkeit bescheinigt. Besser, man gibt ihnen erst gar keinen Anlass für Fragen.

»Ich sehe schon, dass es Ihrer Verlobten schwerfällt, Berlin zu verlassen!«, bemerkt einer der beiden. Hella starrt die ganze Zeit zu den Soldaten hinüber, die sich winkend hinauslehnen. »Kommen Sie bald wieder, Fräulein!«, fügt der Polizist mit einem begehrlichen Blick hinzu.

Sobald sie außer Sichtweite sind, bleibt Karl stehen und gibt der jungen Frau mit den traurigen Augen ihren Ausweis zurück.
»Ich bringe Sie zu Ihrem Platz«, sagt er.
Hella reicht ihm schweigend die Fahrkarte und folgt ihm.

Ich habe Angst. Wie die Tiere, wenn ein Gewitter naht. Mein Hals ist zugeschnürt, und ich spüre Beklemmung. Sie dringt bis ins Mark, bis in jene Leere, die allein du auszufüllen vermocht hast. Werde ich sterben, wenn du dich weiter entfernst? Und du, wirst du sterben? Bin ich nicht ein Teil von dir, deine zweite Hälfte? Ich dachte, auch wir hätten einen Pakt geschlossen. Nicht schriftlich, nicht unterzeichnet, aber unauflöslich. Erinnerst du dich nicht mehr, Liebster? Unsere Lippen haben ihn besiegelt, unsere Hände, der Rhythmus unseres Atems. Genügte das nicht?

Karl hat einen Platz in einem der hinteren Wagen gefunden, eingequetscht zwischen zwei anderen Reisenden. Schweiß und Mundgeruch: Ihm wird bestimmt bald schlecht werden. Er nimmt den Zeichenblock und einen schwarzen Kohlestift. Er zeichnet die Welt, die an ihm vorbeizieht, die beste Art, um die Unruhe im Zaum zu halten und die Unannehmlichkeiten zu vergessen.
Sein massiger Nachbar zur Rechten versucht seit mehreren Minuten, sich bequem auf der Sitzbank zurückzulehnen. Er stößt ihn mit der Schulter, so dass ihm die Hand zu einem langen Strich ausrutscht. Neugierig wirft der Mann einen Blick auf das Blatt und dann auf Karl.
»Was machen Sie hier?«
»Ich zeichne.«
»Das sehe ich. Ich meinte, was machen Sie hier im Zug?«
»Ich fahre heim.«
»Nach München?«

»Nein.« Karl lächelt.
»Was gibt es da zu lachen?«
»Sehe ich so aus, als käme ich aus Bayern?«
»Nein, in der Tat nicht. Mögen Sie die Bayern nicht?«
»Ich bin Südtiroler. Die Bayern sind unsere Vettern.«
»Ich würde eher sagen: eure großen Brüder. Sie fahren also nach Südtirol?«
»Ja, nach Bozen und anschließend nach Brixen.«
»Kenne ich nicht …«
»Ich zeige es Ihnen.« Karl wendet das Blatt und beginnt aus dem Kopf, Brixen zu zeichnen. Es scheint ihm eine gute Gelegenheit, sich zu üben. Er muss sich alle Einzelheiten seiner neuen Identität gut einprägen und lernen, auf die Fragen der Leute zu antworten.
»Und Berlin?«
»Was soll mit Berlin sein?«
»Wieso waren Sie in Berlin?«
»Ich habe Arbeit gesucht.«
»Und …?«
»Ich habe keine gefunden.«
»Aber es gibt dort genug Arbeit.«
»Ich weiß, aber ich bin Asthmatiker, und nicht alle Firmen wollen einen Kranken anstellen.«
»Verstehe. Es ist bestimmt nicht so einfach.«
Karl zeichnet weiter.
»Bitte sehr, das ist Brixen!«
»Hübsch. Ich war allerdings noch nie dort. Sie zeichnen gut. Machen Sie das beruflich?«
»Ich war Lithograph in einer Druckerei. Nicht gerade das ideale Umfeld für jemanden mit Asthma. Die Ätzmittel, der Staub … Und Sie? Was ist Ihr Beruf?«
»Ich? Ich dachte, das hätten Sie begriffen.« Sein Sitznachbar lächelt, und plötzlich wittert Karl die Gefahr. Er verflucht seine Naivität.

»Was denn begriffen?«, fragt er vorsichtig.
»Hören Sie, Leute, die zu viele Fragen stellen, mag heutzutage niemand.«
»Was wollen Sie damit sagen?«
»Ich will damit sagen, dass Sie wie einer reden, der monatelang zum Schweigen verdammt war!«
Karl wirft einen raschen Blick zur Tür. Soll er davonlaufen? Aber wohin? Eine Flucht durch die Wagen würde ihn lediglich in die Arme des Schaffners und anschließend in die der Polizei treiben.
»Zeig mal deine Papiere her«, befiehlt der Mann ruppig und wendet den Jackenkragen um. Ein Dienstabzeichen der Gestapo. Karl sitzt in der Falle. Er zieht den Ausweis und die Bescheinigung über seine Wehrdienstuntauglichkeit aus der Tasche. Der Mann erhebt sich und verlässt das Abteil. Während sich die Tür hinter ihm schließt, erkennt Karl draußen die Silhouette eines weiteren Polizisten in langem grauen Mantel.
Eine vertraute Gestalt. Karl zuckt zusammen, eine ferne Erinnerung taucht in seinem Gedächtnis auf und verschwindet gleich darauf wieder. Sollte tatsächlich er es sein? Nein, er muss sich getäuscht haben.
Die Mitreisenden meiden seinen Blick. Keiner will Ärger. Endlich kehrt der Polizist zurück, aber er setzt sich nicht. Einen Moment lang mustert er ihn. Dann reicht er ihm die Papiere.
»Gute Reise«, sagt er.
Karl atmet auf. Ist wirklich alles glattgegangen? Das erscheint ihm beinahe zu einfach, so als sei ihm irgendetwas entgangen.

Die Bahnhöfe ziehen vorüber: Nürnberg, Augsburg und schließlich München. Die Strecke beschreibt die Geschichte des nationalsozialistischen Deutschland. Angefangen bei den ersten zögernden Schritten im Herzen Bayerns, über die

Massenkundgebungen des Regimes, die Arisierung und Militarisierung der Gesellschaft, bis hin zur Verfolgung von Juden und Kommunisten. Zehn Stunden Reise, acht Jahre Reichskanzler Hitler an der Macht. Acht Millionen in deutschen Buchhandlungen verkaufte Exemplare von *Mein Kampf.*

In München steigen sowohl Hella als auch Karl aus dem Zug, um den D61 um 18.35 Uhr in Richtung Rom zu nehmen. Auf dem bereits in abendliche Schatten getauchten Bahnsteig begegnen sie sich erneut.

Schweigend zieht Karl den Zeichenblock hervor, reißt eine Seite ab und reicht sie ihr. Der Gedanke an das Mädchen mit den traurigen Augen, wie er sie nunmehr bei sich nennt, hat ihn die gesamte Fahrt über begleitet. Im schwächer werdenden Tageslicht erkennt sich Hella in dem erstaunlich detail- und wirklichkeitsgetreuen Kohleporträt wieder. In der Mattigkeit der Augenlider, den unruhigen Furchen, die ihre Stirn durchziehen, in der um die Mundwinkel versteckten Bitterkeit.

»Es ist sehr schön«, sagt sie nur.

»Sie sind schön.« Seine Stimme klingt neutral wie die eines Künstlers, der sein Modell bewundert. Aber sein Blick ist warm, und Hella ertappt sich bei dem Gedanken, dass er ein Mann zu sein scheint, der das Leid anderer begreift. »Ich habe mich vorhin noch nicht einmal vorgestellt. Ich heiße Karl.«

»Ich bin Hella«, erwidert sie und reicht ihm die Hand.

»Sind Sie aus Berlin?«

»Nein«, sagt sie zögernd. Er weiß bestimmt nicht, wo Pinzon liegt. »Ich stamme aus … einem kleinen Dorf in der Nähe von Bozen. Und Sie?«

»Hat Ihnen Berlin gefallen?« Karl weicht der Frage aus.

»Schon … allerdings musste ich meinen Verlobten als Soldat verabschieden.«

Weshalb diese Vertraulichkeit einem Wildfremden gegen-

über? Doch Hella hat das Bedürfnis zu reden. »Woher kommen Sie?«, fragt sie erneut.
»Aus Berlin.« Karl blickt sich verstohlen um. Er hätte nicht auf sie zugehen sollen. Und er muss lernen zu lügen. Aber zunächst muss er das Problem seines nicht gerade nach Südtirol klingenden Tonfalls lösen. Oder sich zumindest einen plausiblen Grund für seinen norddeutschen Akzent ausdenken. Vielleicht eine Mutter aus Berlin?
»Wozu fortgehen?«, murmelt Hella.
»Wie bitte?« Karl sieht sie erstaunt an.
»Sie sind aus Berlin fortgegangen. Wastl ist von daheim fortgegangen. Weshalb brecht ihr alle irgendwohin auf?«, wiederholt sie beinahe ungestüm.
»Vielleicht sollten Sie das ... Wastl fragen.«
»Ich habe es ihn tausend Mal gefragt.«
»Und was hat er geantwortet?«
»Dass es seine Pflicht sei.«
Auch ich hätte besser nicht gehen sollen, denkt Karl. Aber wer trifft die Entscheidungen in dieser Welt, über die der Sturm hereingebrochen ist?
Der Pfiff des Lokführers lässt sie beide zusammenzucken.
»Wiederschauen«, sagt Hella und steigt in den Zug.
Karl begibt sich zu seinem Wagen. Im Lampenschein sieht er den Zipfel eines grauen Mantels hinter einer anderen Zugtür verschwinden.

Ich war dreiundzwanzig Jahre alt, als man mich vor die Wahl stellte. Im Jahr 1939. Italienerin oder Deutsche? Mussolini und Hitler waren übereingekommen: Die Frage sollte direkt an uns, die Bewohner Südtirols, gestellt werden. Nach so langen Jahren des Kampfes, des Leidens und der Demütigungen musste man einfach fortgehen, um seine Seele zu retten.
Es ist so lange her! Dezember 1939, der Krieg hatte bereits

begonnen, aber bisher hatte es noch niemand so richtig bemerkt. Auf Wastls Moped durchquerte ich die Täler und entdeckte die Liebe, die Kühnheit und die Freiheit. Wer wusste damals schon, was Krieg bedeutet?

Es ist 1.21 Uhr am Morgen, als der Zug auf die Minute pünktlich in den Bahnhof von Bozen einfährt. Die Eisenbahner, die sich im Europa der Diktaturen in zahlreichen Freiheitskämpfen hervorgetan haben, sorgen dafür, dass die Züge in Hitlers Deutschland und Mussolinis Italien ohne Verspätung fahren. Karl würde gern lächeln, wenn er die Kraft dazu hätte. Sein Vater hat ihm vor seiner Verhaftung oft von den italienischen Genossen und ihrem harten Kampf gegen die Faschisten erzählt. Den sie mit Gefängnis und Verbannung bezahlt haben.
Kurz vor den Wahlen von 1933 hat es dann sie selbst getroffen, die deutschen Kommunisten. Sie wurden bezichtigt, den Reichstag in Brand gesteckt zu haben. Die nationalsozialistischen Milizen begannen zu wüten: zweitausend Vertreter ihrer Partei verhaftet und in Arbeitslagern interniert. Ihre Angehörigen jeglicher Rechte beraubt. Einige besonders treue Anhänger waren in den Untergrund gegangen und fechten nun einen ungleichen Kampf gegen die Gestapo aus. Anfangs hat Moskau ihnen beigestanden, Geld geschickt und sich für die politischen Gefangenen eingesetzt. Doch dann, am 23. August 1939, hat Stalin den Pakt mit Hitler geschlossen. Er hat sich auf die Seite des Gegners geschlagen und sie ihrem Schicksal überlassen.
Karl sieht Hella, die das Erste-Klasse-Abteil verlässt. Sie blickt sich um und eilt dann auf einen stattlichen jungen Mann zu, der ihr mit ausholender Geste zuwinkt. Sie umarmen sich. Vermutlich ein Verwandter.
Während Karl die Stufen des Bahnhofgebäudes hinabsteigt, folgt sein Blick unwillkürlich dem Auto, in dem das Mäd-

chen mit den traurigen Augen davonfährt. Es ist absurd, aber er hat das Gefühl, dass dort seine einzige Freundin in dieser finsteren, fremden Stadt verschwindet.
Er richtet sich auf. Nun muss ich allein zurechtkommen, sagt er sich.
Wo soll er eine preiswerte Pension finden, die bereit wäre, ihn um diese Stunde aufzunehmen? Karl kennt Bozen einigermaßen aus der Zeit, als seine Eltern noch reisen durften, aber sein letzter Besuch liegt zehn Jahre zurück. Die Ärzte hatten damals die Ansicht vertreten, die frische Luft und die Thermalquellen Südtirols könnten das Leben eines asthmatischen Knaben retten. Zwei Wochen Aerosol-Therapie, Gurgeln und Inhalationen. Er hätte nie gedacht, dass er dem einmal nachtrauern würde. Und dennoch ist er heute zurückgekehrt, um ein wenig Freiheit zu atmen.
Ein Lichtstrahl blendet ihn. Und eine Stimme schreit auf Italienisch: »Was machst du da? Ausweis!«
Karl erkennt drei Gestalten, den metallischen Reflex dreier Waffen. Faschistische Uniformmäntel.
»Bitte sehr«, sagt er. Die Worte sind ihm auf Italienisch herausgerutscht. Er wird sich an diese Sprache gewöhnen müssen, die ihn sein Vater hatte lernen lassen.
»Weißt du nicht, dass Ausgangssperre herrscht?«
»Ich komme gerade aus Berlin.« Karl deutet in Richtung Bahnhof, den sein Zug bereits Richtung Rom verlassen hat.
»Und wieso bist du nicht bei deinem Freund Adolf geblieben?« Einer der Männer lacht.
Sie mustern seinen Ausweis, Deutscher, aber mit Anschrift in Brixen. Nichts in irgendeiner Form Verdächtiges. So ist es zwischen Rom und Berlin vereinbart: Die Südtiroler, die 1939 für Deutschland optiert haben, verzichten auf die italienische Staatsbürgerschaft, nehmen die deutsche an und erhalten Papiere des Reiches.
»Aus Brixen, was?«, sagt der Milizsoldat, der den Ausweis in

der Hand hält. Karl fühlt sich beruhigt. Auch für seine wenig geübten Ohren spricht der Mann mit einem starken Akzent, vermutlich ist er nicht von hier und kennt die Gegend nicht richtig. Die Faschisten haben ihre Politik der Italianisierung der Region vorangetrieben, sich dabei aber auf den Hauptort konzentriert. Am Stadtrand von Bozen haben sie ein eigenes Viertel errichtet. Viele Italiener sind aus dem von Armut und Arbeitslosigkeit beherrschten Süden hierher umgesiedelt und haben sich in einer anderen Welt wiedergefunden.

»Ich hatte Verwandte erwartet, aber sie sind nicht gekommen.«

»Wieso bist du aus Berlin fort?«

»Ich hab nach Arbeit gesucht, aber keine gefunden.«

»Hättest du nicht in einer Waffenfabrik unterkommen können wie jeder andere auch?«

»Meine Lunge. Ich habe Asthma, es gibt Arbeiten, die ich nicht verrichten darf.«

»Und auch auf der Straße herumlaufen darfst du nicht. Nicht um diese Uhrzeit. Los jetzt!«, befiehlt der Mann schließlich. »Verschwinde hier.«

Karl steuert auf den Turm einer Kirche zu, der sich vor dem schwarzen Himmel abzeichnet.

»Du siehst schlecht aus. Komm. Hier entlang.« Ein Mann im Talar beugt sich über Karl und legt ihm einen Arm um den Leib, um ihn zu stützen.

Der Asthmaanfall ist besonders heftig: Die Kehle scheint wie zugeschnürt, die Lunge schmerzt, als sei sie in einen Stahlpanzer gezwängt. Zu groß war die auf der Reise angestaute Angst und zu schnell sein Schritt auf dem Weg ins Stadtzentrum. Karl hat es gerade noch geschafft, kräftig gegen die Tür zu klopfen, bevor er in einem Winkel an der Mauer des Doms zusammengesackt ist.

Der Priester, der ihm zu Hilfe gekommen ist, wirft einen besorgten Blick in die Dunkelheit und schließt die Tür hinter ihnen. Er hilft Karl, sich auf einer Bank auszustrecken.

»Du hast Glück, dass ich gerade zum Beten da war. Asthma, nehme ich an«, sagt er auf Deutsch. »Ich habe da etwas für dich. Bin gleich wieder da, bleib einfach hier.«

Karl dreht sich nach rechts, und sein Blick fällt auf den schlichten, mit einem feinen weißen Tuch bedeckten Altar aus Stein. Die beiden Kerzen an den Seiten brennen langsam vor sich hin. Darüber hängt ein Kruzifix, Christi Gesicht unter der Dornenkrone ist blutüberströmt, die Augen schauen zu Boden. Karl setzt sich auf, betrachtet das Kreuz und spürt den Atem ruhiger werden.

Der Priester kehrt mit einem Fläschchen zurück. »Es ist ein aus Tollkirsche gewonnener Saft«, erklärt er. »In deiner Heimat wirst du vermutlich etwas Ähnliches verwenden.«

Karl zögert. Kann er ihm trauen?

»Meine Heimat ist hier«, erwidert er schließlich und nimmt einen Schluck.

Der Priester betrachtet ihn ein wenig mitleidig. »Wenn du es sagst. Aber falls du zufälligerweise nicht weißt, wo du schlafen sollst, kannst du heute Nacht hier bleiben.«

Karl nickt. Er gibt keine Erklärungen, und der andere verlangt auch keine. Karl deutet auf die Christusfigur und sagt: »Scheint wirklich alt zu sein.«

»Er wacht seit vielen Jahren über diese Kirche.«

»Nun, momentan scheint ihm einiges außer Kontrolle geraten zu sein«, bemerkt Karl trocken. »Sieht so aus, als würde der Teufel den Krieg gewinnen.«

Wir sind in Pinzon angekommen, und mein Bruder Josef hat mich hinaufgebracht.

»Gute Nacht«, hat er leise gesagt.

Ich habe die Mauern gespürt, die mich wie in einer Umarmung umschließen. Mein festes, stilles Haus, das sich inmitten von Weinbergen und Erinnerungen, von Lachen und Düften erhebt, erfüllt von dem Nachhall seiner tausend Stimmen. Und von seinen Dramen, den Schicksalsschlägen, den Toten. Die es überdauert hat.

Ich habe mein Zimmer betreten und mich ausgezogen, um zu Bett zu gehen. Unten in der Stube hat die Uhr die Stunde geschlagen. Aus dem Rahmen des Gemäldes sieht meine Mutter reglos zu, wie die Zeit verstreicht. Und ich fühle mich lebloser als sie.

Wo bist du? Was tust du? Ich habe dir gesagt, und du hast begriffen, dass ich in einer Art Limbus schwebe, solange du fort bist. Ich werde immerfort mit dir sprechen, über alltägliche Dinge, um die Leere auszufüllen. Aber mit wem werde ich über dich sprechen? Wem kann ich erzählen, dass das Glück mit dir begonnen und mit dir geendet hat? Und wer wird verstehen, wie sehr ich mich nun vor der Dunkelheit fürchte?

3

Die große Verheißung, die große Täuschung

Bozen, Sommer 2014

Anfangs war es eine schlichte Verheißung. Die eines besseren Lebens für die über 250 000 deutschsprachigen Bewohner Südtirols. Wer würde schon ein besseres Leben ausschlagen? Aber die Bedingung dafür war hart: Man musste fortgehen.

Was hätte ich getan?

Die Verheißung war umso verlockender, als sie von Hitler, Himmler und Goebbels stammte. Sie hatten einiges erreicht. Schon seit Jahren schienen sie die Wünsche der Deutschen zu erfüllen: Arbeit, Ehre und die Macht eines Regimes, das Respekt und Furcht einflößte. Vor nicht allzu langer Zeit, zu den Olympischen Spielen von 1936, hatten sie die gesamte Welt in Berlin versammelt. Und nun, im schönen Sommer 1939, wandten sie sich an die Südtiroler, um ihnen in einem geeinten und erstarkten Deutschland eine neue Zukunft anzubieten. Wie hätte man das nicht nutzen wollen?

So kamen die Nationalsozialisten gemeinsam mit Mussolinis Faschisten über das Schicksal dieser Rom allzu feindlich gesinnten Provinz überein. Sie beschlossen, den deutschsprachigen Bewohnern die Möglichkeit zur Auswanderung ins Deutsche Reich zu bieten, wo die Unterdrückung durch die Faschisten ein Ende haben würde. Niemand würde mehr versuchen, sie ihrer Sprache und der Traditionen ihrer Väter zu berauben. Sollte man etwa nicht daran glauben?

»Die stärkste Waffe war die Propaganda. Die Sympathisanten der Nationalsozialisten waren sehr gut organisiert.« Die Frau, die diese Worte zu mir spricht, heißt Martha Ebner. Ich

bin zu ihr gefahren, weil sie besagten Sommer 1939, die Zeit der Verheißungen, erlebt hat. Sie empfängt mich in ihrem hübschen, zwischen Bäumen versteckten Haus bei Aldein.
Martha Ebner hat schlohweißes, zu einem Knoten gebundenes Haar und ein fein gezeichnetes Gesicht. Mit ihren zweiundneunzig Jahren ist sie vollkommen klar, und die Augen hinter den Brillengläsern betrachten mich mit einem Anflug von Ironie. Sie fragt mich nicht, aber ich frage mich selbst: Weshalb begegnen wir uns erst jetzt? In Wahrheit habe ich sie als junge Journalistin, während meiner Tätigkeit als politische Berichterstatterin in Bozen, bereits mehrfach getroffen. Und ihre Erscheinung hat stets meine Neugierde geweckt. Heute erscheint es mir mehr denn je von Bedeutung, ihr Gehör zu schenken. Ihre Entscheidung, die nationalsozialistische Propaganda zurückzuweisen, war gänzlich anders als die meiner Großtante.
Martha gehört zu einer der einflussreichsten Familien von ganz Südtirol. Sie ist die Nichte von Kanonikus Michael Gamper, einer in dieser Gegend legendären Gestalt. In gewisser Weise ist er mein Kollege, denn er übte denselben Beruf aus wie ich: Er war leitender Redakteur des »Südtiroler Volksboten«, und er war in einer Zeit als Journalist tätig, in der die Faschisten das Erscheinen deutschsprachiger Zeitungen verboten hatten. Er war es, der 1926 durchsetzte, dass wenigstens eine Zeitung – die »Dolomiten« – dreimal die Woche erscheinen durfte. Daraus sollte sich schließlich das entwickeln, was heute ein regelrechtes Polit- und Medienimperium ist.
Anfang der 1920er Jahre baute Gamper, gemeinsam mit Josef Noldin, das Netzwerk der sogenannten Katakombenschulen auf. Ohne diese Geheimschulen hätten Kinder keinen Deutschunterricht erhalten, da es in den staatlichen Schulen strengstens verboten war, auch nur Deutsch zu sprechen. Mutige Frauen wie meine Großtante Hella Rizzolli Tiefen-

thaler setzten die eigene Freiheit und Unversehrtheit sowie die ihrer Familien aufs Spiel, um dort als Lehrerinnen tätig zu sein.

Trotz seiner Rolle als Verteidiger des Deutschtums schlug sich der Kanonikus 1939 auf die Seite der Dableiber, also jener 13 Prozent der Südtiroler, die nicht für Deutschland optierten. Unermüdlich reiste er durch die Region und versuchte, der nationalsozialistisch geprägten, zur Auswanderung antreibenden Propaganda entgegenzuwirken. Gemeinsam mit anderen Aktivisten organisierte Gamper Versammlungen in den Dörfern, um zu erläutern, dass es eine Alternative gab, nämlich die, gemeinsam und vereint in der eigenen Heimat zu bleiben. Er schrieb einen berühmten Artikel, in dem er in gefühlvollem Ton von ebendieser Heimat sprach und von der Unmöglichkeit, sie zu verlassen. Er versuchte, die Leute aufzurütteln: Die offiziellen Versprechungen seien einfach zu schön, um wahr zu sein.

»Die Nationalsozialisten waren sehr geschickt darin, die jungen Leute anzulocken, und es liegt auf der Hand, weshalb«, erzählt Martha heute. Wir sitzen in ihrem mit Büchern vollgestellten Wohnzimmer an einem massiven Holztisch, der viel Geschichte erlebt haben muss. »Es waren junge Leute, die von Kindheit an weder Deutsch sprechen noch auf Deutsch beten oder ihre Lieder singen, geschweige denn ihre traditionellen Kleider tragen durften. Und plötzlich konnten sie es tun. Sie haben nur die gute Seite gesehen, die Tatsache, dass es ihnen endlich wieder freistand, ihre Kultur auszuleben. Den Rest wollten sie nicht wahrhaben.«

Der »Rest« war die Diktatur, die Entrechtung der Bürger, die Verfolgung von politischen Gegnern, die Judenverfolgung sowie vieles andere. Natürlich bleibt die damals erlebte Demütigung für die unter dem Faschismus aufgewachsene Generation ein prägendes Gefühl. Das lässt sich nicht bestreiten. Aber es kann nicht all das rechtfertigen, was danach kam.

»Ich habe die Katakombenschulen besucht, und schon als ganz Kleine brachte man mir bei zu lügen, falls jemand mich fragen sollte: ›Wohin gehst du?‹ Schon als Kinder hatten wir Angst vor allen Uniformen«, erzählt Martha und fährt fort, dass man nur vor diesem Hintergrund begreifen könne, weshalb so viele Besitzer schöner Höfe auf derart absurde Versprechen hereingefallen sind. Die Leute glaubten tatsächlich, nach Polen oder auf die Krim auswandern zu können und dort das gleiche Gut, die gleichen Kühe, die gleichen Pferde und Hühner zu erhalten. Wer ins Reich übersiedelte, behaupteten die Nationalsozialisten, würde dort exakt die gleiche Wirklichkeit vorfinden, die er verließ.

Marthas Erinnerungen helfen zu verstehen, wie und weshalb Südtirol in die grauenhafte Falle der von Hitler gewollten ethnischen Neuordnung getappt ist. Ihre Familie optierte für das Reich, doch sobald sie selbst volljährig war, wagte sie einen höchst ungewöhnlichen Schritt: Sie zog die Option zurück. Ihr Beispiel zeigt, was viele noch immer nicht wahrhaben wollen: Nein zu sagen zu Hitler und zum Nationalsozialismus war möglich. Selbst in jenen verworrenen Jahren. Als ich sie nach dem Grund ihrer Entscheidung frage, gibt sie mir eine scheinbar schlichte Erklärung: Sie *hatte es mit eigenen Augen gesehen.*

»Von 1936 bis 1939 war ich in Deutschland, ich habe den Einmarsch in Österreich und die Kristallnacht in Landshut erlebt. Ich war in der Stadt unterwegs und habe die Jagd auf die Juden, die zertrümmerten Schaufenster gesehen. Es war bereits klar, welche Richtung der Nationalsozialismus nehmen würde: Auch der Direktor meines christlichen Mädcheninternats stand dem Regime sehr kritisch gegenüber. Mit siebzehn Jahren bin ich dann nach Südtirol zurück. Und als der Augenblick der Entscheidung kam, habe ich zu meinem Onkel, dem Kanonikus Gamper, gesagt: ›Ich geh da nicht hin.‹ Man musste sich noch vor Jahresende entscheiden, aber ich brauchte nicht weiter darüber nachzudenken. Ich sah, wie fanatisch diese Leute waren, und ich hatte begriffen, dass sie nichts Gutes bringen würden.«

Doch für viele war die Aussicht auf Auswanderung verlockend. Schließlich waren es schwere Zeiten. Die Krise der dreißiger Jahre machte sich deutlich bemerkbar, der am 1. September 1939 begonnene Krieg dagegen noch nicht. Wen sollte es da wundern, dass sich viele von dem Lockruf der nationalsozialistischen Propaganda verführen ließen?

Einige gingen gleich fort. Andere optierten, warteten jedoch erst einmal ab. Und dann gab es noch jene, die sich gleich umschauten und sagten: »Es gibt nirgends auf der Welt einen Ort wie diesen.« Und die dablieben.

Der Mann, der mir das Folgende erzählt, heißt Sepp Perwanger. Er ist siebenundachtzig Jahre alt, hat lebhafte, fröhliche blaue Augen und viel Sinn für Humor. Ich treffe ihn im Restaurant seines Hotels, des Zirmerhofs in Oberradein. Ein Hotel mit Geschichte, in einzigartiger Lage. Von dem großzügigen Anwesen reicht das Auge bis zu einem eindrucksvollen Gipfelpanorama, zu dem etliche steile Wanderpfade hinaufführen. Bereits vor dem Krieg war der Zirmerhof weit bekannt für diese unvergleichliche Aussicht, die hervorragende Küche und den gut sortierten Weinkeller. Ein volkstümlicher Erholungsort für Großbürgertum und mitteleuropäischen Adel, der von vornehmen Preußen, Ministern und Staatsbeamten aufgesucht wurde. Und natürlich ebenso von Südtiroler Großgrundbesitzern. Aber im Sommer 1939 kamen auch die verantwortlichen Verfechter der Option bis dort hinauf.

»Für jeden Beruf ein anderer: für die Köche, die Zimmermädchen …«, erzählt Sepp. Zum Vater sei einer der Chefs gekommen, fährt er fort. »›Wie viele Söhne habt Ihr?‹, fragte er ihn. ›Zwei.‹ – ›Wenn Ihr für Deutschland optiert, bekommt

Ihr drei Höfe wie den Zirmerhof, einen für Euch und einen für jeden Eurer Söhne.‹ – ›Wo in Deutschland?‹ – ›In der Tatra.‹«

An diesem Punkt bricht Sepp in Gelächter aus. Ebenso wenig wie sein Vater Josef, genannt Pep, brauchte er eine Karte heranzuziehen, um zu wissen, wo dieses Gebirge lag. In Polen. In dem Gebiet, in das die deutschen Truppen soeben einmarschiert waren. Die Vorstellung, dass es gleich drei in der Tatra bereitstehende Anwesen wie den Zirmerhof geben sollte, war offenkundig Unsinn. Und dennoch glaubte man damals noch viel unwahrscheinlichere Dinge. Vor allem eines: Wer blieb, würde nach Sizilien zwangsumgesiedelt werden. Mussolini, so hieß es, werde die Mafia in Sizilien ausrotten, ihre Landgüter beschlagnahmen und die Dableiber dorthin schicken. »Anstelle unserer schönen Höfe würden wir unbrauchbares, mit Orangen bepflanztes Land erhalten!« Sepp lacht erneut, aber sein Vater war damals ernsthaft besorgt. Zum Glück für die Familie Perwanger war er jedoch ein Mann mit Beziehungen. Statt das Märchen von Sizilien einfach so zu glauben, beschloss er, nach Rom zu fahren und den von Mussolini mit der Italianisierung Südtirols beauftragten Achille Starace aufzusuchen. Niemand mochte diesen Mann. Aber er war ein wichtiger Funktionär des Regimes und würde ihm die Lage erläutern können.

»Mein Vater stellte eine einzige Frage: ›Wenn wir nicht optieren, müssen wir dann nach Sizilien oder nicht?‹«, erzählt Sepp. Starace habe daraufhin erstaunt erwidert: »Nie im Leben. Die paar Hitler-Sympathisanten in Südtirol werden bestimmt nichts überstürzen, es steht ihnen frei zu gehen. Niemand wird auch nur im Traum auf die Idee kommen, anständige Bürger, die das italienische Gesetz besser achten als die Italiener selbst, von ihrem Land zu vertreiben!« Sepps Vater erklärte ihm, dass ein Anteil von 70 bis 80 Prozent der Bevölkerung optieren wollte. Starace habe das zunächst kaum glauben können, so Sepp, aber sein Vater beteuerte ihm: »Das weiß bei uns jedes Kind.« Noch immer fassungslos, habe Starace daraufhin versichert: »Gehen Sie nur, Sie können unbesorgt schlafen. Solange Sie nichts gegen den Faschismus unternehmen, können Sie und Ihre Familie ganz beruhigt auf Ihrem Hof bleiben. Darauf gebe ich Ihnen mein Ehrenwort als Italiener!«

Doch die Beteuerungen der verhassten faschistischen Regierung, die zu alledem zu spät kamen, vermochten gegen die gut geölte nationalsozialistische Propagandamaschinerie nicht viel auszurichten. Treibender Motor waren nicht nur die perfekte Organisation und Disziplin ihrer Vertreter, sondern auch Sachzwänge. Hitler war auf die Südtiroler angewiesen: auf junge, begeisterte Leute, die bereit waren, sich in den Kampf um die Eroberung des vom Deutschen Reich beanspruchten »Lebensraumes« zu stürzen. Die Kosten spielten dabei keine Rolle. Viele wurden, wie meine Großtante Hella, entsprechend unterrichtet, indoktriniert und mit modernen Propagandawerkzeugen ausgestattet. Hinzu kamen die gewaltigen Versprechen des Führers.

Die Herzen gewinnen, um Köpfe zu gewinnen! Und Körper! Diese Beutestrategie sollte das Dritte Reich während des gesamten Krieges beibehalten. Und Südtirol sollte der Plünderung nicht entkommen. Mit Ausnahme einer kleinen Minderheit, zu der Martha Ebner und die Familie Sepp Perwangers zählten, stürzten sich die Südtiroler freiwillig in das Mahlwerk dieses tödlichen Getriebes. Sie entschieden sich sogar wissentlich dafür. So heißt es zumindest.

Die Verheißung eines besseren Lebens nahm im Oktober 1939 konkrete Gestalt an. Als jeder Familienvater zwei Formulare erhielt, die es auszufüllen und in der Gemeinde abzugeben galt: eines, um zu gehen, und eines, um zu bleiben.

In der Geschichte wird diese Entscheidung als »Wahl« beschrieben. Wir stellen sie uns heute als eine Art Referendum vor. Aber war es eine echte Befragung? War eine bewusste Entscheidung möglich? Ich glaube nicht. Ich habe viele Wahlen in den unterschiedlichsten Ländern erlebt und denke, dass eine Entscheidung stets eine Debatte voraussetzt. Es bedarf einer freien, Raum für Meinungsaustausch bietenden Presse. Und des Rechts, sich ohne Angst vor Repressionen offen äußern zu können. Doch im Herbst 1939 gab es all das in Südtirol nicht, sondern lediglich den mit ungleichen Mitteln ausgefochtenen Wettkampf zweier Lager. Natürlich war es eine andere Zeit. Die Zeit der totalitären Ideologien: Faschismus, Nationalsozialismus, Bolschewismus. Wer nicht mitspielte, zahlte den Preis.

Nach dem Treffen zwischen Pep Perwanger und Achille Starace war die Entscheidung rasch getroffen: »Mein Vater rief meine Mutter von seinem Hotel in Rom aus an. Es war der 2. November. Sie war daheim, auf dem Tisch lagen die beiden bereits ausgefüllten und unterzeichneten Formulare.«

In den von Sepps Mutter, Hanna Perwanger, nach dem Krieg zu Papier gebrachten Erinnerungen, die eine äußerst bewegte Familiengeschichte schildern, stoße ich auf folgende Begebenheit:

> *Pep telefonierte an mich von Rom: »Nehme den Wahlzettel und bringe ihn nach Aldein, nun weiß ich, daß wir dableiben können. Du hast mir immer Glück gebracht, du sollst ihn abgeben.« In voller Übereinstimmung mit Peps Entschluß ging ich durch den Bletterbach den langen Weg nach Aldein. Meine Wünsche und Hoffnungen waren ein Gebet: »Möge sich doch alles für unsere Kinder und für uns zum Guten wenden und unser Entschluß der richtige sein.«*[2]

Die »Wahl« fand in ganz Südtirol bis in die letzten Dezembertage hinein statt. Den amtlichen Ergebnissen zufolge stimmte eine überwältigende Mehrheit für die Auswanderungskandidaten: Die »Optanten« erreichten einen Anteil von über 87 Prozent.

Die eigentliche Debatte über die Optionen wurde im Herzstück der Gesellschaft, im Kreis der in den Stuben versammelten Familien, geführt. Auch deshalb, also wegen der oft unwiederbringlichen Zerwürfnisse, war das Ganze so schmerzlich.
Im Grunde ist es genau dieser Spaltungsprozess, der totalitäre Systeme begünstigt. Nur durch die Zerstörung des inneren Zusammenhalts solidarischer Gemeinschaften lassen sich diese schwächen und in der Folge manipulieren. Die individuelle Vielschichtigkeit wird auf eindimensionale Entscheidungen reduziert: weiß oder schwarz, Freund oder Feind. Gehen oder bleiben. Dazu noch einmal Hanna Perwanger:

> *Man kann kaum schildern, welche Dramen sich in vielen Familien abspielten. Die alten, erfahrenen, nicht von der Massenpsychose erfaßten Familienväter wollten auf keinen Fall Haus und Hof verlassen und auswandern. Die Kinder, besonders wenn sie zwischen 18 und 25 Jahren waren, befeindeten die Eltern. Sie waren aufgehetzt bis zum Äußersten. »Ihr werdet doch keine Walschen bleiben, Hitler gehört die Welt, in 18 Tagen hat er Polen besiegt und der Welt gezeigt, was er für eine Macht hat. Ihr werdet doch nicht beiseitestehen, alles wird euch geboten draußen im Reich«.*[3]

Sepp beschreibt mir die Alltagsdetails jener Zeit der inneren Zwistigkeiten. Die Nachricht, der Zirmerhof habe nicht für Deutschland optiert, habe sich rasch verbreitet. Seine Mutter habe dem Vater ins Gedächtnis gerufen, dass sie allein aufs Amt gegangen sei, doch er habe darauf nur entgegnet: »Nun stehen wir viel schlimmer da als allein.« Sepp schüttelt den Kopf. Damals war er Heranwachsender, ein Alter, in dem einen jede Form der sozialen Ausgrenzung besonders hart trifft. Ihre Entscheidung hatte darüber hinaus unmittelbare wirtschaftliche Folgen. »Viele der Stammkunden kamen nicht mehr. Es gab einige uns Wohlgesonnene wie Alfons Holzknecht, Anton Pernter und Tobias Brenner. Die drei waren die Einzigen, die sagten: ›Die Option war eine freie Entscheidung, wir wollen nicht länger bei den Faschisten leben, deshalb haben wir für das Reich gestimmt, aber wir akzeptieren, wer sich anders entschieden hat, und die Freundschaft bleibt bestehen.‹«

Martha Ebner hat ganz ähnliche Erfahrungen gemacht. Die Diskussionen bei ihr daheim waren hitzig, die beiden entgegengesetzten Fronten klar. Sie habe versucht, ihren Vater davon zu überzeugen, nicht zu optieren, aber es habe nicht gefruchtet. Ihre Mutter, erzählt sie, habe zu ihr gehalten, sie sei sehr traurig gewesen, ebenso wie der Kanonikus Gamper, aber nicht einmal er habe etwas auszurichten vermocht. »Als ich mit achtzehn Jahren die Option zurückzog, verlor ich alle Freunde. Ich habe mir neue suchen müssen«, erinnert sie sich an die Schwierigkeiten von damals. »Die Optanten behaupteten, Hitler sei die einzige Möglichkeit zur Wahrung des Deutschtums, der deutschen Identität. Zwar wussten alle, was Faschismus bedeutet, doch einige haben gesagt: ›Wir werden nicht von den Faschisten zu den Nationalsozialisten wechseln.‹« Die Geschichte sollte ihr und den Dableibern recht geben.

Der Sinn der von den Südtirolern getroffenen »Entscheidung« wurde sehr bald klarer. Der Krieg breitete sich in Europa aus, und die Söhne der Optanten zogen an die Front. Im Juni 1941, mit dem Einmarsch in Russland, nahm alles eine neue Wendung. An diesem Punkt hätten auch die Verblendetsten begreifen müssen, dass sie auf der falschen Seite standen. Dem war nicht so. Obwohl die »Entscheidung« nicht länger eine zwischen Bleiben oder Gehen, sondern eine

zwischen Leben oder Sterben war. Für wen kämpfte man? Und für was?
Martha Ebner hat wie viele andere Südtiroler dieses Drama in der eigenen Familie erlebt. Ihr Bruder Michael hatte das Deutsche Reich zu seinem neuen Vaterland erkoren. »Michael sagte, er würde sich niemals dem italienischen Heer anschließen. Er ging freiwillig zur deutschen Luftwaffe. Er fiel am 15. Oktober 1944, mit einundzwanzig Jahren, während eines Fluges über Nürnberg.«

4

Das Dilemma

Mai 1941

Jakob schaut hinauf zum Glockenturm der kleinen Kirche von Pinzon, die er jeden Morgen zum Beten aufsucht. Mit seinen siebenundsechzig Jahren ist Hellas Vater robust wie ein Fels in der Brandung, auch wenn Haar und Bart mit der Zeit ergraut sind. Die tiefblauen Augen wirken besorgt. Er hat bereits einen Krieg erlebt, und nun ist der Schatten einer neuen Tragödie auf sein Haus gefallen.

Er blickt nach rechts, wo die Straße zum Wald hinaufführt. Zu beiden Seiten klammern sich die Weinstöcke an die steilen Hänge, die Weinbeeren tanken Sonne, die Aromen der Luft und den Saft der Erde. Zu seiner Linken liegt der Dorfplatz von Pinzon mit dem Brunnen und der großen Linde, unter der er an Sommerabenden sitzt und andächtig den sich rosa und golden färbenden Himmel betrachtet. Das Vieh in den Ställen wartet ungeduldig auf Heu. Das bäuerliche Leben bringt schlichte, beschauliche Vergnügen mit sich. Doch wie lange noch?

Jakob überquert die Straße, stößt das Tor zu dem kleinen Friedhof auf und nimmt den Hut ab. Seit seine Ehefrau Rosa vor einem Jahr verstorben ist, kommt er jeden Morgen her, um mit ihr zu sprechen.

»Hella ist zurückgekehrt«, sagt er leise. »Mit gebrochenem Herzen. Ihr Wastl ist ausgezogen, sie weiß nicht, an welchen Einsatzort. Sie hat Angst, und ich weiß nicht, was ich sagen soll, um sie ihr zu nehmen. Du hättest es gewusst. Deine Worte vermochten mehr. Sie waren wie Liebkosungen.«

Er streicht sich mit einer faltigen Hand über die Augen und senkt die Stimme noch weiter: »Als wäre die ganze Sache mit den Bewertungskommissionen nicht schon genug. Deutsche und Italiener, die sich über den Wert unserer Güter einig werden müssen! Kannst du dir das vorstellen? Fremde, die herkommen, um den Preis für unser Haus, unsere Felder, für all unsere Besitztümer zu benennen!«

Er weiß, dass es absurd ist, sich bei seiner Frau Luft zu machen, mit ihr zu reden, als säßen sie gemeinsam in der Stube. Aber über die nicht enden wollenden bürokratischen Streitereien der letzten Monate zu sprechen tut ihm gut. Wie alle wohlhabenden Optanten hat er die Unterlagen für die Begutachtung und den Verkauf seiner Güter eingereicht. Der italienische Staat wird seinen Besitz erwerben und der deutsche Staat ihm dafür entsprechendes Land im Reich zuweisen. Aber der Fall der Familie Rizzolli ist kompliziert: Sie verfügt über viel Besitz. Die beiden Kommissionen werden sich nicht einig.

Außerdem hat Jakob nicht die Absicht, sich an einen unbekannten Ort schicken zu lassen. Er hat sich eines der möglichen Siedlungsgebiete, die österreichische Provinz Steiermark, angeschaut. »Du kannst dir nicht vorstellen, Rosa, was das für eine wüste Gegend ist! Und dafür unsere Heimat verlassen? Niemals!«, hat er bei seiner Rückkehr gewettert, nachdem er zum Friedhof gestürzt war, um mit ihr »zu sprechen«. Vielleicht wird er sich irgendein anderes Gut in Graz anschauen, wo seine Tochter Mariedl und Ehemann Toni seit Jahren gemeinsam ein hübsches Wirtshaus, die Traminer Weinstube, betreiben. Ihre Schwester Gusti hilft ebenfalls mit, seit sie als allzu eifrige Antifaschistin Bozen verlassen musste. Wenn er nach Graz ginge, käme immerhin die Familie wieder zusammen. In Polen oder der Tschechoslowakei zu enden, hat Jakob jedenfalls nicht vor.

»In Wahrheit gibt es auf der Welt keinen zweiten Ort wie diesen, Rosa«, murmelt er. »Und du hast es genau gewusst … Nur Hella will das nicht begreifen.«

Doch seine Jüngste wird sich dreinschicken müssen. Denn vor allem seit der Krieg ausgebrochen ist, spielt Jakob auf Zeit. Er weiß sehr wohl, dass die Geschichte Überraschungen bereithält. Nicht nur böse Überraschungen.

Ich sitze auf dem Platz, den meine Mutter so mochte, neben dem Fenster. Mir ist, als sähe ich, wie früher, alle Gesichter der Familie um den Holztisch versammelt. Elsa, Berta, Mariedl, Josef, Gusti … aber lediglich Josef lebt noch hier. Alle meine Schwestern sind fortgegangen. Wie jeden Morgen habe ich zur Feder gegriffen, um dir zu schreiben, Liebster. Ich muss stark sein und auf dich warten, die quälende Angst in meinem Herzen besiegen. Die Angst, dich für immer zu verlieren und niemals mehr glücklich zu werden. Ich muss eilen, um dem Schmerz zu entkommen, der mich verzehrt, sobald ich an dich denke. Solange ich nicht innehalte, wird die Verzweiflung mich nicht besiegen.
So will ich denn aufstehen. Will das Haus verlassen und mich in den neuen Kampf stürzen.

»Wie war Ihr Aufenthalt in Berlin, mein Fräulein?«
Nach einem Handkuss hat Oberst Arthur von Brandt den Stuhl zurechtgerückt, damit Hella im Garten des Bozener Hotels Bristol Platz nehmen kann. Ein Kellner in weißer Livree hat Tee und Gebäck gebracht.
»Am liebsten wäre ich für immer dageblieben.«
»Es steht Ihnen frei, für immer nach Deutschland zu gehen! Schließlich sind Sie deutsche Staatsbürgerin.«
»Ich weiß.« Doch Hella fügt dem nichts hinzu. Wie soll sie dem Offizier erklären, dass ihr Vater in Wahrheit nicht ganz überzeugt ist? Außerdem können sie natürlich nicht einfach gehen, solange sie keine angemessene Entschädigung für alles erhalten haben, was sie zurücklassen.
Oberst von Brandt, mit dem Eisernen Verdienstkreuz erster

Klasse auf der Brust, wirft ihr einen wohlwollenden Blick zu. Die Auszeichnung, die er voll Stolz an seiner Wehrmachtuniform trägt, hat er im Ersten Weltkrieg erworben. Und er hat ein Bein verloren, es ist 1916 in der Schlacht an der Somme von einer Haubitze zerfetzt worden. »Invalide« ist ein schreckliches Wort. Und noch schrecklicher ist es, nicht für das neue Reich kämpfen und siegreich zu Ruhm gelangen zu können.

»Hat Ihr Verlobter sein Regiment erreicht?«, fragt er ohne viel Taktgefühl.

»Ich glaube ja«, erwidert Hella zögernd. »Er hat mir, ehrlich gesagt, noch nicht geschrieben. Ich weiß nicht einmal, ob er meine Briefe erhalten hat.«

»Seien Sie unbesorgt, Fräulein. Er hat Sie bestimmt nicht vergessen! Wie könnte er? Aber ein Soldat kennt nur eine Pflicht: den Gehorsam im Sinne des Treueschwurs an den Führer.«

»Ich wüsste nur gerne, wo er ist.« Hellas Stimme verrät Verzweiflung.

»Ich will versuchen, Ihnen zu helfen. Ich werde mich beim Generalstab in Berlin erkundigen, sollte ich etwas in Erfahrung bringen, lasse ich es Sie wissen.«

Fast alle Gartentische im Bristol sind von deutschen Offizieren belegt, darunter nur wenige Männer in Zivil, deren Arbeit Hella gut kennt. Dieses Luxushotel beherbergt die Verwaltungsbehörde der ADERSt, in der alle Akten für die Auswanderung der Optanten bearbeitet werden. Auch die Männer von Heinrich Himmler, dem führenden Kopf der Umsiedlungsmaßnahmen sowie der Reichsführer-SS, sind hier. Sie müssen prüfen, ob alles rasch und reibungslos abgewickelt wird. In der ersten Jahreshälfte 1940 sind fast fünfzigtausend fortgegangen. Nach den Briefen an die Angehörigen zu urteilen, haben nicht alle fern der Heimat ein besseres Leben gefunden.

»Die Ausreise scheint sich bei vielen zu verzögern, mein

Fräulein. Und Berlin verlangt dafür Rechenschaft von mir. Wir müssen einen Weg finden, die Sache zu beschleunigen.«

Hella nickt. Oberst von Brandt, einer der Verantwortlichen der ADERSt, hat recht. Die Lage hat sich verändert. Sie begreift, dass Himmler, der Stratege für die Umsiedlungspolitik des Reiches, allmählich die Geduld verliert.

»Wir setzen alles daran, den Leuten beim Aufbruch zu helfen«, beteuert sie. Nach ihrer Rückkehr aus Berlin hat sie sich mit Feuereifer in die Arbeit gestürzt. »Aber die Beschwerden, Anträge und verwaltungstechnischen Probleme häufen sich.«

Sie versucht diplomatisch zu sein. Sie arbeitet für die AdO, den Interessenverband der Optanten. In der Anfangszeit füllten sich die Züge mit begeisterten Freiwilligen. Aber die meisten dieser Pioniere hatten nichts zu verlieren, es waren Leute ohne Haus und Land, manchmal sogar ohne Arbeit. Für die Besitzenden stehen die Dinge anders. Der Massenexodus läuft Gefahr, in einem Meer aus Papier unterzugehen: Millionen vorgedruckter Formulare, mit denen bescheinigt, bewertet, angeordnet und bestätigt wird.

»Wir haben Probleme mit den Kommissionen, es kommt immer häufiger zu Beanstandungen. Und mit dem Transport der persönlichen Güter, für die wir immer mehr Transportmittel benötigen. Außerdem gibt es Stimmen, die behaupten, dass bei der Ankunft in Innsbruck die versprochenen Unterkünfte nicht eingerichtet sind, die Zielorte noch nicht feststehen …«

Die erste Etappe der Optanten ist die Tiroler Landeshauptstadt. Einige sollen dortbleiben, andere weiterziehen in die Siedlungsgebiete der Ostmark, ins ehemalige Österreich, oder in die von Hitler neu eroberten Gebiete. Viele der in die Wehrmacht einberufenen Männer müssen sofort an die Front.

Von Brandt unterbricht sie. »Der Krieg verlangt Opfer«, erklärt er in gebieterischem Ton. »Für das Wohl des Deutschen Reiches muss jeder bereit sein, das eigene Leben zu geben. Wie können Sie mir da von Koffertransporten und anderen Belanglosigkeiten sprechen?«

»Sie haben recht!« Hella erhebt sich. »Die Zeit des Zögerns ist vorbei. Wie müssen ganz einfach mehr und Besseres leisten.«

Eine halbe Stunde später ist sie bereits an ihrem Arbeitsplatz bei der AdO, im Hotel Mondschein, unweit des Bristol, ganz in der Nähe des Rathauses. Hier fühlt sie sich inzwischen wie zu Hause, es ist ihre Welt. Sie betritt das Büro im ersten Stock. Das Fenster mit dem schmiedeeisernen Balkon geht hinaus auf einen schattigen Garten. In den Regalen reihen sich die Aktenordner der Auswanderungskandidaten, bei denen noch der eine oder andere Nachweis fehlt oder Stempel, Unterschriften, Daten.

Immer häufiger kommen die Hof- und Grundbesitzer, um einen neuen Weinberg, einen Nutzgarten oder eine Stallung zu melden, die sie in den ersten Formularen »vergessen« hatten. Es ist die beste Methode, um den Aufbruch hinauszuzögern, denn nun muss man von vorn beginnen: Begutachtung, Inspektionen der deutschen und der italienischen Kommission, Wertermittlung, Zahlung … Hinzu kommt, dass weder Bürokratie noch Logistik einfacher geworden sind, seit der Krieg Europa in ein Schlachtfeld verwandelt hat.

Viele junge Leute haben es noch immer nicht begriffen, aber die alten, erfahreneren schon. Der anfängliche Traum von einem Volk auf dem Weg ins neue Paradies hat sich zerschlagen: Für derlei Gefühlsduseleien haben die Nationalsozialisten keine Zeit. Sie brauchen Kanonenfutter und Arbeitskräfte für die Fabriken, die sie einsetzen können, wo gerade Bedarf herrscht. Romantische Wunschvorstellungen haben im Krieg nichts zu suchen.

Hella steht auf und lässt den Blick über die Aktenreihen im

Regal schweifen. Sie versteht die Zweifel der Südtiroler, aber sie ist nach wie vor davon überzeugt, dass ihre gemeinsame Zukunft im Reich liegt. Sie sind Deutsche und müssen sich mit den anderen Deutschen zusammenschließen. Es ist ihr Vaterland.

Sie zieht eine orangefarbene Mappe hervor. Eine Familie aus Montan, ganz in der Nähe von Pinzon. Für diesen Bezirk ist sie unmittelbar zuständig, was auf der Hand liegt, da sie dort fast jeden kennt. Sie muss Familie Steiner bei der Auswanderung helfen: einer Witwe, ihren beiden Söhnen und einer Schwiegertochter. Es scheint alles in Ordnung, wobei es, abgesehen von einem Häuschen mit kleinem Garten, auch nicht viel zu begutachten gab. Das Geld ist bereits auf dem Konto des für die Entschädigungszahlungen der italienischen Regierung an die Optanten zuständigen Bankinstituts hinterlegt. Sobald die Steiners in der neuen Heimat sind, haben sie darauf Zugriff. Man braucht nur noch den Zeitpunkt ihrer Abreise zu bestimmen und sie mitsamt ihrem Gepäck in einen Zug zu setzen.

Wo ist also das Problem? In der Akte fehlt ein Blatt. Ein schlichtes Inventarverzeichnis, eine getippte Liste dessen, was die Familie mitnehmen will. Weshalb zögern sie noch?

Der Bahnhof von Bozen wirkt beinahe ausgestorben. Es ist spät. In der Haupthalle hat lediglich ein Ausschank mit Suppe und Wein für die Angestellten und Eisenbahner geöffnet. Wenige Menschen warten auf den letzten Zug.

Karl stellt seinen Jackenkragen hoch. Er hat sich in das schützende Halbdunkel einer Mauernische verzogen. Sein Blick ist auf die Männer in grauen Arbeitsanzügen geheftet, die sich lebhaft unterhalten, große Gläser Rotwein hinunterkippen und billigen Tabak rauchen.

Unter den Eisenbahnern gibt es viele Kommunisten. Sie waren 1920 bei dem von allen Arbeiterbewegungen in Europa als beispielhaft begrüßten historischen Streik in Italien dabei. Karl war damals fünf Jahre alt, und zu seinen frühesten Erinnerungen zählt eben die Begeisterung seines Vaters in jenen Tagen. Denn dieser war sogar selbst aufgebrochen, um den vorbildlichen Proletariern Beistand zu leisten. Und er hatte Freundschaft mit einem jungen Schaffner geschlossen, der bei den Auseinandersetzungen mit den Faschisten eine schwere Beinverletzung davongetragen hatte.

Dort kommt er.

Ein Mann in Lokführer-Uniform hat die Halle betreten. Er hinkt leicht. Karl schaut sich vorsichtig um. Die Ruhe könnte trügen. Im Bahnhofsbereich gibt es, wie er bereits am eigenen Leib erfahren hat, viele Streifen. Doch er muss das tun, wofür er gekommen ist. Entschlossen verlässt er seine Deckung, tritt auf den Ausschank zu, bestellt ein Glas und wirft ein paar Centesimi hin.

Der Lokführer sieht ihn. Er mustert ihn aus dem Augenwinkel, während er ein paar Worte mit seinen Kollegen wechselt. Dann verlässt er die Halle in Richtung Gleise.

Karl ist angespannt. Jetzt bedarf es äußerster Vorsicht. Er nimmt einen Schluck. Er schaut auf die Uhr, als warte er auf etwas oder jemanden. Ohne Eile betritt er den Bahnsteig, taucht unter den gelben Lampen durch einen Lichtkegel nach dem anderen.

Aus der Dunkelheit ruft ihn eine heisere Stimme: »Hier lang!«

Eine Tür steht angelehnt. Vielleicht eine Gerätekammer. Er tritt ein. Es herrscht tiefste Finsternis.

»Du darfst hier nicht herkommen!«, mahnt ihn der alte Eisenbahner. Seit seiner Ankunft in Bozen begegnet Karl ihm das erste Mal. Es war nicht einfach, von Berlin aus herauszufinden, an welchen Tagen man ihn am Bahnhof antreffen konnte. Aber er muss unbedingt Nachricht von daheim erhalten, und dieser Mann mit seinem komplizierten Lebenslauf ist der ideale Bote. Er ist Österreicher, hat eine erste Frau und Kinder in Berlin, und seine zweite Frau, eine Südtirolerin, lebt in Franzensfeste.

»Wie geht es meiner Mutter?«

»Ich habe dir gesagt, dass es zu gefährlich ist. Du darfst mich hier nicht treffen.« Seine Stimme klingt beinahe drohend.

Karl tritt näher. Er kann das Gesicht seines Gegenübers nicht erkennen, aber er erinnert sich noch an ihn: an die gefurchte Stirn, die buschigen Augenbrauen, den dichten, fast völlig ergrauten Bart. Der Freund, mit dem sein Vater lange Abende verbrachte, um gemeinsam mit ihm eine bessere Welt zu entwerfen.

»Beruhige dich«, erwidert Karl. »Niemand ist mir gefolgt. Ich will wissen, wie es meiner Mutter geht!«

Der Eisenbahner lässt sich besänftigen. Dieser junge Mann könnte immerhin sein Sohn sein.

»Es geht ihr gut. Als sie gemerkt haben, dass du fort bist, hat die Gestapo ihre Wohnung auf den Kopf gestellt. Sie haben sie mitgenommen und verhört. Dann konnte sie zurück.«

Karl beißt die Zähne zusammen. Er will nicht daran denken: die Brutalität, die Beschimpfungen und vermutlich auch Schläge. Vielleicht sogar Schlimmeres.

»Ich muss ihr schreiben. Und du wirst ihr meinen Brief bringen.«

»Du bist verrückt. Das ist viel zu gefährlich. Niemand kann sich mehr zu deiner Mutter wagen.«

»Sie braucht mich.«

Der Lokführer schweigt. Er begreift die Qual des jungen Mannes, aber soll er für eine Nachricht sein Leben riskieren? Was würde das bringen? Zu viele Genossen sind bereits verhaftet, gefoltert, umgebracht worden. Man muss realistisch bleiben.

»Und mein Vater?«, bohrt Karl weiter. »Wo ist er? Immer noch in Bautzen?«

»Bislang. Aber vielleicht wird er verlegt. Die Genossen wissen es noch nicht.«

»Er wird im Lager enden!«, sagt Karl verzweifelt. Sein Vater war einer der Ersten, die bei der Kommunistenjagd im März 1933 verhaftet wurden. Er landete am Ende im Berliner Gestapo-Hauptquartier in der Prinz-Albrecht-Straße 8. Dann brachte man ihn in das südlich der Reichshauptstadt gelegene berüchtigte Bautzener Sicherheitsgefängnis. Aber in ein Konzentrationslager zu kommen ist die schlimmste Aussicht. »Es ist meine Schuld. Ich wusste, dass ich niemals hätte gehen dürfen. Sie werden sich rächen.«

»Sie hätten nur auch dich erwischt. Es war deine letzte Chance auf Freiheit.«

»Ich bin nur fort, um Hilfe für die Meinigen zu finden.«

»Aber nicht um den Preis des Lebens anderer Genossen. Die Geheimzellen sind eine nach der anderen in die Falle getappt. Jetzt gilt es, die zu schützen, die noch übrig sind.«

»Ich weiß! Ich weiß! Die Partei. Dasselbe Lied wie bei meinem Vater …«

Ihm scheint, seine Familie habe bereits genug für die Partei gelitten. Jahrelang hat er Flugblätter mit der Forderung nach Freilassung der politischen Gefangenen entworfen. Ganze Nächte in den Geheimdruckereien. All das, noch *vor* dem Pakt zwischen dem nationalsozialistischen Deutschland und dem kommunistischen Russland. Danach … Das Einzige, was seine Mutter noch erreichen konnte, war, dass der NKWD ihrem Sohn bei der Flucht behilflich war.

Ein Schatten streicht vor der halb geschlossenen Tür vorbei. Der Eisenbahner wendet den Blick. Aber die Nacht ist menschenleer. Zumindest scheint es so.

»Du musst gehen«, sagt er nervös.

Karl bleibt hartnäckig. »Warte! Du musst mir helfen, meine Mutter da rauszuholen.«

»Ausgeschlossen, das weißt du genau. Sie wird beschattet.«

»Das wurde ich auch. Aber es gibt immer einen Weg, aus einer Wohnung zu entkommen. Aus einem Gefängnis ist das schwieriger. Und aus einem Lager unmöglich!«

»Sie würde nicht weit kommen ohne Papiere.« Er legt eine Pause ein und fügt dann langsam hinzu: »Natürlich könntest du …«

Karl denkt nur einen kurzen Augenblick nach. Es ist riskant: Er müsste Pässe auftreiben und sie in einer fremden Stadt fälschen. Er könnte erwischt werden, dann wäre alles umsonst gewesen.

»Ich werde es tun«, stimmt er schließlich zu. »Und du bringst alles nach Berlin.«

Auf dem Bahnsteig nähern sich Schritte.

»Ich kann es versuchen«, murmelt der Lahme. Er greift nach seiner Tasche, wirft sie sich über die Schulter, senkt den Kopf und verschwindet.

Karl verlässt den Bahnhof und läuft mit raschem Schritt durch die wegen der Ausgangssperre wie leergefegten Straßen von Bozen. Dieses zwischen Bergen eingeschlossene Städtchen ist zu klein, als dass ein Fremder seine Spuren verwischen könnte. Aber er fühlt sich merkwürdig beschützt. Vielleicht, weil das Schicksal dieses Landstrichs seit Ausbruch des Krieges gleichsam im Limbus schwebt. Es ist zerrissen, gespalten: zwischen denen, die gehen, und denen, die bleiben wollen, zwischen Optanten und Dableibern. Zwischen Faschisten und Nationalsozialisten, die zwar dem Anschein nach in relativer Harmonie miteinander auskommen, sich jedoch hinter den Kulissen hart bekämpfen. Früher oder später wird die Spannung explodieren. Karl profitiert von der Ungewissheit, außerdem betrifft ihn der Kampf nicht. Seine Feinde überwachen sich gegenseitig, für ihn interessieren sie sich nicht.

Er biegt in die Gerbergasse ein, ein enges Sträßchen mit vielen Bordellen. Er hat ein Zimmer zur Miete im Haus von

Frau Luise gefunden, einer bereits pensionierten Dame. Welchen Beruf sie früher ausgeübt hat, ist unschwer zu erraten. Ein schmales Bett, ein Schrank mit Spiegel, ein Tisch, den er vor das Fenster gerückt hat, und ein Stuhl sind die einzigen Möbel. An die Wände hat er Dutzende von Zeichnungen, eine ganze Skizzen-Galerie gehängt. Szenen städtischen Lebens, Innenansichten von Lokalen. Karl hat Arbeit in der Druckerei Schönbauer am Rathausplatz gefunden. Der Inhaber ist ein beleibter Südtiroler, den alle »Doktor Franz« nennen. Karl zeichnet Postkarten, die sehr gefragt sind. Doch hinter den »Porträts« der Stadt Bozen, hinter den Mauern, sieht er immer und immer wieder das Gesicht einer jungen Frau.

Er öffnet den Schrank und greift nach einer blauen Krawatte. Es ist dieselbe, die er bei seiner Flucht aus Berlin getragen hat. Seine Mutter hatte sie ihm umgebunden, bevor sie ihn das letzte Mal in die Arme schloss.

»Bist du sicher?«, hatte er sie gefragt. Sie hatte genickt und die Tränen hinuntergeschluckt. Die Frau eines Kommunistenführers weint nicht vor den Augen ihres Sohnes.

Er legt die Krawatte auf den Tisch und beginnt, das Futter aufzutrennen. Vorsichtig zieht er drei Fotos hervor. Porträts. Ein Mann, eine Frau, ein junges Mädchen. Sein Vater, seine Mutter und das Gesicht mit den bezaubernden Augen, das er, einer nicht enden wollenden Liebkosung gleich, so oft in Kohle gezeichnet hat. Ida.

5
Das Chaos bricht aus

Juni 1941

Hella hat kein Auge zubekommen, und das Licht der Morgendämmerung hüllt bereits den Kirchturm von Pinzon ein. Die Glocke hat soeben fünf Uhr geschlagen. Im Hintergrund spielt der deutsche Radiosender klassische Musik. Viel Beethoven, natürlich Wagner und hin und wieder sogar Mozart, obwohl die nationalsozialistische Propaganda ihn der jüdischen Abstammung bezichtigt. Nationale Volksmusik und »arischer« Jazz sind ebenfalls erlaubt, denn laut Goebbels und seinen Leuten ist amerikanischer Jazz »Negermusik«.
Jakob hat den großen Radioapparat in Hellas Zimmer schaffen lassen, um ihr die schlaflosen Nächte wenigstens etwas zu erleichtern. Seit Wastl fort ist, kann sie nicht mehr schlafen. Wenn es Abend wird, gibt sie dem Vater einen Kuss, wünscht ihm eine gute Nacht, steigt hinauf in ihr Zimmer und verrichtet die üblichen Dinge: ausziehen, Haar lösen, Nachthemd überziehen, hinlegen, unter die Decke schlüpfen. Dann, das Nichts. Noch mehr Nichts. Warten. Reglos im Bett, mit aufgerissenen Augen. Den Geist bedrängt von Fragen zu dem, was war, und Sorgen um das, was kommt.
Sie hat sich stets mutig in den Kampf für die Rechte der Südtiroler gestürzt, daran glaubt sie. Sie hat die Freiheit, das Ansehen und die Sicherheit ihrer Familie aufs Spiel gesetzt. Manchmal denkt sie, dass Rosa mit weniger Kummer im Herzen gestorben wäre, wenn sie selbst sich nicht so unnachgiebig gezeigt hätte. Der Traum von einem vereinten Großdeutschland rückt jedenfalls in immer weitere Ferne, und dieser Traum hat ihr den Menschen genommen, der ihr am meisten bedeutet: Wastl.

Es ist halb sechs. Die Musik wird unterbrochen. Hella spitzt die Ohren. Sie erkennt Gobbels an der Stimme. Sie richtet sich auf und setzt sich im Bett auf.
»Deutsches Volk, Nationalsozialisten!«[4]
Der Reichspropagandaminister hebt an, eine Botschaft des Führers höchstpersönlich zu verlesen. Hella schnürt es die Kehle zu. Sie denkt an die Rede in der Krolloper, die sie an der Seite ihres Liebsten gehört hat. Sie weiß noch, wie sie sich nach den Absichten des Führers gefragt haben. Vielleicht wird sie nun die Antwort erfahren.
Die von Goebbels mit wachsendem Eifer vorgetragene Erklärung Hitlers geht zunächst auf die jüngsten Siege des Reiches ein. Dann kommt die Sprache auf Russland. Der sonderbare Verbündete von 1939 ist soeben zum Feind geworden.
»Damit aber ist nunmehr die Stunde gekommen, in der es notwendig wird, diesem Komplott der jüdisch-angelsächsischen Kriegsanstifter und der ebenso jüdischen Machthaber der bolschewistischen Moskauer Zentrale entgegenzutreten«, wettert Goebbels. »Deutsches Volk! In diesem Augenblick vollzieht sich ein Aufmarsch, der in Ausdehnung und Umfang der größte ist, den die Welt bisher gesehen hat. Von Ostpreußen bis zu den Karpaten …« Die Karpaten. Ein Feldzug nach Osten. Hella vergisst beinahe zu atmen.
»Die Aufgabe dieser Front ist daher nicht mehr der Schutz einzelner Länder, sondern die Sicherung Europas und damit die Rettung aller. Ich habe mich deshalb heute entschlossen, das Schicksal und die Zukunft des Deutschen Reiches und unseres Volkes wieder in die Hand unserer Soldaten zu legen. Möge uns der Herrgott gerade in diesem Kampfe helfen!«
Hella erhebt sich, ohne das Ende der Erklärung abzuwarten, und beginnt hastig, sich anzuziehen. Endlich hat sie begriffen. Das ist die Antwort. An diesem Morgen des 22. Juni 1941 hat Hitler verkündet, dass seine Truppen zum Angriff auf die Sowjetunion ausgezogen sind.

Sie weiß noch nichts über das, was man später Unternehmen Barbarossa nennen wird, aber sie spürt es in den Knochen: Wastl ist auf dem Vormarsch. Es muss sich um eine gewaltige Offensive handeln. Um eine gigantische Flut aus Feuer und Stahl, die nunmehr begonnen hat, sich über Osteuropa zu ergießen.
Und eines steht fest: Es wird ein Alptraum, der jede bis dahin gekannte Angst verblassen lässt. Ein Alptraum für sie und für wer weiß wie viele andere Verlobte, Bräute, Mütter, Familien.
Sie verlässt das Haus, und der zarte Tagesanbruch, der grenzenlose Himmel erscheinen ihr wie ein grausamer Hohn. Sie läuft zum Friedhof. Wie jeden Morgen steht Jakob, den Hut in den Händen, vor Rosas Grab. Erstaunt blickt er in das tränenüberströmte Gesicht der Tochter.
»Hella, was ist geschehen?«
»Deutschland ist in Russland einmarschiert. Vaterl ... sie haben ihn nach Russland geschickt.«
Jakobs Gesichtszüge erstarren. Er wirft einen Blick auf den Grabstein, als suche er in der Fotografie seiner Frau einen Rat. Dann breitet er die Arme aus, und Hella flüchtet sich an seine Brust.
»Ich habe Angst«, flüstert sie.
Jakob drückt sie an sich. Was kann er tun, um sie zu beschützen? Was soll er ihr sagen? Das jeder Krieg ein Blutbad ist?
»Du weißt nicht, ob sie ihn wirklich nach Russland schicken«, ist das Einzige, was er hervorbringt.
»Ganz bestimmt. Ich weiß, dass es ganz bestimmt so ist!«, ruft sie verzweifelt. »Wenn ich nur wüsste, wo er gerade steckt, wenn ich wenigstens sicher sein könnte, dass meine Briefe ihn erreichen!«
»Er ist ein mutiger Mann. Er wird seine Pflicht erfüllen und dann zurückkehren«, sagt Jakob nicht allzu überzeugt. »Komm jetzt, die Messe beginnt.«
Hella schüttelt energisch den Kopf und löst sich von ihm.

»Ich mag heute nicht mit Gott sprechen«, schluchzt sie verbittert.

»Gib acht, was du sagst, Hella«, ermahnt sie der Vater. »Fluchen hilft Wastl nicht weiter.«

Aber sie verschwindet bereits hinter dem Friedhofstor. Jakob betritt die Kirche, taucht die knotigen Finger ins Weihwasser und bekreuzigt sich.

Russland, ein gewaltiges Land. Er denkt an die russischen Gefangenen zurück, die zu Zeiten des Großen Krieges die Eisenbahn direkt oberhalb von Pinzon mitgebaut haben. Sie schienen unempfindlich gegen Hunger und Kälte. Wahrscheinlich greifen nun die Söhne dieser Männer zu den Waffen, um sich gegen den Einmarsch zu verteidigen. Sie werden bis zum Äußersten kämpfen, dessen ist er sicher.

Und ihm bleibt nur das Gebet.

Auf dem Walther-von-der-Vogelweide-Platz in Bozen drängen sich Trauben von Menschen, die über die große Neuigkeit debattieren. Nach der Morgenmesse im Dom sind die Frauen heimgegangen, um zu kochen. Die Männer haben dagegen auf den Bänken oder an den Tischen draußen vor dem Stadthotel Platz genommen. Jeder will mitreden. Grüppchen von deutschen Offizieren mit auf Hochglanz polierten Stiefeln rauchen und trinken Kaffee. Die in der Nähe sitzenden Gäste spitzen die Ohren. Was sagen Hitlers Krieger? Hier und dort genießen vereinzelte Soldaten des italienischen Heeres ein paar Tage Heimaturlaub, fernab von den bis gestern so exotisch anmutenden Kriegsschauplätzen in Afrika, Griechenland und auf dem Balkan. Heute, konfrontiert mit dem Alptraum der endlosen sowjetischen Steppe, verblassen diese Orte wie alte Postkarten. Karl läuft von Gruppe zu Gruppe, von einem Ende des Platzes zum anderen. Er ist genauso entsetzt wie alle, doch aus anderen Gründen. Wenn Hitler Stalin herausgefordert hat, gibt es für die deutschen

Kommunisten kein Erbarmen mehr. Sein Vater und die 1933 mit ihm verhafteten Genossen werden garantiert umgebracht werden. Und die noch in Freiheit Lebenden wird man immer stärker in die Zange nehmen. Jetzt begreift er, weshalb seine Mutter so darauf gedrängt hat, ihn aus Berlin herauszuschaffen. Offenbar hatten die NKWD-Mitarbeiter in der Botschaft sie gewarnt.

Stalins Spione haben die Panzerdivisionen, die man an der Grenze, im Herzen des zwischen Berlin und Moskau aufgeteilten Polen, zusammengezogenen hat, als Erste bemerkt. Es mussten Hunderte sein, und das nicht erst seit dem Vortag. Das ist kein Anblick, der unbemerkt bleibt. Vielleicht hat Stalin bis zum Schluss nicht daran glauben wollen. Aber er wird zum Gegenschlag bereit sein. Es wird ein Gemetzel geben.

Nun, wo das wacklige Bündnis zwischen den beiden Diktatoren zerschlagen ist, schwebt nicht nur sein Vater in Gefahr. Das bisschen Schutz, das seine Mutter genossen hat, ist dahin. Wer wird ihr jetzt helfen? Die sowjetischen »Genossen« haben ganz andere Sorgen. Die Gestapo, die seit Jahren das Haus im Wedding überwacht, weiß genau, wo sie zu finden ist. Der Junimorgen ist mild und Karl innerlich wie zu Eis erstarrt.

Er fragt sich, was mit Ida ist. Mit seiner geliebten Ida. Was wird sie tun, wenn sie an ihre Tür klopfen? Hat sie schon daran gedacht, sich irgendwo zu verstecken? Ihre Spuren zu verwischen? Sie haben oft darüber gesprochen, hinter vorgehaltener Hand, während der langen Abende im Café Bollenmüller.

»Die Jagd auf Juden hat begonnen«, hat er ihr erklärt. »Du musst von hier verschwinden.«

»Mein Vater kennt Leute mit Beziehungen zur Regierung. Wir sind gute Deutsche. Du wirst sehen, mir passiert nichts«, hatte ihre Antwort gelautet. Sie war so schön und schien vor nichts Angst zu haben.

Karl läuft durch die Straßen, ohne darauf zu achten, wohin. Was tun? Jeder Versuch, nach Berlin zurückzukehren, käme einem Selbstmord gleich. Seine Flucht ist den Behörden bereits bekannt. Nicht einmal hier ist er sicher. Würden die Nazi-Agenten seine Spur verfolgen, wäre es ihnen in einer solch kleinen Stadt, in der sich die Deutschen noch dazu als Herrscher gerieren, ein Leichtes, ihn zu finden. Sollte er die Leute, die ihm auf der Straße begegnen, nicht besser im Auge behalten? Vielleicht spionieren sie ihm bereits nach?
Er stößt erneut auf den Walther-Platz, und während er sich dem Dom nähert, bemerkt er eine vertraute Gestalt. Sie könnte ihm helfen.

Hella nimmt neben Oberst von Brandt auf der Kirchenbank Platz. Nach ihm hat sie gesucht.
Die Messe im Dom ist seit einer Weile vorbei, aber der Organist ist an den Tasten geblieben und spielt, als gelte es sein Leben. Einige sind geblieben, um ihm zuzuhören.
Von Brandt hat seine flache Mütze auf die Knie gelegt. Er begrüßt Hella mit einem Nicken und einem diskreten Lächeln.
»Es ist nicht neu für Sie, nehme ich an«, beginnt sie.
»Wenn Sie auf die Musik anspielen, so weiß ich nicht genau, ob ich dieses Stück kenne. Etwas sagt mir, dass der Organist es gerade improvisiert.«
Hella sieht ihn vorwurfsvoll an, es scheint ihr nicht der passende Moment für Scherze.
»Was das Übrige betrifft, bin ich natürlich auf dem Laufenden. Wie alle.«
»Und halten Sie es für eine gute Nachricht?«
»Ja. Es ist die Entscheidung des Führers.«
»Aber wie geht es jetzt weiter?«
»Wir werden siegen. Die Bolschewisten müssen vernichtet werden.«

»Wird es eine lange Schlacht?«
Von Brandt sieht sie befremdet an. Der Ausdruck »Schlacht« erscheint ihm unpassend.
»Nun, mein Fräulein, ich gestehe, dass es mir schwerfällt, darüber zu reden. Die Vorstellung, der eigenen Bestimmung nicht nachkommen zu können, ist unerträglich, vor allem für einen Offizier.« Er erhebt sich, lässt ihr mit einem Wink den Vortritt und begleitet sie aus der Kirche. Auf dem Kirchplatz setzt er die Mütze auf. »Was heute Morgen, Hunderte Kilometer von hier entfernt, seinen Anfang genommen hat, ist keine Schlacht: Es ist ein gigantischer Zusammenprall von historischem Ausmaß. Wir werden daraus für immer als Sieger oder für immer als Besiegte hervorgehen. Unsere gesamte Existenz steht auf dem Spiel. Der Letzte, der Vergleichbares wagte, war Napoleon.«
»Und glauben Sie, dass mein Verlobter an die Ostfront versetzt wurde?«, unterbricht ihn Hella.
»Jeder deutsche Soldat wünscht, an einem solchen Abenteuer teilzuhaben«, antwortet von Brandt. »Und die Ausbildung ist anspruchsvoll. Seien Sie unbesorgt, er wird von sich hören lassen.«
»Schon, nur wann?«
»Sobald er kann. Ein Regiment im Vormarsch bewegt sich rasch voran.«
Ihre Überzeugung, dass Wastl gleich an die Ostfront geschickt worden ist, war also berechtigt, denkt Hella niedergeschlagen. Es ist die plausibelste Erklärung für sein Schweigen. Leider.
»Lassen Sie den Kopf nicht hängen.« Von Brandt deutet einen Gruß an und schickt sich an zu gehen.
»Aber wie kann ich ihm wenigstens eine Nachricht zukommen lassen?«
Der Offizier hält inne und mustert die junge Frau verstohlen. Sie weiß nichts von der berauschenden Grausamkeit des Krieges. Das kann man ihr nicht zum Vorwurf machen.

»Ich werde Ihnen behilflich sein«, sagt er schließlich. Es wäre allerdings nicht das erste Mal, dass ein junger Mann während einer glorreichen Militäroperation eine Zeitlang die Verlobte vergisst, denkt er. »Ich werde Ihre Briefe zusammen mit den amtlichen Schreiben an die Feldpost-Dienststelle in Berlin schicken. Dort wird man wissen, wie und wohin sie an … Ihren Verlobten weiterzuleiten sind.«

In diesem Augenblick sieht Hella einen Mann auf sich zueilen. Er winkt ihr zu, und kurz darauf erkennt sie ihn. Sie lächelt ihm entgegen.

»Oberst, das ist Karl aus Brixen.« Dann fügt sie, ohne nachzudenken, hinzu: »Ein Freund.« Kann man die Begegnung zweier Einsamer auf einem Bahnsteig als Freundschaft bezeichnen? Aber seine klaren Augen haben in ihr den merkwürdigen Wunsch geweckt, ihn zu beschützen. Wenn sie einen jüngeren Bruder hätte, wäre er vielleicht genau so.

»Sehr angenehm«, sagt von Brandt mit einem Seitenblick auf die bescheidene Kleidung des Neuankömmlings.

»Karl ist zusammen mit mir aus Berlin zurückgereist«, erklärt Hella. »Er konnte wegen seines Asthmas nicht eingezogen werden.« Ihre Stimme verrät eine Spur von Neid. Doch dann fügt sie offenherzig hinzu. »Und er zeichnet die schönsten Porträts der Welt.«

Karl lächelt. Diese Worte kommen ihm gelegen. Er zieht sein Skizzenbuch hervor und beginnt, vor von Brandts Augen darin zu blättern. »Ich habe Arbeit in einer Druckerei gefunden. Ich entwerfe Postkarten. Und gelegentlich fertige ich für einen Kunden ein Porträt an.«

Der Offizier wirkt neugierig.

»Sie haben Talent, junger Mann«, bemerkt er und blickt Karl in die Augen. »Wo haben Sie gelernt, so zu zeichnen?«

»Im Vinzentinum«, antwortet er, ohne zu zögern, und schlägt absichtlich einen lokal gefärbten Ton an. Er hat rasch lernen müssen, glaubhaft die Sprechweise eines gebildeten Südtirolers vorzutäuschen. »Bevor die Faschisten versucht haben, unsere Schule zu schließen.«

»Aber Sie sind kein gebürtiger Südtiroler, oder?«, forscht von Brandt.

»Meine Mutter stammt aus Berlin.« Karl hat eine Erklärung parat. »Ich fürchte, dass ihr beharrlicher Wunsch, ich möge ›ihr‹ Deutsch sprechen, mir einen etwas merkwürdigen Akzent beschert hat. Aber von ihr habe ich auch meine künstlerische Begabung«, fügt er hinzu. Es stimmt: In der Familie war seine Mutter die Kreative. Er erinnert sich, wie sie in den Jahren der Krise eigenhändig mal einen Vorhang verschönert, mal ein Hütchen umgearbeitet hat, und er spürt einen Stich im Herzen.

»Ihre Mutter ist nicht mehr unter uns, nehme ich an?«

»Leider nein.« Ein weiterer Stich. Möglicherweise ist es wahr. Er spürt, wie Hella ihm tröstend eine Hand auf den Arm legt. Aber er schaut sie nicht an, ist ganz auf sein Ziel konzentriert. Er hat Glück gehabt, ihr erneut zu begegnen. Selbst in einer so kleinen Stadt ist das nicht unbedingt selbstverständlich. Dann sagt von Brandt das, worauf er gehofft hat.

»Sie hat Ihnen ein schönes Vermächtnis hinterlassen. Besuchen Sie mich im Hotel Bristol, wenn Sie einmal einen Augenblick Zeit haben. Ich bin sicher, dass etliche unserer Leute gern ein Originalporträt von sich nach Deutschland schicken würden.«

6

Die Geheimnisse des Bristol

Dezember 1941

In den letzten Wochen hat Karl regelmäßig das Hotel Bristol aufgesucht. Er kommt oft am Nachmittag, nach der Arbeit in der Druckerei des guten Doktor Franz. Er zieht von Raum zu Raum, Offiziere und Beamte gestatten sich eine Arbeitspause: ein paar Striche mit dem Kohlestift, und das Porträt zum Heimschicken ist fertig. Die Männer sehen kämpferisch, die Frauen anziehend aus: Karls Kunst vollbringt Wunder.

Doch es gibt keine Zeit zu verlieren. Von der russischen Front dringen beunruhigende Nachrichten an ihre Ohren. Die Informationen sickern aus Berlin durch und gelangen bis nach Bozen, wo sie Diskussionen und Begeisterungsstürme auslösen. Die bis dahin Skeptischen sind nun die größten Optimisten, und niemand spricht mehr von Napoleon.

»Der Sieg ist nahe. Weihnachten ist es so weit!«, prophezeit man bei der ADERSt. In den Büroräumen hat man große Karten der Sowjetunion an die Wand geheftet. Tagtäglich versetzen die Abteilungsleiter die Hakenkreuznadeln, damit alle den überwältigenden Vormarsch der Reichstruppen verfolgen können. Und mit schwarzer Tinte zeichnen sie Pfeile, die geradewegs auf das Herz des bolschewistischen Teufels abzielen.

Hitler hat eine in der Kriegsgeschichte bis dahin beispiellose Streitmacht mobilisiert. Dreieinhalb Millionen Mann stark, mit über dreitausend Panzern und mehr als zweieinhalbtausend Flugzeugen. Die Offensive erfolgt in drei Richtungen: im Norden nach Leningrad, in der Mitte nach Moskau und im Süden nach Kiew und Odessa. Die Nadeln häufen sich, die Pfeile werden länger, und die im Radio verlesenen Meldungen des deutschen Generalstabs klingen immer siegessicherer. Nur die größten Experten, wie von Brandt, bemerken etwas: Hitler zaudert, ob er lieber Moskau, das Machtzentrum Stalins, zu Fall zu bringen oder im Kaukasus, dem Zentrum der Erdölvorkommen, einmarschieren soll.

Karl hat es eilig, aber er versucht, sich nichts anmerken zu lassen. Der erste Teil seines Plans ist aufgegangen. Er hat es geschafft, gilt als vertrauenswürdig. Seine Anwesenheit im Bristol ist selbstverständlich. Er kann sich frei bewegen, sich an den Bartresen oder einen Restauranttisch setzen, ein paar Worte mit von Brandt wechseln und einfach wieder verschwinden. So hat er herausgefunden, wo das ist, nach dem er sucht.

Eines Nachmittags verabschiedet er sich von Doktor Franz und begibt sich in die Laubengasse. Es ist bereits Winter, die Tage sind kürzer, und durch die mittelalterlichen Arkaden pfeift kalter Wind.

Er öffnet die Tür zu einer Schusterei. Ein alter Mann beugt sich hinter dem Ladentisch über eine Damen-Stiefelette, deren Sohle er ausbessert.

»Grüß Gott, junger Mann, Sie wünschen?«, fragt er aufblickend. Er trägt eine schwarze Kappe, sein Arbeitskittel ist mit Wachs- und Fettflecken übersät. Seine Hände sind derb wie das Leder, mit dem er hantiert.

Er lässt Karl keine Zeit zu antworten und fügt gleich hinzu: »Sie stammen nicht aus der Gegend, oder?«

»Nein, meine Familie lebt in Brixen.«

»Ah, tatsächlich? Und was machen Sie dann noch hier? Euer Bischof hat doch gesagt, dass wir alle nach Deutschland gehen sollen!«

Karl nickt. Er kennt die Haltung von Monsignore Geisler und seinem Gehilfen Alois Pompanin, die sich beide für die Option ausgesprochen und selbst beschlossen haben zu gehen. »Der Hirte muss seiner Herde folgen«, hat Geisler gesagt. Fast der gesamte übrige Südtiroler Klerus hat die Leute dagegen zum Bleiben aufgefordert. Die Kirche in Deutschland wird seit Jahren von den Nationalsozialisten verfolgt.

»Das ist nicht so einfach …«, entgegnet er.

»Sie haben recht, es ist nicht so einfach!« Der Schuster steht auf, entfernt sich vom Ladentisch, wischt die fettigen Hände am Kittel ab. Er schiebt die Hand hinter einen Stapel Schuhe und zieht eine Flasche mit einer klaren Flüssigkeit hervor. Dazu zwei notdürftig gespülte Gläser. Er entkorkt die Flasche, schnuppert daran und seufzt: »Das ist der wahre Duft des Lebens. Meinen Sie nicht?«

Karl reißt die Augen auf, und sein Gegenüber lacht, ein überraschend jungenhaftes Lachen.

»Nur weil ich meine Tage damit verbringe, mich um anderer Leute Füße zu kümmern, sollt ich nicht wissen, was gut fürs Gemüt ist? Was kann ich für Sie tun?«, fragt er erneut, während er die beiden Gläser randvoll mit Grappa füllt und eines davon Karl reicht. »Brauchen Sie vielleicht ein Paar Winterschuhe?«

Er ist in Plauderstimmung. Die Tage zwischen den vier Wänden seiner Werkstatt sind offenbar lang und unausgefüllt. Die Leute sparen an allem, sogar am Schuhwerk. Wegen des gesteigerten Bedarfs im Zuge der italienischen Kriegsanstrengungen ist nirgendwo mehr Leder zu bekommen. Nicht mal auf dem Schwarzmarkt.

»Wissen Sie was? Selbst ich mag nicht aus Südtirol fortgehen, obschon manche Freunde es bereits getan haben. Ich bin hier geboren und aufgewachsen, ich habe mein Leben in dieser Werkstatt verbracht. Meine Frau ist gestorben, und ich habe keine Kinder. Verraten Sie mir, was ich da im großen Reich verloren habe!« Er leert sein Glas in einem Zug und schenkt sich nach. »Ich habe optiert, wie alle. Sie müssen nicht denken, es mache mir Spaß, den faschistischen Milizsoldaten gratis die Stiefel zu flicken. Aber ich gehe nirgendwohin. Solange ich ein Dach über dem Kopf und eine Flasche vom hiesigen Grappa habe … bleibe ich hier. Besser daheim sterben als in der Fremde!«

Karl trinkt in kleinen Schlucken und lauscht dem Monolog des Schusters. Die Heimat verlassen, sie nicht verlassen, so tun, als wolle man sie verlassen? Das Leben dieser Region kreist um eine ebenso grausame wie absurde Frage. Aber dank dieses ganzen Chaos gelingt ihm die Tarnung.

»Hören Sie, ich muss bald schließen«, erklärt der Schuster irgendwann. »Sagen Sie, womit ich Ihnen dienen kann.«

»Ich brauche eine Ösenzange.«

»Wie bitte?«

»Eine Zange, wissen Sie … um die Ösen für die Schnürsenkel an meinen Schuhen zu befestigen.«

»Ich weiß schon, was eine Ösenzange ist!«, entgegnet der Alte, während er nach einem Werkzeug greift und es auf den Ladentisch legt. »Aber wäre es nicht einfacher, Sie brächten mir Ihre Schuhe, und ich richte sie Ihnen wieder her?«

Karl schüttelt den Kopf. Er streckt den Arm aus und nimmt ihm das kleine Gerät ab, das er benötigt. Es ist genau das gleiche, das er in Berlin benutzt hat, um neue Fotos in gestohlenen Ausweisen zu befestigen. Die zur Entfernung des alten Fotos aufgebogenen winzigen Zähnchen müssen vollkommen exakt zurückgebogen werden, und nur mit Hilfe einer Ösenzange lassen sie sich wieder richtig befestigen. Die Kunst des Fälschens liegt im Detail.

»Ich zahle Ihnen fünfzig Mark«, sagt Karl kurz angebunden. Zum Schwarzmarktkurs ist das in Lire umgerechnet ein kleines Vermögen. »Schenken Sie mir noch ein Glas Grappa ein. Schluss mit den Fragen. Jeder muss schauen, wie er zurechtkommt.«

Seit Beginn des Unternehmens Barbarossa lebt Hella von Frontberichten. Der Krieg hat sie trunken gemacht. Die Einnahme von Smolensk im Juli. Das erbitterte Gefecht um Kiew im August. Kämpfe, die den Vormarsch nach Moskau verzögert haben. Dann endlich, am 3. Oktober, hat sie Hitlers große Rede im Berliner Sportpalast im Radio mit angehört. Alles läuft gut, die größte Schlacht der Geschichte schreitet wie geplant voran, der Feind wird sich nicht wieder erheben, Deutschland ist außer Gefahr und mit ihm Europa. Der Sieg steht unmittelbar bevor. Eine Frage von Tagen oder wenigen Wochen, dann wird es Frieden geben, man wird Wastl entlassen, und er kann endlich heimkehren, in ihre Arme. Deshalb schreibt er ihr nicht, während ihre Freundinnen bereits diverse Briefe von ihren Verlobten an der Front erhalten haben. Er wird bald zurückkehren, ganz gewiss. Und natürlich liebt er sie noch.

Wenige Tage später bringt der deutsche Sender die Nachricht der jüngsten prahlerischen Propaganda-Veranstaltung der Bolschewiken. Am 7. November marschiert das sowjetische Heer auf dem Roten Platz auf, wo Stalin eine Ansprache hält. Es ist eine Parade zum Jahrestag der Oktoberrevolution, als sei nichts geschehen. Als seien nicht bereits Hunderttausende Soldaten umgebracht, verletzt, gefangen genommen worden. Der russische Diktator verkündet, die Tage Hitler-Deutschlands seien gezählt: maximal noch ein Jahr, sagt er. Wie soll man ihn ernst nehmen, während das deutsche Heer Moskaus Vorstädte mit Flächenbombardements überzieht?

Der Sieg scheint derart gewiss, dass selbst Mussolini sich eilig mit ins Getümmel gestürzt hat, wenn auch ein bisschen verspätet. Um bei der Aufteilung der Beute nicht außen vor zu bleiben, hat er im August ein 200 000 Mann starkes Expeditionskorps in die Ukraine geschickt.

Und dann gibt es noch eine weitere Schlacht, die Hella entdeckt hat und die ihr vor Augen führt, wie klein die Welt ist.

Die Schlacht im Atlantik, von der die Funktionäre im Bristol oft sprechen. U-Boot-Flotten versenken die Schiffe auf Kurs zwischen den Vereinigten Staaten und England. Täglich gehen Dutzende Handelsschiffe unter. Ziel ist, die Versorgung mit Brennstoff und Munition zu stoppen, mit deren Hilfe die Aggressionen gegen Deutschland geschürt werden. Der Führer siegt an allen Fronten.

Ich war dumm, mir Sorgen um dich zu machen, Liebster. Aber verstehe mich, du bist so früh aus meinem Leben verschwunden! Kaum hatte ich in Berlin meine schönsten Tage mit dir verbracht, warst du nicht mehr da. Ich hatte eben erst entdeckt, was Glück bedeutet, und schon warst du fort. Mir kommt ein bestimmter Augenblick in Erinnerung. Ich lag auf dem Bett unseres Zimmers im Adlon. Der Abend nahte, das Fenster war geöffnet, die Geräusche der Straße drangen bis zu uns herauf, du warst hinausgegangen, um die Zeitung zu kaufen, und ich sagte mir, dass mein Leben nun endlich beginnen könne. Ich spürte, dass ich erreicht hatte, wonach ich stets gesucht habe. Die Richtung, an der sich der Weg orientiert. Es spielte keine Rolle, wohin er führen würde, ich würde ihn mit dir gemeinsam gehen. Du bist ins Zimmer zurückgekommen, ich wollte diese Gedanken mit dir teilen, doch du hast mich in deine Arme geschlossen, hast mich geküsst, und der Wunsch zu sprechen ist verflogen.

Karl hat alles genau im Kopf. Der Plan steht fest, und er ist überzeugt, jedes Detail durchdacht zu haben. Doch das wesentliche Element fehlt ihm. Und die Zeit drängt.
Er betritt die Eingangshalle des Bristol und begrüßt den Portier. Sein Blick streift flüchtig den Abreißkalender, an dem nur noch wenige Blätter hängen: Es ist der 11. Dezember 1941. Die für Karl interessante Abteilung liegt im zweiten

Stock: dort, wo die Pässe für die Optanten ausgestellt werden, sobald sie die deutsche Staatsbürgerschaft haben.
Einer dieser Pässe hat auch ihm die Flucht ermöglicht. Seit sich in Deutschland der nationalsozialistische Terror ausbreitet, gibt es für Hunderttausende nur noch zwei Möglichkeiten: sich verstecken oder verschwinden. Juden, Kommunisten, Homosexuelle oder kritische Intellektuelle ... alles Menschen, die Himmler und seine Schergen als Schandflecken der arischen Rasse oder als Gefahr für das Regime betrachten. Aber um durch die Maschen des Netzes zu schlüpfen, muss man neu geboren werden: mit neuem Namen und neuer Vergangenheit. Der Schlüssel zur Freiheit ist immer ein Ausweis. Eine Kennkarte, wie sie von den Nationalsozialisten zur Pflicht erhoben wurde. Ein Wehrpass. Oder noch besser: ein Reisepass.
Die Fälscher haben sich ans Werk gemacht, in Berlin und anderswo, in Kellern, Garagen, leerstehenden Gebäuden. Manche sind regelrechte Künstler geworden, wie Karl und sein gleichaltriger Freund Cioma, der ihm das Handwerk beigebracht hat.
Anfangs musste man stehlen: Papiere, Reisegenehmigungen, Bescheinigungen. Dann haben die »guten Deutschen« angefangen, sie zu verlieren, sie auf der Kirchenbank, im Beichtstuhl oder in einem für Spenden aufgestellten Körbchen »zu vergessen«. Und schließlich kam Geldgier ins Spiel: Als die Gefahr immer drohender wurde, scheuten sich die Fluchtkandidaten nicht, für die Mitwirkung der Beamten zu bezahlen.
Dann hatten die Nationalsozialisten begonnen, selbst neue Papiere in Umlauf zu bringen: einwandfreie Arier- oder Abstammungsnachweise für die Bewohner der vom Reich annektierten deutschsprachigen Gebiete in Europa. Die neuen Landsleute mussten in jedem Fall ihre Zugehörigkeit zu Großdeutschland beweisen können.

Für die Fälscher war das ein Geschenk des Himmels. Spielräume eröffneten sich, wo immer es zu Masseneinbürgerungen dieser Völker kam. Von Warschau bis Bozen: überall dort, wo sich die für die Belange der deutschstämmigen Bürger außerhalb des Reiches zuständige Behörde, die sogenannte Volksdeutsche Mittelstelle, niederließ. So entstand ein reger Schwarzmarkt für ganz oder teilweise gefälschte Ausweispapiere.

Der NKWD hat das Potenzial dieser gewaltigen Operation sehr rasch erkannt. Gleich zu Beginn hat er die Behörde des aus der Ukraine stammenden Generals Wassili Biskupski in Berlin unterwandert, wo sich die zu den sogenannten »Weißen« zählenden Russen, also die nach Deutschland emigrierten Antibolschewiken, einbürgern ließen. Auf diese Weise ist er an die für seine Agenten notwendigen Ausweise gelangt. Eine Zeitlang hatte der NKWD erwogen, Karl einen solchen Ausweis zukommen zu lassen, aber es gab ein Problem: Er sprach kein Russisch. Als »Weißer« wäre das gegenüber einem Gestapo-Mann in Verhörlaune nicht gerade glaubwürdig gewesen.

So ist Karl Südtiroler geworden.

Das Restaurant des Bristol ist gut besucht. An den Tischen mit den weißen Tischtüchern sitzen überwiegend Männer in Uniform und ein paar vereinzelte elegante Damen, die gekommen sind, um ihren Ehemann oder Geliebten zu treffen. Auch an dem langen hellen Holztresen der Bar mit seinen lederbezogenen Barhockern drängen sich die Gäste. Die Luft draußen verheißt Schnee.

Plötzlich geht die Tür zum Restaurant auf, und die gesamte Führungsspitze der ADERSt in Begleitung einiger zur Inspektion gekommener SS-Offiziere tritt ein. Die Gespräche brechen ab, Totenstille breitet sich aus. Einige der Anwesenden schnellen auf und schlagen die Hacken zusammen, als

Wilhelm Luig, Leiter der ADERSt von Bozen und Vertrauensmann Himmlers, vorbeiläuft. Auch von Brandt ist dabei, und Karl erhebt sich, unschlüssig, ob er die beiden Männer begrüßen oder sich durch die nahe gelegene Tür in die Küche verdrücken soll.

»Heil Hitler«, beginnt Luig. Nun stehen alle auf und strecken den rechten Arm zum nationalsozialistischen Gruß aus. »Freunde, aus Berlin erreicht uns die Nachricht, dass der Führer in wenigen Minuten eine Rede von höchster Wichtigkeit halten wird. Sie wird im Radio übertragen, und daher schlage ich vor, sie gemeinsam zu hören.«

Ein junger Soldat stellt den großen Apparat hinter dem Tresen auf die Frequenz des Reichsrundfunks ein. Die Anwesenden tauschen Blicke. Angesichts der soundsovielten, sicherlich ausschweifenden Radioansprache Adolf Hitlers Widerwillen zu zeigen wäre unklug. Die Unbefangeneren geben den weiß livrierten Kellnern ein Zeichen und bestellen Grappa oder Cognac. Es könnte ein langer Nachmittag werden.

Görings Stimme zerschneidet die Stille. Der Reichstagspräsident fordert den Führer auf, zu seinem Volk zu sprechen. Karl ist klar, dass er sich diese Gelegenheit nicht entgehen lassen darf, und er spannt die Muskeln an, bereit, jederzeit aufzuspringen.

»Abgeordnete! Männer des Deutschen Reichstages!«[5], beginnt Hitler. »Ein Jahr weltgeschichtlicher Ereignisse geht zur Neige, ein Jahr größter Entscheidungen steht vor uns.« Unauffällig nähert sich Karl der Küchentür.

»Wenn die Vorsehung es so gewollt hat, dass dem deutschen Volk dieser Kampf nicht erspart werden kann, dann will ich ihr dafür dankbar sein, dass sie mich mit der Führung eines historischen Ringens betraute!« Karl hört hinter seinem Rücken die zweiflügelige Tür auf- und zuschlagen. Auf der einen Seite passieren die Kellner, die das Essen bringen, auf

der andern Seite jene, die für das Abräumen von Geschirr und Gläsern zuständig sind.
Hitler hat sich in eine seiner üblichen Tiraden gegen die Bolschewiken gestürzt. »Von Monat zu Monat mehr wurde die Erkenntnis gewonnen, dass die Pläne der Männer des Kreml auf die Beherrschung und damit Vernichtung ganz Europas hinzielten.« Karl sieht einen Kellner mit einem Tablett voller Teller nahen. Das ist der richtige Moment.
»Weil ich Sowjetrussland für die tödliche Gefahr nicht nur für das Deutsche Reich, sondern für ganz Europa hielt, habe ich mich entschlossen, wenn möglich noch wenige Tage vor Ausbruch dieser Auseinandersetzungen selbst das Zeichen zum Angriff zu geben.« Karl schlüpft hinter dem vorbeilaufenden Kellner in die Küche. Der entgeisterte Blick des Kochs trifft ihn.
»Wo sind die Toiletten?«, fragt er. Der Mann deutet mit der Hand in eine Richtung. Karl folgt ihr. Er gelangt in einen Flur und hält vor einem Personalaufzug.
Zweiter Stock, Raum 216. Mit seinem Skizzenbuch in der Hand ist er oft an diesem Büro vorbeigekommen, um für wenig Geld sein Talent als Porträtzeichner anzubieten. Es ist die Passausgabestelle. Karl benötigt drei Pässe wie den seinen, vom deutschen Konsul in Bozen ordnungsgemäß mit Stempel versehen. Die Reisepässe dreier Südtiroler Optanten: eines Mannes um die fünfzig, einer rund zehn Jahre jüngeren Frau und einer jungen Frau um die zwanzig.
Die Tür zu Raum 216 ist unverschlossen. Als der Befehl kam, gemeinsam die Führerrede anzuhören, hat man die Schreibtische im Stich gelassen. Die Pässe befinden sich alphabetisch geordnet in den Karteischränken aus hellem Holz, aber die Namen sind Karl egal. Nur Geburtsdatum und Foto zählen.
Plötzlich zerreißt Hitlers Stimme die Stille. Die hausinterne Rundfunkübertragung ist aktiviert worden. Karl hört die Schritte einiger Offiziere und Angestellter, die zügig an ihren

Arbeitsplatz zurückkehren. Rasch, er muss sich beeilen. Hastig durchblättern seine Finger die Ausweise. Da ist ein für seinen Fall geeigneter Mann.
Der Führer spricht über die Vereinigten Staaten, über Präsident Roosevelt. Er beharrt auf dessen Fehler und den Hass auf Deutschland. Karl sucht weiter, versucht, das Zittern der Hände unter Kontrolle zu halten. Er steckt einen zweiten Pass in die Tasche, den einer Frau im Alter seiner Mutter.
Hitlers Stimme dröhnt aus den Lautsprechern: »Vom November 1938 ab beginnt er planmäßig und bewusst jede Möglichkeit einer europäischen Befriedungspolitik zu sabotieren.« Karl spitzt die Ohren. Schritte im Flur. Stimmen. Die Türklinke zu Raum 216 wird gedrückt. Jemand ist im Begriff einzutreten. Man wird ihn entdecken. Ein letzter Versuch. Ein letztes, kleines bisschen Glück. »Schnell, schnell!« Für sie. Für Ida. »1919.« Perfekt, zweiundzwanzig Jahre alt, blaue Augen, helles Haar. Ohne auf den Namen zu schauen, steckt er den Pass in die Tasche und duckt sich hinter einen Schreibtisch. Zwei Männer unterhalten sich auf der Schwelle, ohne einzutreten. Eine Stimme gehört zu von Brandt. Aber Karl erkennt auch die zweite. Sie scheint aus der Vergangenheit emporzutauchen. Einen von Staunen erfüllten Augenblick lang ist alles in der Schwebe.
Dann gehen die beiden Männer weiter.
Während Hitler gegen Amerika wettert, erhebt sich Karl und eilt rasch in den Flur hinaus. Der Personalaufzug ist besetzt. Er läuft die Treppen hinunter zurück in die Küche. Mit einem breiten, erleichterten Lächeln grüßt er den Mann am Herd. Dann öffnet er die Tür, späht in den Speisesaal und tritt hinter einem der Kellner ein. Er stützt die Ellbogen auf den Tresen. Nun kann er ruhig der Führerrede lauschen.
Die Zeit verstreicht, doch Karl zeigt keinerlei Zeichen der Ungeduld. Er spürt genau, er hat sein Schicksal selbst in die Hand genommen hat. Er schaut zu Boden, um seinen trium-

phierenden Blick zu verbergen. Seine Finger streifen über den festen Karton der drei gültigen Pässe. Er ist überzeugt, dass es ihm damit gelingen wird, die drei für ihn wichtigsten Menschen auf der Welt der Hölle zu entreißen.

Genau in diesem Augenblick verkündet Hitler: »Die drei Mächte haben deshalb das folgende Abkommen abgeschlossen und am heutigen Tage in Berlin unterzeichnet.« Und in eine Grabesstille hinein verliest er Artikel 1 dieses Abkommens: »Deutschland, Italien und Japan werden den ihnen von den Vereinigten Staaten von Amerika und England aufgezwungenen Krieg mit allen ihnen zu Gebote stehenden Machtmitteln gemeinsam bis zum siegreichen Ende führen.«

Vier Tage zuvor, am 7. Dezember 1941, hat Japan den amerikanischen Stützpunkt von Pearl Harbor auf Hawaii angegriffen. Am Tag darauf hat der amerikanische Kongress mit einer Kriegserklärung an das Reich der aufgehenden Sonne reagiert. Nachdem Hitler sich mit der UdSSR angelegt hat, fordert er nun die Vereinigten Staaten heraus.

Die gesamte Welt ist in den Krieg eingetreten.

Und während sich der Sturm um ihn her immer dichter zusammenbraut, fühlt Karl so etwas wie Glück.

7

Zeit des Aufbruchs

Dezember 1941

In einem Sträßchen von Montan, wohin Hella von Pinzon aus zu Fuß geeilt ist, hält sie vor einem flachen Gebäude inne. Sie ist entschlossen, sich Klarheit zu verschaffen, sie will dahinterkommen, weshalb die Abreise der Familie Steiner von Woche zu Woche verschoben wird. Von Brandt hat recht: Wer für den Umzug ins Reich gestimmt hat, ist verpflichtet zu gehen. Natürlich nur, wenn alles in Ordnung ist, fügt Hella beim Gedanken an ihren Vater insgeheim hinzu.

Das eingeschossige Haus ist sehr schlicht. Vermutlich ein ehemaliger Getreidespeicher, der für eine Bauernfamilie in ein Wohnhaus umfunktioniert wurde. Der davor gelegene Gemüsegarten versteckt sich unter Schnee, auf der Rückseite stehen mehrere Apfelbäume. Bei diesem kleinen Flecken Land sind sich die italienische und die deutsche Behörde einig: Es ist nicht viel wert. Die Eigentümer dürften wohl kaum bezweifeln, dass ihr neues Leben im Großdeutschen Reich nur besser werden kann.

Die Tür wird sogleich geöffnet. Man erwartet sie bereits.

»Grüß Gott, Dora, wie geht es Ihnen?«

»Gut, Fräulein Rizzolli, danke«, erwidert die junge Frau. Aus dem angespannten Gesicht und den müden Augen spricht jedoch etwas anderes. »Mein Mann kommt gleich.«

Hella nimmt in der kleinen Stube Platz. An der Wand hängen ein Kruzifix, ein Bildnis der Jungfrau Maria und die gerahmte Fotografie eines Mannes in österreichisch-ungarischer Armeeuniform. Es ist der zehn Jahre zuvor viel zu früh verstorbene Familienvater, dem keine Zeit blieb, sein Glück zu machen. Hella geht in Gedanken die Situation durch: Dora ist die Ehefrau von Johann, dem Erstgeborenen. Der jüngere Bruder heißt Walter. Dann ist da noch Anna, die Mutter der beiden Männer, eine dickfellige, resolute Witwe. Sie hängt an ihrer Heimat: Hella hat sie im Herbst 1939 mehrfach aufsuchen müssen, bevor es ihr gelungen ist, sie, um der besseren Zukunft ihrer Söhne willen, zum Verlassen des Vaterlandes zu bewegen.

Die Tür geht erneut auf. Eine massige Gestalt zeichnet sich im Eingang ab. Es ist Johann, der in diesen Tagen keine Arbeit gefunden hat. Gemeinsam mit Walter verdingt er sich in der Gegend als Tagelöhner, und nicht immer kommen sie unter. Die Zeiten sind hart, klagen die Grundbesitzer: Der Wein verkauft sich schlecht, und der Holzhandel ist in italienischer Hand.

Johann setzt sich Hella gegenüber. Dora bleibt stehen. Sie bringt einen Krug Apfelsaft und zwei Gläser.

»Die Papiere sind bereit«, beginnt Hella. »Es fehlt nur noch die Liste mit den Gütern, die ihr mitnehmen wollt.«

»Ich weiß, ich weiß«, nickt Johann.

»Es ist nur ein Inventarverzeichnis, das ist leicht zusammengestellt. Die Möbel und der Hausrat …«, sie unterbricht sich. Beinahe wäre ihr herausgerutscht, dass es schließlich nicht viel ist. Eine nicht gerade taktvolle Bemerkung. Auf den Listen der Auswanderungskandidaten hat sie Fotografien und Tischdeckchen, geflochtene Körbchen und Heiligenbildchen gefunden … Klägliche, erbarmenswerte Verzeichnisse, die für das Leben ganzer Generationen stehen. Man muss ihnen mit Achtung begegnen.

»Aber es soll mit der Maschine getippt sein …«, wendet Johann ein.

»Die AdO ist dazu da, um euch zu helfen. Kommt einfach mit der handschriftlichen Liste in mein Büro, den Rest erledige ich.« Um sich vor Ort um die ihr anvertrauten Fälle kümmern zu können, hat Hella in dem Haus ihrer entfernten Verwandten Tiefenthaler in Montan, dem Gajahof, eine Niederlassung eingerichtet. Alle nennen sie »die Kanzlei«. Wenn sie nicht gerade zu einem Treffen nach Bozen muss, ist sie täglich dort.

»Die Sache ist nur die, dass wir nicht genau wissen, was wir mitnehmen sollen. Das muss Mutter entscheiden. Es sind schließlich ihre Sachen!«

»Und wo ist Anna?«

»Sie ist auf Verwandtenbesuch. Sie wird bald zurückkommen.«

Hella schaut zu Dora, die den Blick auf den Boden geheftet hat.

Johann erhebt sich. »Entschuldigen Sie mich, Fräulein Rizzolli, ich habe etwas zu erledigen.«

Vielleicht stimmt es, aber so plötzlich? Seine Eile und seine Verlegenheit sind merkwürdig.

»Ihr wisst, dass wir ohne euer Verzeichnis den Umzug nach Innsbruck nicht planen können? Um die Kosten braucht ihr euch keine Gedanken zu machen, die werden von Deutschland übernommen.«

»Ich weiß, ich weiß«, wiederholt Johann, der nur darauf wartet, endlich verschwinden zu können. »Wenn meine Mutter zurückkommt, wird sie das Verzeichnis anfertigen, ich verspreche es Ihnen.«

Schweigen breitet sich aus. Hella wartet geduldig, sie weiß, dass Dora mit ihr reden möchte. Johann verabschiedet sich nicht von seiner Frau, er dreht sich auf dem Absatz um und geht mit der Haltung eines vom Schicksal gebeutelten Mannes hinaus. Er hat sich nicht einmal für das Fernbleiben seines jüngeren Bruders Walter entschuldigt. Dieser Mann ist äußerst schweigsam, etwas quält ihn. Was?

Hella führt das Glas mit dem Apfelsaft an die Lippen. Zwecklos, jetzt zu reden. Sie kennt das Dorf und seine Bewohner besser als jeder andere. Während der Propagandakampagne für die Option hat sie Dutzende Familien aus der Gegend aufgesucht. Um sie davon zu überzeugen, für das Deutsche Reich zu optieren, um sie mit ihrem Lächeln, ihrer Begeisterung und den Parteiparolen zu gewinnen. Um ihnen zu helfen, sich bewusst zu werden, wer sie sind: ein Volk, das zu allem bereit ist, um zu überleben.

»Meine Schwiegermutter wird nicht so bald zurückkommen«, sagt Dora leise. »Sie ist in Bozen im Krankenhaus.«

Karl hat sich in seinem Zimmer in der Gerbergasse eingeschlossen. Das Eis am Fenster trübt die Sicht. Von der Straße dringen vertraute Geräusche herauf: Gesprächsfetzen zwischen Freunden, ein Schwall Musik. Kaum vorstellbar, dass die gesamte Welt in Flammen steht, verdammt vom Hass und der Besessenheit eines einzigen Mannes.

Er hat den Tisch weit vom Fenster abgerückt. »Vorsicht mit den Nachbarn«, hatte Cioma ihn stets gewarnt. Er hatte ihn in der Kunstgewerbeschule in der Nürnberger Straße kennengelernt und unter seiner Anleitung die ersten Versuche als Fälscher unternommen.

»Obacht auch vor den Kunden …«, pflegte der junge, von der Gestapo verfolgte Jude hinzuzufügen. »Wenn es darum geht, die eigene Haut zu retten, verraten sie dich, ohne mit der Wimper zu zucken.« Im nationalsozialistischen Deutschland ist die harmloseste Strafe für Fälscher die Guillotine im Gefängnis Plötzensee.

Karl verrichtet die Handgriffe beinahe mechanisch, wie er es in dem kleinen, als Elektroladen getarnten Geheimatelier in der Waldstraße getan hat. Dort hatte er Zugriff auf gültige Ausweise aus allen sozialen Schichten: Arme, Reiche, Bürgerliche, Arbeiter und vor allem preußische Soldaten aus dem Großen Krieg. Allesamt Deutsche, die sich gegen Hitler auflehnten. Die Papiere wurden an geheimen Orten nach den

Regeln der Kunst gefälscht, um damit Juden und andere Unschuldige vor der NS-Mordmaschinerie zu retten.

Karl ist sich im Klaren, dass der kleinste Schnitzer den von ihm geliebten Menschen das Leben kosten kann. Er hat die amtlichen Stempel auf den Originalfotos genau ausgemessen. Dann hat er sie unter einem starken Vergrößerungsglas eingehend studiert. Mit hauchfeinen Federn und Pinseln kopiert er auf einem weißen Blatt den Stempel mit dem Bild des Reichsadlers, der das Hakenkreuz zwischen den Klauen hält. Dann den ringförmigen Schriftzug »Deutsches Reich« und »Konsulat Bozen«. Die im Bozener Amt verwendete Tinte hat einen Stich ins Violette. Es war nicht schwer, denselben Farbton in der Druckerei von Doktor Franz aufzutreiben. Nun lockert Karl mit äußerster Vorsicht die Zähnchen der Ösen, mit denen die Originalfotos in den entwendeten Pässen befestigt sind. An ihrer Stelle plaziert er die drei neuen Aufnahmen: den Vater, die Mutter, Ida. Mit sicherer Hand biegt er die Zähnchen wieder fest, wobei er die beim Schuster erworbene Zange zu Hilfe nimmt. Auch das hat er von Cioma gelernt: Das Erste, was sie kontrollieren, sind die Ösen. Wenn man sie wieder anbringt, ohne sie mit der entsprechenden Zange richtig festzudrücken, fliegt der Schwindel sofort auf. Der letzte Schritt allerdings ist gleichzeitig der heikelste. Karl muss den Stempel auf den neuen Fotos nachbilden, den auf der Ausweisseite aufgestempelten Teil ergänzen.

Als er endlich den Kopf hebt, dämmert es bereits. Er steht auf, reckt die schmerzenden Glieder und läuft zwei Schritte zum Fenster. Die Gasse zu seinen Füßen erwacht erneut zum Leben.

Ihm ist, als höre er die Stimme seines Vaters nach ihm rufen. Dieselbe Stimme, die es einst schaffte, die Arbeitermassen eines von der Wirtschaftskrise in die Knie gezwungenen Landes aufzurütteln. »Auf, Karl! Lass uns was Schönes unternehmen!« Er nahm ihn mit auf lange Spaziergänge durch

Berlin, damals, als die Stadt noch das pulsierende Herz Europas war. Jetzt prüft Karl der Reihe nach die soeben eigenhändig gefälschten Pässe. Nun ist es an ihm, dem Vater bei dem einzigen Unternehmen beizustehen, das ihm das Leben retten kann: bei der Flucht aus dem Gefängnis und aus Deutschland.

Hella wartet im Foyer des Bozener Krankenhauses, sie zittert. Draußen ist es kalt, aber hier drin ist es kaum wärmer. Eine Schwester mit Kopfhaube hat sie gebeten, auf Doktor Hoffmann zu warten, er werde sie schnellstmöglich empfangen. Sie nimmt auf einer der hellen Holzbänke neben ein paar wartenden Patienten Platz. Der Anblick Kranker, mit ihrem stummen, herzzerreißenden Flehen in den Augen, hat sie schon immer bedrückt. Mit einem Mal überkommt sie Übelkeit. Aber vielleicht liegt es nur an dem Geruch nach Desinfektionsmitteln und Chloroform, der in der Luft liegt.
Ein Mann in weißem Kittel nähert sich. Er ist klein, untersetzt und stämmig gebaut. Unter der hohen Stirn, hinter den blau getönten Gläsern eines Zwickers, verbergen sich zwei helle, müde Augen.
»Hoffmann mein Name. Sie wünschen?«
In Bozen ist Doktor Hoffmann eine angesehene Größe, ein bekannter Chirurg, der vielen das Leben gerettet hat. Alle schätzen ihn. Vor allem aber ist er ein unbeugsamer Gegner der Massenabwanderung der Südtiroler ins Deutsche Reich, ein überzeugter Dableiber. Seit 1939 hat er unermüdlich gekämpft, und seine Stellungnahmen haben Hella und den Mitstreitern der AdO manches Kopfzerbrechen bereitet.
Hoffmann hat auch Drohungen erhalten. Einige haben versucht, ihn aus dem Krankenhaus zu werfen. Die nationalsozialistische Propaganda schmähte ihn als schlechten Deutscher und Vaterlandsverräter. Auch die Faschisten wären ihn gern los: ein Posten mehr für einen italienischen Arzt.

»Ich suche Anna Steiner«, antwortet Hella.
Hoffmanns finsterer Blick überrascht sie nicht, von ihm erwartet sie keinerlei Freundlichkeit.
»Sind Sie zufällig mit ihr verwandt?«, fragt der Arzt sarkastisch.
»Nein, aber ich kenne die Familie, ich komme aus Montan«, erklärt Hella.
»Ich weiß, wer Sie sind, Fräulein Rizzolli«, erwidert der Arzt und schiebt leicht das Kinn vor.
»Ich muss Anna sehen«, beharrt Hella.
»Nur Angehörige dürfen die Patienten besuchen.«
»Aber ich muss ihren Gesundheitszustand überprüfen!«
»Mit welchem Recht?«
»Sie wissen genau, dass ich bei der AdO bin.«
»Ja, ich weiß, für wen Sie arbeiten, Fräulein Rizzolli.«
»Diese Familie soll nach Deutschland gehen ...«, erklärt Hella. Sie zwingt sich zur Ruhe. Sie kämpfen an verschiedenen Fronten, aber sie respektiert diesen Mann, in den so viele Kranke ihre Hoffnung setzen.
»Und weshalb sollten sie fortgehen?«
»Weil sie selbst es so beschlossen haben!«
»Oder vielleicht, weil sie an die Lügen der Propaganda glauben. An die Drohung, nach Sizilien deportiert zu werden!«, entgegnet Hoffmann in einem kurzen Anflug von Zorn.
»Ich bin nicht gekommen, um mit Ihnen über Politik zu reden, Herr Doktor!« Auch Hella hat die Stimme erhoben.
»Das ist keine Frage der Politik, es geht hier um das Schicksal einer Gemeinschaft ... Auch ich hätte gehen können, aber wer hätte sich dann um die Leute hier gekümmert?« Mit einer ausholenden Geste deutet er auf das gesamte große Krankenhaus.
»Man kann nicht einfach umkehren, Herr Doktor ...«
»Wir brauchen überhaupt nicht umzukehren, denn die Ereignisse haben uns bereits eingeholt und überholt.«

»Wie meinen Sie das?«
Hoffmann schaut sie an, als sei er unsicher, was er sagen, wie viel er sagen soll. Dann zuckt er mit den Schultern. »Abwarten und Tee trinken«, antwortet er schließlich, zieht eine Uhr aus der Brusttasche und schaut demonstrativ auf das Zifferblatt. »Zu dieser Frau«, endet er, »können Sie jedenfalls nicht.«
Hella hat keine Lust, sich so abfertigen zu lassen. Bei allem Respekt – dieser überhebliche Arzt hat nicht das Recht, sich einzumischen. »Und wenn ich Ihnen eine behördliche Anordnung vorweise?«
»Von welcher Behörde, Fräulein Rizzolli? Wer hat im Augenblick das Sagen?«
»Ich muss Anna sehen«, beharrt Hella.
»Dann kommen Sie mit einer Genehmigung wieder, falls irgendjemand hier berechtigt ist, so etwas auszustellen. In dem Fall würde ich mich Ihrem Wunsch beugen müssen«, sagt er kurz angebunden und verschwindet.
Hella überlegt. Ihm hinterherzurennen wäre unpassend. Sie muss die einstweilige Niederlage akzeptieren und sich eine neue Taktik überlegen. Sie verabschiedet sich von der Krankenschwester und tritt hinaus auf den gepflasterten Hof. Ein Krankenwagen mit einem großen roten Kreuz hält vor ihr. Die Krankenträger öffnen die Hintertüren und ziehen zwei Bahren heraus, auf denen unter weißen Laken zwei Männer liegen.
Plötzlich wird Hella von dem Gedanken überfallen, Wastl könne verletzt sein. Möglich wäre es. Seit sechs langen Monaten hat sie nichts von ihm gehört. Natürlich haben die Männer an der Front keine freie Minute. Der Vormarsch nach Leningrad, Moskau, Kiew oder auf die Krim ist viel zu rasch erfolgt, als dass man sich Urlaub oder auch nur eine Erholungszeit hätte gönnen können. Aber nicht mal ein paar Worte? Andere hatten dafür sehr wohl Zeit gefunden. »Es ist

schon viel wert, wenn sie überhaupt zum Schlafen kommen«, hat ihr von Brandt ernst erklärt.
Ja, vielleicht hat Wastl einfach keine Zeit, ihr zu schreiben. Und selbst wenn er es getan hat, werden die Militärtransporter zur Versorgung der vordersten Reihen anderes zu transportieren haben als die Post. Brennstoff, Munition, Wechselkleidung und Lebensmittel gehen in die eine Richtung. Aus der umgekehrten Richtung kommen die Verletzten, zumindest die, für die noch Hoffnung auf Rettung besteht. Hella hat grauenhafte Geschichten gehört. Einige Männer aus Montan sind, kaum dass sie die deutsche Staatsbürgerschaft hatten oder sogar noch davor, in den Krieg gezogen, bloß um sich nicht dem italienischen Heer anschließen zu müssen. Wie viele Südtiroler haben so wie Wastl von der allerersten Stunde an für das Deutsche Reich gekämpft? Mindestens zweitausend, heißt es in den Dörfern. Einige sind bereits zurückgekehrt, und ihre Geschichten gehen von Familie zu Familie. Sie haben derart schwere Verletzungen davongetragen, dass sie nicht mehr kämpfen können. Amputierte Beine und Arme, entstellte Gesichter. Noch sind es sehr wenige, aber es geht das Gerücht, dass der große Sieg des Reiches im Osten im Begriff ist zu kippen, sich in ein Schlachthaus zu verwandeln.
Eine Krankenschwester erscheint in der Tür und ermahnt die Krankenträger: »Vorsicht, Vorsicht mit den armen Kerlen! Es sind keine Kartoffelsäcke.«
»Woher kommen sie?«, erkundigt sich Hella bei ihr.
»Vermutlich aus der Gegend um Moskau. Die wenigen Verletzten, die bis hierher gelangen, sind fast alle von dort. Sie sind zu übel zugerichtet, um weiterzukämpfen, und daher aus dem Heer entlassen worden.«
»Und wo kommen die andern hin?«
»Alle, die noch kämpfen können, werden an der Front oder in Deutschland behandelt. Und viele sterben.«

Hella spürt mit einem Schlag die Luft aus der Lunge entweichen, als habe man ihr einen Fausthieb verpasst.
»Die hier können sich glücklich schätzen.« Die Krankenschwester ist im Begriff, hinter den Verletzten hineinzugehen, dann zögert sie und dreht sich um. »Sie wissen nicht, wie die Dinge stehen, oder? Nun ja. Offenbar macht sich das niemand klar. An der russischen Front ist es derart kalt, dass die Verletzten sterben, sobald sie zu Boden gehen. Und es ist nicht einmal Zeit, sie zu bestatten. Wenn es einer schafft, sich bis ins Nachschubgebiet zu schleppen und einen Platz in einem Feldlazarett zu finden, wird er versorgt. Hat er richtig Glück, schicken sie ihn wegen Untauglichkeit nach Hause. Die beiden dort haben zum Beispiel Hände und Füße verloren.«
Hella kann nicht mehr. Sie deutet eine vage Abschiedsgeste an und wendet sich zum Gehen, während die andere noch ihren Satz beendet. Sie rennt beinahe. Sie will nicht länger die unter den weißen Laken ausgestreckten Körper sehen. Sie will nicht länger die Worte der Krankenschwester hören, die sich wie Pfeile in ihren Kopf bohren. Sie weiß, wie brutal der Krieg ist, aber sie denkt lieber an Wastl, der Hand in Hand mit ihr durch Berlin läuft. An Wastl, der ihr Champagner trinkend zulächelt. Ja sogar an Wastl, der eines Morgens in seiner schmucken Waffen-SS-Uniform fortgegangen ist. Aber nicht an Wastl im Schnee, nicht an den von Geschossen zerfetzten und vom Frost übermannten Wastl.

Wo bist du, mein Liebster? Wie lange schon sind unsere Leben getrennt? Meines in dieser reglosen Welt. Deines in Raserei, Wut und Chaos. Zwei Leben, die nichts mehr voneinander wissen und eigentlich unzertrennlich sein müssten. Du hast es versprochen. Du hast gesagt: »Wir bleiben Weggefährten.« Dann hast du die Tür hinter dir zugezo-

gen. Was ist aus dir geworden? Wirst du es mir jemals sagen können? Hast du getötet, um weiterzuleben, oder bist du schon tot?
Ich habe sogar einem Unbekannten einen Brief für dich anvertraut, in dem ich dir von Weihnachten erzähle. Von Weihnachten im Kreis meiner Familie, aber mit dem Herzen war ich woanders, in Gedanken weit fort. Er heißt Karl, ich habe ihn auf der Rückfahrt aus Berlin im Zug kennengelernt. Er hat mir versichert, er kenne dort Leute, die mir helfen würden, dir einen Brief zu schicken. So habe ich ihm am Sonntag nach der Messe einen gebracht. Ich hoffe, er erreicht dich. Aber ich glaube, dass du auch die anderen bekommen hast, vielleicht hast du beschlossen, nicht zu antworten. Das Schweigen ist eine unsagbare Qual. Es macht mich schwindlig, reißt einen Abgrund vor mir auf. Ein Schritt genügt, um hinabzustürzen.

»Ich will nicht, dass du herkommst, das weißt du genau.« Der alte Eisenbahner hockt im Schatten eines Pfeilers auf zwei Werkzeugkisten und schlürft eine dampfende Suppe aus einem Blechnapf. Auch Karl hat ein wenig gekostet. Von weitem sehen sie aus wie zwei müde Angestellte, die etwas essen, bevor sie den Zug nach Franzensfeste nehmen.
»Glaub ja nicht, dass ich es gern tue«, erwidert Karl. »Aber ich habe keine Wahl. Wie geht es meiner Mutter?«
»Ich habe dir gesagt, dass du mich wegen dringender Angelegenheiten montags treffen kannst. Hierherzukommen ist riskant.«
»Wie geht es meiner Mutter?«, wiederholt Karl und tut so, als habe er die Vorwürfe des Freundes nicht gehört.
»Ich glaube, gut.«
»Was soll das heißen, du glaubst?«
»Es wird immer schwieriger herauszubringen, wie die Dinge im Wedding stehen. Die Gestapo ist überall …«

Der Eisenbahner nimmt einen großen Löffel Suppe und schaut zum Ende des Gleises.
»Die Jagd auf die Geheimzellen ist erbitterter geworden. Uhrig, Römer, Niemöller ... sie sind alle untergetaucht und brauchen gefälschte Papiere, um aus Berlin verschwinden zu können.«
»Schon, aber hast du es nun geschafft, meine Mutter zu sehen und ihr eine Nachricht zu überbringen?«, beharrt Karl nervös.
»Unmöglich. Niemand will etwas riskieren ... solange es sich nicht lohnt. Sie haben bereits angefangen, die Juden abzutransportieren.«
»Wie meinst du das, ›die Juden abzutransportieren‹?«
»Zuerst, im September, hat man sie gezwungen, sich einen gelben Stern aufzunähen, sogar die Kinder.«
»Ja, davon war in der Druckerei die Rede ...«
»Dann haben sie mit noch Schlimmerem begonnen. Mit der ›Umsiedlung‹ der Juden aus Berlin, wie sie es nennen.«
»Und wohin siedelt man sie um?«
»Es heißt, man bringe sie in Arbeitslager, aber in Wahrheit schafft man sie nach Polen, nach Lodz.«
»Woher weißt du das?«
»Das haben mir die Genossen vom Bahnhof Grunewald erzählt. Erst werden sie in der Synagoge in der Levetzowstraße zusammengetrieben, jedes Mal mehrere tausend. Dann müssen sie zu Fuß bis zum Bahnhof Grunewald laufen, jeder mit einem Koffer. Man lässt sie in die Züge steigen, teilweise bloße Viehwagons, und schickt sie nach Lodz.«
»Und was geschieht dort mit ihnen?«
»Unschwer zu erraten ... Oder glaubst du, man schickt sie auf Erholungsurlaub? Von dort kommt keiner zurück. Sie vernichten alle. Sie lassen sie an Kälte, Hunger, Erschöpfung zugrunde gehen.«
»Aber warum?«

»Weil es Juden sind. Warum sonst?«

Karl schweigt. In seiner Tasche hat er die drei Pässe, die er dem Eisenbahner übergeben will. Ida! Er denkt an die Kälte, den Hunger und die Erschöpfung, die diesen makellosen Körper peinigen werden … Der Professor wählte stets sie als Modell aus, um sie während der Aktzeichenstunden in der Kunstgewerbeschule nackt posieren zu lassen. Die anderen Mädchen waren eifersüchtig, die Jungs hielten den Atem an. Karls Hände zitterten oft so stark, dass er nicht richtig zeichnen konnte. Berlin befand sich damals bereits in den Fängen eines mörderischen Wahns, doch in dem Atelier in der Nürnberger Straße gab es nur Raum und Zeit für die wunderbaren Qualen der Begierde. Er muss sich auf dieses ferne Bild konzentrieren, wenn er nicht verrückt werden will. Nicht auf das von dem Eisenbahner heraufbeschworene Grauen.

»Die Genossen sagen, dass es für die Juden noch schlimmer kommen wird. Die ersten Züge sind bereits an andere Orte, nach Minsk, Riga und Kaunas unterwegs … Viehwagons voller Frauen und Kinder. Die Hälfte stirbt, noch ehe sie ankommen.«

Er steht auf und reibt sich das von der Kälte steife, versehrte Bein. Er wirft einen Blick auf den Zug nach Franzensfeste.

»Es kommen harte Monate auf uns zu, mein Junge. Die Russen haben die Deutschen vor den Toren von Moskau gestoppt. Es wird bestimmt zur Gegenoffensive kommen. Hitler und seine Handlanger werden immer wütender kämpfen, du wirst sehen. Der Krieg ist noch längst nicht vorbei, er hat gerade erst begonnen.«

Karl erhebt sich ebenfalls. Er zieht zwei braune Umschläge aus der Tasche. Der erstaunte Blick des Eisenbahners trifft ihn.

»In diesem Umschlag ist ein Brief, den du bei der Feldpost-Dienststelle in Berlin einwerfen sollst. Eine Gefälligkeit für eine Freundin aus der Gegend.« Er hatte es Hella spontan versprochen. Sie war ihm kurz vor Weihnachten zufällig auf dem Obstmarkt begegnet, und sie kam ihm so bekümmert vor. Sie ist eine Unbekannte, gewiss, aber seit ihrer ersten Begegnung am Anhalter Bahnhof spürt er, dass etwas sie verbindet. Vielleicht ist es nur das Gefühl der Verlorenheit.

»Einen Brief für einen SS-Mann?« Sein Freund hat einen Blick auf den Namen des Empfängers geworfen. »Oh nein, wenn du glaubst, dass ich jetzt auch noch gemeinsame Sache mit den Nazis mache …«

»Ohne diese Frau wäre ich niemals an das hier gekommen«, fährt Karl fort und deutet auf den zweiten Umschlag.

»Was soll das sein?«

»Ein Pass für meine Mutter. Und zwei weitere für meinen Vater und … eine junge Frau. Bringe alles in den Wedding. Meine Mutter weiß, was sie zu tun hat. Wenn es auch nur die geringste Hoffnung für ihn gibt, aus Bautzen herauszukommen …« Er bringt den Satz nicht zu Ende. Die Hoffnung ist in der Tat mehr als gering.

Der Eisenbahner öffnet den Umschlag so bedächtig, als halte er einen Schatz in der Hand. Er zieht die Ausweise hervor und betrachtet sie eingehend.

»Sie sehen einwandfrei aus. Wie hast du das gemacht?«

»Das erkläre ich dir ein andermal. Kannst du sie auf jeden Fall meiner Mutter zukommen lassen?«

Der andere starrt auf die schwarzen Heftchen, die Hände umklammern die Deckel.

»Stimmt was nicht?«, fragt Karl, obwohl er sicher ist, dass sie keine Mängel haben.

Der Eisenbahner reißt sich aus seinen Gedanken los. »Nein«, erwidert er schließlich. »Alles in Ordnung.«

»Du bringst sie nach Berlin?«

»Bestimmt, ich werde einen Weg finden.«

8

Schritte im Schlamm

Dezember 1941 – Februar 1942

Hella hilft Jakob in die schwarze Jacke. Sie werden die letzte Nacht des Jahres in Neumarkt, im Kreis der Familie, verbringen. Gemeinsam mit ihrer Schwester Elsa, Franz und den vier Kindern Hubert, Herlinde, Norbert und Heini. Keinem ist sehr nach Feiern zumute, aber man freut sich aufs Beisammensein. Die Schwester hat Glück, dass noch keiner ihrer Buben im Wehrdienstalter ist: Hubert, der älteste, ist gerade erst fünfzehn geworden.

Wenn Jakob vor dem Spiegel im Schlafzimmer posiert, ist er mit seinen siebenundsechzig Jahren noch immer eine imposante Erscheinung. Die breiten Schultern sind kaum gebeugt, der weiße Schnauzbart ist nach wie vor üppig. Die blauen Augen haben nichts von ihrer Strahlkraft eingebüßt. Hella bindet ihm liebevoll eine hübsche, dunkle Krawatte um den gestärkten Kragen. Das hat Rosa früher oft getan. Seit ihrem Tod ist über ein Jahr vergangen, aber sie fehlt allen noch sehr.

»Wer weiß, wie deine Mutter gehandelt hätte«, sagt Jakob, als greife er einen nie abgerissenen Gesprächsfaden wieder auf. Hella braucht nicht nachzufragen, was er meint. Unter all den Fragen, was das neue Jahr wohl bringen mag, ist zumindest eine alles andere als rhetorisch: Werden sie am Ende gehen müssen? Hella weiß, dass ihr Vater Pinzon im Grunde nicht verlassen will, sowenig wie es Rosa gewollt hätte. Und sie selbst weiß manchmal auch nicht mehr, was sie sich wünschen soll. Eines weiß sie jedoch gewiss.

»Mutterl mochte die Italiener und ihre Schikanen nicht«, erwidert sie. »Sie war dabei, als du in unser aller Namen für Deutschland optiert hast.«

»Aber auch sie hatte starke Zweifel, erinnerst du dich nicht? Wir haben als eine der Letzten die Auswanderungspapiere unterzeichnet. Sie hat es vor allem für euch getan. Mit Blick auf eure Zukunft.«
»Nicht nur für uns. Sie wollte nicht, dass ihre Sprache, ihr Glaube und ihre deutsche Seele tagtäglich von diesen faschistischen Barbaren missachtet werden! Das hat sie immer wieder betont.«
»Mag sein … Doch in der Zwischenzeit haben sich die Dinge ziemlich verändert.«
»Vaterl, du willst doch nicht etwa umkehren und die Option zurückziehen? Es dürfen nicht ausgerechnet wir so ein schlechtes Beispiel abgeben!«
»Ich weiß schon, du hast recht. Ich habe die Unterlagen mit dem Schätzwert unserer Güter vergangenen Mai eingereicht. Seitdem ist über ein halbes Jahr vergangen. Die Italiener sind nicht einverstanden. Sie wollen Gutachter heranziehen. Sie werden voraussichtlich Anfang Februar kommen. Dann sehen wir weiter.«
Hella weiß über den Stand der Dinge genau Bescheid. Sie hat die Akte ihres Vaters, Akte Nummer 32606, persönlich im Auge.
»Vaterl, sei ehrlich.« Sie zupft Jakobs Krawattenknoten zurecht. »Du hast überhaupt nicht die Absicht zu gehen!«
Jakob sieht im Spiegel das entschlossene Gesicht der Tochter. Er wird weder ja noch nein sagen. Niemand würde etwas Derartiges zugeben. Aber vielleicht liest sie ihm die Antwort von den Augen ab.
»Wie soll ich den Steiners klarmachen, dass sie sich beeilen sollen, wenn sie sehen, dass meine eigene Familie sich davor drückt?«, beharrt Hella. Die Sache mit den Steiners bewegt sie. Es ist kein Einzelfall, sondern gleichsam ein Symbol. Für den Erfolg oder das Scheitern der Massenauswanderung, an die sie und Wastl vom ersten Tag an geglaubt haben. Sie will

der Sache auf den Grund gehen. Sie will sich nicht mit dem »Nein« von Doktor Hoffmann zufriedengeben, darf es nicht dabei bewenden lassen. Sie muss herausfinden, weshalb Anna das Krankenhaus nicht verlassen kann, was sie am Aufbruch hindert.

»Hella, du warst schon immer eine Enthusiastin.«

»Enthusiastin ist nicht das richtige Wort, Vaterl. Ich weiß, was ich will!«, antwortet sie. Sie scheint sich ihrer Sache ganz sicher zu sein. Doch ist es nicht insgeheim sie, die Wastls Entscheidung und den Krieg verwünscht, sobald die Nacht hereinbricht?

»Wir wollen uns in Geduld üben«, sagt Jakob abschließend. »Wir werden sehen, wie sich die Dinge entwickeln. Warten wir ab, was die italienischen Sachverständigen sagen. Weißt du, es besteht keine Eile zu gehen, wichtig ist nur, zu wissen, wohin …«

Hella lächelt ihren Vater unwillkürlich an. Ihr ist längst klar, dass er alles versucht, um den Verkauf seiner Güter hinauszuzögern. Aber sie bringt es nicht fertig, ihm das ständig vorzuhalten. Von allen Gewissheiten, an die sie sich zu klammern sucht, bietet er ihr den einzig beständigen Schutz, der so fest in ihrem Leben verwurzelt ist wie die große Linde auf dem Platz von Pinzon.

»Du wirst heute Abend der schmuckste Mann von ganz Neumarkt sein«, antwortet sie schließlich und streicht ihm die Jacke glatt.

»Keine Schmeicheleien«, erwidert er mürrisch. Aber seine blauen Augen leuchten zärtlich und voller Hoffnung, dass das Jahr 1942 seiner kleinen Hella ein wenig Frieden bringen möge.

Die Antwort des Eisenbahners ist überraschend schnell gekommen. Kaum eine Woche nach ihrer letzten Begegnung ist er nach Bozen zurückgekehrt. »Ich habe Fotos«, hat er kurz angebunden gesagt, sich umgeschaut und einen braunen Umschlag hervorgezogen. »Du musst Ausweise für diese Leute hier fälschen, und zwar rasch! Sie müssen so schnell wie möglich ausreisen.«

»Und meine Mutter?«, hat Karl gefragt.

»Sie gehen zusammen. Entweder alle oder keiner.«

Karl hätte gern protestiert. Seine Mutter ist ein ganz anderer Fall, sie lebt noch in ihrer Wohnung, wenn auch unter Bewachung, während diese anderen »Untergetauchte« sind: im Untergrund lebende Illegale, die ihre Verstecke verlassen, sich eine neue Identität verschaffen und alles riskieren müssen. Doch der Eisenbahner hat ihn nicht zu Wort kommen lassen. Seine grauen Augen waren unergründlicher als je zuvor. Voller Angst.

Nun betrachtet Karl die Fotos, die er ihm übergeben hat. Sie stammen aus Kennkarten, Wehrpässen, aber auch – wie es scheint – aus schlichten Bibliotheksausweisen oder Jahreskarten für Sportstätten. In Deutschland fußte die öffentliche Ordnung bereits vor der Machtergreifung der Nationalsozialisten auf einem Wust von Bescheinigungen. Das Regime hat lediglich die soziale Kontrolle verschärft, die durch eine derart effiziente Bürokratie ermöglicht wird. Unter Hitler entscheidet ein Stück Papier nunmehr über Leben und Tod.

Karl kennt einige der Gesichter, die er im Schein der Lampe betrachtet. Es sind Genossen, die schon seit einer Weile im Untergrund leben. Er ist ihnen zu einer Zeit begegnet, als sein Vater noch daheim Besuch empfing. Oder auf irgendeiner Parteiversammlung, zu der sein Vater ihn mitnahm und ihn sich auf die Tribüne, gleich neben das Rednerpult, setzen hieß. Einige kennt er dagegen nicht. Juden, hat der Eisenbahner ihm gesagt.

Aber weshalb das Risiko eingehen, sie alle gemeinsam fliehen zu lassen? Eine Schwierigkeit genügt, und alle werden erwischt. Und warum soll seine Mutter warten? Oder Ida? Er

verscheucht das Bild des Mädchens, das ihm so oft im Traum zulächelt, aus seinen Gedanken. Zumindest sie muss so schnell wie möglich aus Deutschland verschwinden.
Karl gibt sich keinen falschen Hoffnungen hin: Der Glücksfall vom 11. Dezember wird sich nicht wiederholen. Jetzt muss ein Plan her, um sich zu beschaffen, was er braucht.

Hella hat den Hof des Bozener Krankenhauses betreten und auf die Ankunft eines Krankenwagens gewartet. Dann hat sie sich hinter den Krankenträgern hineingeschmuggelt. Sie weiß nicht, wie die Zimmer und Flure angeordnet sind, aber das ist nicht so wichtig: Sie darf nur Doktor Hoffmann nicht begegnen. Für alle anderen ist sie eine ganz normale Angehörige, die einen Patienten besucht. Frau Steiner natürlich. Früher oder später wird sie die Frau schon finden, in einem Gemeinschaftsraum oder vielleicht auf einer der Spezialstationen.
Doch am Ende verläuft sie sich. Vielleicht liegt es an dem sie betäubenden Geruch des nahen Todes. Sie betritt ein Zimmer nach dem anderen, wirft einen Blick auf die ausgestreckten Gestalten unter den weißen Laken. Einige sind Verletzte von der Front, die bereits für »untauglich« erklärt und von der Wehrmacht nach Hause geschickt worden sind. Unförmig geschwollene Leiber ohne Arme und Beine. Ohne Gesicht. Ist der Augenblick gekommen, den Krieg aus der Sicht derer zu sehen, die gekämpft haben? Eine Tür geht auf, und eine Krankenschwester mit einem Tablett voller blutiger Mullbinden kommt heraus. Sie hat ihr den Rücken zugekehrt. Unwillkürlich tritt Hella ein. Sie nähert sich dem Bett am Fenster und zieht einen Metallschemel ans Kopfende.
»Grüß Gott«, sagt sie ohne Umschweife.
Der Mann ist blutjung, und seine Augen sind getrübt vom Morphin, das man ihm gegen die Schmerzen verabreicht hat. Sein Haar ist kurz geschoren, und die Gesichtshaut von kleinen Wunden übersät.

Auch seine Stimme klingt schwach: »Grüß Gott, Fräulein.«
»Ich suche Nachricht von meinem Verlobten. Er kommt aus St. Pauls.«
»Ich bin aus Feldthurns.« Er scheint Hellas Frage nicht seltsam zu finden.
»Seit er fort ist, habe ich nichts mehr von ihm gehört. Ich weiß nicht …«
»Ich weiß auch nichts. Niemand weiß irgendwas«, murmelt der Soldat und sucht nach einem Sonnenstrahl hinter den Scheiben. »Ich weiß nicht einmal, wie lange ich schon hier bin. Ich glaube, seit einer ganzen Weile.«
»Und wo waren Sie zuvor?«
»Unweit von Moskau. Mein Panzer ist in der Nähe von Tula zerstört worden. Eine Granate in den Geschützturm.« Offenbar hat er die Geschichte schon öfter erzählt. Ohne sich aufdrängen, ohne irgendjemanden belästigen zu wollen. Solche Geschichten gibt es inzwischen zu Tausenden, vielleicht gar zu Hunderttausenden. Warum sollte seine etwas Besonderes sein?
»Ich war am Steuer, wissen Sie, der Panzerfahrer. Ein Panzerkampfwagen III. Aber die Russen haben ziemlich starke Panzerfahrzeuge, und wegen dieser verfluchten Hunde haben wir einen Haufen Männer verloren. Als sie uns getroffen haben, ist der Geschützturm in die Luft geflogen. Der Hauptmann war sofort tot. Der Artillerist auch. Ich war drinnen eingeklemmt.« Er lächelt schwach. »Ich hatte Glück«, fügt er hinzu. Aber er kann kaum die Tränen zurückhalten.
»Im Radio habe ich gehört, dass wir kurz vor dem Sieg stünden«, bemerkt Hella, unschlüssig, ob sie damit ihn oder sich selbst beruhigen will. »Dass die Russen auf der Flucht sind.«
»Ja. Anfangs lief alles glatt. Ich war in der Truppe von General Guderian, als wir in den ersten Kriegstagen Brest-Litowsk erobert haben. Die Russen haben Reißaus genommen. Wir

drangen rasch vor. Es war Sommer. Uns schien es wie ein Kinderspiel …«

Hella kennt die siegreichen Schlachten, die den Vormarsch der Soldaten markiert haben. Minsk, Brjansk … Doch sie weiß auch, dass sich das Blatt später gewendet hat.

»Aber das Wetter konnte nicht immer schön bleiben«, flüstert sie.

»Es fing an zu regnen. Die Hölle. Wochenlang versanken wir im Schlamm. Überall Schlamm. Ein Meer aus Schlamm. Wir konnten uns nicht einmal zum Schlafen hinlegen.« Zwei Tränen rinnen ihm übers Gesicht. Es ist bestimmt die Wirkung des Morphins: Weshalb sonst sollte ein Mann beim Gedanken an Schlamm anfangen zu weinen? »Wir hatten alle Bauchschmerzen. Entsetzliche Schmerzen …«

Auch Hella verspürt ein unangenehmes Gefühl in der Magengegend. Ihr ist, als sehe sie diese schreckliche Szenerie direkt vor Augen. »Und dann kam der Winter«, sagt sie leise, um nicht den Fluss seiner Erinnerungen zu unterbrechen.

»Im November kam der Frost«, nickt der junge Soldat. »Der echte Frost. Und wir hatten keine warme Kleidung. Da wurde uns klar, dass wir alle sterben würden. Auch wenn wir die Stiefel mit Stroh ausstopften. Auch wenn wir den Toten die Mäntel von den Leibern rissen, bevor sie erstarrt waren.« Er unterbricht sich und schließt die Augen. Hella glaubt, er sei eingeschlafen, aber nach einer Weile beginnt er erneut. »Wir sind weiter vormarschiert, auf dem gefrorenen Boden kamen die Panzer voran. Dann erteilten die Generäle den Befehl, Moskau einzunehmen. Sie erklärten uns, es sei ein Befehl des Führers. Wir haben es nicht geschafft, ihn auszuführen.«

»Und in Tula? Was ist in Tula geschehen?«, fragt Hella. Sie begreift, dass sie keine Ahnung vom Krieg hat. Dass auch Wastl keine Ahnung hatte. Und dass sie ihn, selbst wenn er heimkehrt, niemals wird trösten können.

»Nichts. Ich hatte Glück. Normalerweise bleiben die Verletzten, wo sie sind. In meinem Fall kam jedoch ein Krankenwagen. Sie suchten einen Offizier. Als sie mich gesehen haben, brachten sie es nicht fertig, mich sterben zu lassen. Sie haben mich nach Brjansk transportiert und dort in einen Lazarettzug Richtung Berlin verfrachtet.«

»Sie hatten wirklich Glück.« Hella hofft von ganzem Herzen, dass dies auch für ihren Wastl gelten möge.

»Das ist dem Frost zu verdanken, der mir die Beine abgefroren hat. Das war kein Wundbrand. Nur leider hat man sie mir unterhalb der Knie amputieren müssen.«

Hella spürt Übelkeit aufsteigen. Sie muss rasch verschwinden. Sie steht auf und schiebt den Hocker beiseite.

»Es tut mir sehr leid für Ihren Verlobten, Fräulein, wirklich.« Er starrt erneut zum Fenster. »Aber vielleicht … vielleicht würden Sie ihn gar nicht mehr wollen, wenn er zurückkäme. Durch die Zugfenster habe ich gesehen, was wir angerichtet haben. Es ist nichts mehr stehengeblieben. Alles verbrannt: Siedlungen, Kornspeicher, Kirchen …«

Hellas Gedanken wandern zu Wastl. Hat auch er Unschuldige getötet? Erst jetzt fällt ihr auf, dass sie den Soldaten gar nicht nach seinem Namen gefragt hat. Ist noch Zeit, das nachzuholen? Nein, er hat die Augen geschlossen.

Im Hotel Bristol stehen die Auswanderungskandidaten Schlange, um ihre Pässe abzuholen. Viele Papiere werden ausgestellt, doch inzwischen geht kaum noch einer fort. Himmler wird bald die Geduld verlieren, so langsam wie sein epochales Vorhaben – die gesamte arische Rasse auf einem Boden zu einen – voranschreitet.

Die Angestellten der ADERSt helfen beim Ausfüllen der Fragebogen, sie prüfen Erklärungen, sehen Stammbäume durch, um sicherzustellen, dass sich kein jüdisches Blut in die guten deutschen Familien eingeschlichen hat. Außerdem muss man sich vergewissern, dass der Einbürgerungskandidat nicht vorbestraft ist und sein »Sozialverhalten« dem Großdeutschen Reich sowie dessen Traum von Reinheit angemessen ist. Am Ende bleiben immer noch irgendwelche Details zu regeln.

In den Reihen der wartenden Bürger wird heftig debattiert. Jeder will mitreden. Eigentlich stehen die Dinge seit Kriegsausbruch in gewisser Hinsicht besser: Man hört wieder Deutsch auf den Straßen. Viele, überwiegend bei der SS tätige Offiziere haben sich mit Beginn der Umsiedlungsmaßnahmen in Bozen niedergelassen. Die Leute fragen sich, weshalb man ausgerechnet jetzt gehen sollte.

Karl hat den Treppenabsatz im zweiten Stock erreicht. Er hat die üblichen Gesichter gegrüßt: den Portier, den Barmann, den Kellner. Auf der Treppe ist er von Brandt begegnet, und er überlegt, ob wohl auch Hella im Bristol ist. Sie hat ihm erzählt, dass sie oft kommt, um mitzuhelfen. Aber jetzt ist keine Zeit, an sie zu denken.

Karl öffnet die Tür einer Abstellkammer und greift nach einem Metalleimer. Er nimmt einen Arbeitskittel vom Haken und wirft ihn zusammen mit ein paar Putzlumpen hinein. Dann zieht er eine Flasche Brennspiritus aus der Tasche, schüttet den Inhalt in den Eimer und schmeißt ein brennendes Streichholz auf den getränkten Stoff. Das Feuer lodert sofort auf, und schwarzer Qualm breitet sich aus. Karl unterdrückt ein Husten, er hält den Atem an, eilt hinaus, schließt die Tür und dreht den Schlüssel zweimal im Schloss. Er steckt ihn in die Tasche und schaut sich um. Mit gesenktem Kopf verschwindet er den Flur hinunter und mischt sich unter die Leute in der Schlange.

Als der erste Ruf »Feuer!« ertönt, dreht er sich um. Der Plan hat wunderbar funktioniert, besser als erhofft. Dicke Rauchschwaden dringen unter dem Türspalt der Abstellkammer hervor, und die Leute, die vor Raum 216 gewartet haben, suchen hustend und mit ihren Hüten fächelnd das Weite. Der

Qualm wird immer dichter. Überall werden Warnrufe laut.
»Feuer! Feuer!«
Die Wachsoldaten kommen mit gezückten Waffen herauf. Das Durcheinander entwickelt sich zu einem gefährlichen Wettlauf die Treppen hinab. Die Soldaten versuchen, der Reihe nach eine Abteilung nach der anderen zu evakuieren, aber die Panik greift immer weiter um sich.
Das ist der Moment, auf den Karl gewartet hat. Er erreicht den nunmehr verlassenen Raum 216, dort muss er aus den aufbewahrten Pässen zehn auswählen. Währenddessen gibt draußen die Tür zur Abstellkammer unter den Hieben der Soldaten nach. Durch den Luftzug gerät auch der Teppich im Flur in Brand.
Karl hustet in dem von Rauch erfüllten Raum. Die Augen tränen ihm, die Lunge schmerzt. Inständig hofft er, fündig zu werden, ehe er erstickt: zehn Pässe. Die Ausweise fallen zu Boden, Karl kniet nieder und trifft rasch seine Wahl.
Niemand beachtet ihn, als er hinaus in den Flur tritt. Die Soldaten haben Sand herbeigeschafft und werden dem Feuer allmählich Herr. Doch in Karls Kopf dreht sich alles. Ein Asthmaanfall kündigt sich an. Er braucht dringend eine reichliche Dosis Belladonna. Er lehnt mit dem Rücken an der Wand, gleich wird er in Ohnmacht fallen.
Er war dem Ziel so nahe …
Kurz bevor ihm die Sinne schwinden, spürt er den Druck einer Hand auf der Schulter.
»Karl, was tust du hier?« Es ist Hella, die sich über ihn beugt. Sie hält sich ein Tuch vor den Mund, um sich vor dem Rauch zu schützen. Hinter ihr sieht er von Brandt, der eine alte Dame mit Hut stützt. »Auf, komm schon, ich helfe dir.« Hella gibt ihm einen Schubs, sie schiebt ihn regelrecht vorwärts. Sie ist eine kräftige junge Frau, und er ist schmächtig.
»Was ist passiert?«, stößt Karl endlich mühsam hervor. Dass sie ihn hier angetroffen haben, kann gefährlich werden.

»In einer Abstellkammer ist offenbar Feuer ausgebrochen«, erwidert Hella.
»Vermutlich eine nicht richtig ausgedrückte Zigarette, eine Kippe, die mit irgendwas Brennbarem in Kontakt gekommen ist«, ergänzt von Brandt. »Dieses verfluchte Personal. Wo sie schon nicht anständig arbeiten, sollten sie wenigstens aufpassen!«
»Ist der Schaden groß?« Karl versucht, wieder klar im Kopf zu werden.
»Er hält sich in Grenzen«, erwidert der Offizier im Ton derer, die schon weitaus Schlimmeres gesehen haben.
Gemeinsam steigen sie die Treppen hinab, Karl klammert sich an das Geländer und lehnt Hellas Unterstützung ab.
»Ich kann mich doch nicht von einer Frau schleppen lassen«, sagt er mit der Andeutung eines Lächelns. In Wahrheit hat er Angst, sie könne den Stapel der Pässe in seiner Innentasche spüren.
Sie läuft ihm voran ein Stockwerk tiefer. »Wasser! Ein Glas Wasser«, verlangt sie mit energischem Ton. Im Bristol kennt jeder das Fräulein Rizzolli. Das Wasser kommt sofort. Man schickt einen Laufburschen zur nächsten Apotheke unter den Lauben, um das Wunderheilmittel Belladonna zu besorgen.
Während von Brandt die Dame hinausbegleitet, lassen sich Karl und Hella in zwei Sesseln nieder.
»Alles gut?«, fragt sie.
Karl fährt mit einer Hand über die Jacke, als wolle er sie glatt streichen.
»Ja«, nickt er, »alles in Ordnung.«

9

Der verlorene Brief

Februar – Mai 1942

Hella hat ein paar Blumen in einem Geschäft unter den Lauben gekauft und sich dann in Richtung Krankenhaus begeben. Der Wind pfeift über den Walther-Platz. Sie stellt den Mantelkragen auf. Die Zeit verstreicht, Wastls Abwesenheit schwärt wie eine unverheilte Wunde, und sie hat sich damit abgefunden. Mit der Zeit hat sie entdeckt, dass man sich sogar an ein anhaltend dumpfes Leid gewöhnen kann. Dieser Schmerz bereitet ihr keine Angst mehr. Und der Tod?

Als sie den Hof betritt, kommt ihr Doktor Hoffmann entgegen. Er hat sie gesehen. Zu spät, um ihm auszuweichen.

»Sind Sie wieder auf der Jagd nach alten Damen, die Sie in die Verbannung schicken wollen?«, geht der Arzt gleich zum Angriff über. Er sieht erschöpft und verärgert aus. Sein Leben ist stets mit Mühen verbunden gewesen, aber dieser Krieg, dieses sinnlose Gemetzel, widert ihn an.

»Ich bin gekommen, um etwas über einen Ihrer Patienten zu erfahren«, erklärt Hella, ohne sich provozieren zu lassen. »Ein junger Mann, der seine Beine verloren hat. Ich habe ihn vor ein paar Tagen kennengelernt. Ich habe den unverzeihlichen Fehler begangen, ihn nicht einmal nach seinem Namen zu fragen.«

Hoffmanns Augen hinter den Zwickergläsern sind auf sie gerichtet. Er wirkt überrascht. Schließlich tritt er einen Schritt auf sie zu.

»Kommen Sie in mein Büro, Fräulein Rizzolli«, fordert er sie auf und fasst sie freundlich am Arm.

»Ich verspreche Ihnen, Sie nicht länger aufzuhalten als unbedingt nötig«, beteuert Hella. Sie hat den heftigen Wortwechsel vor ein paar Wochen nicht vergessen und sie bereut es, mit dem Einschreiten ihrer deutschen Freunde gedroht zu haben. Von seiner sicheren Hand gelenkt, folgt sie ihm. »Ich bin keine Verwandte, müssen Sie wissen«, gesteht sie, ein Lächeln andeutend. Sie will und kann ihm nicht erklären, weshalb sie diesen Unbekannten noch einmal wiedersehen will. Es ist noch nicht einmal die Hoffnung, einen von Wastls Kameraden zu treffen, der ihr Nachricht geben könnte. Vielleicht ist es nur das Gefühl, ihm in irgendeiner Weise näher zu sein.

»Ich muss Sie sprechen.« Doktor Hoffmann führt sie in ein Büro im Erdgeschoss. Die Einrichtung ist schlicht. In einer Ecke steht eine frisch bezogene Untersuchungsliege. An der Wand gegenüber befindet sich ein großer Schreibtisch, auf dem sich Bücher und Papiere stapeln. Der Arzt schaltet das Oberlicht an und setzt sich.

»Nehmen Sie Platz«, fordert er sie mit einer Geste auf. »Die Blumen können Sie auf dem Schreibtisch ablegen. Ich fürchte, Sie werden sie nicht mehr brauchen.«

»Was ist passiert?«, fragt Hella beunruhigt.

»Momentan befinden sich zwar einige Kriegsversehrte und Invaliden im Krankenhaus, aber so viele nun auch wieder nicht. Ich fürchte, der junge Mann, den Sie treffen wollten, war Günther.«

»War? Ist er tot?«

»Ja, er ist tot. Er hat sich das Leben genommen.«

Hella stockt der Atem.

»Er hat es geschafft, sich zu erhängen, mit einem Laken, das er ans Kopfende des Bettes gebunden hat. Er hat sich zu Boden gleiten lassen und ist erstickt. Er hatte Zeit zu spüren, wie der Tod herannaht. Und dennoch hat er sich nicht gerührt.«

»Aber war er nicht auf dem Weg der Genesung?«

»Er hatte gute Chancen. Wir wissen nicht, warum er es getan

hat. Er hat keinen Abschiedsbrief hinterlassen. Eines Abends hat er jedoch mit mir gesprochen. Zwei oder drei Tage vor seinem Tod. Eine erneute Operation stand an. Diesmal hätten wir oberhalb des Knies amputieren müssen. Er hat mir gestanden … was in Kiew geschah.« Doktor Hoffmann hält inne, sieht sie an, denkt nach. »Ich weiß nicht, ob Sie diese Geschichte hören möchten. Aber ich will sie Ihnen dennoch erzählen.«

»Ich fürchte mich nicht vor Geschichten«, erwidert Hella trocken. Sie wundert sich, einen Anflug von Mitleid in seinen Augen aufflackern zu sehen.

»Es war Ende September, ein paar Wochen bevor Günther verletzt wurde«, beginnt der Doktor. »An den Hauswänden in Kiew tauchten Plakate mit dem Befehl auf, dass alle Juden sich an einer Kreuzung in der Nähe des Friedhofs versammeln sollten. Die SS hatte dazu geraten, ein paar persönliche Dinge mitzunehmen, wie für eine kurze Reise. Am Morgen versammelten sich 30000. Frauen, Kinder, Alte … Günther und andere Kameraden haben sie in einen Wald geführt, wo ein gewaltiger Schützengraben ausgehoben war. Die Juden mussten sich entkleiden, dann hat die SS ihnen befohlen, sich am Rand aufzustellen und hat angefangen zu schießen. Das Massaker dauerte den ganzen Tag. Die Leichenschichten haben sich übereinandergetürmt, bis niemand mehr am Leben war.« Der Arzt schweigt einen Augenblick. »Günther hat mir versichert, er selbst habe nicht geschossen«, fügt er hinzu. »Ich weiß nicht, ob es wahr ist.«

Hella kann nicht einmal weinen. Sie erinnert sich an die aufsteigende Übelkeit, als der junge Mann ihr vom Schlamm, von den Toten und den amputierten Beinen erzählt hat. Aber das hier ist viel schlimmer. Sie hat das Gefühl, im Grauen zu versinken.

»Nehmen Sie Ihre Blumen, und bringen Sie sie jemand anderem.« Hoffmann deutet auf den Strauß, der zwischen

Papieren und aufgeschlagenen Büchern auf dem Tisch liegt. »Irgendjemandem. Ganz gleich, wem.«

»Ganz gleich, wem«, wiederholt Hella leise, und dieser Satz erscheint ihr unsagbar grausam. Sie rührt sich nicht.

Schließlich ergreift er die Initiative. »Kopf hoch, Fräulein Rizzolli«, ermahnt er sie. »Wenn Sie mir jetzt bitte folgen wollen.« Er steht auf und geht vor ihr her auf den Flur. Schweigend erreichen sie ein Zimmer. Auf einem Stuhl am Fenster sitzt eine Frau um die sechzig.

»Ah, Werner!«, ruft sie und erhebt sich. Sie umarmt den Arzt und lehnt den Kopf an seine Schultern. »Ich bin so froh, dich zu sehen. Wir müssen reden. Komm, setz dich zu mir.«

Die Frau zieht ihn zum Stuhl, aber er löst sich behutsam aus der Umklammerung und wendet sich zu Hella um.

»Sie haben Anna Steiner gesucht? Da ist sie!«

»Doktor Hoffmann, Sie heißen doch gar nicht Werner«, flüstert Hella fassungslos.

»Werner war ihr Mann«, erklärt der Arzt. Er nimmt Hella den Blumenstrauß ab und stellt ihn in die Vase auf dem Nachttisch.

»Haben Sie die schönen Blumen gesehen, Anna?«, fragt er in heiterem Ton und streicht über das ergraute Haar der Frau. Seine hellen Augen lächeln. »Ich habe nur vorbeigeschaut, um sie Ihnen zu bringen. Jetzt muss ich gehen … aber ich komme bald wieder.«

»Natürlich, Werner. Ich geh die Hühner füttern«, antwortet sie unschlüssig.

»Ich habe keine Zeit, die Rolle des wiederauferstandenen Ehemanns zu spielen«, kommentiert er mit einem bitteren Lächeln, während sie das Zimmer verlassen. »Ich muss mich um Dutzende von Patienten kümmern, und die Tage sind kurz. Aber es war mir wichtig, Ihnen Anna Steiner zu zeigen. Die Frau, die Sie ins Deutsche Reich schicken wollen. Wissen Sie, was dort mit ihr geschehen würde?«

»Sie und ihre Familie würden ganz bestimmt in einem besseren Haus wohnen als jetzt«, erwidert Hella prompt. Sie ist erschüttert, aber dennoch kämpferisch. »Vermutlich haben Sie keine Ahnung, in welch ärmlichen Verhältnissen sie leben.«

»Immerhin leben sie.«

»Das verstehe ich nicht.« Hella deutet auf die Tür. »Natürlich braucht diese Frau medizinische Versorgung, das ist offenkundig. Aber schließlich gibt es auch in Deutschland Krankenhäuser. Ebenso gute wie Ihres.«

»Nun ja, sie sind höchst effizient«, räumt er ein. »Wissen Sie, welches Schicksal Patienten wie Anna Steiner seit ein paar Jahren blüht? Euthanasie.«

»Euthanasie?«

»Ich will damit sagen, dass man sie umbringt, Fräulein Rizzolli.« Hoffmann ballt die Fäuste, er muss sich beherrschen, sie nicht zu schütteln. »Und wer weiß, ob dieses Schicksal nicht auch auf Anna wartet? Im Großdeutschen Reich ist kein Platz für Geisteskranke.«

Hella schweigt. Es kann nicht wahr sein. Die Geschichte des jungen Günther und nun das. Was soll sie antworten? Dass sie nichts von diesen Dingen weiß? Aber sie müsste es wissen. Sie weiß alles über das Reich.

Inzwischen ist es Abend geworden, und der Krankenhausflur wirkt wie ausgestorben. Hinter den Scheiben liegt die wegen der Ausgangssperre nur hier und dort von ein paar Lichtpunkten erhellte stille Stadt.

»Die deutschen Ordensleute, die es gewagt haben, diese Praktiken anzuprangern, wurden bestraft, ins Gefängnis geworfen, manche sogar umgebracht«, fährt Doktor Hoffmann fort. Seine Stimme klingt jetzt ruhig, beinahe so, als bedauere er, ihr das antun zu müssen. »Meine Kollegen in Deutschland haben Angst, sie sagen nichts, wenn sie nicht gar zu Mittätern werden. Die Steiners wissen jedoch ganz genau, was mit Anna geschehen kann, wenn sie gehen.«

»Woher sollten sie das wissen?«, fragt Hella. Aber die eigentliche Frage in ihrem Kopf lautet: Wie kann das wahr sein? Vielleicht lügt dieser Mann sie an. Schließlich war er schon immer ein Gegner des Deutschen Reiches. Vielleicht hat er feindliche Propaganda gehört. Ihr Geist klammert sich an diesen Gedanken, aber es ist, als würde man sich in einem Unwetter an einem Grashalm festhalten.
»Unter den Auswanderern verbreiten sich Nachrichten in Windeseile.« Doktor Hoffmann ist es egal, ob sie ihm glaubt. Gerade das beeindruckt sie: Er will niemanden überzeugen. Sie selbst ist es, die sich gegen die Überzeugung zu sperren versucht. »In diesen sogenannten Krankenhäusern, die in Wahrheit Todesfabriken sind, haben Eltern ihre Kinder verloren. Und Kinder ihre Eltern. Deshalb wissen die Steiners nicht, was sie tun sollen. Ohne die Mutter aufbrechen und sie hier wie eine Bedürftige zurücklassen oder sie mitnehmen und damit zum Tode verurteilen? Was würden Sie tun, Fräulein Rizzolli?«

Übergabetag für Karl. Jede Woche liefert er stapelweise Optionsformulare, die in der Druckerei von Doktor Franz hergestellt werden, im Bristol ab. Es gibt weiße, orangefarbene und blaue Vordrucke. Sein Arbeitgeber kann sich nicht beschweren: Die Verwaltung ist ein guter Kunde und die Auswanderung ein lukratives Geschäft.
Karl hat sich mit Klara, einer jungen Frau aus Bozen, angefreundet. Von ihrem Büro in der ehemaligen Gepäckaufbewahrung des Bristols aus ist sie für die Verteilung der Formulare verantwortlich. Hierher kommen die Angestellten der verschiedenen Abteilungen des ADERSt, um sie abzuholen, und hier nehmen sie auch ihre Post in Empfang: täglich mehrere hundert Briefe. Gesuche, Beanstandungen, Antworten auf Mahnschreiben, die es abzuwägen, zu ordnen und an die zuständige Abteilung weiterzuleiten gilt. Klara ist

gewissenhaft, und dieselbe Gründlichkeit verlangt sie auch von den ihr unterstellten Mitarbeiterinnen. Als Karl ihr angeboten hat, sie zu porträtieren, ist sie allerdings ohne Zögern darauf eingegangen. »Für meinen Mann«, hat sie erklärt, um Missverständnissen vorzubeugen.

Schon bald hat sie Vertrauen gewonnen. Etwas an Karls Art wirkt beruhigend auf sie. Ihr Ehemann Paul ist als einer der Ersten freiwillig zur Wehrmacht gegangen. Wie so viele hat auch er für Deutschland optiert, weil er nicht mit dem italienischen Heer in den Krieg ziehen wollte. »Seite an Seite mit unseren Unterdrückern kämpfen? Niemals!« So er ist fortgegangen.

Klara weiß nur, dass Paul mit seinem Bataillon im April 1940 Richtung Norden, nach Norwegen, vorgedrungen ist. Sie hat zwei Briefe und ein paar Fotos erhalten. Danach nichts mehr. Seit im vergangenen Juni der Vormarsch nach Osten begonnen hat, herrscht Schweigen. Sie hat angefangen, die an den Bürowänden hängenden Karten zu studieren, aber viele Details bleiben im Dunkeln. »Heeresgebiet Nord«, »Heeresgebiet Mitte«, »Heeresgebiet Süd«. Wie mag sich ein junger Mann fühlen, der plötzlich an einer vom Baltikum bis zum Schwarzen Meer reichenden Front steht?

»Grüß Gott, Klara«, begrüßt Karl sie und legt die Päckchen mit den Formularvordrucken auf den Schalter.

»Grüß Gott, Karl«, antwortet sie in gleichmütigem Ton. In Zeiten des Krieges ist jeder von seinen inneren Ängsten gefangen, die jeglichen Gedanken absorbieren, egal wie wichtig oder unwichtig er ist. Als müsse man sich mit dem Tod vertraut machen und deshalb Abstand zum Leben anderer wahren. Ja selbst zum eigenen.

Bevor sie die Empfangsbestätigung unterzeichnet, prüft sie den Inhalt der Pakete.

»Es ist immer so ordentlich bei dir«, bemerkt Karl und sieht sich um. Er weiß, dass sie gern für ihre Gründlichkeit gelobt wird. Er bemüht sich, höflich zu sein, aber er ist in Sorge: Jedes Mal wenn er herkommt, denkt er an den Tag, an dem er die zehn Ausweise entwendet hat. Er hat sie dem alten Eisenbahner bereits vor einiger Zeit übergeben, aber noch nichts wieder gehört.

»Deutsche Gründlichkeit!« Klara deutet mit einer Geste auf die sauber beschrifteten Fächer voller Briefe. »Abteilung des SS-Sturmbannführers«, »Oberst von Brandt« …

»Ach übrigens«, fügt sie hinzu, »könntest du mir diesen Brief in das Fach ›zurück an den Absender‹ legen?« Sie reicht ihm einen Umschlag und fährt fort, die Formularpacken zu prüfen.

Karl nimmt ihn und schickt sich an, ihrer Bitte nachzukommen. Doch dann sieht er genauer hin. Nein, ausgeschlossen, das kann nicht sein. Die Umschläge sehen alle gleich aus. Allerdings … Er dreht ihn um und erkennt die Schrift auf den ersten Blick: *SS-Rottenführer Sebastian Tschigg – Wehrmachtsauskunftsstelle (WASt) – Berlin.* Wie kommt der Brief, den Hella ihm gegeben hat, in die Post der ADERSt?

»Was ist denn?«, fragt Klara und hebt den Kopf.

»Was hat dieser Brief hier zu suchen?«

»Keine Abteilung hat ihn angefordert, man weiß nicht, wer ihn geschickt hat«, erwidert sie, den Kopf leicht zur Seite geneigt. »Wieso? Kennst du diesen Sebastian Tschigg?«

»Er ist der Verlobte einer Freundin von mir«, antwortet Karl knapp. Aber in seinem Kopf ballt sich ein Wust an Fragen.

»Nur eine Freundin?«, fragt sie argwöhnisch.

»Nur eine Freundin«, wiederholt er energisch. »Sie macht sich Sorgen um ihn, seit Monaten hat sie keine Nachricht erhalten.«

»Der Ärmste, wahrscheinlich ist er tot.«

»Aber weshalb ist dieser Brief hierher zurückgekommen?«

»Ich habe nicht die leiseste Ahnung.« Klara streckt die Hand aus und greift erneut nach dem Umschlag.

»Vielleicht hätte er ihn vor seinem Tod gern gelesen«, bemerkt Karl.
»Der Brief hätte ihn wohl kaum erreicht.«
»Und warum? Die Post dürfte doch kein Problem für das Heer sein«, entgegnet Karl. Vor allem würde er gern wissen, wie ein heimlich einem kommunistischen Eisenbahner übergebenes Schreiben, das dieser nach Berlin bringen sollte, im operativen SS-Hauptquartier von Bozen gelandet ist.
»Sicher, Goebbels hat der Sache nationale Priorität eingeräumt. Post von daheim ist ein ausgezeichnetes Mittel zur Stärkung der Truppenmoral«, bemerkt Klara in wissendem Ton. »Aber nicht mal Goebbels kann Wunder vollbringen. Man kann wohl schwerlich einen Brief empfangen, der niemals abgeschickt wurde.«
Karl ist sprachlos. Er begreift zwar nicht, aber diese Worte klingen für ihn bedrohlich.
»Was soll das heißen, niemals abgeschickt?«
»Dieser Brief ist garantiert nie in Berlin angekommen.«
»Woher weißt du das?«
»Sobald ein Brief in eine Postdienststelle gelangt, bekommt er einen Stempel, wird er weitergeleitet, bekommt er noch einen und am Bestimmungsort schließlich den dritten. Auf diesem Brief ist kein einziger Stempel.«

Die Nacht ist gekommen, der Schlaf ausgeblieben. Doch diesmal ist es nicht Wastl, an den Hella denkt. Das Bild von Anna Steiner lässt ihr keine Ruhe. Ihr wirrer Blick, die Entschlossenheit, mit der sie der Welt den Rücken kehrt. Und Doktor Hoffmann, der von einer Reise in den Tod spricht. Hella steckt sich eine Zigarette an. Was kann, was soll sie tun? Deutschland wartet auf seine Südtiroler Kinder. Es wird sie empfangen, wie sie es verdienen. Es wird ihnen das zurückgeben, was sie unter dem italienischen Joch verloren haben: ihre Würde. Seit Jahren, seit sie sich zum National-

sozialismus als dem einzig möglichen Weg bekennt, wird sie nicht müde, das immer aufs Neue zu wiederholen.
Aber wie hohl diese Worte plötzlich klingen. Wastl hätte ihr bestimmt Mut gemacht. Er hat nie gezögert. Doch Wastl schweigt seit nunmehr einem Jahr. Nicht einmal ein paar eilig auf ein Stück Papier gekritzelte Zeilen, um ihr zu versichern, dass er an sie denkt, dass er sie liebt und dass er zurückkehren wird. Vielleicht hat man ihn in der russischen Hölle ja auch seiner Gewissheiten beraubt, so wie der junge Soldat seiner Beine beraubt wurde.
Hella drückt die Zigarette aus und löscht das Licht. Wer kann ihr helfen? Jakob? Josef? Sie sind mit der Ernte beschäftigt, mit der Pflege der Weinstöcke und der Sorge um gutes Wetter, das dieses Jahr auf sich warten lässt. Gusti, ihre Lieblingsschwester? Sie ist zu weit weg, in Graz, ganz von ihrem Freiwilligendienst beim Roten Kreuz in Anspruch genommen. So trägt sie immerhin etwas dazu bei, den Soldaten zu helfen. Für Hella wäre das undenkbar. Zu hart. Jeder verletzte Körper würde sie an Wastl erinnern.
Sie versucht, sich von den Geräuschen der Nacht in den Schlaf wiegen zu lassen. Sie würde gern noch einmal mit Doktor Hoffmann sprechen, wenn auch nur, um sich zu vergewissern, dass er bloß Lügen erzählt hat. Aber die Entscheidung ist gefallen. Sie wird die Nachkommen der Steiners erneut aufsuchen und nicht lockerlassen. Die alte Mutter hat ihr Leben gelebt, ihr Schicksal zählt nicht mehr. Die Zukunft der Kinder liegt in Deutschland.
Ein Mondstrahl fällt auf den Nachttisch, auf das Foto ihres Geliebten in Uniform. Hella reißt jäh die Augen auf. Ihr ist, als sähe sie Wastls blasses, ernstes Gesicht über sich gebeugt.

Karl entfernt sich mit eiligem Schritt vom Bahnhof. Heute Nacht ist dieser Ort gefährlicher als jeder andere. Sein Freund hat sich nicht blicken lassen. Verräter oder Verratener? Egal, das Ergebnis ist das gleiche. Falls der Eisenbahner geschnappt wurde und ausgepackt hat, weiß die Gestapo inzwischen auch alles über Karl. Alles. Wenn Hellas Brief nie abgeschickt wurde, muss sein Freund sich folglich seiner entledigt haben. Es klebt keine Briefmarke darauf, also hat er ihn auch nicht in der Stadt eingeworfen. Was hat er dann damit gemacht? Natürlich wird ein unfrankierter Brief ohne Absender an einen Soldaten der Waffen-SS an die ADERSt weitergeleitet. Aber von wo weitergeleitet und von wem? Und wenn der Eisenbahner ihn angelogen hat, was ist dann mit all den Pässen geschehen, die er ihm übergeben hat?

Er läuft durch die Nacht, stolpert über das holprige Pflaster der Gässchen im Zentrum. Welche Tür wird sich ihm öffnen? Wie konnte er sich auch nur einen Augenblick lang in Sicherheit wiegen? Er hat sich von dem Märchen eines vom Krieg vergessenen, dem Sturm standhaltenden Städtchens inmitten der Berge betören lassen. Der Gedanke an seine eigene Naivität lässt ihn schier außer sich geraten. Die friedlichen Marktplätze in Bozen, die alten Arkaden und die stillen Gässchen sind ein Trugbild. In Wahrheit bespitzeln sich auch hier alle gegenseitig, beobachten sich und halten eine bedrohte Gemeinschaft aufrecht. Keiner wird einen Finger für ihn krümmen, für ihn, den Fremden, den Entwurzelten. Im Namen welcher Familie, welches Clans könnte er um Hilfe bitten? Er ist allein, und das weiß auch die Polizei der Nationalsozialisten.

Er steuert auf den Dom zu, wo er die erste Nacht als Untergetauchter verbracht hat. Es schien alles so einfach. Doch wie kann er sich anmaßen, ein System zu überlisten, das seinen Vater zermalmt hat? Er umrundet das massive, dunkle Gebäude mit dem in den mondlosen Himmel ragenden Glockenturm und klopft an die Tür zum Pfarrhaus.

»Wer da?«

»Machen Sie auf, Pater, ich brauche Hilfe.«

Die Tür öffnet sich, und das flackernde Licht einer Petroleumlampe erhellt das Gesicht des Priesters, der ihm vor vielen Monaten ein Nachtlager gewährt hatte.

»Was ist los?«

»Ich brauche ein Versteck.«

»Das Gotteshaus ist eine Zufluchtsstätte«, erwidert der Priester gleichmütig. »Aber es dient vor allem zur Aufnahme der eigenen Kinder.«

»Ich kann nicht nach Hause. Lassen Sie mich nur eine Nacht hier ausruhen. Bei Morgengrauen werde ich bereits verschwunden sein.«

»Und deine Verfolger werden sich an meinen Gemeindemitgliedern rächen.« Er schüttelt den Kopf. »Ich kann nichts für dich tun.«

Karl muss einsehen, dass es stimmt. Mit welchem Recht darf er andere Leute in Gefahr bringen? Wie ist er bloß darauf gekommen, von der Kirche Beistand zu erwarten, er, der an keinen Gott glaubt?

Er wendet sich ab. Die Nacht ist leer.

»Viel Glück …«, murmelt der Priester und schließt die Tür.

Während Karl zurückläuft, versucht er, sich Mut zu machen. Und wenn seine Sorgen verfrüht waren?

Vielleicht gibt es eine logische Erklärung für diesen nicht abgeschickten Brief. Vielleicht ist der Eisenbahner gar nicht verschwunden. Und selbst wenn sie ihn verhaftet haben, muss er nicht unbedingt seinen Namen preisgegeben haben. Die für seine Mutter, seinen Vater und Ida bestimmten Pässe sind seit einer Weile unterwegs. Inzwischen müssten sie in Berlin angekommen sein. Hätten die deutschen Geheimdienste sie abgefangen, wäre er bereits nicht mehr auf freiem Fuß.

In der Gerbergasse ist es vollkommen finster. Karl blickt sich vorsichtig um. Er spitzt die Ohren. Gleich wird er die Tür aufschließen und sie lautlos hinter sich zuziehen. Dann wird er die Treppen hinaufsteigen, sein Zimmer betreten, die Schuhe ausziehen und sich auf dem Bett ausstrecken …

Ein Lichtstrahl, heftig wie ein Stromschlag, trifft ihn ins Gesicht. Kräftige Arme packen ihn in Höhe des Brustkorbs. Sie heben ihn an, und eine Schlinge zieht sich um seine Füße zusammen. Der Hut fällt zu Boden, ein Sack aus grober Leinwand verdeckt sein Gesicht. Das Seil führt hinauf zu den Händen, die man ihm auf den Rücken bindet. Die Hanffasern schneiden ihm ins Fleisch, während er sich vergeblich windet. Ein Knebel hindert ihn am Schreien. Wahrscheinlich wird er ersticken, noch bevor sie ihn foltern können, denkt er, als man ihn in ein Auto schubst, das mit dröhnendem Motor losfährt.

Er hört sein eigenes Röcheln. Auch seine Entführer bemerken es.

»Pass auf, dass er nicht krepiert«, sagt eine Stimme auf Deutsch vor ihm. Der Fahrer.

Der Sack stinkt nach Benzin, Tabak und Erbrochenem. Es wird nicht das erste Mal sein, dass er bei einer solchen Operation zum Einsatz kommt.

»Der Chef hat gesagt, dass der Kerl empfindliche Lungen hat und man vorsichtig mit ihm sein muss«, beharrt die Stimme des Fahrers.

»Wir sind gleich da. Früher oder später beißt er ohnehin ins Gras.«

10

Die Zeichen des Bösen

Bozen, Sommer 2014

Fünfzehn Autominuten von Trient entfernt. Ein ruhiges 20000-Einwohner-Städtchen im Suganertal, bekannt für seine Kirschplantagen und die roten Früchte. Eine baumbestandene Straße. Aus der gleißenden Nachmittagssonne trete ich in den Schatten. Und eine merkwürdige Stille umfängt mich. Die hübschen, unschuldigen Fassaden der Gebäude verbergen Jahrzehnte der Hölle.

Mein Fahrer stützt sich auf einen Stock. Valerio Fontanari hinkt seit dem Kindesalter, eine Folge der Kinderlähmung. Er wird mich durch die stillen Flure der ehemaligen psychiatrischen Anstalt von Pergine führen. Ein Name, den ich schon als kleines Mädchen mit unsagbarem Grauen in Verbindung gebracht habe; jeder wusste, dass es von dort kein Entrinnen gab. Valerio zeigt mir ein Foto seiner Mutter, Silvia Lorenzin, die viele Jahre hier gearbeitet hat. Eine zierliche Frau mit wachem, entschlossenem Blick. Sie hatte 1936 ihr Krankenschwester-Diplom erworben.

Heute ist in dem Hauptgebäude eine Oberschule untergebracht. Die Ferien haben bereits begonnen, aber ein freundlicher Hausmeister lässt uns ein. Schwer vorstellbar, dass dieser ruhige Ort einmal eine Anstalt für Geisteskranke gewesen ist. Hier landeten die »Irren«. Auch solche, die es gar nicht waren. Vor allem Frauen. Unter dem bekannten Begriff der »Hysterie« subsumierte man auch freizügiges Sexualverhalten. Eine der prominentesten Insassen war Mussolinis erste Frau, Ida Dalser: War sie verrückt oder dem zur Macht aufsteigenden Duce lediglich unbequem?

Die Kapelle dient heute als Lehrerzimmer, die ehemaligen

Patientenzimmer sind Klassenräume. Aber mir ist, als sähe ich noch die Reihen der Betten mit den Fixiergurten für die besonders unruhigen Patienten vor mir. Als hörte ich noch ihre Schreie. Und das Klappern der Türen, die sich an jenem 26. Mai 1940 öffnen und wieder schließen. Dem Tag, an dem 299 zu den Optanten zählende Patienten aus Pergine und anderen Einrichtungen vom Krankenhauspersonal zusammengetrieben und zum Bahnhof geführt werden. Sie brechen zu einer langen Reise nach Deutschland auf.

Sie sind Deutsche geworden, ohne es bemerkt zu haben. Als sich ihre Familien für das Deutsche Reich entschieden, verloren auch sie die italienische Staatsbürgerschaft. Warum sollten sie in Pergine bleiben? Die Anstaltsleitung befolgt die Anweisungen, und das Begleitpersonal, darunter Silvia Lorenzin, führt die Befehle aus. Doch am Zielort, der Klinik Zwiefalten in Baden-Württemberg, ist ihr Schicksal besiegelt. »Den Schwestern hatte man erzählt, dass in Zwiefalten bessere Behandlungsmöglichkeiten bestünden«, erzählt Valerio Fontanari. »Meine Mutter freute sich für sie, auch wenn einige für die Fahrt ruhiggestellt werden mussten. Sie wollten nicht fort. Für die zweitägige Reise lud man viele Vorräte in den Zug: Brot, Marmelade, Fleisch, Gemüse. Sogar Schokolade. Niemand ahnte die Wahrheit.«

Valerios Mutter kann nicht wissen, dass ihre Patienten Teil des Aktion T4 genannten verbrecherischen Plans der Nationalsozialisten werden. Seit September 1939 kommt es, auf Befehl Hitlers, zur systematischen Vernichtung von Geisteskranken aus Deutschland und Polen. An dem Programm sind Hunderte Ärzte, Krankenschwestern und Pfleger beteiligt. Die Behinderten werden in erster Linie nach ihrem »Arbeitswillen« ausgewählt. Gelten sie als arbeitsunfähig, schafft man sie in eines der sechs Vernichtungszentren Deutschlands. Dort werden sie mit Kohlenstoffmonoxid, das der große Chemiekonzern IG Farben liefert, vergast.

Der Aktion T4 fallen 70000 Menschen zum Opfer, bevor sie im August 1941 unterbrochen wird. Die katholische Kirche in Deutschland hat scharfe Kritik geübt, und der Führer muss einen Schritt zurück machen, zumindest dem Anschein nach. In Wahrheit wird die als »Gnadentod« deklarierte Vernichtungsaktion bis zum Kriegsende fortgesetzt. Am Ende sind es über 200000 Tote.

Unter ihnen die Patienten aus Pergine. Alles geschieht mit erschreckender Geschwindigkeit. Als sie die Klinik Zwiefalten erreichen, bringen die dortigen Pfleger die Neuankömmlinge hinein, während dem Personal aus Italien der Zugang verweigert wird, berichtet Valerio Fontanari, sich auf die unmittelbaren Erinnerungen Silvias berufend. Sie sollten in einem anderen Gebäude übernachten. Aber Valerios Mutter und die anderen Begleiterinnen ließen nicht locker. Sie setzten durch, die Nacht in einem Raum neben dem ihrer Patienten zu verbringen. Es sei eine schlaflose Nacht geworden, erzählt Valerio. Sie hörten einzelne Schreie, die sofort erstickt wurden. Sie erkannten die Stimmen »ihrer Irren« und wussten, wer da schrie. Sie sagten sich, dass es vereinzelte, der Furcht vor dem fremden Ort geschuldete Anfälle seien. Sie hatten Angst, sich zu rühren und nachzusehen. Am nächsten Morgen zum Appell fehlten etliche Patienten.

Laut einer verlässlichen Schätzung kehrten von den 299 Kranken nach dem Krieg lediglich sieben wieder heim. Doch die eigentliche Wahrheit ist, dass sich um diese Opfer wie ein Leichentuch der Mantel des Schweigens hüllt.

Zur Zeit der Tragödie von Pergine wagte ein Mann, das Schweigen zu brechen. Der Kanonikus Gamper. Er tat es mit äußerster Vorsicht, was verdeutlicht, wie weit der Terror bereits nach Südtirol vorgedrungen war. Der Artikel war nicht unterzeichnet, aber über die Zuschreibung bestand nie Zweifel. Er erschien am 19. Dezember 1940 unter der Überschrift

Ein furchtbarer Verdacht. Gamper geht das Thema auf ungewöhnliche Weise an. Der Artikel berichtet von einer in der Vatikanzeitung *L'Osservatore Romano* erschienenen Mitteilung über eine Anfrage beim Heiligen Offizium. Die Frage lautet, ob es erlaubt sei, einen mit einem körperlichen oder geistigen[6] Gebrechen behafteten Menschen auf Befehl der öffentlichen Obrigkeit zu töten, nur weil er der Gesellschaft zur Last falle.

Kann die Kirche eine solche Handlungsweise billigen, fragt Gamper[7]. Natürlich bedient er sich seines Ansehens und seiner Kompetenzen als Priester und beleuchtet das Problem auch unter rechtlichem Aspekt. Aber die Antwort appelliert an die Moral.

> *Jene Irrsinnigen, welche die Tötung Harmloser im vorgeblichen Interesse des Staates befürworten, würden verdienen, steckbrieflich als gefährlichste Feinde des Staates verfolgt zu werden.*
>
> *Aber diese Dinge sind ja jedem ausreichend unterrichteten Katholiken längst bekannt. Und der Urheber der Anfrage an das Heilige Offizium wollte wohl kaum wissen, ob es den Behörden erlaubt ist, harmlose Unglückliche töten zu lassen. Allem Anschein nach wollte er vielmehr erfragen, ob es Angestellten und Untergebenen erlaubt sei, im Auftrage öffentlicher Obrigkeiten harmlose Unglückliche zu töten.*
>
> *Jeder Christ müsste wissen, dass man Gott mehr gehorchen muss als den Menschen, dass man Unerlaubtes also auch im Auftrage der öffentlichen Obrigkeiten nicht tun darf.*
>
> *[…] Die Anfrage an das Heilige Offizium erweckt den Verdacht, dass in einem Lande Angestellte oder Untergebene von den Behörden Auftrag erhalten, harmlose Unglückliche aus dem Leben zu schaffen. Es ist sicher nicht ein mehr oder minder katholisches Land, sicher nicht Italien,*

Spanien, Belgien oder Ungarn, wohl auch nicht das heutige Frankreich. Der Verdacht weist nach einer anderen Richtung. Ein furchtbarer Verdacht!

Wie so viele Kirchenmitglieder wusste Gamper, was der Nationalsozialismus ist. Und seine Warnung war letztendlich ziemlich deutlich: Wir wissen Bescheid, wir werden darüber reden. Aber nur wenige haben es wirklich begriffen: Warum nur so wenige?

»Die Menschen, die Gamper zuhörten, die den Artikel gelesen haben, hätten von der Euthanasie wissen können, ebenso wie sie von der Judenverfolgung hätten wissen können, aber sie wollten es nicht wahrhaben«, lautet die Antwort seiner Nichte Martha Ebner. Es hätten Gerüchte kursiert, fährt sie fort, und einige behinderte Südtiroler seien plötzlich verschwunden. Von Pergine hieß es, dass man etliche Patienten aus Optanten-Familien geholt habe, darunter auch Kinder, aber niemand wusste Genaues. Erst nach dem Krieg sollte man mehr erfahren. Martha Ebner berichtet von einer Cousine in Deutschland. Sie lebte in einer Behinderteneinrichtung in der Nähe von Stuttgart, wo sie als Gehörlose lernte, von den Lippen zu lesen. Aus Sorge, ihr könne etwas zustoßen, ließ der Kanonikus sie nach Italien holen.

Bedenkt man, dass selbst die für Gampers Botschaften empfänglichen Dableiber ihm nicht richtig zuhörten, verwundert es nicht, wie wenig Gehör seine Worte bei den Optanten fanden. Für sie war es reine Propaganda. »Die Anhänger des Nationalsozialismus konnten einfach nicht glauben, dass Derartiges geschah«, versichert Martha. Sie *wollten* es nicht glauben, würde ich hinzufügen. Die Erkenntnis lässt sich schwer ertragen, alle Hoffnung auf ein verbrecherisches Regime gesetzt zu haben. Wie so oft, war Nicht-Hinsehen und Nichts-Einsehen die bequemste Lösung.

Ebenso weigerte man sich, die Berichte über die Verfolgung

und Deportation der Juden zu glauben, die aus Deutschland, Polen und der Ukraine durchzusickern begannen. Hanna Perwanger veranschaulicht in ihrem Erinnerungsbuch anhand einer bezeichnenden Anekdote, wie weit der in jenen Jahren in ganz Europa verbreitete Antisemitismus auch in der erzkatholischen Gesellschaft Südtirols um sich griff.
Als Dableiber waren Hanna und Pep den Schikanen und Schmähungen der NS-Sympathisanten ausgesetzt. Sie verkörperten ein gefährliches Beispiel, das andere dazu verführen konnte, ebenfalls nicht zu optieren.

> *Als die Neumarkter Propagandisten […] bemerkten, daß die Radeiner alle dem Vorbild meines Mannes folgen wollten und »Dableiber« wären, setzten sie ihre ganze Beredsamkeit und Lügen ein, um die anderen zu bekehren. »Ja, der Zirmer weiß schon, warum er da bleibt, seine Frau ist ja eine Jüdin. Schaut nur, auf der Treppe im Zirmerhof, da hängt ihr Vorfahre, der Hebräus«. Sie meinten den guten Daniel Schwenter, der Professur in Altorf für orientalische Sprachen war, es steht auf dem Bild auf lateinisch, daß er auch hebräisch gelehrt hatte. Wie ich diese gemeine, dumme Verleumdung hörte, war ich außer mir. Ich ging mit meinem beglaubigten Ahnenpaß, den mir, Gott sei Dank, Hans besorgt hatte (jeder Deutsche brauchte ihn, um sich ausweisen zu können, daß er kein Jude sei), von Hof zu Hof und erklärte, wie gemein die Lügen und Verleumdungen dieser Neumarkter wären. Dann schrieb ich einen Brief […], sie möchten heraufkommen und meinen Ahnenpaß, den sie natürlich gar nicht besitzen, ansehen, ich würde ihnen dann auch die Unterschrift unter dem Bilde meines Ahnherrn übersetzen, da sie ja Latein nie gelernt hätten. Natürlich bekam ich von diesen Schuften keine Antwort, die […] ließen sich lange Jahre nicht mehr bei uns sehen. Es war dieser Nazigesellschaft keine*

Lüge groß genug, um anderen zu schaden oder sie zu vernichten.[8]

Diese Geschichte verdeutlicht nicht nur die Wirkungsmacht der von den Nationalsozialisten verbreiteten antisemitischen Vorurteile. Sondern ebenso die Selbstverständlichkeit, mit der die Zugehörigkeit zum Judentum als Stigma galt. Hanna musste sich von der »Anschuldigung«, jüdische Vorfahren zu haben, regelrecht reinwaschen. Wenn die Zugehörigkeit zu einer Volksgruppe eine Frage von Leben und Tod ist, wird Empörung zum Luxus.

Der Holocaust ist und bleibt das schlimmste Verbrechen des NS-Regimes. Und alle, die vor oder während des Krieges zugelassen haben, dass er vorbereitet, organisiert und umgesetzt wurde, tragen ein Stück – aktiver oder passiver – Verantwortung.

Gewiss wird Martha Ebner recht haben, wenn sie mir erzählt: »Nach 1943 wusste man etwas von den Konzentrationslagern, aber keiner hatte eine Ahnung, was dort wirklich geschah. Das hat man erst nach dem Krieg erfahren.« Doch eine kollektive Verantwortung für die Shoah ist Teil unseres Erbes. Eine Bürde, derer wir uns nicht entledigen können. Schon gar nicht in einem Europa wie dem heutigen, wo Ausgrenzung und die Ablehnung von Vielfalt im Namen einer vermeintlichen »Reinheit« erneut in den Köpfen Einzug halten.

11

In der Zange des Terrors

Juni 1942

Karl befindet sich in einem Kellerraum. Die Einrichtung besteht aus einem dürftigen Lager und einer fadenscheinigen Decke. Die Gefängniswärter sind gründlich gewesen: Sie haben ihm die Schnürsenkel, die Krawatte und die Brille abgenommen. Ebenso das Skizzenbuch und die beiden Bleistifte. Doch merkwürdigerweise haben sie ihm ein Glas hingestellt, in das sie hin und wieder ein Medikament gegen Asthmaanfälle füllen. Offenbar sind sie daran interessiert, ihn am Leben zu halten. Sie geben ihm zu essen, und zweimal am Tag führen sie ihn zur Toilette am Ende des Flurs. Als er versucht hat, mit ihnen zu reden, haben sie ihn nur zurück zu seiner Zelle geschubst.

Karl kennt diese Leute. Er kennt sie ziemlich gut. In dem seit 1933 von den Nationalsozialisten errichteten Schreckensregime sind sie das Schlimmste, was einem begegnen kann. Agenten des Sicherheitsdienstes SD, oder besser gesagt, des berüchtigten Sicherheitshauptamtes RSHA, der für die Sicherheit im Reich zuständigen Zentralbehörde. Dazu gehören auch die Gestapo, die Kripo und alle übrigen Institutionen, die verhaften, verhören, bespitzeln, foltern, deportieren und umbringen, wen auch immer sie des Widerstandes gegen das Regime bezichtigen.

Reinhard Heydrich, Leiter des RSHA, ist der aufsteigende Stern und einer der eifrigsten Diener des auf dem Höhepunkt befindlichen Nationalsozialismus. Vor kurzem hat er den Begriff der Schutzhaft neu ins Spiel gebracht: die Verhaftung von Männern und Frauen, deren politisches, soziales und vor allem die Abstammung betreffendes Profil mögliche Gefahren

für die deutsche Gesellschaft birgt. Kommunisten, Sozialisten, Juden, Sinti und Roma, Homosexuelle, sogar junge Leute, die gern amerikanische Musik hören: Sie alle stehen auf der Liste der Verdächtigen. Schuldig bereits vor dem Prozess. Unter Heydrich kann jeder in die Mangel geraten. Hitler hat ihn zum »Reichsprotektor« des von den Deutschen annektierten Staatsgebiets Böhmens und Mährens ernannt, von Tschechien und der Slowakei könnte man heute sagen, ein Titel, der ihn mit uneingeschränkter Macht ausstattet. Unter seiner Gewalt kann sich niemand in Sicherheit wiegen. Über ihm steht nur noch der Reichsführer-SS Himmler – und natürlich Hitler.
Doch Heydrich ist ein ehrgeiziger, entschlossener und vor allem sehr gut organisierter Nationalsozialist. Er fällt eigenmächtige Entscheidungen, die an Bestialität noch das Grauen übertreffen, das seine Vorgesetzten von ihm erwarten. Während des Einmarschs in Polen im Herbst 1939 haben die ihm unterstehenden Einsatzgruppen Verbrechen gegen Juden und polnische Zivilisten von bis dahin ungeahnter Grausamkeit verübt. Seitdem sind allerdings einige Jahre vergangen. Inzwischen hat er sich jeder Kontrolle entzogen. Angestachelt von den Erfolgen der Panzer und Sturzkampfflugzeuge, hat er an der Ostfront grauenhafteste Massaker zu verantworten.
In seinen Händen hat sich der von ihm geschaffene SD in eine außergewöhnliche Waffe verwandelt, die sich nicht nur durch Brutalität, sondern auch durch Perfidität und Einfallsreichtum auszeichnet. An die Spitze dieses im Ausland nach Regimegegnern jagenden Organs hat Heydrich seinen engen Vertrauten Walter Schellenberg gestellt. Die Agenten unterwandern andere Organisationen und misstrauen sogar der offiziell für die deutsche Militärspionage zuständigen Behörde: der Abwehr unter der Leitung von Admiral Wilhelm Canaris.
Durch die Gitter des einzigen Fensterchens hat Karl erkannt, wo er sich befindet: ganz in der Nähe des Zentrums von Bozen. Der Komplex aus vier gleichen, flachen, zu einem Kreuz

angeordneten Gebäuden hatte wegen seiner hellgrünen Fassaden und der geschlossenen Fensterläden bereits zuvor seine Neugierde geweckt. Eine kleine, von einer Mauer umgebene, vierflügelige Festung. Sie hat stets unbewohnt auf ihn gewirkt, aber der Garten ist gepflegt und die gut geölten Tore an den vier separaten Eingängen lassen sich leicht überwachen. Tja, die SD-Agenten sind alles andere als Dilettanten.
Den während der endlosen Stunden seiner Gefangenschaft belauschten Gesprächen seiner Gefängniswärter hat Karl entnommen, dass der Mann, der seine Verhaftung veranlasst hat, fortmusste. Er ist am Tag seiner Festnahme abgereist. Etwas Unvorhergesehenes muss geschehen sein. »Ein Drama«, hat der Aufseher unheilvoll angedeutet. Doch er hat gleich klargestellt, dass der Aufschub nur von kurzer Dauer sein würde. »Keine Sorge. In ein paar Tagen ist er zurück. Ihm liegt viel daran, dich zu sehen«, hat er drohend hinzugefügt.

Hella betritt von Brandts Büro im ersten Stock des Hotels Bristol. Der Deutsche hat die Glastür geöffnet und steht mit aufgeknöpftem Uniformkragen auf dem Balkon, um die warme Junisonne zu genießen. Hastig schließt er die Knöpfe und wendet sich Hella zu, die er selbst einbestellt hat. Seine Finger streichen über das Eiserne Kreuz. Seine Miene zeigt deutlich eine Mischung aus Erschöpfung und Verärgerung.
Von Brandt setzt sich hinter den Schreibtisch, öffnet eine Schublade und zieht einen Briefumschlag hervor.
»Wir haben ein kleines Problem mit dem hier«, sagt er und reicht ihn der jungen Frau, die in ihrem leichten dunkelroten Baumwollkleid vor ihm stehen geblieben ist.
Hella greift nach dem Brief und erkennt ihn auf den ersten Blick. Sie spürt, wie ihr die Röte in die Wangen steigt.
»Ich hatte ihn einem Freund anvertraut, er hat mir versprochen, ihn an das Berliner Hauptquartier weiterleiten zu lassen. So hätte mein Verlobter ihn vielleicht erhalten.«

»Durchaus keine dumme Idee, Fräulein Rizzolli. Beruhigen Sie sich. Niemand macht Ihnen einen Vorwurf.«
Mit einer Geste bittet er Hella, auf einem samtbezogenen Sofa Platz zu nehmen, und setzt sich selbst auf einen Sessel neben sie.
»Ihr Brief hat jedoch gewissen in Italien tätigen deutschen Diensten einige Rätsel aufgegeben«, erklärt der Offizier, während er angelegentlich seine Fingernägel betrachtet.
»Ich verstehe Sie nicht.«
»Ich kann nichts Genaueres sagen. Nur so viel, dass ein Eisenbahner mit deutschem Pass am Bozener Bahnhof versucht hat, sich seiner zu entledigen. Die ... diensteifrige italienische Streife hat ihn aus bloßer Neugier angehalten. Weshalb wirft jemand einen Brief weg? Nun, sie haben gefälschte Pässe bei ihm gefunden. Die Originale hatte man in dieser Behörde hier ausgestellt. Jemand hat sie entwendet.«
»Wer könnte so etwas getan haben?«
Von Brandt löst ein paar Sekunden lang den Blick von seinen Händen und sieht zu Hella auf. Er ist Soldat, kein Polizist. Er spielt nur ungern diese Rolle. Er weiß genau, dass sie nichts mit dieser Geschichte zu tun hat. »Den uns übermittelten Berichten zufolge hat der Eisenbahner den Namen Ihres Freundes Karl genannt. Karl, der Zeichner.«
Hella fällt aus allen Wolken. Karl? Dieser junge, so schüchterne, zurückhaltende Porträtzeichner mit den sanften blauen Augen soll ein Fälscher sein? Vielleicht gar ein Spion?
»Davon wusste ich nichts«, gesteht sie zerknirscht.
»Das wäre auch noch schöner«, kommentiert von Brandt. Hella ist so unbedarft, dass sie nicht einmal begreift, wie erschrocken sie eigentlich sein müsste. »Doch in Wahrheit liegt das Problem woanders. Die Welt ist weniger einfach, als sie scheint.«
Von Brandt steht auf, um vor der großen, an die Wand gehefteten Europakarte Platz zu nehmen. In diesem Sommer 1942

scheint sich das Deutsche Reich von den Schwierigkeiten des vergangenen Winters und der äußerst harten Offensive gegen Moskau erholt zu haben. Die Divisionen sind zu neuen Angriffen bereit, auch wenn die Zeiten des »Blitzkrieges« und des heroischen Vormarschs Hunderter alles niederwalzender Panzerfahrzeuge für immer vorbei sind. Aber wenigstens sind die Russen ein Gegner aus Fleisch und Stahl. Dieser verdeckte Krieg des SD ist dagegen etwas, woran ein Offizier wie er schwer zu kauen hat.

»Ihr Freund Karl hat, ohne es zu wissen, für einen deutschen Dienst gearbeitet«, erklärt er Hella, den Blick weiter auf die Karte geheftet. »Sie haben sein Talent als Fälscher und seine … besondere Situation ausgenutzt.«

»Verstehe«, sagt Hella, doch das stimmt nicht. Welche besondere Situation? Allerdings begreift sie sehr gut, was von Brandt mit »deutschem Dienst« meint. Sie ist dem gefährlichen Sicherheitsapparat des Deutschen Reiches allzu nahe gekommen. Ohne es überhaupt zu bemerken.

»Die Italiener wollen Herr im eigenen Haus sein und haben sich über die Machenschaften hinter ihrem Rücken beschwert. Vor allem, als sie entdecken mussten, dass *Sie* dabei eine Rolle spielen.« Von Brandt wendet sich um. Er hat ihre Akte gelesen: die heimlichen prodeutschen Aktivitäten, die Verhaftung durch die Faschisten, die Verbannung in der Basilikata. Er weiß, dass die Familie ihren Einfluss geltend machen und ihre Rückkehr bewirken konnte. Und dass sich Hella seitdem beharrlich darum bemüht hat, die Auswanderung ihrer Landsleute ins Deutsche Reich zu organisieren. Das alles sind Dinge, die sie bei den italienischen Behörden in Bozen nicht gerade beliebt machen.

»Die Faschisten sind Dummköpfe«, bemerkt Hella aufgebracht. »Was soll ich über diesen jungen Mann schon wissen? Ich habe ihn im Zug kennengelernt, er kam mir so schutzlos vor, ich habe versucht, ihm zu helfen. Und dann hat er mir seine Hilfe angeboten. Vielleicht war ich naiv. Aber ich bin ganz bestimmt keine Spionin.«

»Daran hege ich keinen Zweifel«, unterbricht sie der Oberst. »Unter anderem deshalb haben wir dafür gesorgt, dass Karl Müller den Brief zu Gesicht bekommt. Er hat daraufhin nicht etwa Sie versucht zu treffen, sondern den Eisenbahner … Es ist offenkundig, dass Sie nichts mit dieser ganzen Geschichte und den Pässen zu tun haben.«

»Das beruhigt mich«, erwidert Hella, doch dann muss sie einfach fragen: »Und was ist mit Karl?«

»Unsere deutschen Geheimdienste haben ihn in Sicherheitsgewahrsam genommen. Sie werden ihm nichts antun. Gewiss hätten sie gern länger von seiner Arbeit profitiert, aber die Festnahme des Eisenbahners durch die Faschisten und die Beschlagnahmung der Pässe haben Sand ins Getriebe gestreut.« Von Brandt schüttelt den Kopf.

Er erhebt sich. Für ihn ist die Angelegenheit abgeschlossen. Auf Bitten der Leute vom SD hat er Hella Rizzolli verhört und sichergestellt, dass sie tatsächlich nichts von Karls Aktivitäten wusste. Er hat seine Pflicht erfüllt. Doch Krieg gegen Frauen gehörte früher nicht zu seinen Pflichten. Seit wann ist ein Offizier der Wehrmacht dazu angehalten, Geheimdienstagenten zu gehorchen? Während er Hella zur Tür begleitet, überkommt ihn ein Anflug von Stolz. Er ergreift zum Abschied ihre Hand. Er kann sie nicht einfach so gehen lassen, so arglos wie sie gekommen ist. Er hält ihre schlanken Finger zwischen den seinen und beginnt mit der Eindringlichkeit eines Mannes zu sprechen, der nicht schweigen kann, aber gleichzeitig Haltung bewahren will.

»Fräulein Rizzolli«, sagt er mit gesenkter Stimme und schaut ihr eindringlich in die Augen. »Ich bitte Sie, passen Sie auf. Das Leben wird allmählich gefährlich.«

»Gefährlich? Hier in Bozen?«, wendet Hella ein. »Der Krieg ist doch weit weg!«

»Es gibt nicht nur den Krieg.« Er holt tief Luft, als sei er im Begriff, sich in reißendes – und obendrein trübes – Gewässer zu begeben. »Wie Sie wissen, ist einer unserer hohen SS-Offiziere in Prag ermordet worden. Obergruppenführer Heydrich. Sie werden von dem Staatsbegräbnis gehört haben. Hitlers Rede war sehr berührend.«

»Ich habe davon gehört, ja. Terroristen, so hieß es«, bestätigt Hella. Weshalb fängt von Brandt ausgerechnet jetzt damit an? Und weshalb macht er so ein gequältes Gesicht?

»Terroristen, bestimmt.« Von Brandt steht reglos, eine Hand auf der Klinke, vor der Bürotür und senkt erneut die Stimme. Hella muss sich vorbeugen, um ihn zu verstehen. »Die SS hat die Jagd auf die Schuldigen begonnen. Innerhalb weniger Tage haben sie das unweit von Prag gelegene Dorf Liditz umzingelt, haben alle Männer verhaftet und erschossen. Dann haben sie die Frauen und Kinder in Züge verfrachtet und in Konzentrationslager deportiert. Das Dorf wurde dem Erdboden gleichgemacht. Anschließend haben sie dieselbe Operation in der kleinen Ortschaft Lezaky wiederholt.«

Hella weiß nicht, was sie sagen soll. Von Brandts Händedruck ist beinahe schmerzhaft, aber sie zieht die Hand nicht zurück. Es ist, als gestehe er ein Verbrechen, das er nicht zu begreifen vermag.

»Es waren allesamt Unschuldige«, endet von Brandt.

»Und die tatsächlichen Schuldigen?«, fragt Hella mit schwacher Stimme.

»Man hat sie später entdeckt. Sie wurden in einer Kirche in Prag umzingelt. Getötet. Die Geistlichen, die sie beschützt haben, hat man erschossen.«

»Oberst, weshalb erzählen Sie mir diese grauenvollen Dinge?«

Von Brandt schüttelt den Kopf. Das wüsste er selbst gern. Vielleicht weil diese junge, so entschlossene und sinnliche Frau ihn seit ihrer ersten Begegnung anrührt. Natürlich ist er empfänglich für ihre Schönheit, aber auch für ihren Elan und

ihre Klugheit. Und für ihre Hingabe. Aber an welche Sache, fragt er sich unweigerlich.
»Weil das Leben allmählich gefährlich wird, Hella« wiederholt er, zum ersten Mal ihren so süßen Vornamen verwendend. »Nur wer die Augen offen hält, kann überleben. Und ich weiß nicht, ob Sie das tun.«
»Ich glaube, das verstehe ich nicht«, flüstert sie, betroffen von dieser Eindringlichkeit. Von Brandt ist sonst immer so förmlich.
»Da sind Sie nicht die Einzige, Hella. Ich weiß selbst nicht mehr, in welche Richtung wir gehen. Nun, da die Maschinerie in Gang ist, lässt sie sich nicht mehr aufhalten. Und ich fürchte die Folgen. Ich bitte Sie, seien Sie vorsichtig.«
Er hat bereits zu viel gesagt. Mit einer bedauernden Geste lässt er ihre Hand los. Dann öffnet er die Tür und wirft sich ins Kreuz. »Und nun wollen wir wieder an die Arbeit gehen, Fräulein Rizzolli. Mit offenen Augen.«

In der Stube der Steiners scheint Christus am Kreuz Hella vorwurfsvoll anzustarren. Das ärmliche Häuschen wirkt heimelig, von Sonnenlicht durchflutet. Die Äpfel an den Bäumen des kleinen Obstangers beginnen zu reifen. Ringsum im Etschtal kündigt sich bereits eine vielversprechende Ernte an. Die Trauben sind schwer, die Beeren zuckersüß. Der Krieg scheint so weit weg. Die Auswanderung unvorstellbar.
Hella hat die Familienakte auf dem Tisch aufgeschlagen. Johanns Frau Dora und der jüngere Bruder Walter arbeiten auf den Feldern. Inzwischen mangelt es an Arbeitskräften, die jungen Männer sind zu Tausenden an die Ostfront gezogen. Einem langsamen Ausbluten gleich gehen sie fort, Söhne, Brüder, Ehemänner.
Johanns Blick ist starr, seine Stirn gefurcht. Man hat ihn nicht einberufen, da er nach dem Tod des Vaters die einzige Stütze der Familie darstellt. Aber sein Bruder ist siebzehn Jahre

alt: Bald wird er die Uniform tragen. Angesichts der Angst um sein Schicksal ist die große Frage des Aufbruchs nach Deutschland beinahe zur Nebensache geworden.

Hella weiß, dass sie nicht willkommen ist. »Ich habe von eurer Mutter erfahren«, verkündet sie ohne Umschweife.

Johann schweigt, doch er senkt nicht den Blick.

Sie reicht ihm den Stapel Papiere, die abgefasst und unterzeichnet wurden, bevor Annas Zustand sich schlagartig verschlechtert hat.

»Ich habe sie im Krankenhaus besucht«, fährt sie fort.

Johann faltet die Hände auf dem Tisch. Er hat die rauhen, zerschundenen Finger eines Mannes, der die Erde liebt, der Jahr um Jahr aufs Neue mit ihr ringt und sie bezwingt.

»Zwar ist sie im Augenblick nicht in der Lage zu reisen, aber sie wird nachkommen, sobald sie sich besser fühlt«, erklärt Hella.

»Hat Ihnen das der Arzt gesagt?«, fragt er ungläubig.

Sie ordnet sorgfältig die mit der Maschine getippten Blätter. Es fehlt noch immer das Inventar, aber im Grunde könnte man es einfach dabei belassen. Die Sachen werden zu einem späteren Zeitpunkt verschickt, der Lauf der Geschichte lässt sich wegen ein paar Kochtöpfen und gerahmter Fotos nicht aufhalten. »Er hat gesagt, dass sie sich erholen wird«, lügt sie, ohne Johann anzusehen. »Dass es ihr schon bald bessergehen wird und dass sie sich im Zweifelsfall auch in Deutschland behandeln lassen kann.« Er würde gern etwas einwenden, aber sie fährt fort. »Herr Steiner, das ist ein Glücksfall für Ihre Familie. Endlich werden Sie so leben können, wie Sie es verdienen. Ein eigenes Gut ganz für Sie, ein viel schöneres Haus in einem Land, in dem Sie frei sind! Es gibt nichts mehr zu zögern.«

Johann starrt auf die dunkel getäfelten Wände der Stube. Die wenigen gerahmten Fotos erzählen eine schlichte Familiengeschichte. Ein Brautpaar am Hochzeitstag: Anna und Werner. Die Eltern mit den beiden Buben. Die Hochzeit von

Johann und Dora. Und unter den mageren, ausgebreiteten Armen Christi das letzte Foto von Werner, dem Vater, der von einer Holzfuhre erschlagen wurde, als der Jüngste gerade sieben Jahre alt war.

Johann trinkt einen Schluck Wasser, dann richtet er das Wort in ernstem Ton an sie. »Man hört so manches, Fräulein Rizzolli. Die Briefe der Leute, die fort sind, berichten nichts Gutes. Wenn sie im Reich ankommen, finden sie nicht die versprochenen Häuser vor. Die Menschen dort behandeln sie schlecht. Die Männer ziehen nicht auf die Felder, sondern in den Krieg. Und die Frauen hören nichts mehr von ihnen. Manche sprechen schon von Rückkehr. Weshalb sollten wir gehen?«

»Johann! Das sind alles Lügen, da ist nichts Wahres dran. Der Führer will das Wohl der Deutschen. Ihr müsst gehen, weil es alle tun, und in Deutschland werden wir alle wieder zusammenkommen!«

»Und ihr? Warum seid ihr noch nicht gegangen, Fräulein?«

»Wer wir? Was tut das zur Sache?«

»Es tut etwas zur Sache, das wissen Sie. Auch Ihr Vater Jakob hat diese Papiere unterzeichnet. Ebenso Ihr Bruder Josef. Warum seid ihr noch nicht ins Reich aufgebrochen, Fräulein?«

Hella zögert einen Augenblick, dann erhebt sie sich.

»Ich habe einen öffentlichen Auftrag, Herr Steiner. Ich muss meiner Pflicht nachkommen, die AdO hat sich noch nie vor etwas gedrückt. Wenn es uns nicht gäbe, wer würde die Einhaltung der Rechte der Südtiroler garantieren?«

Auch er erhebt sich. »Wir sind keine wohlhabenden Leute, Fräulein Rizzolli. Dieses Dach ist alles, was wir besitzen, aber es bietet immerhin Schutz. Anderswo gibt es den nicht. So sieht es aus.«

Hella nimmt die Akte und geht zur Tür. Sie hat das Bedürfnis hinauszutreten, in den warmen, duftenden Sommerwind.

»Ich werde wiederkommen, um euch die Pässe auszuhändigen«, sagt sie nur.

Viele Tage sind vergangen. Dann, endlich, öffnet sich die Tür zu Karls Zelle. Zwei Gefängniswärter, die einen Mann unter den Achseln stützen, treten ein. Kaum lassen sie ihn los, sackt er auf dem Boden zusammen. Als sie hinausgehen, springt Karl auf, kniet sich neben dem Neuankömmling hin und dreht ihn auf den Rücken. Unter den Blutergüssen, die ihn entstellen, erkennt er die Gesichtszüge des Eisenbahners. Die geschwollenen Lider über blinden Augen, der Bart ist von geronnenem Blut verklebt. Zwischen den aufgeplatzten Lippen sind die zertrümmerten Zähne zu sehen. Aber noch atmet er.
Karl zieht ihn bis zu seinem Lager. Einen Augenblick lang erscheint ihm das Bild des Vaters, aber er verscheucht es sofort aus den Gedanken. Er untersucht den gemarterten Körper. Sie müssen ihm die Füße zerquetscht haben, die nur noch zwei formlose Stümpfe sind. Und die Hände. Der Stoff seiner Hose ist mit Blut, Urin und Exkrementen besudelt.
Karl nimmt ein Glas Wasser. Der Mann versucht, einen Schluck zu trinken. Er röchelt, er wird nicht mehr lange zu leben haben. Sie haben ihn in diese Zelle geschafft, um ihm, Karl, zu zeigen, was einer riskiert, der sich mit ihrer Macht anlegt. Sie könnten auch ihn foltern. Weshalb haben sie es noch nicht getan?
»Was ist passiert?«, flüstert Karl.
»Die Italiener. Sie haben mich im Zug nach Franzensfeste verhaftet.«
»Warum?«
»Sie haben gesehen, wie ich den Brief von dir am Bahnhof in den Müll geworfen habe.«
Karl meint, sie vor sich zu sehen: Eine Streife faschistischer Milizsoldaten beobachtet die Szene. Die verdächtige Handlung eines alten Eisenbahners, bestimmt eines Kommunisten. Ein unverzeihlicher Fehler. Er unterdrückt einen Fluch.
»Und weiter?«
»Sie haben mich durchsucht und haben die Pässe gefunden.«

»Aber was scheren sich die Faschisten um diese Pässe? Warum haben sie dich so zugerichtet?«
Der Ärmste versucht, die Augen zu öffnen. Das Sprechen kostet ihn Mühe. Aber er weiß, dass sein Stündlein geschlagen hat. »Es waren nicht sie«, haucht er mit dünner Stimme.
Karl muss es wissen. Es gibt etwas, das er begreifen will. Eine letzte Frage muss er loswerden: »Weshalb hast du den Brief nicht, wie versprochen, mit nach Berlin genommen?«
»Es ging nicht …«
»Aber warum?«
»Weil ich beschattet wurde. Von Anfang an …«
Karl ist sprachlos. Ein unsäglicher Verdacht steigt in ihm auf.
»Sie hatten mich in der Hand«, stöhnt der Eisenbahner. »Meine Frau ist ihre Gefangene.«
Endlich begreift Karl, und er schluckt die Wut hinunter. Vermutlich sind die ersten drei Pässe sofort dem SD in die Hände gefallen. Und die übrigen zehn haben sie ihn absichtlich anfertigen lassen, mit den Fotos der Personen, auf die sie es abgesehen hatten. Sie haben die gefälschten Pässe als Köder benutzt, um die Untergetauchten aus ihren Verstecken zu locken. Sie haben auch ihn zum Verräter gemacht.
»Es tut mir leid«, sagt der Sterbende.
Karl schüttelt den Kopf. Er schiebt einen Arm unter seine Schultern und versucht, ihn bequemer hinzulegen. Wie unsinnig das ist, sagt er sich verzweifelt.
»Es tut mir leid«, wiederholt der Eisenbahner. Karl schweigt.
Dann kommt das Ende.
»Es macht nichts«, sagt er. Er legt ihn auf das Strohlager und breitet die Decke über ihm aus.
Zwei Dinge weiß er nunmehr gewiss: dass er seinen Vater niemals wiedersehen wird. Und dass der Tod bloß die letzte Etappe ist auf einem langen Leidensweg.

12

Eine Begegnung und ein Abschied

Sommer 1942

Die Sonne ist zu heiß. Der blaue Himmel blendend grell. Das penetrante Knarren des blank gewischten Holzparketts strapaziert seine Nerven. Karl überlegt, wie viele Tage seit seiner Festnahme am 27. Mai vergangen sind. Lange genug jedenfalls, um der Welt entwöhnt zu sein.
Er befindet sich in einem geräumigen, schlichten Büro, in den Regalen stehen deutschsprachige Bücher. Über einem Marmorkamin hängt ein großer Spiegel mit Goldrahmen. Karl versucht, seinem Spielbild zu entgehen.
Mitten im Raum thront ein Schreibtisch im Empirestil. Ein Abreißkalender zeigt den 22. Juni 1942 an. Ein junger Mann mit hoher Stirn, gerader Nase und schmalen Lippen sitzt dort in seiner tadellosen SS-Uniform. Er liest in irgendwelchen Papieren und hält den Blick gesenkt.
Karl bleibt stehen und betrachtet ihn. Er denkt, dass er dumm gewesen sein muss, aber es kommt ihm vor, als habe er es schon immer gewusst. Früher oder später mussten sie sich wieder gegenüberstehen, jeder auf seiner Seite.
»Zum Glück liegt nur ein Schreibtisch zwischen uns«, sagt er, ohne nachzudenken. »Es hätte auch ein Schlachtfeld sein können.«
Sein Gegenüber hebt die Augen. Dasselbe Blau wie die seinen.
»Hallo, Oskar«, fügt Karl hinzu. »Wie geht es unserem Vater?«
»Er ist da, wo er keinen Schaden anrichten kann«, antwortet der. »So wie alle, die wegen dir in Gefahr sind. Deine Mutter. Deine Freunde. Wo immer du bist, sorgst du für Unheil.«

»Du bringst dagegen Hoffnung, was?«, entgegnet Karl sarkastisch. »Vielleicht hat unser Vater deshalb aus dem Mund geblutet, als du mit deinen Schergen kamst, um ihn zu holen. Habt ihr ihm die Zähne wieder richten lassen?«
»Schweig!« Oskar springt auf und schlägt mit der Hand auf den Tisch. Er ist schon immer leicht in Wut geraten. Groß und stattlich, überragt er Karl wie das lebende Beispiel an Verachtung und Gewalt. »Damals hatte Göring das Kommando. Wir konnten nicht alles kontrollieren!«
»Das hast du auch nach der Kristallnacht gesagt.«
»Man musste klarstellen, wer die wahren Feinde des Nationalsozialismus sind. Und was mit denen passiert, die uns provozieren«, erwidert Oskar kalt. »Je eher die Juden verschwinden, desto besser. Für uns und für sie. Aber das haben offenbar nicht alle begriffen.«
Karl sieht Oskar an, der ihn daraufhin von Kopf bis Fuß mustert. Zwei Brüder, entzweit durch einen Vater, den der eine bewundert, der andere verachtet.
»Du hast mit eigenen Augen gesehen, was mit dem Eisenbahner geschehen ist«, beginnt Oskar erneut in unbeteiligtem Ton. »Er war einer meiner Leute.«
»Natürlich. Wegen seiner Frau.«
»Er hat zwei Familien. Eine in Berlin und eine in Franzensfeste. Obendrein ist er auch noch Kommunist. Solches Pack ist für uns ein Geschenk des Himmels. Der geborene Verräter!«
»Aber ihr habt ihn kaltgemacht …«
»Ja, aber sein Todesurteil hast du verhängt, wegen des Liebesbriefs eines Mädchens, das du nicht mal kennst. Für einen Kerl, den du nie im Leben gesehen hast!« Hinter dem verächtlichen Ton spürt Karl einen Anflug von Verärgerung, wie die eines Lehrers angesichts der Fehler eines vielversprechenden Schülers. »Es war ein perfektes System. Ein überzeugter Kommunist beschafft einwandfreie Papiere für Juden und

untergetauchte Parteigenossen. Man braucht ihnen nur aufzulauern, sobald sie in Berlin aus ihren Verstecken kriechen. Wie dumme, vom Käse angelockte Mäuse. Und was macht diesen perfekten Plan zunichte? Wieder einmal ein idiotischer Zwischenfall. Liebesbriefe. Lächerlich!«

»Es spielt zwar keine Rolle mehr, aber wie ist der Eisenbahner an die Fotos für die Pässe gekommen?«

»Nicht mal das hast du kapiert? Die haben wir ihm verschafft. Glaubst du, wir haben keine Fotos von denen, die wir schnappen wollen? Wir wissen genau, wer sie sind. Wir wissen nur nicht, *wo* sie sind. Und du solltest uns helfen, sie zu entdecken.«

Wer hätte das gedacht: Hellas Brief an ihren Verlobten bei der SS hat am Ende zehn Gegnern des Nationalsozialismus das Leben gerettet. Karl muss beinahe lächeln.

»Dann habe ich also richtig gehört: Du warst im Bristol, ich habe dich mit von Brandt reden hören. Und du warst auch im Zug, stimmt's? Du hast mich ab Berlin verfolgt. Welch fürsorglicher Bruder: Du hast mich nicht allein reisen lassen.«

»Du hast mich gesehen? Dann hast du wirklich gute Augen. Schade, dass dein Hirn nicht so gut funktioniert. Du hast uns bei den Italienern ganz schön in Schwierigkeiten gebracht«, bemerkt Oskar. »Als sie den Eisenbahner mit den Pässen verhaftet hatten, sind sie sofort zu Wilhelm Luig, um sich zu beschweren.«

»Wieso? Wieso ist das deren Problem?«

»Denk doch mal nach. Es ist nicht gerade die feine Art, wenn ein Verbündeter die Auswanderungspapiere der Südtiroler für Zwecke der eigenen inneren Sicherheit missbraucht. Die Akte landete bei Himmler und Minister Ciano auf dem Tisch ... Wir mussten versprechen, die Operation einzustellen.«

»Geht es Hella gut?«, fragt Karl. Er macht sich Sorgen, dass sie Probleme mit dem SD bekommen könnte.

Oskar macht eine wegwischende Handbewegung. »Die Frau, die für die AdO arbeitet? Die zählt nicht. Wir haben euch den Brief wiederfinden lassen, um zu sehen, wie ihr euch verhaltet. Aber du hast nicht mal versucht, sie zu treffen. Mit ihr hat dieser Kriegskrüppel von Brandt geredet. Sie ist bloß ein verliebtes Dummchen.«

Karl schweigt. Und nun? Seine Vergangenheit hat ihn wieder einmal eingeholt. »Weshalb hast du mich aus Berlin ausreisen lassen?«

Oskar mustert den Halbbruder, blickt ihm geradewegs in die Augen. Es sind die des Vaters, ihr helles Blau erinnert an die Zartheit eines Frühlingshimmels. Oder an die Härte von Eis. »Würdest du mir glauben, wenn ich dir antworte, es war, um dir aus der Klemme zu helfen?«

»Nein«, erwidert Karl, ohne zu zögern. Ein ganzes Leben lang stehen sie bereits an verschiedenen Fronten. Es ist klar, dass Oskar ihn nur benutzen wollte, wie stets.

»Nun, sagen wir, du warst mir lebend von größerem Nutzen als tot. Dein Vater ist gefügiger, wenn er weiß, dass du in Gefahr schwebst.«

»Er ist auch *dein* Vater«, wendet Karl ein, doch er spürt sein Herz vor Freude springen. Sein Vater lebt noch.

Oskar antwortet nicht. Er öffnet eine Schublade und zieht ein Paar Handschuhe hervor. Er steht auf, greift nach dem Hut und tritt vor den Bürospiegel, um die Uniform zurechtzurücken. Sie sitzt bereits perfekt. »Er hat seine Entscheidung gefällt. Und nicht erst gestern. Er war es, der gegangen ist.« Er dreht sich um. »Weißt du, ich würde sogar sagen, dass es für mich und meine Mutter besser war. Wenn ich dich so sehe, scheint mir seine neue Familie nicht sonderlich gut zurechtzukommen.«

Karl ist stehen geblieben und meidet weiterhin den Blick in den Spiegel.

»Was hast du mit mir vor?«

»Alles beizubehalten, wie bisher. Du wirst dein gewohntes Leben wieder aufnehmen und mir weiterhin nützlich sein. Hier haben wir das Sagen. Mussolinis Faschisten sind bloß Marionetten, auch wenn wir hin und wieder auf sie eingehen müssen.«

Oskar nähert sich der Tür. »Um die Wahrheit zu sagen, gibt es ein kleines Problem«, fügt er beinahe vertraulich hinzu, ohne sich umzuwenden. »Sie haben Heydrich in Prag umgebracht. Himmler persönlich hat die Leitung der Geheimdienste übernommen, aber nun wird man einen neuen Kommandanten ernennen. Ich muss nach Berlin zurück, um zu sehen, für wen sie sich entscheiden und was sich in der Folge für unsere Arbeit ändern wird.« Im Hinausgehen wirft er dem Halbbruder einen letzten Blick zu und schließt mit einem höhnischen Lächeln: »Mach mir keine Dummheiten, solange ich weg bin. Du solltest mein Geschenk nicht unterschätzen.«

»Welches Geschenk?«

»Das Leben.«

Es ist ein ganz gewöhnlicher Morgen, Hellas liebste Tageszeit. Doch heute kündet der Himmel ein Gewitter an. Die Sonne ist von schwarzen Wolken verhangen. Sie scheinen fast den Kirchturm zu berühren, wirken bedrohlich. Ein heftiger Wind rüttelt am Weinlaub.

Hella beugt sich aus dem Fenster, um die Läden zu schließen, und sieht ihren Vater schon unten auf dem Platz. Das leise gestellte Radio bringt Kriegsberichte. Von einem Krieg, der schon längst zu Ende sein sollte. Seit mindestens einem Jahr. Dann war der Herbst gekommen. Der Winter hat ihn verdrängt. Der große, von Hitler angekündigte Sieg hat sich in den gewaltigen, eisigen Ebenen der Ostfront verflüchtigt. Dann ein neuer Frühling. Ein weiterer Sommer.

Das belagerte Leningrad. Sewastopol umzingelt. Man spricht

bereits von dem tödlichen Schlag, den die Wehrmacht dem Industriezentrum Stalingrad nun versetzen wird. Das Radio berichtet von dem Aufruf an die Truppen durch den sowjetischen Tyrannen. Es ist der Befehl Nummer 227 vom 28. Juli 1942. Er lässt sich in einem Satz zusammenfassen: »Nicht einen Schritt zurück!«

Hella hört eine Stimme nach ihrem Vater rufen und sieht einen Jungen auf dem Fahrrad vor Jakob halten. Sie erkennt ihn und spürt einen Stich im Herzen. Er ist ein Vetter von Wastl, noch zu jung, um die Uniform zu tragen. Er wirkt verschwitzt und abgehetzt, er muss auf dem Weg von St. Pauls kräftig in die Pedale getreten haben. Er sagt nur wenige Worte, und Hella sieht die Schultern des Vaters zusammensacken, wie unter einem unerwarteten Schlag. Sein Blick wandert zum Zimmerfenster seiner Tochter im ersten Stock. Er sieht sie. Sie starren sich an. Eine Entfernung von wenigen Metern, die sich zwischen ihnen dehnen wie ein Schrei.

Hella merkt erst, dass sie es ist, die schreit, als sie auf der Straße, vor ihm stehend, wieder zu sich kommt.

»Nein! Vaterl. Es ist nicht ...« Sie hofft, dass sie sich getäuscht hat, dass sich ihr schlimmster Alptraum nicht bewahrheitet. Der Junge ist wegen irgendeines Auftrags gekommen. Ihr Vater wird ihr einen guten Morgen wünschen. Er wird sie anlächeln. Sie wird ins Haus zurückkehren, sich an den Tisch setzen und darauf warten, dass eines der Dienstmädchen das Frühstück bringt.

Aber Jakob sieht sie an, ohne zu wissen, was er sagen soll. Dann zieht er langsam, wie zum Gebet, den Hut ab.

Und der Schmerz explodiert in ihr, zerreißt alles in ihrer Nähe mit seinen glühenden Splittern.

Wenige Tage später starrt Hella, ohne zu lesen, auf eine Seite der Zeitung »Dolomiten«, auf der deutlich die dick umrandeten Rechtecke der Todesanzeigen hervorstechen.[9]

Jede Familie kennt diese Schrift in Fettdruck.

Für Großdeutschland, seinen Führer und unsere Heimat opferte der 25jährige Kriegsfreiwillige, SS Rottenführer Sebastian Tschigg sein Leben am 10. Jännar 1942 in Rußland (Sabel Rikovo). Wir ehren seinen Einsatz am Sonntag den 2. August ¼9 Uhr früh am Ortsfriedhofe von S. Paolo.
Es trauern um ihn die Eltern Sebastian und Anna Tschigg, die Geschwister Hedwig, Ernst (Kriegsverwundeter), Emil dzt. im Feldlazarett, Olga, Fritz und Hugo.
S. Paolo, 28. Juli 1942

Hella liest wieder und wieder den Nachruf, diese Verkündung eines Todes, der ihr Leben zerstört. Sie wägt die Worte ab, prägt sie sich ins Gedächtnis ein, wiederholt sie mit lauter Stimme. Sie quellen ihr aus der Kehle wie ein lang anhaltendes Stöhnen. Und sie fragt sich: Wieso spricht niemand von der Aufbahrung? Von der Verabschiedung des Toten? Von dem Gesicht mit den geschlossenen Augen, dem man einen letzten Kuss geben kann?

Wo bist du? Was ist dir zugestoßen? Auf dem Grabstein von St. Pauls ist dein Name eingraviert, aber wo hast du dein Ende gefunden? Vermisst, haben sie gesagt. Und dich nach ein paar Monaten zum Kriegsgefallenen erklärt. Nun sind alle hier, am Sonntag, den 2. August, dem grausamsten Tag meines Lebens. Alle sind gekommen, um von dir Abschied zu nehmen, um dich für deinen Mut zu ehren und dafür, dass du dein Leben geopfert hast. Doch wo bist du tatsächlich? Wo hat man dich zurückgelassen? Es gibt keinen Sarg, nicht einmal ein in die Erde gegrabenes Loch. Nur deinen in einen Stein gravierten Namen. Soll ich denen glauben, die sagen, du seist tot? In einem so fernen Land? Du hast die Augen für immer geschlossen, ohne mich zu sehen, und ich weiß nicht einmal, ob du mich beim Namen gerufen hast. Als du fort bist, hast du gesagt, es sei zur Verteidigung unseres Vaterlandes. Und dass du zurückkehren würdest, um mich zu lieben. Dein Vaterland ist hier. Auch ich bin hier. Aber du liegst irgendwo unterm Schnee begraben.

Wastls Eltern haben für alles gut gesorgt. Dem Brauch entsprechend, haben die Trauergäste bereits um sieben Uhr früh zu trinken und zu essen bekommen. Kaffee, süßes Brot, Marmelade.

Mitarbeiter der AdO sind gekommen und deutsche Offiziere, die Hella kennt. Von Brandt ist da, der ihr mit der Unbeholfenheit eines alten Soldaten auf der Karte gezeigt hat, wo Rikovo oder, wie es im Deutschen heißt, Jenakijewe liegt, jenes Städtchen in der Ukraine, wo Wastl vermutlich gefallen ist. *Vermutlich.* Es gibt nicht einmal einen Leichnam, den man betrauern könnte.

»Es ist eine Stadt mit Waffenindustrie«, erklärt ihr der Offizier. »Der Kampf war den gesamten Winter über anhaltend hart. Doch im Dezember ist es den deutschen Truppen schließlich gelungen, die sowjetischen Soldaten zurückzudrängen.«

»Man hat ihn am 16. Januar für vermisst erklärt«, sagt Hella mit monotoner Stimme.

»Sie sollten stolz auf ihn sein«, vermag von Brandt darauf nur zu sagen. »Er ist als Held für das Vaterland gestorben.«

Peter Hofer, der Leiter der AdO, der die Trauerrede halten wird, tritt hinzu.

»Danke, dass Sie gekommen sind.« Hella reicht ihm mit aufrichtiger Verbundenheit die Hand. Sie hat nicht vergessen, dass er ihr auch zu Rosas Tod ein Kondolenzschreiben geschickt hat. Vielleicht eine bloße Formsache. Aber entscheidend ist, dass so viele gekommen sind. So erscheint Wastls Tod weniger absurd. Eine gemeinsam erlebte Tragödie.

Mittags gibt es Suppe, Fleisch, Reis, Kartoffeln und Salat.

Jakob spielt die Rolle des freundlichen Gastes, er spricht mit allen, tauscht mit Wastls Vater Erinnerungen an den vergangenen Krieg, macht der Mutter für die Organisation und die Küche Komplimente. Er weiß noch, wie seine Ehefrau Rosa es verstanden hat, in den harten Momenten des Lebens für die Familie und Nachbarn da zu sein.
Hella bemüht sich, mit den Gästen zu sprechen, aber sie sieht nichts, spürt nichts, die Kehle ist wie zugeschnürt. Sie hat das Gefühl, dass die Tränen niemals versiegen werden. Und dass niemand die von Wastl hinterlassene Leere wird ausfüllen können.

Meine liebe Gustl,
Ganz kurz will ich Dir erzählen, was sich seit Deiner Abwesenheit hier zugetragen hat.
An jenem traurigen Sonntag kamen wir also in Pauls um 7 Uhr an. Die ganze Familie erwartete uns und empfing uns mit ehrlicher Freude. Sie waren so aufmerksam und lieb, daß Vaterl selber gerne den Zug ohne uns einige Male fahren ließ und so kamen wir erst spät abends heim. Die Heldengedenkfeier war ergreifend, Hofer selbst war zugegen, die ganze Firma Spieß und viele Soldaten, die im Urlaub waren. Die alten Frontkämpfer weinen sehen, das war rührend. Sein Bild hing zwischen den lohdernden Flammen und umgeben von wunderschönen Kränzen. Ich selbst hab das alles erst später mir angeschaut, denn während der Feier konnte ich nur den Schmerz fühlen, der in mir brannte und die Tränen rannen unaufhaltsam über die Wangen.
19 Gefallene hat die Pfarre Pauls schon aufzuweisen, da ist nicht Eppan dabei. Der Pfarrer, der noch für keinen selbst das Amt gelesen, ließ es sich nicht nehmen, für Wastl wollte er persönlich den Gottesdienst abhalten und mit Tränen in den Augen sagte er: »Um diesen Menschen ist wirklich

schade!« Es trauern um ihn wirklich alle, nicht nur seine Angehörigen. Der Schwiegervater meinte, ach wenn gerade ein Kind von ihm da wäre, dann wäre es etwas leichter zu tragen, so blieb eine große Lücke zurück.

Hella hört die Tür im Erdgeschoss aufgehen und Herlindes Stimme, die nach ihr ruft. Elsas Tochter ist gekommen, um die Nacht bei ihr in Pinzon zu verbringen.
»Du darfst nicht allein bleiben«, sagt sie und schließt sie in die Arme, die braunen Augen voller Mitgefühl. »Zumindest nicht heute Nacht.«
»Seit Wastl im Reich der Toten ist, habe ich vor nichts mehr Angst, Herlinde«, erwidert sie. »Er wird dafür sorgen, die bösen Geister zu bannen.«
»Dann werde ich ihm eben helfen, sie fernzuhalten.« Herlinde lässt sich nicht beirren.
Hella muss unwillkürlich lächeln. Ihre kleine, fünfzehnjährige Nichte hat es so eilig, erwachsen zu werden in diesen schweren Zeiten. Doch sie kann ihr nicht helfen.
Nicht einmal an Gusti, ihre Lieblingsschwester, zu schreiben erleichtert ihr den Schmerz. Für Hella war sie eine Vertraute, eine dauerhafte Stütze, gemeinsam haben sie die wichtigsten Momente erlebt, haben die Gefahren des Kampfes gegen den Faschismus, die Begeisterung für die nationalsozialistische Ideologie geteilt. Sie sehnt sich heute so nach ihrer Unerschrockenheit, nach ihrem Trost. Doch auch der würde nicht genügen. Die Zeiten, in denen jemand sie zu trösten vermochte, scheinen weit weg: Rosas Liebkosungen, Jakobs Unerschütterlichkeit.
Sie fühlt sich vollkommen leer. Auch der Schmerz ist plötzlich von ihr gewichen. Vielleicht ist es so, wenn man zu sterben beginnt.

13

Aktion Bernhard

August 1942

Worauf warten wir?« Karl schaut aus Oskars Bürofenster, das zu einer Seite der grünen Villa hinaus liegt. Die Straße, die durch die kleine Anlage führt, ist leer, und die sommerliche Luft von Duft erfüllt. Die Wache hat sich, zum Schutz vor der Sonne, in das kleine Holzhäuschen verzogen.
»Normalerweise bist du nicht so ungeduldig«, bemerkt Oskar. Er sitzt bequem in seinem Sessel, die langen Beine ausgestreckt, und betrachtet den Halbbruder mit lässiger Ironie.
»Ich bin nicht gern in Gesellschaft«, erwidert Karl schroff.
Oskars Blick wird kalt. »Gewöhne dich dran. Du hast keine Wahl.«
Karl schaut weiter auf die Straße hinaus, während er zerstreut dem Radio lauscht, das Oskar immer angeschaltet lässt. Stets auf dem Laufenden zu sein ist für ihn eine Frage von Leben und Tod.
Die Siegesmeldungen reißen nicht ab: Rommels Afrikakorps machen den britischen Streitkräften in der Wüstengebieten der Kyrenaika und in Ägypten ziemlich zu schaffen. Man spricht von einer Schlacht in einer Gegend, deren Namen vor diesem Sommer 1942 noch nie jemand gehört hatte: El Alamein. Ein dürrer Flecken Erde, den die Briten um jeden Preis zu verteidigen gewillt sind. Von dort besteht Zugang zum Sueskanal, nach Kairo, ins Herz des britischen Empire und vor allem zu den gewaltigen Erdölvorkommen im Irak und Iran. Die deutschen Berichterstatter, die Rommels Panzer begleiten, beschreiben die harte Realität des Wüstenkrieges. Die unerträgliche Hitze, den anhaltenden Durst, den überall eindringenden Sand und die riesigen Fliegenschwärme,

summende Wolken, die über die Menschen herfallen, ohne zwischen Lebenden und Toten zu unterscheiden.

»El Alamein«, murmelt Karl. »Erscheint dir das nicht wie eine andere Welt?«

Oskar zuckt mit den Schultern. »Ein Schlachtfeld wie jedes andere«, bemerkt er. »Aber stimmt schon, du hast noch nicht viel von der Welt gesehen. Bei dem erbärmlichen Leben, das dein Vater dir ermöglicht hat.« Er zieht ein Päckchen Zigaretten hervor und hält es ihm hin. Karl schüttelt den Kopf. »Ach ja. Du rauchst nicht, bist ja Asthmatiker. Armer Kleiner.«

Nachdem er sich Feuer genommen hat, steht er auf und tritt zu ihm. Schweigend sehen sie hinaus auf die Straße, Rücken an Rücken, Karls abgetragenes Hemd neben Oskars tadelloser Uniform. Wenn die Wache herauskäme und sie so sähe, umrahmt von dem geöffneten Fenster, würde sie dann die Ähnlichkeit bemerken?, fragt sich Karl. Gibt es überhaupt eine Ähnlichkeit?

Dann beugt sich Oskar langsam vor, bläst den Rauch aus. »Willst du runterspringen?«, fragt er in herausforderndem Ton. »Um dich umzubringen, ist es zu niedrig. Um zu fliehen … Wenn du gut aufkommst und schnell bist, haben die Wachen vielleicht nicht genug Zeit, auf dich zu zielen.«

Doch Karl hört ihm gar nicht zu. Er hält die Augen geschlossen, ist im Kopf ganz woanders. Die Gedanken wandern bis vor die Tür seines alten Weddinger Wohnhauses. Er eilt die Treppen hinauf, tritt ein und stürzt auf die Mutter zu, um sie in die Arme zu schließen. Er spürt ihr Gesicht an der Brust, die kurzen grauen Haare, die ihn am Kinn kitzeln. Dann wendet er sich um, und sie ist da. Ida. Er umarmt auch sie, presst diesen makellosen, wohlgeformten Körper an sich. Und er drückt seine Lippen auf ihren weichen, herzförmigen Mund …

»Ich könnte dich hinunterstoßen, während du vor dich hin

träumst«, hört er Oskars Stimme. Karl öffnet die Augen. Das ist die Familie, die ihm geblieben ist. Vielleicht ist Oskar der letzte seiner Angehörigen, den er lebend sieht. Aus diesem harten Gesicht schauen ihm die Augen des Vaters entgegen.
»Vielleicht schaffst du es sogar, dir den Hals zu brechen«, fügt der Halbbruder hinzu. »So würdest du wenigstens glücklich sterben.«
Karl scheint es, als schwinge in seiner Stimme eine seltsame Sehnsucht mit. Ist das möglich? Nicht bei Oskar, nein. Er hat seine Seele bereits seit über zehn Jahren dem Teufel verschrieben. Seit er 1930 in die Nationalsozialistische Partei eingetreten ist, hat er sich ganz in ihren Dienst gestellt. Intelligent, skrupellos, mutig und bereit zu töten: So hat er rasch Karriere gemacht. Zunächst in der SA, dann in der SS und schließlich im SD unter Reinhard Heydrich. Dem Mann, der ihn die Kunst des Bösen gelehrt hat.
»Springen wir zusammen?«, schlägt Karl vor. »Mal sehen, wer schneller rennen kann.«
»Für Kinderspiele ist es ein bisschen spät.«
Aber sie haben nie welche gespielt. Karl kann sich an die ersten Begegnungen mit ihm erinnern. Ein deutlich älterer Halbbruder voller Hass. Wäre ein anderer Mensch aus ihm geworden, fragt sich Karl, wenn der Vater seine erste Frau nicht für eine andere verlassen und sich der Verwirklichung des kommunistischen Traums verschrieben hätte? Oskar war acht Jahre alt, als das geschah. Er hat die Verbitterung einer betrogenen Frau, die Schande der Scheidung und schließlich den wirtschaftlichen Zusammenbruch miterlebt, der diese alleinstehende Mutter mit Kind während der Krise der zwanziger Jahre in die Armut trieb. Bei ihrem Tod war sie erst knapp über vierzig, und Oskar war nicht bei ihr.
»Seltsam, wie sehr du unserem Vater ähnelst«, murmelt Karl. Oskar presst die Lippen aufeinander und drückt die Zigarette in dem Aschenbecher mit dem eingravierten Hakenkreuz

aus. »Was willst du damit sagen?«, fragt er und dreht ihm den Rücken zu. »Ich habe nichts mit diesem albernen Träumer gemein.«

»Ihr habt euch beide gänzlich einer Sache verschrieben.« Karl schüttelt den Kopf. »Und beide seid ihr auf der Suche nach etwas, das euch fehlt.«

»Mir fehlt nichts!«, bricht es aus Oskar hervor. »Und was deinen so großartigen Vater angeht … so ist das Einzige, was ihm fehlt, gesunder Menschenverstand. Deine arme Mutter: Erst lässt sie sich von einem verheirateten Kerl schwängern, der seine Frau verlässt und dann im Gefängnis landet, weil er sich in den Kopf gesetzt hat, die Revolution anzuzetteln. Ein schwerer Schlag für eine Frau, die von einem ruhigen bürgerlichen Leben in einem Berliner Vorort geträumt hat!«

»Meine Mutter glaubt an dieselbe Revolution.«

»Deine Mutter sitzt wie eine Maus in der Falle.«

»Vielleicht hätte ich bei ihr bleiben sollen.«

»Du solltest mir dankbar sein, dass ich dir dort herausgeholfen habe. In Berlin wärst du nicht mehr lange auf freiem Fuß geblieben. Hier geht es dir besser. Aber wenn es dir nicht passt, gibt es einen kurzen, nahezu schmerzlosen Weg.« Er zieht lässig die Pistole hervor, aber er zielt nicht. Er sieht seinen Bruder an: »Ein Schuss genügt.«

»Dass du mich noch nicht hast umbringen lassen, bedeutet, dass du mich noch brauchst«, bemerkt Karl. »Und solange ich dir nützlich bin, wirst du meine Mutter verschonen.«

»Ich weiß nicht, ob ›verschonen‹ das richtige Wort ist«, nickt Oskar. »Aber bisher haben wir es geschafft, sie zu schützen. Sie ist eine wirksame Waffe. Sie und ebenso … Ida.«

Karl ist wie vom Donner gerührt. »Wo ist Ida?« Da Oskar offenbar alles über ihn weiß, muss er das ausnutzen.

»Sie ist noch in Berlin. Vorläufig. Auch ihre Eltern. Vielleicht sollte ich ihr einen Besuch in der Großen Hamburger Straße abstatten, wenn ich in die Stadt komme.«

Karl nimmt die Information in sich auf und wechselt rasch das Thema. »Als man mich verhaftet hat, musstest du fort«, erinnert er sich. »Du bist mehrere Tage unterwegs gewesen. Wo warst du?«

»Ich war in Prag. Ich musste gleich nach dem Attentat auf Heydrich hin.«

»Ach ja. Der Krieg bringt auch gute Nachrichten«, kommentiert Karl.

»Pass auf, was du sagst. Dieser Mann war mein Mentor.«

»Da hast du ja den Richtigen gewählt.« Es ist ihm egal, ob der Halbbruder wütend wird. Was soll er schon machen? Ihn umbringen? Vielleicht wäre es besser.

»Glaub ja nicht, dass ich dich erschieße«, warnt Oskar spöttisch und legt die Pistole beiseite. Er hat Erfahrung mit Gefangenen. »Ich habe mich schon bei diesen Schweinen in Böhmen und Mähren ausgetobt. Frauen und Kinder inbegriffen.«

Karls Herz krampft sich zusammen. »Wie viele habt ihr niedergemetzelt?«

»Anfangs wollte Hitler zehntausend auf einen Schlag hinrichten. Ein Exempel statuieren.« Würde er nicht vom Führer sprechen, hätte Oskars Stimme einen herablassenden Klang. »Heydrichs Stellvertreter in Prag, Karl Frank, hat ihm erklären müssen, dass zehntausend Tote zu viele wären. Man würde Gefahr laufen, die Waffenproduktion zu beeinträchtigen.« Ohne die dem Deutschen Reich dienenden Sklaven in den besetzten Gebieten wäre der Krieg gegen die bolschewistischen Horden unmöglich. »Horst Böhme hat schließlich die Lösung gefunden.«

»Und wer ist das?«

»Der Befehlshaber des SD vor Ort. Er hat uns zwei Dörfer genannt, in denen einige Familien mit dem Netzwerk der Terroristen in Verbindung standen. Auch in dem Fall haben, obgleich ungewollt, irgendwelche Frauengeschichten eine Rolle gespielt. Sie haben einen Kerl verdächtigt, in das Attentat verwickelt zu sein, weil er seiner Geliebten geschrieben hatte, dass sie sich eine Weile lang nicht sehen könnten … *Ich bin in Gefahr und muss untertauchen*, hatte er ihr geschrieben. Die klassische Ausrede eines verheirateten Mannes, der zu seiner Ehefrau zurückkehren und sich eine allzu aufdringliche Geliebte vom Leibe halten muss. Auch dein Vater wird sicher mehr als einmal davon Gebrauch gemacht haben! Bei deiner Mutter ebenso wie bei meiner.«

»Hat man den Mann getötet?« Karl lässt sich nicht auf die Provokation ein.

»Ihn und weitere zweihundert«, bestätigt Oskar. »Wir haben das Dorf dem Erdboden gleichgemacht … um anschließend herauszufinden, dass keiner von ihnen mit dem Attentat auf Heydrich zu tun hatte. Wir hatten uns geirrt!« Er bricht in Gelächter aus. »Der teuerste Ehebruch der Geschichte, in Menschenleben gerechnet.«

»Ihr seid schlimmer als jede Bestie. Tut es dir denn kein bisschen leid?«, wendet Karl ein.

»Nur um die verschwendete Zeit.« Oskar zuckt mit den breiten Schultern. »Aber letztlich war auch die von Nutzen. Am Ende hat dann ein sogenannter Widerstandskämpfer ausgepackt. Er ist ins SD-Hauptquartier in Prag gekommen. Er war überzeugt, dass wir weiter töten würden, um Heydrichs Tod zu rächen, und er wollte das Massaker stoppen. Das Organisationskommando des Attentats habe sich in einer Prager Kirche versteckt, erzählte er. In der Krypta. Sie haben sich wie Männer verteidigt, das muss man ihnen lassen. Wir mussten achthundert SS-Leute einschalten, die Krypta mit Dynamit sprengen, das Untergeschoss fluten und mit Gas füllen. Als ihnen die Munition ausging, haben sie sich lieber selbst umgebracht, als sich lebend fangen zu lassen. Da gibt es nichts auszusetzen.«

»Versuchst du, mir Angst einzujagen?«

»Bewahre. Als wenn das nötig wäre. Ich wollte dir nur klarmachen, dass jeder Widerstand gegen das Reich einen hohen Preis hat. Niemand ist sicher.«
»Niemand, außer solch treue Folterknechte wie du«, korrigiert ihn Karl.
Doch Oskar schüttelt den Kopf. »Nicht einmal ich«, sagt er mehr zu sich selbst.
Karl sieht erstaunt, wie sich das Gesicht seines Bruders verdüstert. Er verspürt ein merkwürdiges Mitleid. Aber wer kann wen retten in dieser Hölle?
Auf dem Flur sind Schritte zu hören, und einen Augenblick später öffnet sich die Bürotür. Ein Mann betritt mit beinahe theatralischem Gebaren den Raum. Die große, dunkeläugige Gestalt steckt in einer schwarzen SS-Sturmbannführer-Uniform.
»Heil Hitler«, brüllt er, zieht die Mütze ab und schlägt mit ausgestrecktem Arm die Hacken zusammen. Oskar nimmt Haltung an, erwidert den Gruß und geht dem Neuankömmling mit ungewohntem Schwung entgegen.
»Bernhard, sei willkommen. Wurde auch Zeit.«
Der Offizier lächelt, während sie sich freundschaftlich begrüßen. Dann legt er einen kleinen Lederkoffer auf den Tisch und sieht zu Karl hinüber, der sich nicht gerührt hat. Zu dessen Erstaunen tritt der Mann auf ihn zu und reicht ihm die Hand.
»Sturmbannführer Bernhard Krüger vom SD«, stellt er sich vor und fügt kurz darauf hinzu: »Abteilung F.«
Karl schüttelt die ausgestreckte Hand. »Guten Tag«, sagt er schlicht.
»Sie sind also unser Talent?«
Karl wirft Oskar einen Blick zu, der zufrieden lächelt und an seiner Stelle antwortet.
»Ja, das ist er, Karl Müller. Hattest du eine angenehme Reise, Bernhard?«

»Keinerlei Zwischenfälle. Die Straßen sind leer, es reist sich sehr angenehm.«
»Auch Richtung Osten waren sie leer«, nickt Oskar. »Aber ich habe den Eindruck, dass keiner recht weiß, wohin.« Er mustert den Neuankömmling aufmerksam. »Nicht mal in Berlin.«
»Stimmt, in Berlin ist man ein wenig nervös«, erwidert Krüger. »Und ich habe ehrlich gesagt keine Lust zu überprüfen, wie die Straßen in der Ukraine sind. Doch zum Glück läuft es mit unserer Arbeit gut. Ich war gerade in Meran, um mich davon zu überzeugen.«
Er hat das Köfferchen geöffnet und zieht einen Umschlag heraus, den er Oskar reicht. Dann fährt er an Karl gewandt fort: »Oskar hat mir die ganze Geschichte erzählt. Schade, dass Sie so unbesonnen mit den gefälschten Pässen waren, es war eine gut durchdachte Aktion.«
Karl sieht ihn verwundert an. Er spricht mit einer erstaunlichen Ungezwungenheit, so als sei der SD eine Firma und er ein zerstreuter Angestellter.
»Was für uns zählt, ist jedenfalls Ihr Talent. Und Ihre Diskretion. Zeichnerische Fähigkeiten wie die Ihren sind eine Seltenheit. Sie helfen zu überleben«, endet der Offizier.
Diskretion ist die Seele jeder Operation der Abteilung F. Wie »Fälschung«: Ausweise, Militärberichte, Karten … Im Schatten der Kriegswirren fälscht die Abteilung F Informationen, manipuliert, unterschlägt und täuscht vor.
»Oskar wird Ihnen alles erklären.« Krüger schließt das Köfferchen und begibt sich zur Tür.
Während die Schritte auf dem Flur verhallen, schaut Karl den Halbbruder an.
»Du warst nicht sehr gesprächig«, bemerkt dieser und grinst vielsagend.
Karl schüttelt den Kopf. Was hätte er sagen sollen? Das Böse hat den Raum betreten und ihm im selben Ton ein Angebot

unterbreitet, in dem man jemandem eine Büroanstellung anbietet. Er hat nicht einmal genau begriffen, worum es sich dreht. Aber er weiß, dass er nicht ablehnen kann.

»Und wie geht es jetzt weiter?«, fragt er nur.

»Jetzt wirst du in dein Zimmer in dieser Hurengasse zurückkehren.« Oskars Gesicht ist verschlossen und teilnahmslos. Die merkwürdige Vertrautheit kurz zuvor war nur Einbildung, denkt Karl. »Du wirst dein bisheriges Leben als kleiner, einsamer Angestellter in der Druckerei des guten Doktor Franz wieder aufnehmen. Und auf meine Anweisungen warten.«

Er tritt hinter seinen Schreibtisch und drückt auf eine Ecke an der rechten Seite. Die Klappe eines versteckten Seitenfachs hebt sich lautlos. Oskar schiebt den Umschlag hinein und blickt erneut auf.

»Natürlich wirst du all das schön für dich behalten«, fügt er hinzu. »Vergiss nicht, dass du schon längst tot sein könntest, und mit dir dein Vater. Deine Mutter könnte in Ravensbrück sein. Und die schöne Ida in einem Militärbordell an der russischen Front, wo sie sicher vielen Freude bereiten würde.«

Hella sitzt Jakob gegenüber am Tisch der Stube in Pinzon. Sie weiß, dass der Vater den gewaltigen, erdrückenden Schmerz mit ihr teilt, auch wenn er aus Scheu und aus Angst, sie nicht trösten zu können, schweigt.

»Ich muss wieder ins Büro«, verkündet Hella. »Man braucht mich dort.«

Jakob sieht die Mattigkeit in den Augen der Tochter: »Ich denke, du solltest lieber verreisen, dich ablenken. Vergessen.«

»Wie könnte ich vergessen? Hast du etwa Mutter vergessen?«

»Hella, du bist noch jung. Du hast noch dein ganzes Leben vor dir.«

»Wie kannst du nur so etwas sagen. Ich weiß nicht einmal, ob Wastl wirklich tot ist!«

»Er ist in den Krieg gezogen. Er hat sich zweifellos wacker geschlagen. Aber er wird nicht zurückkehren. Du musst dich dareinfinden.«

Hella mag sich nicht mit Wastls Tod abfinden. Sie hat seinen Aufbruch hinnehmen können und dann sein langes Schweigen. Aber seinen Tod hinzunehmen hieße, an einem unwiederbringlichen Verlust zugrunde zu gehen.

»Warum ist er an die Front gezogen, und wir sind dageblieben? Warum ist er aufgebrochen, und wir sind noch immer hier in Italien?«

»Das weißt du sehr gut, mein Schatz: Man kann nicht fortgehen, ohne zu wissen, wohin!«

»Wastl hat nicht gefragt, wo man ihn hinschicken würde. Er hat gehorcht!«

»Schon, aber Wastl war Soldat. Er hat nur seine Pflicht getan.«

»Und was ist mit dir?«

»Meine Pflicht ist, zu bewahren, was deine Mutter uns hinterlassen hat.«

»Aber die Kommission braucht Ewigkeiten, um den Wert unserer Güter zu schätzen.«

»Willst du dieses Haus und die Ländereien ohne eine angemessene Entschädigung verlassen?«

»Keine Entschädigung wird mir Wastl zurückgeben.«

»Hella, Liebling, ich glaube, du bräuchtest wirklich einmal eine Luftveränderung. Lass uns ein paar Tage verreisen. Nimm eine Freundin mit, und wir fahren zusammen. Wenn wir zurückkehren, nimmst du die Arbeit wieder auf, und wir werden sehen, was zu tun ist. Wer weiß, welche Wendung die Dinge nehmen. Früher oder später muss der Krieg ein Ende haben. Es wird Sieger und Besiegte geben. Gott wird entscheiden, auf welcher Seite wir stehen. Und wir werden uns seinem Willen beugen.«

Hella antwortet nicht. Alle Worte erscheinen ihr sinnlos, selbst die ihres Vaters.

Jakob hat seinen Kaffee ausgetrunken, erhebt sich und schließt sie in die Arme. »Weißt du, welches das schönste Geschenk ist, das Rosa hinterlassen hat? Für das ich ihr jeden Morgen danke, in der Hoffnung, sie möge mich hören, wohin auch immer der Herrgott sie geholt hat? Es sind nicht diese Mauern, die Weinberge, Wiesen, das Vieh und die Felder … Ihr seid es, meine Kinder. Du solltest dem Beispiel deiner Mutter folgen: Kinder geben einem Leben Sinn. Den einzigen, der wirklich zählt.«

14

Atempause

August 1942

Karl stößt die Tür zur Druckerei auf. Nach fast zweimonatiger Abwesenheit tritt er wieder ins Leben zurück. Dem Anschein nach hat sich nichts verändert. Doch in Wahrheit ist alles anders.

Die Gesichter der Kollegen drehen sich gleichzeitig zu ihm um, aber keiner stellt Fragen. Nur ein Gewirr von Begrüßungen, die er mit einem Nicken beantwortet. Doktor Franz kommt aus seinem Büro, um ihn in die Arme zu schließen.

»Wie schön, dass du wieder da bist. Es war, als hätte ich einen Sohn verloren!« Er lächelt, aber sein Blick wirkt verstört. Offenbar weiß er über alles Bescheid. Die Leute vom SD haben ihm einen Besuch abgestattet.

»Geht nur wieder an die Arbeit«, fordert er seine Angestellten auf, und erleichtert folgen sie seiner Anweisung. Da Karl zurück ist, wird wohl alles in Ordnung sein.

Doktor Franz fasst Karl unterm Arm und führt ihn in eine Kammer neben seinem Büro. Ehemals war es ein kleines Lager, wie sich der junge Mann erinnert. Nun hängt eine große Kette mit einem Vorhängeschloss an der Klinke.

»So, hier wirst du arbeiten.« Sein Vorgesetzter lässt ihn eintreten. Die Einrichtung besteht aus nichts als einem Stuhl, einem Tisch und einer Lampe. Er senkt die Stimme und flüstert: »Sie sind gekommen. Am ersten Tag, als du nicht zur Arbeit erschienen bist, hatte ich überlegt, nach dir zu suchen, aber dann sind *sie* aufgetaucht. Sie haben gesagt, ich solle mich nicht aufregen, du würdest zurückkehren. Sie haben mir erklärt, dass von nun an sie die Befehle erteilen. Und dass vor allem Stillschweigen geboten sei.«

»Es tut mir leid«, murmelt Karl.
Franz reicht ihm die Schlüssel. »Wann immer du etwas brauchst, lass es mich wissen. Der Rest geht mich nichts an. Hoffen wir das Beste.«
Bevor er die Tür schließt, wirft Karl einen Blick in die geräumige Haupthalle, wo die Druckarbeiten auf Hochtouren laufen. Es gibt alle Hände voll zu tun: Etiketten für Wein- und Branntweinflaschen, Plakate für das kommende Erntedankfest … Die Arbeit geht weiter. Jeder seiner »Kollegen« ist auf die eigene Aufgabe konzentriert, alle beugen die Rücken über die Maschinen. Sie haben Familie und vielleicht auch irgendwelche Ideale. Das Leben geht weiter, aber es ist vom Terror gezeichnet, der wie eine Welle über den kleinen Betrieb hinweggeschwappt ist. Besser, man richtet den Blick auf weniger Bedrohliches.
Wenn er abends die Zimmerwirtin auf der Treppe trifft, empfängt er nicht einmal einen Gruß. Nur einen verstohlenen Blick, während sie aneinander vorbeilaufen. Oskars Schergen sind auch hier gewesen. Frau Luise hat natürlich nichts ausrichten können, als sie Karls Zimmer durchsucht haben. Was hätte sie tun sollen? Die Deutschen bei den faschistischen Behörden anzeigen und so das eigene Leben aufs Spiel setzen? Sie waren auf der Suche nach weiteren falschen Papieren. Aber sie haben nicht viel gefunden, nicht einmal subversive Bücher. Die Texte, die Karl gern gelesen hätte, sind bereits im Mai 1933 im Zuge der Bücherverbrennung aus den Universitäten verbannt worden. »Für Sitte und Anstand«, hat Goebbels damals gesagt. »Für Familie und Vaterland.« In jenen Monaten sind die größten Werke den Flammen zum Opfer gefallen: Thomas Mann, Franz Kafka, Sigmund Freud, Heinrich Heine, Bertolt Brecht, Erich Maria Remarque. Und natürlich sein Namensvetter Karl Marx. Karl war damals achtzehn Jahre alt. Er erinnert sich an den Tag, als die Gestapo seinen Vater unter Schlägen abtransportiert hat. Mit derselben Erbarmungslosigkeit

haben sie die gesamte Familienbibliothek vernichtet, zerfetzt und aus dem Fenster geworfen.
Er tritt ans Regal und betrachtet mit verächtlicher Grimasse die wenigen vorhandenen Bücher. Bei seiner Ankunft in Bozen hat er zur Tarnung einige von der Propaganda erlaubte und in den Satellitenstaaten des Deutschen Reiches verbreitete Bücher erstanden. Geschichtsbücher wie das von Werner Beumelburg. *Volk ohne Raum* von Hans Grimm. Und die Gedichte von Gottfried Benn, insbesondere *Morgue.* Man hatte Benn zwar bezichtigt, ein entarteter Schriftsteller, Jude und Homosexueller zu sein, und einige Werke in der Ausstellung »Entartete Kunst« gezeigt. Aber Himmler persönlich hat für ihn Partei ergriffen.
Er betrachtet sich in dem kleinen Spiegel. Abgesehen von der Blässe weist sein Gesicht keinerlei Spuren der beiden vergangenen Monate, der Verzweiflung und Demütigung auf. Vielleicht ist es am Ende das Gesicht eines Verräters.

Venedig. Zu guter Letzt hat sich Hella doch noch überreden lassen. Es stimmt, dass sie einmal ausspannen muss, sie hat es gemerkt, als sie versucht hat, die Arbeit wieder aufzunehmen. Auch ihr Körper hat es ihr zu verstehen gegeben: ein stechender Schmerz in der Hüfte, der ihr keine Ruhe mehr zu lassen schien. Am Ende hat Jakob die Sache in die Hand genommen, hat ihre Freundin Tona überzeugt und ist mit beiden in den Zug gestiegen.
Hella weiß die Großzügigkeit des Vaters zu schätzen. Ihm fällt es bestimmt schwer, Venedig wiederzusehen: Die Lagunenstadt war einst Ziel seiner Hochzeitsreise. Wie anders muss sie ihm heute erscheinen: mit ihren stillen Kanälen, den Gässchen und kleinen Plätzen, den sich im Canal Grande spiegelnden Palazzi, den Luxushotels – und doch dem Krieg und Tod so nahe.
Die erste Station der Reise ist Pergine, wo sich Hella einer

Behandlung unterziehen soll. Natürlich nicht in der psychiatrischen Anstalt, aber dennoch hinterlässt die Ankunft in dem so finster beleumundeten Ort einen tiefen Eindruck in ihr. Sie hat einsehen müssen, dass Doktor Hoffmanns Behauptungen vermutlich der Wahrheit entsprechen. Anna Steiner würde in Deutschland den Tod finden. Doch was soll sie dagegen ausrichten, denkt sie. Im Krieg haben alle zu leiden. Sie erfährt es am eigenen Leib.

Im Krankenhaus untersucht man sie von Kopf bis Fuß: abtasten, röntgen und am Ende eine Punktierung. Daraufhin folgt ein wahres Martyrium: zehn Stunden bäuchlings ausgestreckt und nicht einmal ein Kissen unterm Kopf. Tona liest ihr Erzählungen vor und plaudert ohne Unterlass, um ihr die Zeit zu vertreiben. Ab und zu schaut der behandelnde Professor vorbei, um sie zu ermuntern. Und sein junger Assistenzarzt streichelt ihr über das schweißnasse Gesicht.

»Nur Mut! Diese Injektion wirkt Wunder. Sie werden sehen, die Schmerzen sind bald vollkommen verschwunden.«

Hella lächelt bitter und schließt die Augen. Der eigentliche, wahre Schmerz wird nie vergehen.

Als sie nach Venedig kommen, hängen überall Fahnen.

»Welch ein Empfang!«, lacht Jakob.

In Wahrheit gilt die Begrüßung der Ankunft Joseph Goebbels' in Venedig. Der Reichspropagandaminister ist auf Einladung des faschistischen Ministers für Volkskultur, Alessandro Pavolini, zu den zehnten internationalen Filmfestspielen gekommen.

»Was für ein Glück!«, ruft Tona. »Vielleicht treffen wir ein paar hübsche Soldaten der Eskorte …«

»Benimm dich«, mahnt Hella. Doch sie weiß es zu schätzen, dass die Freundin versucht, sie aufzuheitern. »Wir sind hier um der Kunst willen, nicht wegen irgendwelcher Uniformen.« Aber eigentlich hat sie nach der Arbeit in der sogenannten Ahnenerbe Kommission die Nase voll von Kunst. Besagte

Kommission ist gleich nach der Option in Bozen eingerichtet worden, um angesichts der Umsiedlung die Südtiroler Kultur zu dokumentieren und zu bewahren. Alles soll ins Deutsche Reich abwandern: nicht nur die Menschen, sondern auch die Bräuche, die Arbeitstechniken und natürlich die Kunst. Seit Jahren kommen Experten aus Berlin und Rom nach Südtirol und streiten darum, ob Gebäude, Kirchen, Madonnenstatuen und Kruzifixe nun italienisch oder deutsch sind. Jedes auch noch so unbedeutende Werk ist abgelichtet, analysiert und katalogisiert worden, um zu entscheiden, welches davon mit nach Deutschland ausgeführt werden soll.

Am Ende hat sich, außer einem Stapel Fotografien, nichts bewegt. Hella hat man die Aufgabe zugeteilt, die Volkslieder aufzuschreiben. Das hat sie gern getan, sie kennt eine Menge. Doch erst jetzt fallen ihr die Fresken ein, an denen ihr Großvater mütterlicherseits, Johann, ein Leben lang gearbeitet hat. Sie finden sich an den Mauern der Häuser in Pinzon, in der Kapelle der kleinen Kirche und überall auf dem Castel von Entiklar, wo ihre Mutter Rosa geboren wurde. Selbst wenn man diese Bilder mitnehmen könnte, welchen Sinn hätten sie fern jener Orte, an denen die Familie gelebt, geliebt und gelitten, an denen sie für ihre Identität und ihr Land gekämpft hatte? Manche Dinge lassen sich der Heimat nicht entreißen.

»He, Bursche!«, ruft Jakob gebieterisch.

Ein kräftiger junger Mann taucht auf, dem sie die schweren Koffer übergeben und ihm den Namen des Hotels nennen. Der Kerl stürzt sich in die Menge, es bleibt ihnen nichts anderes übrig, als ihm hastig zu folgen, um ihn nicht aus den Augen zu verlieren. »Das Vaporetto wartet nicht auf euch!« Zum Glück sind sie an Bord, als es Richtung Markusplatz ablegt. Um ein Haar.

Neben Hella sitzt ein deutscher Pilot. Als er sie seine Sprache sprechen hört, stellt er sich vor und beginnt ein Gespräch. Er erzählt ihr, dass er aus Nordafrika kommt, wo der Kampf tobt.

Er ist in Venedig auf Heimaturlaub. Hier hat er einige versehrte Kameraden getroffen, die an der Ostfront waren.
»Gestern habe ich mit einem in Maikop verletzten Kameraden gesprochen.«
»Wo ist Maikop?«, fragt Hella.
»Im Kaukasus.«
»Ist es weit entfernt von Jenakijewe?«
»Wo ist Jenakijewe?«
Ach ja, von Brandt hatte ihr schon erklärt, dass es sich um ein kleines Städtchen handelt. Nur weil ihr Herz dort begraben liegt, heißt das noch lange nicht, dass jeder deutsche Soldat wissen muss, wo es ist.
»In der Ukraine«, antwortet Hella.
»Ah, dann ist es also weit weg vom Kaukasus. Richtung Norden.« Der Pilot neigt den Kopf. »Weshalb fragen Sie mich das?«
Hella zögert.
»Nur so«, sagt sie schließlich. Warum soll sie diesen jungen Mann mit ihrer traurigen Geschichte behelligen? Wer weiß, was die Zukunft für ihn bereithält. Sie hofft, dass wenigstens er seiner Verlobten schreibt, falls er eine hat. »Müssen Sie bald wieder zurück an die Front?«
»Sicher«, nickt er. »Die letzte Offensive bei Stalingrad, diesem Symbol der bolschewistischen Diktatur, steht unmittelbar bevor«, erklärt er. »Und der Kaukasus ist gleichbedeutend mit Erdöl. Unser Führer hat die Lage im Griff. Der Krieg ist bald vorbei.«
Hella hört ihm nicht mehr zu. Sie würde ihn so gern vergessen, diesen Krieg. Und sie muss zugeben, dass Venedig der geeignete Ort dafür zu sein scheint.
Am ersten Abend kann sie sich der Schönheit des Markusplatzes einfach nicht entziehen. Die Tische der Cafés sind belagert, die Musik einer kleinen Kapelle erfüllt die Luft. Die Stadt der Liebe. Am Morgen darauf erscheint Jakob mit tiefen Ringen unter den Augen zum Frühstück.

»Hast du schlecht geschlafen, Vaterl?«

»Die Hitze. Welch höllische Hitze. Und dieser Lärm.« Er schüttelt den Kopf. »Ich bin zu alt, um den Touristen zu spielen.«

»Wenn du möchtest, können wir heimfahren.« Hella ergreift die Gelegenheit beim Schopf. Die ausgelassene Stimmung in Venedig hat sie überrumpelt und innerlich aufgewühlt. Noch vor wenigen Wochen hat sie an Wastls Grab geweint. Wie kann sie jetzt lächeln? Die Zeit heilt alle Wunden, hat ihr Vater gesagt. Doch mit jedem Lachen, das ihr bei einem von Tonas verrückten Einfällen herausrutscht, bei jedem Ausruf des Staunens angesichts einer der Kirchen oder Palazzi wird Hella von Schuldgefühlen geplagt.

»Ich werde heimfahren«, erwidert Jakob. »Aber ihr bleibt hier. Anschließend fahrt ihr, wie geplant, nach Padua.«

»Ich mag mich nicht amüsieren, Vaterl. Mein Leben hat keinen Sinn mehr.«

»Führe nicht solch schmähliche Reden. Das Leben ist ein Geschenk Gottes. Es ist deine Pflicht, ihm Sinn zu verleihen.« Jakobs Stimme klingt streng. »Wir haben alle Verständnis ob deines Verlustes, mein Kind. Aber es wird Zeit, dass du dich bemühst, ihn zu überwinden.«

Seine Worte treffen sie tief. Vielleicht ist es selbstsüchtig, sich in den eigenen Schmerz zu verkriechen. Wastl zu vergessen ist unmöglich, und insgeheim glaubt sie, dass sie niemals ein glückliches Leben mit Mann, Kindern und eigenem Heim wird führen können. Aber vielleicht kann es wenigstens noch ein »nützliches« Leben werden, wie ihr Vater sagt.

Einige Zeit später, in der Stille des Hauses von Pinzon, greift Hella erneut zum Stift, um an ihre Schwester Gusti zu schreiben. Nach dem Urlaub gab es zahlreiche Verpflichtungen, und erst jetzt findet sie Zeit für ihre über alles geliebte Schwester. Es soll ein heiterer, fröhlicher Bericht werden, nimmt sie sich entschlossen vor. Sie hat genug Blätter mit Tränen und Seufzern gefüllt. Schließlich hat es dank dieses Tollkopfes von Tona während des Urlaubs tatsächlich nicht an lustigen Begebenheiten gemangelt.

Auf der Heimfahrt über Verona bis Neumarkt hatten wir nicht Reisebegleiter gewechselt. Zuerst waren wir einzig und alleine im Abteil, aber nicht lange so kamen vier Herren, zwei einzelne und zwei, die zusammengehörten. Tona saß beim Fenster mit dem Buch in der Hand, ich neben ihr, ebenfalls das Buch vor mir liegen. Der Herr, der mir gegenüber Platz genommen, war etwa 40 Jahre alt, groß, stattlich, Spitzbart und mit funkelnden schwarzen Augen. Mephisto, dachte ich mir gleich. Es dauerte nicht lange, so fing er ein Gespräch an. Tona äugte nur zuweilen verstohlen vom Buche auf und verzog den Mund, um das Lachen zu verbergen und flüsterte ganz aufgeregt mir ins Ohr: »Schau, der hypnotisiert dich noch, ich bitt' Dich, gib acht, hab schon öfters davon gelesen und gehört, daß sowas möglich ist! Der frißt Dich mit seinen Blicken!« Da konnte ich nicht mehr weiter lesen und alle andern mußten mitlachen, wenn sie auch nicht genau wußten, doch gewiß ahnten oder vermuteten, was Tona mir ins Ohr geflüstert hatte. Als nun Tona das nächste Mal herüberschielte, stand Mephisto auf, verbeugte sich vor ihr, sodaß auch Tona in ein herzliches Gelächter ausbrach und alle andern mit. Zum Lesen kamen wir nicht mehr, aber es wäre auch schade gewesen, denn wirklich spannend verlief die Weiterfahrt, verschiedene Themen wurden berührt, Zigaretten angeboten, Obst aus dem Koffer gepackt, Wein am Bahnhof geholt, als ich eine Pille schlucken wollte, weil ich Kopfweh verspürte, damit ich selbe leichter hinunter brächte u. s. w. Mephisto war Kaufmann aus Venezien, der Vater ein Rebelle, wurde erschossen und viel mehr noch erzählte er mir aus seinem Leben und von seinen Enttäuschungen. Als wir in Salurn vorbei waren, rückte auch ich heraus mit der Sprache und deutete nur so beiläufig an, was mir im Jahre 1938 passierte. Plötzlich verstummten sie alle, Mephisto lehnte mit halbgeschlossenen Augen zurück, sprach keine Silbe mehr und als es höchste Zeit war auszusteigen, sprang er auf, hätte mich beinahe umarmt, küßte mir die Hand und biß mir dabei ausgiebig in den Finger, seine Worte überstürzten sich als er sagte, ich wüßte nicht, wie er mir dankbar sei für diese Stunden u. s. w. aber schon war ich draußen der Koffer wurde uns zum Fenster hinausgereicht und Tona und ich verschwanden im Dunkel.

Karl sitzt am Arbeitstisch. Hinter der geschlossenen Tür der Kammer hört er den Lärm der Druckerei. Oskar hat ihm einen grauen Umschlag ausgehändigt und erklärt: »Hier ist dein neuer Auftrag. Nur du kannst es schaffen. Ich habe es Krüger zugesichert, und direkt über Krüger steht Himmler. Also bring mich nicht in Schwierigkeiten. Beeil dich, wir haben nicht viel Zeit.«

»Wie kommst du darauf, dass ich gut für dich arbeiten werde?«, hatte Karl ihn gefragt, bevor er davonfuhr. Durch das geöffnete Wagenfenster hatte Oskar ihm einen einzigen Satz zugeworfen, der ihn schmerzlicher traf als ein Messerstich: »Wahre Sklaven brauchen keine Ketten.«

Karl zieht zwei rechteckige Stücke Papier hervor und hält sie unter die Lampe, um sie besser betrachten zu können. Mechanisch beginnt er, technische Schwierigkeiten abzuwägen und nach Lösungen zu suchen. Seine Finger streichen über das Papier, schätzen das Gewicht ab, ertasten Vertiefungen und Erhebungen. Er begreift sofort, dass es ein ehrgeiziges Unterfangen ist. Sollte es ihm gelingen, wäre es für Oskar und seine Leute ein großer Sieg. Andernfalls werden sie vielleicht beschließen, dass er nicht mehr gebraucht wird.

Es handelt sich um zwei Banknoten mit einer Inschrift in Großbuchstaben. »The United States of America«. Auf einer ist ein Gebäude abgebildet, das er schon einmal in einem Geschichtsbuch gesehen hat: das Weiße Haus, Sitz des amerikanischen Präsidenten. Auf der anderen sieht man die Kuppel des Kapitols, wo der Kongress seinen Sitz hat. Auf den rechteckigen Papieren sind auch die Gesichter zweier ihm unbekannter Persönlichkeiten zu sehen: Er hält das Vergrößerungsglas darüber, um die Gesichtszüge besser erkennen zu können. Weißes Haar, längliches Gesicht, gerade Nase: »Jackson«, wie es in der Bildunterschrift heißt, hat den Blick nach rechts gewandt, schaut einem unbekannten Horizont entgegen. »Grant« hat dagegen dichtes Haupt- und Barthaar, einen quadratischen Schädel mit markantem Kinn und strengem Blick.

»Jackson und Grant«, murmelt Karl. Offenbar zwei amerikanische Präsidenten. Die erste Banknote ist 20 Dollar, die zweite 50 Dollar wert.

»Es läuft folgendermaßen«, hat Oskar ihm erklärt. »Du kopierst die Zeichnungen der Banknoten und schneidest die Druckplatten. Wir kümmern uns um die Analyse des Papiers und die richtige Druckertinte.«

»Ich glaube nicht, dass es so einfach geht, wie du denkst«, hat Karl mit einem Anflug von Berufsstolz erklärt. Schließlich ist er Experte. Im Gegensatz zu seinem Halbbruder. Zwar ist Falschgeld nicht gerade seine Spezialität, aber er weiß, dass dabei üblicherweise auf Fototechnik und nicht auf graphische Verfahren zurückgegriffen wird. Weshalb wollen sie auf solch veraltete Weise arbeiten lassen?

»Du musst dich beeilen«, ist Oskar ihm hochmütig ins Wort gefallen. »Wir haben angefangen, englische Banknoten zu fälschen. Jetzt müssen wir mit den amerikanischen weitermachen. Wir werden sie in den Ruin stürzen. Sie haben den Krieg gewollt?! Jetzt bekommen sie ihn an allen Fronten zu spüren.«

15

»Doch welche Zukunft?«

September – November 1942

»Junger Mann!« Der Ruf hallt zwischen den Mauern der Gerbergasse wider. Karl dreht sich nicht einmal um. Was soll er schon von einer Streife zu befürchten haben?

»Junger Mann!«, ertönt es erneut, mit größerem Nachdruck. Diesmal bleibt er stehen und wendet sich um. Im Halbdunkel erkennt er die Flamme eines Feuerzeuges.

»Was ist?«, fragt er den Schatten in der Dunkelheit.

Ein Mann nähert sich. Mittelgroß, drahtiger Körperbau, schwarze Weste über weißem Hemd. Unter den aufgekrempelten Hemdsärmeln kommt die sehnige Muskulatur zum Vorschein.

»Lass uns an einen ruhigeren Ort gehen«, schlägt der Unbekannte vor und hakt sich bei ihm unter.

Ein paar Minuten laufen sie Seite an Seite, dann öffnet der Mann eine niedrige Tür und zieht den Kopf ein, um einzutreten. Karl zögert, er beugt sich vor und versucht zu erspähen, wohin sie gehen.

»Sei unbesorgt, es ist nur ein Lokal, wo anständige Leute etwas trinken gehen können«, versichert ihm sein Begleiter. »Deinen Freunden erzählst du einfach, deine Kehle sei trocken gewesen … Die trinken schließlich selber. Und wie die trinken!«

Der Raum ist niedrig, und die Wände bestehen aus schlichtem unverputztem Mauerwerk, aber die Luft ist angenehm frisch. Es gibt nur wenige Tische. Auf jedem flackert eine Kerze, die in einer mit Wachs beträufelten Flasche steckt. Die gelblichen Flammen erhellen kaum den Raum, sie werfen mehr Schatten, als dass sie Licht spenden. Die Gäste unterhalten sich leise. In diesen von Verdächtigungen und Denunzierungen beherrschten Zeiten wirkt die Atmosphäre erstaunlich entspannt. Während Karls Begleiter auf einen Ecktisch zusteuert, grüßt er die Anwesenden mit einer Geste, und diese erwidern den Gruß. Eine Minute später stehen zwei Gläser und eine Flasche gut gekühlter Weißwein vor ihnen.

»Machen wir es kurz. Du hast nicht viel Zeit. Wer bist du?«, fragt der Mann.

Karl verzieht keine Miene. Er streckt die Hand aus und schenkt zu trinken ein. Dann sieht er sein Gegenüber an. »Und du?«

»Belassen wir es dabei, dass ich Vittorio heiße.«

»Ich heiße Karl.«

»Das könnte stimmen«, räumt Vittorio ein. »Karl schon. Aber bestimmt nicht Müller.«

»Ein Nachname wie jeder andere.« Karl zuckt die Achseln. »Ich habe dich auch nicht nach deinem gefragt.« Er führt das Glas an die Lippen, aber Vittorio hält seinen Arm fest.

»Karl, ich habe dir bereits gesagt, dass du nicht viel Zeit hast. Ich übrigens auch nicht«, erklärt er trocken. »Ich weiß alles über dich. Ich habe deine Akte gelesen. Ich weiß, wie du heißt, oder besser, wie du behauptest, zu heißen. Wo du wohnst. Was du arbeitest. Wer deine Freunde sind. Aber ich weiß ebenso wie sie, dass du nicht in Brixen geboren bist. Dass deine Papiere gefälscht sind. Erlaube mir daher erneut die Frage: Wer bist du?«

Karl schaut auf die Hand, die seinen Arm umklammert, und Vittorio lockert den Griff. Karl trinkt einen Schluck und überlegt kurz. Seine Feinde wissen alles über ihn. Wer ist dieser Italiener? Wer auch immer er sein mag, gefährlicher als der SD und sein Halbbruder kann er kaum sein.

»Ich bin der Sohn eines militanten Kommunisten. Ich musste aus Berlin fliehen. Mein Vater sitzt im Gefängnis, meine Mutter wird von der Gestapo überwacht. Meine Verlobte ...«

»Das ist uns alles bekannt«, unterbricht ihn Vittorio. »Mich interessiert nur: Was arbeitest du für *sie?*«
Überflüssig, zu erläutern, wer *sie* sind. Karl steckt in der Klemme. Er kann diesem Kerl schlecht von seinem »Auftrag« erzählen. Er könnte vom Geheimdienst sein, aber Karl bezweifelt das. Sein Auftreten, die Haltung sind die eines Soldaten.
»Ausweise«, lügt er schließlich. »Ich bin Fälscher, wie du weißt.«
»Und für wen?«
»Für ihre Mitarbeiter. Sie haben Agenten, die ins Ausland müssen …« Er zuckt mit den Schultern. »Ich weiß nichts Genaueres. Diese Leute ziehen einen nicht ins Vertrauen.«
»Das ist alles?« Vittorio schüttelt den Kopf. »Und wieso brauchen sie gerade dich, noch dazu hier in Bozen? In Berlin haben sie alles, was sie zum Fälschen von Papieren brauchen. Warum ausgerechnet du und weshalb ausgerechnet hier?«
»Keine Ahnung. Sie haben es mir nicht erklärt.« Karl füllt sein Glas erneut und trinkt es diesmal in einem Zug leer.
»Wirklich nicht?« Vittorios Augen werden schmal. »Zwing mich nicht, der Sache auf den Grund zu gehen.«
Karls Hirn läuft auf Hochtouren. Der Brand im Bristol fällt ihm wieder ein.
»Warum ausgerechnet ich, kannst du dir selber denken: Weil ich der Fähigste bin. Und Bozen, weil … Nun, du bist doch bestimmt schon mal in einem der Büros der Auswanderungsbehörde gewesen, oder nicht? Bei all den Ausweisen, die es für die neuen deutschen Staatsbürger auszustellen gilt, ist es für Fälscher ein Paradies. Wo sind schon derart viele Papiere im Umlauf?«
»Auch in Berlin geht man zur Sache«, wendet Vittorio ein.
»In Berlin haben sie anderes zu tun. Denk nur an die Juden, die sie immer weiter in die Zange nehmen«, erwidert Karl bitter.

Vittorio füllt ein weiteres Mal die Gläser.
»Was das betrifft, sind wir auch in Italien angehalten, die Verhaftungen und Deportationen voranzutreiben«, bestätigt er. »Seit Heydrich umgebracht worden ist, sind sie wie von Sinnen. Überall. Ob in den besetzten Ländern, auf annektiertem Gebiet oder bei Verbündeten: Für sie besteht kein Unterschied. Und auch der Duce spielt bei allem mit.«
»Die Faschisten haben schon genug Menschenleben auf dem Gewissen. Was sind da ein paar Juden mehr.« Karl betrachtet ihn von der Seite und beschließt, seine Vermutung bezüglich der Identität des Unbekannten zu prüfen: »Mich wundert nur, dass sich Carabinieri wie du vor ihren Karren spannen lassen.«
»Pass bloß auf, du!«, schnaubt Vittorio. »Wir haben dem König die Treue geschworen, nicht dieser Marionette im Schwarzhemd!« Dann hält er verblüfft inne, und ein Lächeln zeigt sich auf seinen Lippen. Dieser junge, so harmlos wirkende Mann hat ihn ganz schön überrumpelt. Allerdings wird ihm die Information, dass er Carabiniere ist, auch nicht viel nutzen.
»Schöne Geschichte.« Karl fängt an, über seine eigenen Worte zu stolpern. Er hat zu schnell zu viel Wein auf nüchternen Magen getrunken. »Ihr Italiener habt euch da eine schöne Reise nach Russland eingehandelt! Es ist schon bald ein Jahr her, dass man euch losgeschickt hat: anfangs waren es siebzigtausend, inzwischen sind es über zweihunderttausend. Wer weiß, wie viele zurückkehren ... Jetzt wollen die Deutschen auch noch Stalingrad erobern. Und ihr macht mit.« Ungeachtet der Gefahr schenkt er erneut Wein nach. »Es lebe der König!«, ruft er und hebt mit ironischer Gebärde sein Glas.
Vittorio sieht ihn mit versteinerter Miene an. »Mein Bruder ist dort unten ums Leben gekommen. Irgendwo in der Ukraine. Vergangene Weihnachten.«

»Frohe Weihnachten. In Kriegszeiten gibt es keine frohen Weihnachten«, fällt ihm Karl ins Wort, aber Vittorio hört ihm nicht zu.

»Und weißt du, was seltsam ist? Er ist zusammen mit den Burschen von hier umgekommen, mit den Südtirolern, die ausgezogen sind, um gegen die Kommunisten zu kämpfen. Sie sind freiwillig zur Wehrmacht gegangen, weil sie Italiener wie meinen Bruder verachtet haben: Faschisten, so nennen sie uns.« Auch er führt das Glas an die Lippen. »Allesamt verreckt wie die Schafsköpfe, in der Kälte, im Dreck, ohne Ausrüstung, ohne Kleidung, ohne Essen.«

»Vielleicht macht es einen Unterschied, ob man für Hitler oder für Mussolini stirbt«, bemerkt Karl. »Oder für den König. Oder für eine Überzeugung. Oder für einen Menschen, den man liebt«, fährt er mehr zu sich selbst fort.

Vittorio starrt ihn an. »Jetzt weiß ich, warum ihnen so viel daran liegt, dich in der Hand zu haben«, sagt er. »Ich habe mich schon gefragt, was an dir so gefährlich sein soll.«

»Und das wäre?«

»Deine Lauterkeit. Die du dir bisher bewahrt hast.« Der Carabiniere betrachtet seine Hände, kräftige Hände, die bestimmt schon so manchen Schlag eingesteckt und ausgeteilt haben. »Mein Bruder ist der Kälte zum Opfer gefallen, erfroren, in unmittelbarer Nähe einer Stadt, deren Namen er nicht einmal aussprechen konnte. Er ist im August 1941 mit dem italienischen Expeditionskorps aufgebrochen. Wir haben einen einzigen Brief von ihm erhalten, darin berichtete er, dass sie fünfhundert Kilometer zu Fuß zurückgelegt hätten. Dann kam ein zweiter Brief, diesmal vom Heer, mit der Todesnachricht. Sein Leichnam ist nie gefunden worden. Für wen ist mein Bruder gestorben? Für Hitler oder für Mussolini? Für die Deutschen oder für die Italiener?«

Einige Minuten lang schweigen beide. Dann erhebt sich Vittorio und setzt den Hut auf.

»Karl Müller. Im Grunde bist du ein guter Kerl.«
»Wenn du mir damit sagen willst, dass wir unter anderen Umständen Freunde hätten werden können, musst du uns noch ein Fläschchen spendieren.«
»Ich hätte glatt Lust dazu. Zwar weiß ich nicht, was du mit denen zu schaffen hast, aber wir werden uns nicht einmischen. Ich hatte geglaubt, du würdest eine andere Rolle spielen, doch scheinbar bist du nur ein Spielstein in ihrer Hand. Nichts weiter als ein armer Schlucker.« Mit vertraulicher Geste legt er eine Hand auf Karls Schulter. »Aber sieh zu, dass dieser arme Schlucker am Leben bleibt.«

Die Weinlese hat begonnen. Die Ernte verspricht außergewöhnlich gut zu werden. Alle Männer arbeiten mit. So auch Johann und Walter Steiner, als Hella an ihre Haustür klopft. Dora öffnet ihr.
Hella hat die vier Pässe in der Tasche. Sie hat ihren ganzen Mut zusammennehmen müssen, um sich zu diesem Besuch durchzuringen. Doch sie hat einen Auftrag zu erfüllen, das hat sie auch Jakob gesagt, und die sorglosen Tage in Venedig haben nicht genügt, um sie das vergessen zu lassen.
Dora bittet sie herein, fordert sie jedoch nicht auf, sich zu setzen. »Mein Mann und mein Schwager sind in den Weinbergen«, sagt sie. Ihr sonst so sanfter Blick ist einem entschlossenen Ausdruck gewichen.
»Ich muss mit Ihnen reden«, beginnt Hella. »Deutschland ist stark und der Sieg nahe«, fährt sie fort und versucht, ihrer Stimme alle ihr noch verbleibende Überzeugungskraft zu verleihen. »Hier habt ihr kein eigenes Land. Dort werdet ihr ein würdigeres Dasein finden.«
Dora antwortet nicht. Viele Male hat sie die Geschichte des mutigen Fräulein Rizzolli gehört, einer Heldin im Kampf gegen die Faschisten. Jahrelang hat sie, wie so viele Menschen in den Dörfern rings um Pinzon, aus der Distanz Bewunderung

für sie gehegt. Sie bedauert den schweren Schicksalsschlag, den Tod des noch so jungen, so schmucken Verlobten. Aber trotz allem lässt sie sich nicht überreden. Die Lage hat sich verändert.

»Ihr werdet sehen, dass man Anna gut behandelt. Glaubt nur nicht all die Lügen, die erzählt werden. Vielleicht sind zu Beginn des Krieges tatsächlich gewisse Dinge geschehen, aber der Führer hat mit Sicherheit wieder für Ordnung gesorgt.« Hella spricht, aber sie hat das Gefühl, die Stimme einer Fremden zu hören. Sie findet sich selbst nicht wirklich überzeugend. »Ihr Mann wird Arbeit finden, ihr bekommt einen neuen Hof ganz für euch!« Schließlich erstirbt ihr die Stimme angesichts dieser Mauer aus Schweigen. Sie schaut zu dem Kruzifix, das ihr riesengroß und streng erscheint, als würde es allen verfügbaren Raum einnehmen. Auch den der Gedanken. »Denkt an die Zukunft ...«, murmelt sie. Verunsichert.

»Doch welche Zukunft?«, überlegt sie im Stillen.

Erst jetzt beginnt Dora zu reden. Mit harter Stimme, aus der die Wahrheit spricht: Am Ende war sie es, die entschieden hat. Die Männer haben es nicht geschafft. Von Träumen verlockt, von der Wirklichkeit abgeschreckt.

»Hier geht niemand fort, Fräulein«, sagt Dora schlicht.

Hella erwidert nichts. Sie braucht nicht zu fragen, wie sie es anstellen wollen. Es genügt, wenn sie das Inventar nicht einreichen oder erklären, dass bei der ersten Güterschätzung ein Baum oder ein Geräteschuppen nicht berücksichtigt worden ist. Dann muss alles von vorn beginnen: Wertgutachten, die Entschädigungsprozedur ... Verlorene Zeit. Gewonnene Zeit.

Dora tritt einen Schritt zur Seite und deutet mit zurückhaltender Geste zur Tür. Offenbar hat sie Hellas niedergeschlagenen Blick bemerkt, denn ihre Gesichtszüge werden nun sanfter.

»Fräulein Rizzolli, ich erwarte ein Kind«, erklärt sie verständnisvoll, aber bestimmt. »Und ein Kind sollte in seiner eigenen Heimat geboren werden. Nicht in einer, die man anderen fortgenommen hat. Ich werde Mutter, und ich möchte, dass mein Kind dort aufwächst, wo es seine Wurzeln hat.«

Hella spürt Beklemmung aufsteigen. Nach Wastls Beerdigung hatte sie geglaubt, keine Tränen mehr zu haben, aber vielleicht hat sie sich getäuscht.

Einer inneren Regung folgend tritt Dora plötzlich auf sie zu und umarmt sie. »Ich kannte Ihre Mutter Rosa sehr gut«, flüstert sie, »meine Schwester hat bei ihr im Haus gearbeitet. Sie war eine überaus gütige und großherzige Frau. Aber auch sie hat zum Sterben ihre Heimaterde nicht verlassen wollen.«

Hella kehrt mit ihren Pässen und ihren Zweifeln dahin zurück, woher sie gekommen ist, in Gedanken bei einem Satz: »Ich werde Mutter.«

16

Ein verliebter Mann

Dezember 1942

Tobias ist mit Hella in der Bar des Hotel Greif am Walther-Platz verabredet, wo er sich oft auf eine Zigarre und einen Plausch mit anderen Grundbesitzern trifft. Seine Schwester ist mit dem Inhaber des Hotels, dem besten in ganz Bozen, verheiratet. Tobias Brenner ist ein geselliger, sehr jugendlich wirkender, geistreicher und unterhaltsamer Mann um die fünfzig. Doch er ist alles andere als oberflächlich: Wenn er über Politik spricht, hören ihm die anderen zu. Er hat für Deutschland optiert, aber sein schönes Haus vor den Toren von Neumarkt hat er nicht verlassen. Ein sorgfältig wieder hergerichtetes ehemaliges Kloster, in dem einst deutsche Pilger auf dem Weg nach Rom pausierten.

»Ein Kloster. Was für eine seltsame Wohnstätte für einen Frauenhelden wie ihn«, hat Josef kommentiert. Tobias ist Witwer. Die Dorfbewohner sehen seine beiden zehn und zwölf Jahre alten Söhne hin und wieder mit Blumen oder Geschenken für die neueste Flamme des Vaters auf dem Fahrrad vorbeiflitzen. Seit jeher geht Tobias in dem Haus in Pinzon ein und aus, doch in letzter Zeit begegnet Josef ihm mit Misstrauen. Wie kommt es, dass ein Mann, der im Ruf eines Don Juan steht, so oft zu seiner Schwester will?

Wenn er von dieser Verabredung wüsste, würde er zum Angriff übergehen, um sie vor den Avancen des »gefährlichen Brenner« zu schützen, denkt Hella, während sie mit einem Lächeln das Lokal betritt. Aber sie haben nichts zu verbergen, sie reden miteinander, das ist alles. Tobias interessiert sich sehr für Geschichte, er ist neugierig und sehr belesen, sie könnte ihm stundenlang zuhören. Obwohl ihr seine Äuße-

rungen über den Krieg nicht gefallen. Seit die Vereinigten Staaten auf den Plan getreten sind, hat er ihr rundheraus erklärt, das Schicksal des Deutschen Reiches sei besiegelt: »Wir haben verloren. Kein Land kann mit einem Streich Amerikaner und Russen besiegen. Es ist nur noch eine Frage der Zeit.«
Als er sie eintreten sieht, erhebt er sich. Obwohl er gutes Essen und des Öfteren auch einen Schluck Wein liebt, ist er von schlanker Gestalt. Er trägt tadellos sitzende Hosen, ein weißes Hemd und darüber eine Lodenjacke. Aus seinen auf sie gerichteten Augen spricht Bewunderung und ein Anflug spöttischer Ironie, der sie seit jeher fasziniert hat.
»Du hast kalte Hände«, bemerkt er, während er sie mit seinen Fingern umschließt.
»Bei dem Wetter nützen mir nicht mal Handschuhe«, antwortet sie. Sanft erwidert sie den Händedruck und nimmt den Hut ab.
»Du bräuchtest neue, wärmere.« Er prüft das Material und schüttelt den Kopf. »Die taugen nichts. Ich werde für Abhilfe sorgen.«
Hella betrachtet die Handschuhe, denkt an Berlin und spürt einen Stich im Herzen. Zwischen damals und heute liegen Welten.
»Du sollst mir nicht so viele Geschenke machen«, kann sie nur stockend hervorbringen.
»Irgendjemand muss sich ja um dich kümmern«, erwidert er energisch.
Es ist ein so tröstlicher Gedanke. So tröstlich und wärmend wie der Tee, den Tobias zusammen mit der erlesensten Gebäckmischung für sie bestellt hat.
In der überfüllten Bar des Greif hat er einen etwas abseits gelegenen Ecktisch gewählt. Hella kennt alle. Viele Uniformen sind zu sehen. Es kommt ihr vor, als ähnele Bozen von Monat zu Monat mehr einer deutschen Stadt. Welch ein Unterschied zu den düstersten Zeiten des Faschismus.

»Du bist heute noch schöner als sonst«, flüstert Tobias ihr zu, während er ihr Tee einschenkt.
Diesmal reagiert sie nicht mit einem Lächeln auf das Kompliment. Rastlosigkeit hat sie erfasst. Sie bräuchte eine andere Art von Zuspruch. Weihnachten steht vor der Tür, mit stets verheerenderen Meldungen von allen Fronten. Alle spüren, dass 1943 ein entscheidendes Jahr wird. Viele, insbesondere die Frauen, hoffen, es möge das letzte sein. So auch ihre Schwester Elsa. Andernfalls wird Hubert bald eingezogen: Er ist bereits sechzehn.
»Wie wird es ausgehen?«, fragt sie.
»Zwischen uns?«, lächelt Tobias.
»Aber nein, du Dummkopf. Ich meine den Krieg! Wie wird der Krieg ausgehen?«
Tobias blickt sich um und senkt die Stimme. Manchmal, wenn er zu tief ins Glas geschaut hat, schlägt er riskante Töne an und drückt sich auf nicht gerade feine Art aus. Aber er ist ein umsichtiger Mann und lässt sich nie vollkommen gehen.
»Was glaubst du? Die Amerikaner und die Engländer werden in Tunesien einmarschieren. Rommel ist nämlich nicht das große Genie, für das er sich immer gehalten hat. Stalin hat seine Horden ins Getümmel geschickt, und ich möchte mit keinem der deutschen Soldaten tauschen, die Weihnachten in Stalingrad verbringen.«
»Ich helfe bei den Paketen mit, die wir an die Offiziere des Afrikakorps in Tunesien schicken«, erklärt Hella.
»Recht so. Es ist deine Pflicht als deutsche Frau. Aber wenn du wirklich gehorsam wärst, würdest du auch Kinder in die Welt setzen. Dein Führer erwartet genau das von dir!«
»Du lachst. Aber wer heutzutage Kinder hat, für den ist es nicht so einfach … Denk an meine Schwester Elsa. Hubert spricht bereits vom Kampf! Wir sind so stolz auf ihn. Man braucht Mut, um in den Kampf zu ziehen.«
»Das stimmt. Aber auch Munition, Treibstoff, Flugzeuge,

Panzer. Der Bedarf wird immer größer. Hinzu kommen Stahl, Erdöl und Gummi.«

»Manchmal bist du zynisch.«

Tobias ergreift erneut ihre Hand, und sie lässt ihn mit ihren Fingern spielen.

»Ich weiß, woran du denkst, Hella. Und du hast recht. Aber die Friedhöfe sind voll mit Mutigen …« Tobias unterbricht sich, und Hella erkennt in seinen stets spöttischen Augen einen Schimmer tiefer Traurigkeit. »Die Geschichte wird immer von Mutigen gemacht, die unter dem Befehl der Ehrgeizigen sterben. Erscheint dir das nicht als enorme Verschwendung? Hast du es nicht selbst zur Genüge erlebt? Der Krieg der Helden ist ein Märchen, und du bist zu alt, um an Märchen zu glauben.«

Hella erwidert nichts. Sie überlässt ihre Hand Tobias' tröstlicher Liebkosung. Er begehrt sie und scheut sich nicht, ihr das zu zeigen. Gern würde er anderes mit ihr teilen als politische Überzeugungen.

»Welche politischen Überzeugungen überhaupt?«, murmelt sie, während sie sich von den Klängen des Barpianos davontragen lässt.

»Was sagst du?«, fragt Tobias und beugt sich unwillkürlich vor zu ihr.

Hella atmet den Duft seines Rasierwassers ein, sie spürt seinen Atem auf ihrer Wange. Er riecht nach dem Cognac, den er gerade trinkt, und nach seinen Zigarren. Sie sehen sich an, ihre Lippen berühren sich beinahe.

»Du bist langsam! Viel zu langsam!« Oskar fletscht die Zähne. Karl würde vor Wut am liebsten schreien.

Der Halbbruder ist ohne Vorankündigung in der Druckerei erschienen. Die Angestellten haben den Blick gesenkt, als dieser Mann mit martialischem Schritt und ohne nach links oder rechts zu schauen auf die Tür der Kammer zugesteuert ist. Er trägt keine Uniform, um die zunehmende Spannung zwischen Deutschen und den mit ihnen verbündeten Italienern nicht weiter zu schüren. Doch Doktor Franz prophezeit schon seit Monaten: »Bald werden sie ganz ohne Tarnung agieren. Wozu sich verstecken? Früher oder später übernehmen sie auch hier das Kommando.« Allerdings scheinen die Ereignisse nicht für Hitler zu sprechen. Immer öfter kommen Frauen mit verweinten Augen und starrem Blick, um Todesanzeigen in Auftrag zu geben.

Oskar hat Platz genommen und mit dem Vergrößerungsglas eine der ersten von Karl gestochenen Druckplatten inspiziert. Es ist ein aufwendiges und kompliziertes Verfahren, doch bisher hat kein Versuch der fototechnischen Reproduktion gefruchtet. Man hofft, Karls Genie werde das gelingen, woran die Chemie gescheitert ist.

Der junge Fälscher hat mit dem offenkundig einfachsten Teil begonnen, der Rückseite des 20-Dollar-Scheins mit dem von einem Park umgebenen Weißen Haus. Er ist bereit, dieser Aufgabe sein ganzes Talent, seine Zeit und Energie zu widmen. Der Pakt mit dem Teufel ist klar: falsche Banknoten gegen echte Menschenleben. Solange er ihnen nützlich ist, werden sie weder ihn noch seine Angehörigen umbringen. An das, was danach kommt, will er lieber nicht denken.

Nach Fertigstellung der Zeichnung hat er mit dem Stechen einer Kupferplatte begonnen, die als Druckplatte für die Dollarnoten dienen soll. Das Ergebnis ist perfekt, aber das Ziel noch weit entfernt. Es fehlt die Vorderseite der Banknote mit dem Porträt von Jackson.

»Sehr schön, ja kaum zu übertreffen, aber du brauchst zu lange. Du hast noch nicht einmal ein Viertel der Arbeit. Und wir müssen noch die Druckproben machen.«

»Ich tue mein Möglichstes.« Karl hat Tag und Nacht geschuftet.

»Wir müssen uns beeilen. Wir haben auch noch andere fähige

Leute im Einsatz. Und im Unterschied zu dir arbeiten sie nicht so bequem in einem hübschen Büro«, drängt Oskar.

Karl begreift, warum sein Halbbruder nervös ist, so wie alle in Bozen tätigen Deutschen. Der Krieg ist plötzlich näher gerückt. Nachts, hinter verschlossenen Fenstern, schalten die Südtiroler heimlich das Radio ein, um die italienischen und deutschen Nachrichtensender, aber auch das gefährliche Radio London zu hören. Die Amerikaner sind am 8. November in Nordafrika gelandet. Sie haben Casablanca, Oran und Algier eingenommen. Über 100 000 Soldaten. Die Franzosen, die eigentlich die Stellung verteidigen sollten, haben kaum Gegenwehr geleistet. Für Italien war es ein schwerer Schlag. Der Duce hatte Hitler versprochen, die Front im Süden um jeden Preis zu halten. Das Mittelmeer, sagte er, gehöre den Italienern, und so solle es bleiben. Doch seit Kriegsbeginn mussten die Italiener eine Niederlage nach der anderen einstecken, und die Landung in Afrika ist ein schlechtes Zeichen. Im britischen Radio hört man oft einen Namen: Eisenhower, genannt »Ike«. Der amerikanische General an der Spitze der alliierten Streitkräfte ist entschlossen, die Welt von dem Mann zu befreien, der sie beherrschen will: Adolf Hitler.

»Du wirst mich eine Weile nicht sehen. Die Pflicht ruft mich nach Berlin«, verkündet Oskar. »Himmler hat Heydrichs Nachfolger ernannt. Ein guter Kamerad von mir, er heißt Ernst Kaltenbrunner. Einer, der die Dinge in die Hand nimmt.«

»Welche Dinge?«

Oskar grinst. »Hast du Südfrankreich mitverfolgt? Hast du gesehen, wie wir dort Fuß gefasst haben? Schluss mit ›unbesetzter Zone‹! So sieht die Antwort des Führers auf die Anmaßungen der Amerikaner und Engländer aus. Und schon bald werden wir unsere Mission in Europa zu Ende bringen. Die Feinde des Reiches werden kein einziges Schlupfloch mehr finden.«

Karl schaut ihn besorgt an, die krankhafte Begeisterung in den Augen des Halbbruders erinnert ihn an ein Tier in der Falle, das ein letztes Mal zum Kampf aufbegehrt. Die Nationalsozialisten werden noch erbarmungsloser vorgehen, wenn sie sich in die Ecke getrieben fühlen.

»Ich weiß nicht, wie lange ich deine Mutter und deine geliebte Ida noch schützen kann«, fügt Oskar mit einem grausamen Lächeln hinzu. »Was deinen Vater betrifft, so wird er das Licht der Sonne niemals wiedersehen.«

In der Eingangshalle des Bristol läuft Hella auf von Brandt zu. Der deutsche Offizier begrüßt sie mit Handkuss.

»Kommen Sie in mein Büro, dort ist es ruhiger«, sagt er und deutet mit einer Geste auf das Durcheinander, das im Erdgeschoss des Hotels herrscht. Einige Angestellte legen letzte Hand beim Festschmuck an. Es ist das vierte Kriegsweihnachten.

Bei jedem Schritt stützt er sich schwer auf seinen Stock. Man sieht, dass ihm sein Bein zu schaffen macht. Ein Soldat öffnet die Tür zum Fahrstuhl, gegenüber steht ein bewaffneter SS-Mann Wache. Wie immer laufen die Arbeiten bei der ADERSt auf Hochtouren: Inzwischen gibt es über 60000 Akten für die Auswanderungskandidaten. Doch kaum einer steigt tatsächlich in den Zug.

»Setzen Sie sich«, fordert von Brandt sie auf.

Hella nimmt den beigefarbenen Hut ab. »Sie wollten mich sprechen?«

Sie hat ihn um ein Treffen gebeten, um ihm von ihrem Scheitern bei den Steiners zu berichten, das symbolisch für ein weitaus schlimmeres Scheitern steht: Die Auswanderung ins Deutsche Reich ist zum Erliegen gekommen. Man kann nicht weiter die Augen davor verschließen, doch weiß sie nicht, was sie noch tun soll. Sie braucht Rat.

Ihr Blick wird sogleich von der großen, mit Nadeln und Pfei-

len gespickten Europakarte angezogen. Einem Impuls folgend fragt sie: »Werden wir diesen Krieg gewinnen, Oberst?«
Von Brandt sieht sie nachdenklich an.

»Mein Bruder ist an der Ostfront«, sagt er schließlich. »Ich beneide ihn. Der einzige einem Soldaten würdige Tod ist der auf dem Schlachtfeld.«

»Hoffentlich kehrt er bald heil und gesund heim«, bemerkt Hella.

Der Oberst tritt näher an die Karte heran und gibt ihr ein Zeichen, ihm zu folgen: »Kommen Sie, ich will es Ihnen erklären.«

Mit der Stockspitze deutet er auf eine Stadt. »Stalingrad. Dort befindet sich mein Bruder. Er war einer der Ersten an der Wolga. Das weiß ich, weil in den Berichten des Generalstabs seine Einheit erwähnt wird. Sie kämpfen an vorderster Front. Ende August haben sie mit dem Vormarsch auf Stalingrad begonnen.«

»Warum Stalingrad?«

»Weil, wie der Führer selbst erklärt hat, mit der Eroberung der Stadt ein Warenverkehr von dreißig Millionen Tonnen zum Erliegen kommen würde. Neun Millionen Tonnen Erdöl! Über diesen Weg verläuft auch das aus den zerstörten ukrainischen Ebenen stammende Getreide. Die Stadt ist ein bedeutender Handelsknotenpunkt.«

»Der Führer hat gesagt, wir hätten den Sieg in der Hand. Es ist erst einen Monat her! Doch dann …«

»Die Rede vom 8. November«, bestätigt der Offizier. »Keine zehn Tage später sind die Russen zum Gegenangriff übergegangen. Eine Million Mann.« Von Brandts Stockspitze fährt über die Karte, zeichnet den Verlauf einer Niederlage nach. »Operation Uranus. Am zweiundzwanzigsten November sind die sowjetischen Panzer aus dem Norden und aus dem Süden an diesem Punkt, in Kalatsch, aufeinandergetroffen. Ein klassischer Zangenangriff. Schauen Sie her, Fräulein.

Hier sind über zweihundertfünfzigtausend deutsche Soldaten, die gesamte Armee unter General Friedrich Paulus, mit einem Mal in die Falle geraten.«

»Können sie sich nicht durch Kampf befreien?«

»Um zu kämpfen, braucht man Waffen, ebenso wie Nahrung und Kleidung. Unsere Leute haben nicht die Ausrüstung, um bei mehr als dreißig Grad unter null zu überleben. Göring hat versprochen, sie neu auszurüsten, aber seine Flugzeuge können nicht starten. Es schneit. Der Nebel ist zu dicht. Es ist zu kalt. Generalfeldmarschall Erich von Manstein versucht, die feindlichen Stellungen zu durchbrechen, um den Belagerten zu Hilfe zu kommen. Er hat seine Panzer gegen die sowjetische Armee ausgeschickt, um die Umzingelung zu zerschlagen und einen Korridor für die sechste Armee unter Paulus zu schaffen. Unternehmen Wintergewitter. Er lässt nichts unversucht. Aber es wird nichts nutzen. Er wird nie nach Stalingrad gelangen.«

»Wird man sie im Stich lassen?« Hella ist entsetzt. Von Brandts Bruder steckt mitten im Geschehen. Wie kann er da so ruhig bleiben?

»So ist der Krieg, Fräulein.« Er dreht sich zu ihr um und setzt sich auf den Sessel. »Aber vermutlich habe ich Sie mit meinem Gerede über Strategien gelangweilt. Weshalb wollten Sie mich sprechen?«

Hella fühlt sich verwirrt. Ihre Probleme erscheinen ihr wie alberne Belanglosigkeiten. Welche Bedeutung hat die stagnierende Auswanderung der Südtiroler angesichts der ungeheuren Tragödie, die sich an der Ostfront abspielt?

»Werden sie sich ergeben?«, fragt sie nur.

»Die deutschen Soldaten? Niemals. Das geht gegen ihre Ehre. Außerdem hat der Führer befohlen, die Stellung zu halten. Es ist also nur eine Frage der Zeit.«

»Zeit für was?«

»Um ein zweihundertfünfzigtausend Mann starkes Heer total zu vernichten. Die Russen kämpfen auf eigenem Boden, es ist ihr Land, sie kennen das Terrain. Und sie dürsten nach Rache. Möge Gott den Eingekesselten beistehen.«

Hella erhebt sich, setzt den Hut auf und zieht die Handschuhe an. Von Brandt springt erstaunt auf.

»Ich denke, unser Gespräch hat bis nach Weihnachten Zeit«, sagt sie. »Tut mir leid, dass ich Ihnen die Zeit gestohlen habe. Sie haben offensichtlich ganz andere Sorgen.«

»Wie Sie wünschen«, antwortet von Brandt. »Allerdings bin ich nicht sicher, ob Sie dann mit mir sprechen werden.«

»Wie meinen Sie das?«

»Ich habe darum ersucht, nach Berlin zurückversetzt zu werden. Mit nur einem Bein kann ich natürlich nicht erwarten, an die Front geschickt zu werden, aber ich will meinen Leuten zumindest beistehen.«

»In Berlin?«, fragt Hella verwundert.

»Ich habe noch ein paar Freunde im Generalstab. Sie werden schon eine Aufgabe für mich finden. Wie Sie sicher wissen, haben die Amerikaner mit der Bombardierung der Stadt begonnen. Meine Schwägerin und ihre Kinder werden mich brauchen.«

»Aber weshalb wollen Sie sich dem Bombenhagel aussetzen? Lassen Sie sie doch lieber herkommen!«, wendet Hella ein. »Hier sind sie sicher.«

Von Brandt schüttelt den Kopf. Insgeheim weiß er, dass ihm die leidenschaftliche, so erschreckend naive Hella mehr fehlen wird, als er sich eingestehen mag. Er hofft, dass ihr in den kommenden Monaten das Schlimmste erspart bleiben wird: In einer anderen Welt hätte er vielleicht versucht, sie mit sich zu nehmen. Gewiss, Berlin erzittert unter den Bomben, aber sie hat nicht die geringste Vorstellung, was in ihrem so ruhigen Bozen geschehen kann.

»Sie täuschen sich, Fräulein Rizzolli. Es gibt keinen sicheren Ort mehr.«

17

Gefährliche Spiele

Januar – Februar 1943

Komm mit.« In dem Stimmengewirr der aus dem Bozener Dom strömenden Menge klingt die Stimme des Priesters wie ein Flüstern. Doch seine Hand packt Karl mit Nachdruck an der Schulter. Der folgt ihm, ohne zu zögern.

Sie verlassen die Kirche. Es ist einer jener Wintersonntage, die Karl in seinem jetzigen Dasein als Gefangener ohne Gefängnismauern zu lieben gelernt hat. Der Himmel ist von geradezu blendendem Blau, ein riesiger, ausgebreiteter Schleier, der sich über den schneebedeckten weißen Gipfeln verliert. Die hohe Mittagssonne bringt die vereisten Felskanten der Berge zum Glitzern.

Sie laufen über den Kirchplatz, auf dem sich die Gläubigen drängen, darunter zahlreiche Frauen in Schwarz. Sie umrunden das Kirchengebäude und halten vor einer Nische mit einer Tür an einer Seite des Kirchenschiffes inne.

»Sie wissen ja, dass man mich beschattet«, wispert Karl.

»Ich werde ebenfalls beschattet«, erwidert der Priester. Er lächelt: »Aber noch habe ich wohl das Recht, verlorene Schäfchen wieder zur Herde zurückzuführen.«

»Ich werde es für den Ernstfall im Kopf behalten.« Karl folgt dem Geistlichen durch einen schmalen Flur. Durch einen Schlitz in dem dicken Mauerwerk fällt spärliches Licht.

»Wir müssen leider ein Stück nach oben.« Der Priester beginnt eine Wendeltreppe hinaufzusteigen. »Wenn ich mich richtig erinnere, hast du Probleme mit Asthma.«

»Es ist schon besser geworden. Aber wohin gehen wir?«

»Das wirst du gleich sehen. Lass uns beeilen.«

»Gehen Sie nur vor.«

Ein Mann sitzt auf dem Dielenboden unter den großen Glocken des Bozener Doms und erwartet sie.

»Ist er es?«, fragt er den Priester auf Deutsch.

»Ja, die Nazis überwachen ihn.«

»Das klingt nicht sehr erfreulich.«

»So können wir zumindest sicher sein, dass er auf der richtigen Seite steht.«

»Pater, das Letzte, worauf ich in dieser Welt bauen würde, sind Sicherheiten.«

»Sie sind kein Deutscher«, mischt Karl sich ein.

»Hört man das so deutlich?«, fragt der Unbekannte.

»Ja. Sind Sie Amerikaner?«

»Schon möglich«, erwidert der Mann abweisend.

Karl sieht den Priester an. »Sehr gesprächig, Ihr Freund«, bemerkt er. Er wendet sich zum Gehen. »Da trifft es sich gut, dass mir ebenso wenig nach Reden zumute ist. Einen schönen Sonntag noch.«

»Warte!«, hält ihn der Priester zurück. »Er ist ein englischer Agent und kommt gerade aus Prag. Er ist heimlich mit einem falschen Schweizer Pass durch Deutschland gereist. Doch bei Nauders wollten sie ihn nicht durchlassen.«

»Hoffentlich haben Sie wenigstens nicht allzu viel für den Pass bezahlt.« Karl schüttelt sarkastisch den Kopf. »Bei Fälschern sollte man niemals sparen.«

»Als sie die Papiere zu Gesicht bekamen, haben sie ihn gleich in einen Zug nach Innsbruck gesetzt«, berichtet der Geistliche. »Er ist abgesprungen und hat sich durch die Wälder bis nach Italien durchgeschlagen. Dann ist er nach Meran gelangt und von dort hierher.«

»Und Sie haben ihn christlich empfangen«, fügt Karl hinzu. »Bei mir waren Sie nicht so großherzig.«

»Ehrlich, ich habe ihn nicht hereingebeten. Er ist von selbst hereingekommen. Ich habe ihn in der Kirche angetroffen. Was sollte ich machen, ihn bei der Polizei anschwärzen?«

»Nächstes Mal, wenn ich ein Versteck brauche, werde ich, anstatt zu klopfen, das Schloss aufbrechen …«

»Die Kirche tut, was sie kann, mein Sohn.«

Karl mustert den Engländer. Die Erschöpfung steht ihm ins Gesicht geschrieben. Seine Kleidung zeugt vom tagelangen Umherschweifen in den Wäldern der Grenzregion zwischen der Schweiz, Italien und dem einstigen Österreich.

»Sie haben Glück gehabt«, bemerkt er.

»Ich brauche Papiere, um nach Genua zu kommen. Der Priester meinte, Sie …«, erwidert der Mann.

»Für jemanden, der sich in einem Pfarrhaus versteckt hält, haben Sie einen Haufen Informationen«, bemerkt Karl mit einem Blick zum Priester.

»Bozen ist klein«, antwortet dieser seelenruhig.

»Ich hoffe, dass die Informationen stimmen und Sie mir helfen können«, beharrt der Engländer. »In Genua werde ich eine Möglichkeit finden, mich nach Spanien einzuschiffen.«

»Sie sagen, Sie kommen aus Prag«, sagt Karl nachdenklich. »Heydrich?«

»Selbst wenn es so wäre, würde ich es Ihnen nicht sagen.«

»Ich weiß, dass die Nationalsozialisten nach dem Attentat vollkommen durchgedreht sind.«

»Sie nennen es Aktion Reinhardt. Sie haben ganze Züge mit Juden vollgestopft. Nicht nur in Prag, auch in Warschau und Berlin. Wo immer sie das Kommando haben.«

»Berlin«, Karl denkt an Ida. Mit Schrecken erinnert er sich an Oskars Worte. Er hat gesagt, dass er sie vielleicht nicht länger wird schützen können. »Wo schafft man sie hin?«

»Nach Osten. Auschwitz, Treblinka, Belzec … Sagen Ihnen diese Namen etwas?«

»Nein.«

»Es sind Konzentrationslager. Sie sind Deutscher? Dann wird Ihnen Sachsenhausen bekannt sein.«

»Und ob. Viele meiner Freunde sind dort eingesperrt.«

»Anfangs waren es ein paar tausend Gefangene. Inzwischen sind es Millionen.« Der Mann zögert, fragt sich, wie viel er enthüllen soll. Aber falls Karl ein NS-Agent ist, weiß er ohnehin alles. Und wenn nicht, so sollte er es erfahren. Alle müssen es erfahren. »Es ist eine regelrechte Todesmaschinerie in Gang gesetzt worden. Wie wissen nicht, wie wir sie aufhalten sollen. Ein Pole hat uns im vergangenen Jahr gewarnt. Er heißt Jan Karski. Im Namen der polnischen Exilregierung hat er die Massaker an den Juden angeprangert. Es hat nichts genutzt. Ich weiß, dass Karski auf der Reise nach London und anschließend in die Vereinigten Staaten ist. Er wird versuchen, Präsident Roosevelt zu treffen. Wenn Leute wie ich nicht rechtzeitig dazustoßen, um seine Aussagen zu bestätigen, wird ihm niemand glauben. Das von ihm beschriebene Grauen ist derart ungeheuerlich, dass man sich beinahe schon mitschuldig fühlt, wenn man nur davon spricht.«

»Auch hier in Bozen hat es warnende Stimmen gegeben«, mischt sich der Priester ein. »Schade, dass Sie keine Gelegenheit haben, Kanonikus Gamper kennenzulernen.«

»Wir wissen, wer er ist.«

»Das freut mich. Er ist ein mutiger Mann.«

»Menschen wie er sind unsere Rettung«, bemerkt der Engländer.

»Wollen wir's hoffen«, antwortet der Geistliche.

»Wissen Sie etwas von Berlin?«, fragt Karl. »Über die Berliner Juden?«

»Die Gestapo spürt die letzten noch verbliebenen auf.« Der Agent schüttelt den Kopf.

»Die letzten?«

»Sie haben auch etliche verhaftet, die mit deutschen Frauen verheiratet sind. Sogar Veteranen aus dem Großen Krieg. Kriegsversehrte. Hochdekorierte Leute. Die Gestapo hat sie in ein Gefängnis in der Rosenstraße gesperrt. Ihre Ehefrauen protestieren vor den Gefängnistoren. Es sind hartnäckige

Frauen. Aber selbst wenn es ihnen gelingt, sie zu befreien, weiß ich nicht, wie lange sie auf freiem Fuß bleiben.«

»Sicher nicht sehr lange«, bemerkt Karl. »Schon gar nicht, wenn ihr euch nicht endlich dazu durchringt, etwas zu unternehmen.«

»Wer denn wir, bitte schön?«

»Ihr Alliierten. In Afrika seid ihr gelandet, aber wann dringt ihr nach Europa vor?«

»Das kann ich Ihnen nicht sagen. Aber vielleicht hängt es auch von Ihnen ab. Wenn Sie mir wirklich helfen, aus diesem Glockenturm und diesem Land zu entkommen ...«

»Ich bin kein Zauberer. Aber ich will zusehen, was sich wegen der Papiere machen lässt. Allerdings brauche ich ein Foto.«

»Dafür werde ich sorgen. Wie viel Zeit benötigen Sie?«

Karl deutet ein Lächeln an. »Das kann ich Ihnen nicht sagen«, ahmt er ihn nach. »Derweil sind Sie hier oben in Ihrem Glockenturm freier als ich unten auf den Straßen.«

Hella lehnt sich auf dem Stuhl mit der hohen hölzernen Lehne zurück und betrachtet ihre Tischgenossen. Man unterhält sich lebhaft, während eine Köstlichkeit nach der anderen aufgetafelt wird. Tobias hat keine Kosten gescheut für dieses erste Essen im »Familienkreis«. Außer Hella hat er ihre Schwester Elsa mit Ehemann Franz eingeladen, die Arm in Arm zu Fuß gekommen sind. Sie wohnen ganz in der Nähe, unter den Neumarkter Lauben. Auch die beiden Söhne von Tobias, Hermann und Sepp, sind dabei. Sie wirken beunruhigt, wissen nicht, was sie von der jungen Frau halten sollen, die nun in ihr Leben treten wird. Hella ist durchaus bewusst, dass sie sich ihr Vertrauen wird erkämpfen müssen.

Tobias hat den Gästen sein schönes Heim gezeigt, den Garten mit den schneebedeckten Obstbäumen, den gut gefüllten Weinkeller. Auch seine Sammlung alter, seltener Bücher hat er ihnen vorgeführt, darunter eine Bibel, die bei Elsa große

Bewunderung hervorgerufen hat. Hella studiert die Mienen, das Lächeln, die Kopfbewegungen. Sie spricht weniger als sonst, hält sich heraus. Aber sie weiß, dass die Gedanken ihrer Liebsten alle um sie kreisen. Zweifel, die keiner laut ausspricht. »Tobias ist fünfzig, er könnte dein Vater sein.« – »Tobias hat einen schlechten Ruf, er ist ein Frauenheld, und in seinem Alter lassen sich Männer nicht mehr verändern.« – »Tobias kann gewalttätig werden, wenn er zu viel getrunken hat.«

Aber sie meint, ihn in den letzten Monaten besser kennengelernt zu haben. In Wahrheit ist er gar nicht so. Aus Tobias' Augen spricht nicht nur Leidenschaft, sondern auch Liebe. Und Wohlwollen. Natürlich begehrt er sie, weil sie jung und hübsch ist, aber er umgarnt sie nicht nur. Er versteht sie und gibt ihr ein Gefühl der Sicherheit. Er überhäuft sie mit Geschenken. Der kleine Hermann spielt gerne den Boten, denn wenn er mit einem Glas Honig oder Marmelade, einer Tafel Schokolade oder einem Strauß Blumen an der Haustür in Pinzon klingelt, kann er stets auch für sich mit einem Stück Kuchen und einem Glas Saft rechnen.

Und vergangene Woche ist Tobias selbst mit einem großen Strauß roter Rosen gekommen. Elegant, wohlduftend und mit sorgfältig frisiertem Haar und Bart. Er hat sich vor Hella verneigt und ihr die Frage gestellt, die seit langem in der Luft lag.

Hella hat nicht gezögert. Allzu lange schon hat sie gehadert: mit sich selbst, mit Wastls Foto auf dem Nachttisch, mit ihrer Mutter auf dem kleinen Friedhof. Am Ende hat sie sich eingestanden, dass sie einen Partner an ihrer Seite will. Und ein neues Leben. Sie hat genug gekämpft und ist müde. Es ist nicht nur das Scheitern des großen Umsiedlungsvorhabens. Es ist nicht nur der Krieg. Die Begeisterung und Leidenschaft, die sie stets aufrecht gehalten haben, versiegen allmählich. Alles, was einst so einfach erschien, ist nun kompliziert

und verwirrend. An Tobias' Seite hat sie das Gefühl, wieder festeren Boden unter den Füßen zu gewinnen. Und einen Weg einzuschlagen, der dem vom Vater für sie erhofften Leben entspricht: trautes Heim, Ehemann und Kinder.
»Willst du mich heiraten, Hella?«
»Ja, Tobias.«
Ein paar Tage später setzt sich Hella entschlossen hinter die Schreibmaschine. Die langen Briefe an Gusti sind eine gute Übung, noch ist sie beim Tippen nicht sonderlich schnell. Außerdem helfen sie ihr, sich innerlich Klarheit zu verschaffen. Nach der Trauer und dem dumpfen Schmerz der letzten Monate sind ihre Tage nunmehr erneut mit Plänen erfüllt.

> *Erst kürzlich dachte ich mir, vor es dreißig schlägt, hätte ich gar keine Freud anzupacken, weil mich diese Arbeit hier wirklich zufrieden stellt und ich es ungern sage, daß nun alles anders werden sollte. Auf der andern Seite wieder ist es begreiflich, wenn Tobias heiraten will, er ist 50 Jahre alt, geben tät man ihm 40 und bei mir weiß ich oft nicht recht, soll ich mich alt oder jung fühlen. Das letztere lag mir näher, aber Elsa meint: ich hätte nun schon schöne Zeiten und Erlebnisse hinter mir, ich könne zufrieden sein, ich sei gerade im rechten Alter, um ein neues Leben zu beginnen. Aber sehr ungern nehme ich Abschied von der goldenen Jugendzeit, ich müßte soviel Schönes begraben und ich wollte das eigentlich nicht. Nun, Tobias fühlt sich wie ein Zwanzigjähriger, dann ist Hopfen und Malz noch nicht verloren, so brauch auch ich keine Angst haben, mich jung zu fühlen.*[10]

Die Finger halten über der dunklen Tastatur inne. Elsa war wie stets entschlossen und ermutigend. Und auch Gusti hat sie bei ihrem letzten Treffen angehalten, darauf einzugehen. Durch eine heimliche, unglückliche Liebe verbittert, ist sie mit Männern nicht gerade zimperlich. »Für den Besten einen

Pistolenschuss«, sagt sie immer. Doch wie alle wissen, ist es das Nesthäkchen der Familie gewohnt, bei den Männern Bewunderung und Leidenschaft zu wecken. Und alle wollen, dass sie wieder aufblüht, wieder so wie früher wird. »Du bist zu jung und zu hübsch, um allein zu bleiben«, hat Gusti ihr gesagt. »Kommt man dem Begehren des Mannes zu lange nicht nach, erlischt es irgendwann«, hat Elsa sie gewarnt. Und die elegante Berta aus Wien verteilt reichlich Ratschläge für die wundervollste Hochzeitsfeier, die es in Kriegszeiten je gegeben hat.
Manchmal überkommen Hella Schuldgefühle. Wastl ist tot, und sie liegt in den Armen eines anderen. Aber kann man ein Schattendasein führen, das nur aus Trauer und Sehnsucht besteht? Es wäre so einfach, sich der Trübsal hinzugeben, doch das wäre nicht sie. Nicht die Hella, die gekämpft, geliebt und das Leben in vollen Zügen ausgekostet hat, nicht sie, die aufbegehrt und noch immer nicht genug hat. Sie beginnt erneut zu schreiben:

> *Wastls Bild steht immer noch lebendig mir vor Augen, es wollte aber nicht sein, daß wir zusammen kämen. Wer kann das Schicksal begreifen? T. weiß genau, daß ich diese große Liebe noch im Herzen trage, er hat dafür volles Verständnis.*[11]

Karl hat es sich zur Gewohnheit gemacht, nachts in der Kammer der Druckerei zu arbeiten. Seine Kollegen sind ihm dafür dankbar. Schluss mit dem Hin und Her, den heimlichen Zusammenkünften mit Doktor Franz, den unvorhergesehenen Besuchen von Männern mit durchdringendem Blick. Doch auch nachts schließt Karl sich sicherheitshalber ein. Inzwischen ist es ein regelrechtes Refugium. An den Wänden hängen Dutzende von Skizzen: die Gesichter zweier Männer, die Ziffern 20 und 50, Unterschriften, architektonische Details.

Bei seinem nächsten Besuch wird Oskar bestimmt zufrieden sein. Karl muss nur noch das Porträt von Präsident Ulysses S. Grant fertigstellen. Er konzentriert sich. Er darf nicht an das Haus im Wedding, nicht an Idas blondes Haar denken. Oder an die Ängste eines britischen Agenten in einem Glockenturm, der ihm ein Foto hat zukommen lassen, ohne dass er, Karl, sich daraufhin noch einmal bei ihm gemeldet hätte. Aber die zum Fälschen benötigten Pässe wachsen nun mal nicht auf Bäumen.

Auch in dieser Nacht läuft leise der deutsche Radiosender. Aus Dankbarkeit dafür, den Angestellten seine Gegenwart zu ersparen, hat Doktor Franz ihm ein Gerät zur Verfügung gestellt. Plötzlich weckt die Stimme Goebbels' seine Aufmerksamkeit: »Stalingrad war und ist der große Alarmruf des Schicksals an die deutsche Nation!«[12]

Karls Hand hält inne. Es ist das erste Mal, dass ein hoher NS-Funktionär die Niederlage von Stalingrad eingesteht, bei der sich Paulus am 31. Januar den sowjetischen Truppen ergeben hat. Innerhalb weniger Tage hat der Rest, der von seiner Armee noch übrig geblieben war, die Waffen gestreckt. Hitler hatte ihn eben erst befördert: Ein deutscher Generalfeldmarschall nimmt sich eher das Leben, als dass er sich ergibt. Doch von den 250 000 Soldaten unter seinem Kommando haben 90 000 überlebt und sind in sowjetische Gefangenschaft geraten.

Goebbels spricht von einer schweren militärischen Belastung, von einem furchtbaren Ansturm der östlichen Steppe, einer schrecklichen Bedrohung nicht nur für Deutschland, sondern für ganz Europa. Laut dem Reichspropagandaminister stehen zweitausend Jahre Zivilisation auf dem Spiel, bedroht durch eine jüdisch-bolschewistische Verschwörung. Er erntet von derselben Menge Beifall, die seit vielen Jahren allen Aufrufen der Nationalsozialisten zu Hass und Gewalt mit Beifall begegnet.

»Das Ringen um Stalingrad wurde in seiner tragischen Verwicklung geradezu zu einem Symbol dieses heroischen, männlichen Widerstandes gegen den Aufruhr der Steppe.«
Karl ist immer gespannter auf die Wendung, die diese Rede nun nimmt. Hitler hat Goebbels offenbar beauftragt, die jüngsten militärischen Rückschläge möglichst beschönigend darzustellen. Rommel musste sich aus Afrika zurückziehen. Am Kasserinpass in Tunesien haben die Deutschen eine blutige Niederlage erlitten. Tunis, ihr letzter Vorposten auf dem afrikanischen Kontinent, ist ins Kreuzfeuer der Briten und Amerikaner geraten, etliche deutsche und italienische Soldaten sind gefangen genommen worden. Goebbels wählt den einzig verbleibenden Weg. Er kann nicht von Debakel sprechen. Also heizt er weiter ein.
»Der totale Krieg also ist das Gebot der Stunde!«, schreit er. »Darum ist die totale Kriegführung eine Sache des ganzen deutschen Volkes!« Der Krieg könnte nicht totaler sein, findet Karl. Er denkt an die Südtiroler, deren unfreiwilliger Schicksalsgenosse er geworden ist. Leute, die ihren sicheren Schlupfwinkel zwischen den Bergen nie verlassen haben, deren Kinder nun in immer größerer Zahl ausziehen, um in einer bereits verlorenen Schlacht zu sterben. Das nationalsozialistische Ungetüm ist verletzt, doch der Hass brodelt weiter in seinen Adern und ergießt sich noch immer über die Welt, um alles unter sich zu begraben und zu vernichten.
»Wollt ihr den totalen Krieg? Wollt ihr ihn, wenn nötig, totaler und radikaler, als wir ihn uns heute überhaupt noch vorstellen können?«, donnert Goebbels.
Karl kann nicht mehr. Er spürt eine unglaubliche Verzagtheit in sich aufsteigen, während das Radio die begeisterten Schreie der Massen überträgt: »Führer befiehl, wir folgen dir!«
Und Goebbels antwortet: »Nun, Volk, steh auf, und Sturm, brich los!«

18

Für all das vergossene Blut

Bozen, Sommer 2014

Die Falle der Südtiroler »Wahl« schnappt mit Ausbruch des von Hitler angezettelten Krieges zu. Wer Deutscher ist, muss an die Front. Aber ebenso die Italiener: Im Juni 1940 stürzt sich Mussolini in den Konflikt, und die Dableiber werden einberufen. Viele Soldaten sollten später in der 200 000 Mann starken, von Mussolini an die Ostfront geschickten Armee ARMIR in den Kampf ziehen. Mit einer mehr als nur unzureichenden Ausrüstung. In diesem mörderischen Irrsinn kämpfen Optanten, die nicht ins italienische Heer wollten, in den Schützengräben der Wehrmacht paradoxerweise Seite an Seite mit den italienischen Streitkräften. Gemeinsam im Dreck. Im Angesicht der anrollenden russischen Panzer.

Bereits zu Beginn des Konflikts zahlten viele Optanten den Preis für die moralische und politische Kurzsichtigkeit, die sie in die Arme des Dritten Reiches getrieben hat. Sie zahlten mit Blut. Niemand hat mir bisher verbindlich sagen können, wie viele Südtiroler im Zweiten Weltkrieg gefallen sind. Einige Historiker sprechen von über achttausend Toten, die Verletzten und Verstümmelten nicht mitgerechnet. Wenn die Zahl stimmt, wäre das jeder fünfte Mann im wehrfähigen Alter. Ein tragisch hoher, aber plausibler Prozentsatz. Deshalb also habe ich bei meinen Besuchen auf den Friedhöfen auf den Familiengräbern die Namen so vieler junger Soldaten gesehen. Gestorben fern der Heimat.

Pietro Moltrer ist heute ein gestandener Mann von vierundneunzig Jahren. Er war zwanzig, als er für das Deutsche Reich in den Krieg zog. Und siebenundzwanzig, als er als einer der wenigen Überlebenden von Stalingrad heimkehrte. Er hatte alles miterlebt: von der Siegeseuphorie bis hin zur Todesangst, von der französischen Küste bis ins russische Eis.

Er ist im Fersental, im Trentino, geboren, dem heutigen Valle dei Mocheni. Allerdings galten die Fersentaler 1939, ebenso wie die Südtiroler, als sogenannte Volksdeutsche. Sie sind eine kleine Minderheit, die eine Spielart des bayerischen Dialekts spricht.

1940, als Pietros Geschichte beginnt, hatten die Fersentaler kurz zuvor geschlossen optiert. Sie hegten die Hoffnung, der Armut ihres engen Tals zu entkommen. Wenige Monate später brachen tatsächlich nahezu alle auf. Ein Exodus biblischen Ausmaßes. Viele Familien siedelten sich in Mähren an, auf Höfen, deren Besitzer von den Nationalsozialisten vertrieben und vernichtet worden waren. Nach dem Ende des Krieges und der Niederlage kehrten die Fersentaler – noch ärmer als zuvor – in ihre Heimat zurück. Mittäter und Opfer des wahnwitzigen nationalsozialistischen Strebens nach »Rassenreinheit« und »Lebensraum«.

Pietro empfängt mich in einer sauberen, ordentlichen Küche im Kreis seiner Frau und der Kinder. Das Hören bereitet ihm Schwierigkeiten, aber wenn er anfängt zu reden, leuchten seine Augen, und er ist nicht mehr zu bremsen. Er hat ein bemerkenswertes Gedächtnis und echtes Erzähltalent. Wenn die Erinnerungen zu lebendig werden, bricht ihm die Stimme, und er muss mit den Tränen kämpfen.

Dieser Verzweiflung in den Augen bin ich auch bei anderen alten Veteranen in Südtirol begegnet. Und jedes Mal hat es mir einen Stich versetzt. Ich spüre, dass sie so viel zu sagen, so viel Schmerzliches zu berichten haben und dass ihnen unzählige grauenhafte Bilder im Gedächtnis haften. Doch die Worte bleiben ihnen im Halse stecken. Das Geständnis, das sie befreien könnte, wird von einem gequälten Seufzer erstickt. Ist es Scham? Sie sind einer Ideologie des Hasses zum

Opfer gefallen und am Ende besiegt worden. Um anschließend zu entdecken, dass Millionen von Menschen durch jene Maschinerie vernichtet wurden, deren Teil sie waren. Ein winziges Rädchen, aber doch ein Teil des Getriebes.
Im März 1940 wird Pietro zur Wehrmacht eingezogen und geht zur Militärausbildung nach Bayern. Im Mai schickt man ihn nach Frankreich. »Bordeaux, dann Dünkirchen«, beginnt er und schildert dann, wie sie die Schiffe bombardiert haben und das Meer von einem Ölteppich überzogen war. Nach drei Wochen, so Pietro, seien sie weiter Richtung Süden gezogen. Die gegen England gerichteten Lieder, die sie dabei sangen, habe er immer noch im Kopf. Zu dem Einmarsch in England, den man den Soldaten immer wieder ankündigt, kommt es jedoch nie. Pietro wird nach Baden-Württemberg zurückgeschickt und erhält erneut eine Ausbildung. Diesmal für die Ostfront.
»Im Mai 1942 sind wir nach Russland aufgebrochen. Die erste Etappe war Charkow in der Ukraine, eine Stadt, die seit einem Jahr mal in deutsche, mal wieder in russische Hände fiel. Die Kameraden empfingen uns mit den Worten: ›Ihr kommt in die Hölle!‹ Dann begann der Vormarsch.«
Die vierte Panzergrenadier-Division gelangt Anfang Oktober vor die Tore von Stalingrad. Am 19. Oktober bombardieren sie das sowjetische Stahlwerk »Roter Oktober« und besetzen es. Am 17. November gehen die Russen zum Gegenangriff über und kesseln sie ein. Die Versorgungswege werden abgeschnitten, auch das Flugfeld fällt in feindliche Hand. Keine Aussicht auf Hilfe, keine Möglichkeit, die Verletzten abzutransportieren. Am 10. Januar 1943 bieten die Sowjets einen Waffenstillstand an und fordern im Gegenzug die Kapitulation. Die Deutschen lehnen ab. Pietro wird am Arm verletzt, doch schafft er es nicht bis zur Erste-Hilfe-Station seiner Division. Er erzählt, wie er sich auf die Suche begeben habe und plötzlich vollkommen verlassen dastand.

Er habe nur noch vereinzelte Schüsse oder hin und wieder eine Explosion gehört. Im Nachhinein sollte er aus Geschichtsbüchern erfahren, dass die Russen in den beiden Tagen zuvor den Kessel von Stalingrad geteilt hatten. »Ich war auf der einen, meine Kameraden auf der anderen Seite.«

Am 2. Februar sind die Wehrmachtstruppen am Ende ihrer Kräfte und ergeben sich. Pietro gerät in Kriegsgefangenschaft. Man nimmt ihm alles ab, doch will er unbedingt den Rosenkranz behalten, den die Mutter ihm mitgegeben hat. Er hat seinem Vater gehört, auch er hatte ihn im Krieg zwischen 1915 und 1918 dabei. »Nicht dass ich an der Front dauernd gebetet hätte«, erklärt er, »aber ich hing sehr an diesem Rosenkranz. Er ist mir runtergefallen, als ich mich auszog. Ein russischer Soldat kam mit gezücktem Gewehr auf mich zu. Ich habe mich bekreuzigt. Und er hat mir erlaubt, ihn aufzuheben. Dieser Rosenkranz hat mir Glück gebracht, ich habe es geschafft, heimzukehren und bin noch immer da!«

Jeder Beistand ist willkommen, auch der himmlische: Die Situation der Kriegsgefangenen wird immer dramatischer. Sie treten einen langen Marsch mit unbekanntem Ziel an. Vielleicht Sibirien. Temperaturen von 35 Grad unter null und eine Woche lang praktisch nichts zu essen. »Ich hatte keine Hoffnung, war vollkommen erschöpft. Ich begriff, weshalb so viele lieber sterben wollten, als in Gefangenschaft zu geraten.«

Am 1. März werden sie bei Astrachan im Süden Russlands in ein paar Waggons verfrachtet und Richtung Kaspisches Meer gebracht. Man treibt sie in einer Kaserne zusammen, rund 280 Mann. Durchschnittsgewicht zwischen 45 und 55 Kilogramm. Tagtäglich sterben mindestens zwanzig von ihnen an Kälte, Hunger oder einer Krankheit. Pietros Arm verheilt allmählich, obwohl er ihn nur mit Wasser und Salz behandelt, doch im Mai fängt er sich Malaria ein. Es gibt keine Medikamente. Bis eine junge Dolmetscherin namens Lidia Erbarmen mit ihm hat und ihm zu der nötigen Behandlung verhilft. Unter einer Bedingung. Sie sagte zu ihm: »Du musst aufhören, ans Sterben zu denken. Der Krieg wird zu Ende gehen, und du kehrst zurück nach Hause.« Lidia war für Pietro mehr als nur eine Dolmetscherin. »Wer weiß, was ohne sie aus mir geworden wäre«, erklärt er und gesteht, er habe eine Schwäche für diese hübsche, redliche und so sanftmütige junge Frau gehegt. »Sie bat mich, zehn weitere Jahre in Russland zu bleiben. Mir war nicht danach, aber ich werde ihr niemals vergessen, dass sie mir das Leben gerettet hat.«

Im Frühjahr 1945 erfahren die Gefangenen, dass der Krieg vorbei ist, doch Pietro sollte erst im Oktober 1947 freikommen.

Ich frage ihn, was er aus dieser Odyssee gelernt hat. Ob er noch immer glaubt, für eine gerechte Sache, für ein Vaterland in den Krieg gezogen zu sein. Er denkt nur einen kurzen Moment nach, dann schaut er seine Angehörigen an und erklärt: »Ich habe gelernt, dass es kein anderes Vaterland als dein Heim und deine Familie gibt. Und danach den Friedhof.«

Die Geschichte des Fersentalers Pietro Moltrer ähnelt der vieler Südtiroler. Mein Onkel Hubert, der ältere Bruder meiner Mutter und um einiges jünger als Pietro, zog Ende 1944, mit achtzehn Jahren, als einer der Letzten in den Krieg. Er verkörpert exemplarisch das, was man »Kanonenfutter« nennt: junge, mit Propaganda traktierte Burschen, die man an die gefährlichste aller Fronten schickte. Zu einem Zeitpunkt, als nicht nur Hitler, sondern alle Führungsspitzen bis hin zum kleinsten Offizier längst wussten, dass das Reich am Boden lag. Hubert hatte an der Nationalpolitischen Erziehungsanstalt in Rufach, deren Besuch besonders vielversprechenden arischen Knaben vorbehalten war, seinen Abschluss erworben. Die Familie hat einige Briefe aufbewahrt, die er aus dem Internat an seine Tante Gusti in Graz geschrieben

hatte. Es sind die mit Bleistift zu Papier gebrachten Worte eines jungen Mannes, der an das Vaterland glaubt, weiß, dass er kämpfen wird, und der wild entschlossen scheint, keine Fragen zu stellen. Nicht einmal in jenen Monaten, als die Niederlage vor der Tür stand.
Die nationalsozialistische Indoktrination war in Rufach – dem heutigen Rouffach – besonders heftig. Hubert erinnert sich an die eiserne, beinahe militärische Disziplin und die vielen sportlichen Aktivitäten, wobei der Lehrplan darauf abzielte, perfekte junge Offiziere für den Führer auszubilden. Fast alle Schüler seiner Klasse entschieden sich für die SS. Er selbst bat jedoch um Aufnahme in der Fallschirm-Panzer-Division Hermann Göring. Zwar lag ihm nicht besonders viel daran, sich aus einem Flugzeug zu stürzen – und tatsächlich schaffte er es zu den Panzergrenadieren –, aber noch weniger war er darauf erpicht, in der berüchtigtsten Spezialeinheit ganz Europas zu landen.
Als Hubert nach Polen aufbrach, war der Krieg bereits verloren. Die Russen standen kurz vor Berlin, als er und seine Kameraden Anfang 1945 zur Verteidigung der belagerten Festung Graudenz ausgesandt wurden. Sie hatten Nahrung und Wasser. Aber nach wenigen Wochen ging die Munition aus. Wie weiterkämpfen? Ihr Kommandant hatte die Anweisung, die Stellung um jeden Preis zu halten. Es würde zu einem weiteren unsinnigen Blutbad kommen.
Besagter Offizier, dem meine Familie niemals genug wird danken können, entschloss sich jedoch am 6. März 1945 zur Kapitulation.
Auch für Hubert begann eine lange Zeit der russischen Kriegsgefangenschaft. Die Arbeit war hart: Sie mussten die Trümmer der Bombenangriffe zusammensuchen, reinigen und auswählen, welche für den Wiederaufbau noch verwertbar waren. Ohne die in Rufach eingeübte Disziplin und das körperliche Training hätte er nicht überlebt, sagt er heute. Er

kann sich gut an die langen, arbeitsreichen Tage erinnern, an den Hunger und die Kälte, die vielen toten Kameraden, die ungewisse Zukunft. Aber er ist ein unerschrockener Mann und bemerkt lediglich: »Wir hatten keine andere Wahl, ich habe meine Pflicht getan.«

Nach »nur« drei Jahren kehrte er heim. Und bloß deshalb, weil er sich, auf Anraten eines anderen Gefangenen, als Italiener ausgab. Welche Ironie des Schicksals: Für ihn wie für meine Großmutter Elsa war »Italiener« gleichbedeutend mit »Faschist«. Aber diese stets verschmähte Nationalität ersparte ihm weitere Monate, wenn nicht gar Jahre des Leidens.

Das erste ihm wohlgesonnene Gesicht, das er sah, war das von Tante Berta, die ihn in Wien empfing. Die österreichische Hauptstadt war damals noch von den Siegermächten besetzt und wies die Spuren der Zerstörung und Gewalt auf, die Stalins Truppen im April 1945 über sie gebracht hatten.

Berta bereitete den ganzen Tag lang Süßigkeiten zu. Sie glaubte, der Neffe habe nur einen kurzen Aufenthalt mit dem Zug, und erwartete ihn auf dem Bahnhof mit einer Ladung Kuchen, die für ein ganzes Regiment gereicht hätte. Sie hatte Mühe, Hubert zu erkennen: Sein Gesicht war aufgedunsen durch die von den Russen auferlegte Zwangsernährung der letzten Wochen. Sie hatten die Gefangenen regelrecht gemästet, um die Spuren der Misshandlungen zu verbergen. Doch die »Kost« bei Tante Berta, die ihn eine kurze Zeitlang bei sich aufnahm, zeigte weitaus bessere Wirkung.

Ebenso wie Hubert wurde auch Sepp Perwanger als einer der Letzten aus Südtirol einberufen. Trotz seiner italienischen Staatsbürgerschaft und unter eindeutiger Verletzung internationalen Rechts, musste er im Frühjahr 1945 zur Wehrmacht. Er war noch keine achtzehn Jahre alt. Das Deutsche Reich war im Untergang begriffen, Sepps Eltern hatten bis zum Äußersten gekämpft, ihn daheim behalten zu dürfen, aber es war alles vergeblich. Keine Chance, sich zu entziehen. Die

Deserteure brachten nicht nur sich, sondern die gesamte Familie in Gefahr. So begab sich Sepp also zu seiner Einheit. Er bekam den Befehl, sich zur Einberufung in der deutschen Kaserne von Pardatsch einzufinden, die man im ehemaligen Finanzamt eingerichtet hatte, erzählt er. »Es gab nicht einmal mehr passende Uniformen, sie haben uns die einer deutschen Kadettenanstalt gegeben, grau mit roten Einsätzen. Der erste SS-Mann, dem wir begegnet sind, wollte wissen, ob wir vom Theater seien, wir sahen wirklich absonderlich aus.« Später habe man ihnen echte Uniformen gegeben, so Sepp weiter, aber weder Blechnapf noch Löffel. »Wie sollen wir essen?«, fragten sie. »Seht zu, wie ihr zurechtkommt«, lautete die Antwort.

Es ist der ihm eigene Humor, der Sepp auch die tragischsten Situationen leicht nehmen und die komischen Seiten hervorheben lässt. Aber die Wahrheit ist, dass ganze Regimenter aus alten Männern und halben Kindern, schlecht ausgerüstet und kaum ausgebildet, ins Gemetzel geschickt wurden. Insbesondere in Italien, im Kampf gegen die Partisanen. Sie hatten Italiener bleiben wollen und wurden nun ausgesandt, andere Italiener zu töten. Man brachte ihnen bei, wie sie marschieren, einen Panzer lenken und einen Mörser benutzen mussten, berichtet Sepp. Dann schaffte man sie nach Friaul. Aber der Hauptmann der Wehrmacht sagte zu ihnen: »Schießt nicht, Jungs: Wir haben ohnehin verloren, das wissen wir. Morgen werden wir uns ergeben, nicht den Banditen, sondern den alliierten Streitkräften. Lasst uns nach Pardatsch zurück und auf die Amerikaner warten.«

Die Lastwagenkolonne fuhr zurück nach Südtirol. Aber weshalb junge Männer in Kasernen schaffen, wo sie doch Familien hatten, zu denen sie zurückkonnten? Weshalb, wo der Krieg vorbei war? Der Offizier gab Sepp und seinen Freunden die Erlaubnis, sich aus dem Staub zu machen. »Wir verbrachten die Nacht in einer Hütte oberhalb von Pardatsch;

als wir erwachten, war ein halber Meter Neuschnee gefallen. Wir sagten uns: Jetzt sind wir sicher wie in Abrahams Schoß.« Wäre irgendjemand näher gekommen, hätten sie die Spuren schon aus kilometerweiter Entfernung gesehen, so Sepp. Es kamen nur ein paar Rehe vorbei. Sie schliefen den ganzen Tag im Heu, und am nächsten Tag um die Mittagszeit waren sie bereits daheim, der Krieg war vorbei, und sie waren in Sicherheit.

Bis zum Schluss wurden, der Kriegslogik gehorchend, Menschenleben verheizt. Die in Gang gesetzte Maschine war nicht mehr aufzuhalten. Die einmal freigesetzten Kräfte sorgten weiter für blinde Zerstörung. Selbst dann noch, als das Übel niedergerungen zu sein schien.

Auf meiner Erinnerungsreise habe ich andere, ähnliche Geschichten wie diese gehört. In einer Gegend, die sich unverhofft im Mittelpunkt der historischen Ereignisse wiederfand, ist das natürlich nicht verwunderlich. Pietros Lebendigkeit, Huberts Schonungslosigkeit und Sepps Humor lassen das Unvorstellbare und das Grauen des von ihnen Erlebten beinahe in den Hintergrund treten. Doch ihre Geschichten enthalten beispiellose Lehren, über die sich selbst nach siebzig Jahren noch immer Schweigen breitet. Ich habe mit den Heimkehrern und ihren Familien gesprochen, bin durch ihre Straßen gelaufen, habe an ihren Türen geklingelt und sie gebeten, mir ihre Erinnerungen zu schildern. Sie haben mich hineingelassen. Aber wer gelitten hat, fasst nicht so leicht Vertrauen. Nicht einmal zu einer Tochter der eigenen Heimat.

Oft genug besteht die Antwort daher bloß in einer langen Aufzählung Verletzter, Vermisster und Gefallener. Frau Anna Goldner, geborene Nussbaumer, die ich in ihrem Garten in Pinzon treffe, gehört zu einer der wenigen glücklichen Familien, die all ihre Söhne heimkehren sah. Anna ist fünfundachtzig Jahre alt, das weiße Haar sorgfältig frisiert, die grünen, leuchtenden Augen stechen aus dem noch immer hübschen Gesicht hervor. Sie war eines der Mädchen, die Hella auf dem Dorfplatz von Pinzon zum Singen oder in der Stube zum Deutschlernen zusammenrief. Warmherzig erinnert sie sich an Hella als eine fröhliche junge Frau voller Lebenskraft. Noch heute verdüstert sich Annas Blick beim Gedanken an das traurige Ende, das das Schicksal für Hella bereithielt.

Anna ist das jüngste von neun Geschwistern, die ihre Mutter verloren. Von den sechs Buben zogen nach der Option für das Deutsche Reich fünf in den Krieg. Der älteste, David, ging zur SS-Division Totenkopf, er war einer der Aufseher im KZ Mauthausen. Er habe sich immer geweigert, über das zu sprechen, was er tat und sah: »Es geschehen grauenvolle Dinge. Aber du musst den Mund halten und die Befehle ausführen, sonst stellen sie dich an die Wand«, sagte er nur, als er einmal auf Heimaturlaub kam. Michael desertierte noch vor 1939 vom italienischen Heer und floh nach Erfurt, wo ihn ein Musterungsbescheid für die Wehrmacht erreichte. Nach sechs Kriegsjahren geriet er in Tunesien in amerikanische Kriegsgefangenschaft. Man brachte ihn in die Vereinigten Staaten, wo er eine Ausbildung zum Koch absolvierte, bevor er in die Heimat zurückkehrte. Felix landete bei den Gebirgsjägern an der Ostfront. Otto ging zur Marine, und bei seinem letzten Heimaturlaub im Herbst 1944 bat ihn der Vater, nicht erneut in den bereits entschiedenen Krieg zu ziehen. Doch Deserteuren drohte der Tod durch Erschießen, und Otto kehrte zurück zu seiner Division: Er geriet in Jugoslawien in Gefangenschaft und kam erst nach vier harten Jahren wieder frei. Emil schließlich, der jüngste der einberufenen Brüder, musste auf den Monte Grappa, um gegen die italienischen Partisanen zu kämpfen.

Auch Annas Ehemann Felix hatte man mit siebzehn Jahren eingezogen und nach Russland geschickt, wo er fünfmal ver-

wundet wurde. Er kehrte 1944 zurück, nachdem er durch eine Mine ein Bein verloren hatte.
»Er hatte Glück«, sagt sie heute. »Von seinen Brüdern ist einer gefallen, der andere ist invalide.«
Glück, wiederhole ich im Stillen. In gewisser Weise stimmt das. Ein ganzer Ast ihres Familienstammbaums ist vom Sturm gepeitscht worden, ohne abzubrechen. Allerdings werde ich nie erfahren, zu welchem Preis. Anna zählt nichts weiter auf als nackte Fakten. Angst, Reue und Scham finden keinen Eingang in ihre hübsche Gartenlaube. Doch ihre Stimme und die der anderen Zeitzeugen bilden für mich einen Chor der Erinnerungen. Sie stehen für die Stimmen derer, die nicht mehr sprechen werden. Der im Krieg gefallenen Brüder, Väter, Onkel. Oder der Heimgekehrten, die ihre Geheimnisse, ihren Schmerz und ihre Sünden bis zum Ende in ihren Herzen bewahrt haben. Was soll ein Bruder sagen, der auf Heimaturlaub aus einem Vernichtungslager kommt? Was soll man einen Vater oder Onkel fragen, der nach zehn Jahren Kampf und Gefangenschaft zurückkehrt? Er kann uns nur einen erbärmlichen, verzerrten Bericht liefern. Um weiterzuleben, muss man die tagtägliche Bestialität des Krieges wohl verdrängen.
Ich wünschte, sie hätten von der Angst und der Enge, der Kälte und dem Verdruss, dem Körpergeruch der noch lebenden und dem unerträglichen Gestank der toten Leiber, von der vollkommenen Entmenschlichung erzählt. So hätten sie die glorifizierenden Darstellungen im Kino und Fernsehen entlarvt. Hätten sie doch gesagt: Der Krieg ist keine Heldengeschichte oder patriotische Pflicht, kein Abenteuer, das den Charakter stählt.
In dem Erinnerungspuzzle, das ich zusammensetze, wird bestimmt immer ein Teil fehlen. Vielleicht ist es bereits zu spät, um es zu finden. Ich kann nur weiterhin versuchen, es zu rekonstruieren.

19

Der letzte Blick

Mai 1943

Hella sitzt am Kopfende eines weißen Bettes im Bozener Krankenhaus. Der Abend ist hereingebrochen, die Besuchszeit längst vorbei, doch Doktor Hoffmann ist ihr inzwischen wohlgesonnen. Er weiß, dass Hella für viele von der Front zurückgekehrte, gebrochene junge Männer unersetzlich ist.

»Ich frage mich oft, ob es für sie nicht besser gewesen wäre, fernab der Heimat zu sterben. Hier leiden sie, und ihr Schmerz wird niemals vergehen«, hat der Arzt eines Tages gemurmelt.

»Warum?«, hat Hella wissen wollen.

»In Stalingrad sind die Soldaten des Deutschen Reiches auf ganzer Linie besiegt worden. Und es ist nicht leicht, eine Niederlage einzugestehen.«

»Vielleicht werden wir den Krieg verlieren«, hat Hella mit zusammengebissenen Zähnen zugegeben. »Aber unsere Soldaten haben wie Helden gekämpft!«

»Mag sein, aber man wird sie wie Menschenschinder behandeln. Und sie werden nicht erklären können, weshalb sie dazu geworden sind.«

»Um ihr Vaterland zu verteidigen, natürlich.«

»Gegen wen?«

Hella hat sich eingestehen müssen, dass sie darauf keine Antwort weiß. Der helle Vorhang vor dem Fenster bläht sich im Maiwind. Ein Mondstrahl fällt in das Zimmer mit den acht Betten. Die abendliche Ruhe ist von Röcheln, Stöhnen und Seufzern erfüllt. Hella betupft die glühende Stirn des jungen, unter dem Laken ausgestreckten Mannes. Sie weiß fast nichts über ihn. Er hat in Stalingrad in der Armee unter Friedrich Paulus gekämpft. In einem Panzerabwehrregiment, dem es gelungen ist, bis zur Wolga vorzudringen. Dort ist seine Einheit auf die Truppen gestoßen, die den Flugplatz von Gumrak verteidigt haben: einer der sieben wichtigsten Versorgungsflughäfen.

Der Verletzte heißt Manfred und stammt aus dem Dorf Tramin auf der anderen Talseite. Er ist ungefähr aus Wastls Jahrgang. Als er aus der betäubenden Wirkung des Morphins zu sich kommt, beginnt er zu sprechen. Ständig vergisst er ihren Namen, nennt sie Fräulein. Er drückt ihre Hand, aber er sieht sie nicht. Stück für Stück und mühsam atmend erzählt er ihr, was am 22. Januar geschehen ist. Er verzeiht sich nicht, überlebt zu haben.

Die Verletzten von Stalingrad, die noch laufen oder durch den Schnee kriechen konnten, hatten sich am Rande der Landebahn zusammengefunden. Zu Hunderten. Jedes Mal, wenn es eine Ju 52 schaffte, die russische Flugabwehr zu durchbrechen und zu landen, klammerten sich diese Unglückseligen an die Ladeklappen. Manfred und seine Leute versuchten, die verletzten Kameraden fernzuhalten, vertrieben sie brutal durch Tritte und Schüsse. Zuallererst galt es, die Flugzeuge zu entladen, die Lebensmittelpakete, Zigarettenstangen und Munitionskisten herauszuschaffen. Dann musste das Flugzeug unter feindlichem Beschuss ein Wendemanöver ausführen und bei Gegenwind starten, wobei die drei Motoren auf Hochtouren liefen, um das Fahrgestell mit seinen eingesunkenen Rädern dem Schneematsch zu entreißen. Erst dann entschieden die Offiziere, wer an Bord durfte, um in Richtung des fünfhundert Kilometer weiter westlich gelegenen Nowotscherkassk zu starten: die letzte Hoffnung für die Todgeweihten von Stalingrad. Krankenhaus, Repatriierung und Heimkehr. Das Ende eines Leidensweges.

»Jedes Mal zehn Verletzte«, hat Manfred durch den sein Gesicht verdeckenden Verband hindurch erklärt. »Zusätzlich zu den fünfen der Besatzung. Mit mehr als fünfzehn Personen hätte das Flugzeug nicht abheben können. Wir hatten schon einige am Ende der Startbahn explodieren sehen.«

Hella hat ihm zugehört, ohne ihre Hand wegzuziehen. Sie hat ihm die Lippen mit einem Wattebausch befeuchtet, den sie in einem Glas Wasser getränkt hat.

»Am 22. Januar haben uns die Offiziere gewarnt. Es würde der letzte Flug. Die Russen waren auf dem Vormarsch. Ein paar Tage zuvor hatten sie den Flugplatz von Pitomnik eingenommen, nun waren wir an der Reihe. Nur wer es an Bord schaffte, konnte sich retten. Als das Flugzeug gelandet war, ist unser Hauptmann sofort eingestiegen. Er hat der Mannschaft geholfen, die Lebensmittelkisten hinaus in den Matsch zu schieben. Wir waren weit mehr als ein Dutzend. Dann hat der Hauptmann seine Luger entsichert und angefangen zu schießen. Ich habe ihn beobachtet, er tat es, ohne mit der Wimper zu zucken, ohne eine Vorwarnung. Eine Kugel in den Kopf des Mechanikers, eine für den Bombenoffizier und eine für den Navigator. Dann hat er sich an den Piloten und den Kopiloten gewandt: ›Drei Plätze mehr für meine Männer. Ihr müsst uns hier rausbringen. Sofort!‹ Der Pilot hat Gas gegeben, und die Ju 52 hat sich auf der Startbahn in Bewegung gesetzt. Ich habe es an Bord geschafft. Und ich habe angefangen, auf die anderen zu schießen. Auf die, die sich an die Flügel und die Räder klammerten. Zwei unserer Leute sind am Boden geblieben. Sie rannten hinter dem Flugzeug her und feuerten auf die Verletzten. Als der Hauptmann sagte: ›Wir sind so weit, abheben!‹, wollten sie sich an der Leiter festhalten. Der Hauptmann befahl mir: ›Schieß!‹ Ich habe sie angeschaut. Sie haben begriffen. Mir kam es fast vor, als würden sie einwilligen. Ich habe geschossen. Eine lange Salve hat sie in Stücke zerfetzt. Sie haben nicht gelitten. Dann hat eine Kanone der Luftabwehr auf uns gezielt. Ich habe die Hartkerngeschosse in unsere Richtung aufsteigen sehen. Eine Granate ist in unmittelbarer Nähe explodiert, die Splitter haben den Rumpf durchsiebt. Danach kann ich mich an nichts mehr erinnern. Ich bin im Krankenhaus von Nowotscherkassk wieder zu mir gekommen. Sie haben mir gesagt, dass ich kein Gesicht mehr hätte. So ist mir dieses letzte Bild geblieben: die Augen meiner Freunde, bevor ich geschossen habe.«

Liebster. Seit zwei Jahren bist du nun schon nicht mehr an meiner Seite. Es ist kein Augenblick vergangen, an dem ich nicht an dich gedacht hätte. Die Erinnerung an dich ist nicht verblasst. Manchmal, wenn ich mit diesen Burschen spreche, tröste ich mich fast bei dem Gedanken, dass du vor alledem gestorben bist. Andere Male wieder träume ich davon, dass du noch lebst und jeden Augenblick zur Tür hereinkommen wirst, während ich schreibe.
Aber ich weiß, dass es nicht so sein wird. Von der Ostfront kehren nur wenige zurück … Alle anderen sind gefallen, vermisst oder in russische Gefangenschaft geraten. Jene, die ohne Hände, ohne Füße, ohne Gesicht im Krankenhaus landen, reden nicht. Wenn niemand sie sieht, weinen sie. Dann entschlüpfen ihnen hier und dort ein paar Worte. Und am Ende erzählen sie unvorstellbar Schlimmes. Sie sprechen von der erdrückenden Hitze, dem Staub, dem Schlamm, in dem sie sich nicht hinlegen konnten, und dann von der Kälte, der furchtbaren Kälte, den erfrorenen Fingern, den entsetzlichen Bauchschmerzen, die kein Ende nehmen wollten. Sie erzählen, wie sie von weitem mit dem Fernglas ihre Kameraden gesehen haben, die von den Russen gezwungen wurden, sich auszuziehen und sich im Schnee zu wälzen und dann stehen zu bleiben, bis ihre Körper zu Eis erstarrt waren, auch wenn das Herz bereits lange zuvor aufhörte zu schlagen.

Manchmal, wenn das Morphin ihnen hilft, die Schmerzen zu vergessen, sprechen sie über das Leid, das sie selbst angerichtet haben. Geplünderte, gebrandschatzte Dörfer. Frauen und Mädchen vergewaltigt und anschließend getötet. Männer und Söhne bei lebendigem Leib in Gemeinschaftsgräbern begraben. Ist das der heroische Kampf, für den du mich verlassen hast?
Er ist es, und ich will nichts mehr davon wissen. Es ist Zeit, von dir zu lassen, so wie du mich verlassen hast. Ich werde mich von unserem Ufer lösen, es am Horizont entschwinden sehen. Niemand wird mehr dort anlegen. Nicht einmal der Mann, den ich erwählt habe. Niemals wird er deinen Platz einnehmen, und das weiß er. Dennoch ist er derjenige, der mich erneut zur Frau hat werden lassen, der mich zur Mutter machen wird.
Liebster, es ist das letzte Mal, dass ich auf diese Weise zu dir spreche, und mein Herz gleicht einem sinkenden Schiff. Es ist zerbrochen. Aber ich will nicht zurückschauen, um deinen Schatten zu suchen und vergeblich auf deinen Atem an meinen Lippen warten. Ich will leben.

Karl hält unvermittelt inne. Neben der Haustür in der Gerbergasse steht eine Frau. Er braucht einen Augenblick, bis er sie, zu seinem Erstaunen, wiedererkennt. Es ist Hella, das Mädchen mit den traurigen Augen. Sie haben sich seit Monaten nicht gesehen, seit sie ihm diesen Brief übergeben hat, der nie abgeschickt worden ist. Sie erscheint ihm schöner, als er sie in Erinnerung hat, geradezu aufgeblüht. Ein Wunder in diesen Zeiten.
»Karl«, ruft sie und streckt ihm die Hand entgegen. Sie hat auf ihn gewartet.
Offenbar weiß sie nichts von den Problemen, die er mit den Männern vom deutschen Geheimdienst gehabt hat. Warum sollte sie auch? Aber was will sie dann von ihm?

»Hella. Lange nicht gesehen!«
»Wirklich, sehr lange. Es ist viel passiert in der Zwischenzeit.«
»Dein Verlobter, an den du geschrieben hast …«
»Briefe, die niemals angekommen sind«, unterbricht ihn Hella mit leicht vorwurfsvollem Unterton.
Dann hat man ihr also davon erzählt. Karl schüttelt den Kopf.
»Es tut mir sehr leid. Aber es war nicht meine Schuld. Haben sie dir … die ganze Geschichte erzählt?«
»Ich glaube nicht. Und ich habe keine Lust, jetzt darüber zu reden. Deshalb bin ich nicht gekommen.« Sie schaut sich vorsichtig um. »Gehen wir einen Kaffee trinken? Ich könnte einen gebrauchen.«
In einer Bar in der Nähe setzen sie sich an einen etwas abseits stehenden Tisch – ein ganz normales Pärchen an einem sonnigen Tag. Die beiden wissen sehr wohl, dass sie beschattet werden und dass schon bald jemand kommen wird, um ihr Gespräch zu belauschen. Der Ober bringt den Kaffee und entfernt sich wieder. Karl genießt das ungewohnte Gefühl von Normalität und wartet darauf, dass sie das Wort ergreift.
»Mein Verlobter ist im Krieg gefallen«, beginnt Hella.
»Das tut mir leid. Das tut mir wirklich sehr leid.«
»Gott hat es so gewollt.«
»Gott hat damit nichts zu tun.«
»Kann sein. Aber darum geht es auch gar nicht.«
Sie beugt sich über den Tisch, senkt die Stimme und schaut dem jungen Mann in die blauen Augen. Trotz allem, was er durchgemacht haben muss, wirken sie noch immer so klar. Sie weiß nicht, ob sie richtig handelt, aber sie ist sicher, ihm vertrauen zu können. »Karl, als ein General aus meinem Bekanntenkreis mir von dem Brief berichtete und von deinem Freund, der ihn fortgeworfen hat … ist er auch auf dich zu sprechen gekommen. Er hat mir erzählt, was sie in der Tasche deines Freundes gefunden haben.«

Karl erstarrt.
»Und?«, fragt er vorsichtig.
»In den letzten Monaten im Krankenhaus habe ich eine Menge gelernt. Von den Soldaten. Und von einem der Ärzte. Sie haben mir Dinge erzählt. Dass in Deutschland Menschen verschwinden. Menschen, die fliehen müssen.«
»Ich hatte den Eindruck, du seist eine eifrige Verfechterin des Deutschen Reiches.« Er betrachtet sie aufmerksam. Sie sieht so ernst und aufrichtig aus. Könnte es dennoch eine Falle sein?
»Vielleicht bin ich es. Es spielt eigentlich keine Rolle mehr.« Hella gibt dem Kellner ein Zeichen und bittet um die Rechnung, dann sucht sie in ihrer Tasche nach dem Portemonnaie.
»Lass mal, das mach ich«, protestiert Karl.
»Kommt nicht in Frage, ich habe dich eingeladen. Sagen wir, es ist eine Gefälligkeit zwischen ... Verbündeten.« Sie wirft ihm einen verschmitzten Blick zu. Karl sieht ihre Hand rasch unter dem weißen Tischtuch verschwinden, um etwas zu verstecken, das sie zusammen mit dem Portemonnaie herausgeholt hat. »Ich trinke jetzt meinen Kaffee aus und gehe. Wer weiß, ob wir uns wiedersehen. Ich lasse dir etwas da, für das du sicher eine bessere Verwendung hast als ich je.«

Am selben Abend betritt Karl den Dom. Er weiß, dass es ziemlich riskant ist. In einer kleinen Stadt wie Bozen ist es für die Leute vom SD nicht schwer, alles unter Kontrolle zu halten. Zwar können sie nicht offen agieren, aber unter dem Deckmantel des vermeintlichen Respekts gegenüber den faschistischen Behörden geben letztlich sie den Ton an.
Er kann nur hoffen, dass sein stets gleichförmiger Alltag sie zu Nachlässigkeit verleitet. Seit Monaten verbringt er die Nächte ausnahmslos in der Druckerei und die Tage in seinem Zimmer. Vielleicht behalten sie ihn nicht mehr die ganze Zeit

im Auge. Es bleibt ihm jedenfalls keine Wahl. Er setzt sich auf eine Bank und wartet.

Schließlich ruft eine Stimme aus dem Beichtstuhl nach ihm.

»Bist du gekommen, um dem Herrn deine Sünden zu beichten, mein Sohn?«

Karl erhebt sich, um gleich darauf, den Mund an das Gitter gepresst, niederzuknien.

»Welch Überraschung. Aber es ist ziemlich unvorsichtig«, bemerkt der junge Priester.

»Ich habe aufgepasst.«

»Bist du sicher, dass niemand dir gefolgt ist?«

»Nein, aber ich hoffe es. Schließlich sind sie daran gewöhnt, dass ich lammfromm bin.«

»Bringst du gute Nachricht?«

»Die gute Nachricht finden Sie im Weihwasserbecken. Einen Pass auf den Namen Steiner.«

»Was ist mit dem echten Herrn Steiner?«, fragt der Priester.

»Pater, verzeihen Sie, aber ich finde Ihre Bedenken im Augenblick ein wenig lächerlich. Johann Steiner geht es jedenfalls besser als Ihnen und mir.« Die vier Pässe, die Hella heimlich in einem Umschlag unter dem Tischtuch für ihn hinterlassen hat, sind höchstwahrscheinlich für eine Familie, die nicht ins Deutsche Reich umgesiedelt ist. Es gibt noch Leute mit ein wenig gesundem Menschenverstand auf dieser gemarterten Erde.

»Und wie bist du an seinen Pass gekommen?«

»Sagen wir, es war ein Geschenk der Vorsehung«, lächelt Karl. »Steiner ist ein bisschen jünger als der Engländer. Zum Glück lässt einen dieser Krieg vorzeitig altern. Allerdings hoffe ich, dass der Agent während des Aufenthalts bei Ihnen sein Deutsch verbessert hat. Nicht mal einem Kind könnte er etwas vormachen.«

Auf dem Weg zurück zur Gerbergasse denkt Karl an dieses merkwürdige Bündnis: ein Priester, ein britischer Spion und ein Fälscher im Dienst der Nationalsozialisten. Er gibt sich nicht der Illusion hin, diese kleine Geste der Solidarität könnte seine Seele retten. Ihm ist bewusst, dass er durch seine Arbeit für Oskar all das, woran er stets geglaubt hat, aufs Spiel setzt. Sein Vater würde ihn zurückweisen, ihm sagen, dass Folter und Tod in jedem Fall Verrat und Demütigung vorzuziehen seien. Aber welche Alternative hat er? Nur die, selbst in den Tod zu gehen und damit auch die winzige Hoffnung sterben zu lassen, er könne jene retten, die er liebt.

»Heldentum ist eine Form von Egoismus, Vater«, flüstert er in der Dunkelheit. Er ist fast daheim angelangt, als er hinter sich eilige Schritte hört. Kräftige Arme packen ihn, eine Hand hält ihm den Mund zu.

»Sei still und komm mit uns«, befiehlt eine ihm bekannte Stimme. »Besser, du gehst da nicht rauf. Im Zimmer erwarten dich deine deutschen Freunde. Und sie mögen es nicht, wenn man sie an der Nase herumführt.«

20

Ein fataler Schatz

Juni – August 1943

Vittorio.«
»Oskar.«
Die beiden Männer in Uniform geben sich die Hand. Dann setzt sich Vittorio in den Sessel unter einem großen Gemälde des Duce. Oskar nimmt ihm gegenüber hinter einem mit Akten übersäten Tisch Platz. Die Luft zwischen ihnen ist wie elektrisiert. Gleich nach seiner Rückkehr aus Berlin hat Oskar erfahren, dass Karl in den Händen der Italiener ist. Und anschließend ist er selbst zu den Carabinieri gerufen worden. Er kennt Vittorio: ein kluger Kopf. Gefährlich.
»Ich vermute, Sie wollen erfahren, wo Ihr Schützling abgeblieben ist«, beginnt der Italiener.
»Ich würde ihn nicht so nennen. Er ist ein junger Mann, der die deutsche Staatsbürgerschaft gewählt hat und Deutschland mit Eifer dient«, erwidert Oskar vorsichtig. Wieso haben sie Karl geschnappt? Nur um die deutschen »Verbündeten« zu warnen, oder steckt Schlimmeres dahinter?
»Gewiss«, stimmt ihm Vittorio bei. »Wir haben ihn tatsächlich gefragt, wie er Deutschland zu helfen gedenkt, wo er doch in Italien geblieben ist. Allerdings war er nicht sonderlich gesprächig.«
»Ich kann Ihnen versichern, dass er nichts Gefährliches tut.«
»Davon bin ich überzeugt. Und ihr bekommt ihn auf jeden Fall zurück.«
Oskar entspannt sich kaum merklich. Dennoch bleibt er wachsam. »Meine Vorgesetzten haben sich wegen seines Verschwindens Sorgen gemacht. Als sie hörten, dass er in euren Händen ist, waren sie natürlich beruhigt.«

»Ich glaube, dass er an dem Abend, als wir ihn … mitgenommen haben, etwas zu viel getrunken hatte.«
»Hat er irgendjemandem Ärger gemacht?«, fragt Oskar trocken.
»Im Gegenteil. Er lief selbst Gefahr, in übler Weise belästigt zu werden«, erklärt der Carabiniere mit honigsüßem Lächeln.
»Euch liegt offenbar viel am Wohl der Reichsbürger.« Oskars Stimme ist hart, der Unterton unverkennbar drohend. »Aber vielleicht habt ihr Carabinieri einfach ein zu weiches Herz. Karl Müller hat eine wichtige Aufgabe. Er muss seine Arbeit fortsetzen.«
»Ihr von der SS habt nicht immer die besseren Methoden, eure Mitarbeiter zu motivieren«, entgegnet Vittorio in ebenso hartem Ton. »Und auf italienischem Boden entscheiden wir, welche Methoden akzeptabel sind.«
»Richtig«, presst Karl zwischen zusammengebissenen Zähnen hervor. »Wir sind gute Nachbarn und treue Verbündete, oder? Euer Duce hat dem Führer versprochen, weiterzukämpfen. Und wir vertrauen ihm … blind.«
Schweigen breitet sich zwischen ihnen aus, während sie austesten, wer von ihnen beiden als Erster den Blick abwendet. Dann deutet Vittorio zur Tür: »Sie bekommen ihn zurück. Er sitzt bereits in Ihrem Wagen.«
Oskar erhebt sich zum Abschied.
»Ich gebe Ihnen auch die Papiere von diesem Karl Müller«, fügt Vittorio hinzu. »Ich weiß nicht, wo er sie herhat, aber sie zeugen von großem Talent. Der Junge hat Zukunft.«
Oskar verzieht das Gesicht.
»Das wird sich zeigen.«

Es ist eine Vollmondnacht. Oskars Chauffeur Hermann hat die Scheinwerfer des leistungsstarken Horch 930 auf die schwächste Stufe heruntergeschaltet. Langsam fahren sie zwischen Bäumen hindurch. Über ihnen ragen die Berge auf,

unterhalb von ihnen liegt Meran wie ein dunkler Teppich aus Häusern, durchbrochen von einzelnen Lichtern. Die Passer windet sich hindurch wie eine silberne Schlange. Aus dem Unterholz dringen gedämpft die Geräusche der Nacht, der Ruf eines Nachtvogels wird in den Baumwipfeln laut, während im Hintergrund die große Limousine brummt.
Oskar schweigt. Karls Verhaftung und sein kurzer Verbleib in den Händen der italienischen Polizei beunruhigen ihn: Warum war sein Bruder um diese Stunde überhaupt unterwegs? Der Mitarbeiter, der ihn aus den Augen gelassen hatte, musste bereits dran glauben. Aber es gibt noch weitaus wichtigere Nachrichten. Amerikanische und britische Truppen sind auf Sizilien gelandet. Im Radio hieß es zwar, dass man sie sofort ins Meer zurückdrängen werde, aber dasselbe hatte Goebbels' Propaganda schon im November 1942 behauptet. Damals ging es zwar um die Landung in Algerien und Marokko, bevor Tunesien, die letzte Bastion der Achsenmächte in Afrika, fiel. Nun fassen die Feinde des Deutschen Reiches in Europa Fuß an der von Stalin geforderten Südfront. Wochenlang hatten die deutschen Geheimdienste versichert, das Ziel ihrer Gegner sei Sardinien. Offenbar haben sie sich getäuscht.
Oskar sucht im Autoradio nach dem offiziellen Schweizer Sender, der glaubwürdigere Informationen liefert als die Bekanntmachungen der Nationalsozialisten. Offenbar ist im Süden der italienischen Insel ein ganzes Heer gelandet. Unter dem Kommando zweier Offiziere: dem des Amerikaners George Patton und dem des Engländers Bernard Montgomery. Diese beiden hatten innerhalb weniger Monate die Oberhand über den großen Rommel gewonnen. Das Schweizer Radio meldet, es handele sich um die Operation Husky. Der Name eines Schlittenhundes für eine Offensive im warmen Mittelmeer.
Der Horch hält vor einer großen, einsam im Wald gelegenen Villa. Die dort parkenden Fahrzeuge tragen allesamt die

Kennzeichen des deutschen Heeres und der SS. Durch die geöffneten Fenster im Erdgeschoss dringen Gelächter und Gesprächsfetzen hinaus in die laue Sommernacht. Offiziere mit Gläsern in der Hand und junge Frauen in leichten Abendkleidern schlendern von Raum zu Raum. Ein fröhliches, unbeschwertes Fest wie in Friedenszeiten. Oskar gibt Hermann ein Zeichen, hinter das Haus zu fahren und an einer unbeleuchteten Stelle zu parken. Einen Koffer in der Hand, steigt er aus dem Auto. Durch das geöffnete Wagenfenster warnt er Karl: »Keine Dummheiten. Hermann behält dich im Auge.«

»Kann ich wenigstens aussteigen?«

»Mach's dir bequem.« Oskar deutet auf eine spärlich beleuchtete steinerne Bank unweit der Veranda. Karl setzt sich und streckt die Füße aus, während Hermann sich bei einer Zigarette die Beine vertritt. Er macht sich nicht einmal die Mühe, ein wachsames Auge auf mich zuhaben, denkt Karl. Ich bin wirklich ein mustergültiger Gefangener. Dann reißt ihn Oskars Stimme, die von der Veranda herüberdringt, aus den Gedanken.

»Hier die Arbeit. Es hat länger gedauert als geplant. Aber ich denke, es ist perfekt geworden.«

Karl hört das Aufschnappen des Koffers. Er stellt sich vor, wie der Halbbruder die Druckplatten für die Dollarnoten hervorzieht.

»Dein Schützling hat gute Arbeit geleistet«, bemerkt eine zweite Stimme nach einer Weile. Krüger, denkt Karl. Vor seinem inneren Auge steht das Bild des Offiziers mit den harten Gesichtszügen. »Er ist vertrauenswürdig, oder? Hast du ihn unter Kontrolle?«

»Er hält sich von selbst unter Kontrolle. Er denkt an seinen Vater im Gefängnis, an seine Mutter, die man ins Konzentrationslager schicken, und an seine Verlobte, die auf dem Weg in ein Bordell sein könnte … Und er hat eine Seele. Für uns noch immer der beste Garant.«

Doch Krüger hat bereits das Thema gewechselt. »Wir sind spät dran. Und wenn es am Ende nicht perfekt läuft, hab ich den Ärger.«
Sie schweigen beide, dann sagt Oskar langsam: »Mir kommt da eine Idee.«
»Schieß los!«
»Du fährst ohne die Druckplatten nach Berlin. Du kündigst unser Kommen an. Ich reise dir nach und bringe meinen, wie du ihn nennst, Schützling mit.«
»Und dann?«
»Dann sehen wir weiter. Sollten die Drucker an den Platten einen Mangel bemerken, ist er gleich vor Ort, um ihn zu beheben. Vielleicht kann er auch den anderen Fälschern was beibringen. Falls sie ein bisschen … Ermunterung … brauchen.«
»Die wissen genau, was ihnen droht, wenn wir sie der Sabotage bezichtigen«, kommentiert Krüger. »Aber warum nicht?«
»Ein Versuch kostet nichts«, bemerkt Oskar.
»Da bin ich nicht so sicher. Es könnte uns teuer zu stehen kommen. Es läuft ziemlich schlecht in Berlin. Wir müssen auf das richtige Pferd setzen, wenn wir das Rennen gewinnen wollen.«
»Wegen Bormann?«
Am 12. April hat Hitler Martin Bormann zu seinem persönlichen Sekretär ernannt. Und während sein Stern aufgeht, ist der Heinrich Himmlers endgültig dem Untergang geweiht. Karls Blick wandert unwillkürlich zum Sternenhimmel. In dieser Sommernacht schimmern die Sterne reglos an ihrem Platz. Nie hätte er gedacht, dass er, der überzeugte Kommunist, eines Tages in die internen Querelen der Nationalsozialisten hineingezogen würde. Doch Oskar erzählt ihm überraschend viele Einzelheiten, weil er weiß, dass sein Bruder keine Gefahr darstellt. Was für eine verquere Art, ihm das Vertrauen zu beweisen, denkt er mit einem bitteren Lächeln.
»Himmler hat sich selbst da reingeritten, und wir müssen

aufpassen, nicht mit ihm unterzugehen.« Aus Krügers Stimme spricht Verachtung.
Oskar war außer sich, als er davon hörte. Himmler hat über die Unterhändler in Stockholm und Bern Geheimverhandlungen mit den Alliierten in die Wege geleitet. Gestapo-Chef Heinrich Müller hat Wind von der Sache bekommen und Bormann davon erzählt, der es dem Führer verraten hat. Himmler hat seine Getreuen umbringen lassen, um die eigene Haut zu retten, aber er ist erledigt. Genauso wie Göring nach dem Desaster in Stalingrad. Karl schüttelt den Kopf. Im Grunde war das vorhersehbar gewesen.
Er hört einen Korken knallen. Wein oder Champagner.
»Wir werden uns also eng an Bormann halten.« Karl glaubt förmlich zu spüren, wie das Gehirn seines Halbbruders zu Höchstform aufläuft. »Was können wir ihm anbieten? Was braucht er?«
»Meine Base Else ist seine Sekretärin.«
»Sekretärin?«
»Wir reden von Bormann. Muss ich noch mehr sagen?«
»Hör mal. Deine Base ist eine kluge Frau. Glaubst du, Else kann ein Treffen organisieren?«
Karl hört, wie sich die Stimmen entfernen. Vermutlich werden sich die beiden Männer unter die Feiernden mischen. Hat er richtig verstanden? Oskar beabsichtigt, ihn mit nach Berlin zu nehmen? Wird er am Ende tatsächlich seine Mutter und Ida wiedersehen? Wie es ihnen wohl geht? Vielleicht sind sie bereits tot.
Ein großer schwarzer Chrysler hält neben Oskars Wagen. Der Fahrer grüßt Hermann und steuert auf Karl zu. »Du könntest mir behilflich sein«, spricht er ihn auf Italienisch an. Er hält zwei große leere Koffer in der Hand. Karl schaut fragend zu Hermann, der ihm ein Zeichen gibt, der Bitte nachzukommen.
Er erhebt sich und folgt dem Unbekannten. Sie steigen ein

paar Stufen hinab, die zu einer Tür unterhalb der Veranda führen. Ein schwacher Lichtschimmer fällt durch den Spalt.
»Ich brauch dich nur ein paar Minuten. Aber mein Chef hat es eilig. Er will nicht so lange auf dem Fest der Deutschen bleiben. Er ist Japaner.«
»Japaner?«, wundert sich Karl.
»Ja, ein Kapitän zur See.«
Die Tür führt in einen geräumigen Keller mit hell beleuchtetem Deckengewölbe. Hinter einem Tisch in der Mitte des Raumes sitzt ein Mann. Vor ihm liegen große Verzeichnisse, gleichförmige Spalten aus Namen und Zahlen. Bilanzbücher. Der Fahrer reicht dem Mann die Hand und deutet auf Karl.
»Er arbeitet für die Deutschen. Er wird mir behilflich sein.«
»In Ordnung.« Der Buchhalter rückt die Brille zurecht. »Eine Million? In Fünfziger-Scheinen, richtig?«
»Ja, wir werden gleich in die Schweiz aufbrechen.«
»Es muss nur gezählt und unterzeichnet werden.«
»Deshalb habe ich den Burschen mitgebracht, damit es schneller geht.«
Der Mann springt auf und öffnet eine dicke Stahltür, die in die steinerne Kellerwand eingelassen ist. Er wirft etliche in grünes Papier gewickelte Bündel auf den Tisch.
»Es muss gezählt werden«, wiederholt er.
»Machst du das zum ersten Mal?«, will der Italiener von Karl wissen.
»Ich weiß nicht mal, worum es sich handelt.«
»Pack einfach irgendein Bündel aus. Und zähl die Banknoten. Dann nimmst du dir ein anderes. Und so weiter. Nicht alle. Es sind nur Stichproben. Eigentlich unterläuft ihnen nie ein Fehler.«
Karl gehorcht. Es sind Pfund Sterling, 50-Pfund-Noten. Garantiert gefälscht, wie die Dollarblüten, die mit seinen Druckplatten hergestellt werden sollen. Er füllt die Koffer. Zwanzig Kilo Falschgeld, ein echtes Vermögen. Eine wirk-

same Waffe, um die britische Wirtschaft und die Kampfkraft der Alliierten zu schwächen. Und er hat soeben seinen Beitrag zu diesem verbrecherischen Plan geleistet.

Sie werden durch die Ankunft eines Mannes in Smoking unterbrochen. Er lächelt.

»Ah, das ist er«, murmelt Karls Begleiter, während der Mann ein paar Worte mit dem Rechnungsführer wechselt. Alles scheint in Ordnung zu sein. »Er muss Quittung unterzeichnen.«

»Und wer ist das?«

»Er heißt Friedrich Schwend. Österreicher. Zu Beginn des Krieges ist er von den Deutschen wegen illegaler Währungsgeschäfte festgenommen worden und hat ein paar Monate in Klagenfurt im Gefängnis gesessen. Aber der SD hat sich für seinen Fall und seine Kontakte interessiert. Himmler hat ihn aus dem Kittchen geholt. Inzwischen ist er der wichtigste Mann der Operation. Dank seiner Arbeit ist es der SS möglich, weltweit Falschgeld in Umlauf zu bringen.«

»Aber woher kommt dieses Falschgeld?«, wagt Karl zu fragen, nachdem die Formalitäten erledigt sind und er hinter dem Fahrer die Treppe hinaufsteigt.

»Keine Ahnung. Ich glaube, irgendwo aus Deutschland. Bestimmt aus einer Geheimdruckerei. Die Leute, die diese Blüten herstellen, sind ganz schön auf Zack.«

Karls neuer Freund verstaut das Geld im Kofferraum des Chrysler und setzt sich hinters Steuer.

»Danke für die Hilfe. Jetzt muss ich nur noch meinen Chef einladen.«

»Viel Glück mit den Pfund-Noten«, sagt Karl. Gegen seinen Willen ist ihm dieser Kerl mit dem unverfrorenen Lächeln sympathisch.

»Eigentlich wartet er schon sehnsüchtig darauf, dass die Deutschen endlich Dollar produzieren. Für die Japaner wäre das großartig!«

Später, als sie im Wagen zurück nach Bozen fahren, erkundigt sich Karl bei Oskar: »Und was passiert jetzt? Meine Arbeit ist beendet.«

»Spiel nicht den Dummen.« Der Halbbruder grinst. »Du hast von der Bank aus doch bestimmt alles gehört.«

Karl schweigt.

»Glaubst du, zu viel zu wissen sei gefährlich?«, fragt Oskar spöttisch. »Keine Sorge, schlimmer als jetzt …«

»Dann fahren wir also nach Berlin?«, unterbricht ihn Karl. Besser, sie reden gleich Klartext.

»Wir fahren nach Berlin, um zu retten, was noch zu retten ist.«

Oskar dreht sich zu ihm um, aber in der Dunkelheit ist sein Blick unergründlich. »Weißt du, wie die Einheit heißt, für die ich unter Krüger arbeite? Sonderkommando der 3. SS-Panzerdivision Totenkopf. Nicht schlecht, was? Aber mir gefällt, ehrlich gesagt, das Wort Panzer nicht. Ich habe keine Lust, meinen Arsch in so eine verdammte Schrottkiste zu quetschen und in der eisigen Steppe vor den Kosaken zu flüchten.« Er schaut wieder hinaus auf die mondbeschienene Straße. »Und du, mein liebes Brüderchen, wirst dafür sorgen, dass ich da niemals lande. Wenn du schlechte Arbeit leistest, muss ich es ausbaden. Und andere ebenso. Deine Mutter, Ida. Du siehst, alle zählen auf dich: die Guten ebenso wie die Bösen.«

Hella liegt ausgestreckt auf dem Sofa in Tobias' Arbeitszimmer. Sie mag diesen Raum mit seinen ringsum bis zur Decke reichenden Bücherregalen. Es ist ganz offenkundig das Reich eines Mannes, der nicht viel Wert auf Staffage legt. Die Buben kommen nie herein, und so bleiben sie ungestört, können die aufgeschlagenen Zeitungen auf dem Tisch lesen, diskutieren und rauchen. Tobias hat sie an seiner Zigarre ziehen lassen, aber sie schmeckt ihr nicht.

Es ist im Grunde nichts dabei, mit dem Verlobten allein zu bleiben, auch wenn seine Küsse und Liebkosungen auf dem grün gepolsterten Sofa recht zudringlich sind. Hella liebt Abende wie diesen, wenn sie nach dem Essen zusammensitzen, um über die Ereignisse des Tages zu sprechen. Sie ist von der klaren, nüchternen Sichtweise dieses deutlich älteren, klugen und gut informierten Mannes beeindruckt.

»In Rom herrscht Krisenstimmung«, erklärt er. Diesmal hat er sich nicht neben sie, sondern an den Tisch gesetzt. Er studiert einige Karten und würdigt sie kaum eines Blickes. Eine Sorgenfalte steht ihm auf der Stirn, er wirkt nervös.

Hella weiß, dass sich Mussolini und Hitler ein paar Tage zuvor in Feltre bei Belluno getroffen haben. Während der fünfstündigen Unterredung hatte vor allem der Führer das Wort. Der Duce ist besorgt, Amerikaner und Briten bombardieren Rom und am 10. Juli sind sie auf Sizilien gelandet. Bald werden sie die Meerenge von Messina überschreiten und dann auf der Halbinsel nach Norden vordringen.

»Bestimmt kommen die Amerikaner auch hierher«, sagt Hella, um die Stille zu durchbrechen. Sizilien erscheint so weit weg. Sie selbst hat man »nur« bis in die Basilikata in die Verbannung geschickt, und schon dort kam sie sich vor wie in einer anderen Welt. »Ich frage mich bloß, wann.«

»Ich frage mich, *wie*«, erwidert Tobias. »Wie viel Zerstörung werden sie unterwegs anrichten?«

Er hat ihr bereits erklärt, dass der Krieg gerade eine vollkommen neue Wendung nimmt. Mit der Offensive in diesem Teil Europas zwingen die Alliierten die Deutschen zur Aufteilung der Streitkräfte. Stalin hat endlich erreicht, was er seit zwei Jahren fordert: eine zweite Front, um nicht allein der Wut der Nationalsozialisten zu trotzen.

»Krisenstimmung in Rom«, wiederholt Tobias und schaltet das Radio ein. Sie warten gespannt auf die jüngsten Entwicklungen, die alle in Atem halten. Der Große Faschistische Rat

hat sich am Morgen in der Hauptstadt versammelt. Der Duce ist überstimmt und zum König beordert worden. Ganz Italien brennt drauf zu erfahren, wie es mit dem Diktator, mit dem Regime und dem Krieg weitergehen wird.
Tobias zündet sich eine Zigarre an und schenkt sich ein Glas Grappa ein.
»Magst du auch?«, fragt er sie.
Hella schüttelt den Kopf.
Um 22.45 Uhr wird das musikalische Programm unterbrochen. Die Bekanntmachung hallt in dem stillen Zimmer wider: »Seine Majestät der König und der Kaiser hat den Rücktritt seiner Exzellenz Benito Mussolini vom Amt des Regierungschefs angenommen und den Marschall von Italien Pietro Badoglio zum Regierungschef ernannt.«[13]
Hella ist beinahe enttäuscht. Eine so kurze Nachricht. Dreißig Sekunden, und alles ist anders.
Sie schaut Tobias an. Er lächelt. Genussvoll zieht er an seiner Zigarre, trinkt einen Schluck Schnaps und wirkt zufrieden.
»Hast du damit gerechnet?«, fragt Hella.
»Ich habe es geahnt«, bestätigt Tobias. »Bei genauerem Hinsehen hat einiges darauf hingedeutet.«
»Ist es eine gute Nachricht für uns?« Immerhin ist der verhasste faschistische Duce gestürzt worden. Ein Mann, der ihr Leben seit ihrer Kindheit beeinflusst hat. Sie wundert sich, dass sie nicht stärker triumphiert.
»Für uns bleibt das gleich.« Er schüttelt den Kopf. »Glaubst du, ein Mann, der sich nach zwanzig Jahren an der Macht von einem Operettenkönig vor die Tür setzen lässt, habe noch irgendetwas zu vermelden gehabt?«
»Warum bist du dann beunruhigt? Wenn Mussolini nichts mehr zu vermelden hatte, wird sein Sturz wohl kaum ins Gewicht fallen.«
»Ich bin beunruhigt, ja, wie wir alle. Das Problem ist nicht, dass Mussolini geht. Das Problem ist, wer jetzt kommt.«

21
Treffen in Berlin

Ende August 1943

Froh, nach Hause zu kommen?«, fragt Oskar. Der Ton ist ironisch, doch sein Gesicht verrät die Erschöpfung. Sie haben über vierundzwanzig Stunden gebraucht, um ans Ziel zu gelangen. Jetzt endlich fährt der Zug langsam in den Anhalter Bahnhof ein, aber hinter München hatte er mehrfach mit ausgeschalteten Scheinwerfern gehalten, während amerikanische Boeing B-17 und britische Avro Lancester über sie hinwegflogen. Seit Monaten nehmen sie Fabriken, Bahnstrecken und Brücken unter Beschuss. Aber auch Städte. Ihr Ziel sind Häuser, Schulen, Kirchen – und damit die Moral der Deutschen. Sie haben Köln, Essen, Frankfurt und das Ruhrgebiet zerstört. Ebenso Hamburg, wo die Stadt bombardiert wurde, mit über 40 000 Toten.

Karl steigt in Begleitung seiner Gefängniswärter aus dem Zug. Ungläubig betrachtet er die Ruinen der Stadt. In den beiden Jahren, die er weit weg von Berlin verbracht hat, ist das Herz des Deutschen Reiches zerstückelt worden.

Oskar ist hinter Karl ausgestiegen und weidet sich sichtlich am Entsetzen seines Bruders. »Da kannst du froh sein, dich rechtzeitig aus dem Staub gemacht zu haben, was?«

Doch Karl hört ihm gar nicht zu. Wo mögen seine Mutter und Ida sein? Seit er Bozen verlassen hat, lässt ihm die Frage keine Ruhe. In seinem Kopf hat er Pläne gewälzt, sich jedes Detail ausgemalt. Doch nun erscheint alles so anders. Es gibt nur eine Möglichkeit, und wenn das Schicksal ihm nicht beisteht, ist alles verloren. Er umklammert seinen Koffer, denselben, mit dem er vor einer halben Ewigkeit, wie es ihm scheint, von hier fortgegangen ist.

Auch Oskar hält seinen Koffer fest. Er hat ihn die gesamte Reise über nicht aus den Augen gelassen. Die von Karl gefertigten Druckplatten befinden sich darin. Oskar hat sich geweigert, sie seinen Leibwächtern anzuvertrauen. Sie sind äußerst wertvoll und außerdem der Beweis, dass seine Arbeit unverzichtbar für das Deutsche Reich ist und zu bedeutsam, als dass sie ihn an die Front schicken und Stalins T-34-Panzern ausliefern könnten. Eine solche Zukunft fürchtet er weit mehr als die Bombenangriffe der Alliierten.
Während der Reise hat Karl ihn mit den beiden Leibwachen über die schlechten Nachrichten aus dem Osten sprechen hören. Die Operation Zitadelle, mit der man die Schmach von Stalingrad hatte wiedergutmachen wollen, war zum Desaster geworden. Von Manstein hatte eine Million Mann, 3000 Panzer und 10 000 Kanonen gegen die russischen Stellungen in der Gegend um Kursk losgeschickt. Aber dort erwartete sie General Schukow: zwei Millionen Soldaten, 5000 Panzer, 25 000 Kanonen. Die im Juli begonnene Schlacht endete schon bald in einem Blutbad. Am 23. August hat von Manstein das Handtuch geworfen. Die Deutschen mussten die Niederlage eingestehen und haben mit dem Rückzug begonnen.
»Und wer wird jetzt die Russen aufhalten?«, haben sich Oskars Schergen gefragt. »Und wer wird den Amerikanern Einhalt gebieten?«
Die Alliierten sind am 9. Juli in Sizilien gelandet. Man braucht kein Genie zu sein, um zu erkennen, dass sich die Zange um das Deutsche Reich schließt. Und um seine Diener.
Während sie über den Bahnsteig laufen, mustert Karl die Menge. Die meisten haben es eilig, starren zu Boden. Müde Gesichter, eingefallene Wangen und tiefe Augenringe, die von schlaflosen Nächten und tagtäglichem Nahrungsmangel herrühren. Der Krieg rächt sich an denen, die ihn entfesselt haben.
»Wo wart ihr, als man es noch hätte aufhalten können?«, fragt

sich Karl. Die Frage wird vom Heulen der Sirenen verschluckt. Die Bomber sind im Anflug.

»Ausgerechnet jetzt«, knurrt Oskar.

Die Leute ringsum beschleunigen den Schritt. Niemand rennt oder schreit, doch steuern alle eilig auf die Luftschutzräume zu. Eine an den Terror gewöhnte Herde. Viele steigen hinab in die U-Bahn.

Aus dem Zug, der in diesem Augenblick links von ihnen eingefahren ist, drängen die Reisenden, aufgeschreckt durch den Alarm, hastig hinaus. Sie stolpern übereinander, um zur Haupthalle zu gelangen. Der zischende Dampf der Lokomotive trägt sein Übriges zu dem herrschenden Durcheinander bei. Karl zögert nicht lange. Er tut etwas, das Oskar ihm niemals zugetraut hätte. Er wagt es. Er stürzt sich in die Menge, schubst Passanten im Vorbeilaufen, springt ausweichend zur Seite, hüpft über Gepäckhaufen, für die noch kein Lastenträger gefunden ist.

Oskar bleibt reglos stehen und sieht ihn hinter den Zügen, zwischen den Säulen hindurch, verschwinden, flink wie ein Wiesel, geradezu anmutig. Die Bewegungen eines Mannes, der sich nach Monaten zum ersten Mal wieder frei fühlt.

»Findet ihn!«, befiehlt er seinen Leuten. Sie nehmen die Verfolgung auf, aber Oskar weiß, dass sie seinen Bruder nicht schnappen werden. Es ist nur ein lästiger kleiner Zwischenfall. Er hat unfehlbare Mittel, ihn aufzuspüren. Armer Tölpel: Viel Spaß bei deiner kleinen Verschnaufpause.

Karl stürzt die Treppen zur U-Bahn hinab, wird vom Gedränge aufgehalten. Er schaut zurück, sieht seine Verfolger nicht. Er gelangt auf den Bahnsteig. Doch der Bahnverkehr ist eingestellt. Reglos und verzagt starrt er in den leeren Tunnel.

Er muss hinaus ins Freie.

Vorsichtig bahnt er sich einen Weg und blickt sich um. Hat er sie abgehängt? Das Licht dieses Augustmorgens erscheint ihm wunderbar. Während er in Richtung Friedrichstraße hastet, heulen erneut die Sirenen, um das Ende des Alarms anzuzeigen, der nicht lange gedauert hat. Vermutlich haben die amerikanischen Flugzeuge hoch oben weiter Kurs in Richtung Süden gehalten, um ihre tödliche Fracht über Chemnitz oder Dresden abzuwerfen.

Karl steigt in eine Straßenbahn. Auch wenn sie ihn nicht weiterverfolgen, sie werden ihn finden. Lange wird er nicht frei bleiben.

Er schaut sich um und hat das Gefühl, nur Ruinen zu sehen. Und Menschen, die ums Überleben kämpfen. Nach Stalingrad haben die Nationalsozialisten die Schließung von Bars und Restaurants angeordnet, um das Andenken der im Kampf gefallenen Soldaten zu ehren. Aber Berlin ist eine zu große und zu lebendige Stadt, um sich diesem Gebot vollständig zu unterwerfen. Die Cafés haben geöffnet, wenn auch nichts mehr so wie früher scheint. In den Schaufenstern der Geschäfte versucht man, mit den paar Auslagen, die es noch gibt, den Eindruck von Normalität zu erwecken. Die Lebensmittelrationierung wird immer rigoroser, und schon am frühen Morgen bilden sich lange Schlangen vor den Bäckereien und Geschäften. Die Regale sind im Nu geleert. Nicht einmal die systematische Ausbeutung der besetzten Länder wie Frankreich, Belgien und der Niederlande genügt, um das Deutsche Reich in diesen Kriegszeiten ausreichend zu versorgen. Hitlers großer Traum, sich der Erdölvorkommen im Mittleren Osten und im Kaukasus zu bemächtigen, hat sich zerschlagen, und nun fehlt es sogar an Treibstoff.

Zunächst hatte Karl überlegt, die Große Hamburger Straße aufzusuchen. Oskar hat sich einen Spaß daraus gemacht, ihn mit Geschichten über das Schicksal seiner Verlobten zu erschrecken. »Und über das der Leute ihres Schlages: von der Großen Hamburger Straße zur Hölle!« In der Hausnummer

26 hatte sich früher ein Altenheim der jüdischen Gemeinde von Berlin befunden. Als die Nationalsozialisten mit der systematischen Verfolgung begannen, ist es zu einem Sammellager umfunktioniert worden. Tausende von Juden sind hierhergebracht worden, bevor man sie in die Vernichtungslager geschafft hat. Gab es 1933 in Berlin noch 160 000 Juden, saßen 1939 mit Kriegsbeginn und dem Überfall auf Polen 70 000 von ihnen in der Stadt fest. Seit September 1941 waren sie gezwungen, einen gelben Stern zu tragen, ab Oktober hat man ihnen die Ausreise verwehrt und mit den großen Razzien in der Stadt begonnen. Wer verhaftet wurde, ist in Zügen direkt in die Ghettos, in Arbeits- oder Konzentrationslager abtransportiert worden. Lodz, Minsk, Kaunas, später Riga und Theresienstadt. Und von dort nach Sobibor, Treblinka oder Auschwitz.

Karl nähert sich rasch dem Café Bollenmüller in der Mittelstraße. Er hat die ganze Zugfahrt an nichts anderes denken können. Es ist die einzige Möglichkeit, der einzige Versuch, den er wagen kann. Sie haben viele Abende dort verbracht, und Ida war ganze Vormittage dort. Sie nannte es ihr »Straßentheater«. Sie beobachtete gern, wie die Menschen an den Tischen vorbeizogen, und dachte sich Geschichten aus, wobei sie jedes Mal an irgendein Detail anknüpfte: ein Accessoire, ein körperliches Gebrechen oder eine besondere Art zu sprechen. Karl mochte Idas trockenen Humor und ihren Hang zum Grotesken. Sie sagte, dass sie eines Tages ein Buch schreiben werde.

Vielleicht hat das Café Bollenmüller geschlossen. Oder es hat sich verändert: Zu ihren Zeiten war es eine der letzten Zufluchtstätten, an der die Männer der Gestapo als solche erkannt und die Gäste gewarnt wurden. Doch jetzt? Kann es sich in diesen Tagen noch jemand leisten, Menschenleben zu retten? Anfang 1943 haben die Nationalsozialisten die Endphase der Säuberung Berlins eingeläutet: 15 000 Juden sollten verhaftet werden. So hat am 27. Februar die sogenannte Fabrikaktion begonnen. Gestapo und Polizei sind in Hunderte von Unternehmen eingedrungen und haben alle dort noch beschäftigten Juden festgenommen. Anschließend haben sie auch die aufgespürt, die sich in Sicherheit wähnten, da sie sich für ganz normale Deutsche hielten. Manche sind entkommen, wurden rechtzeitig gewarnt und in letzter Minute von Kollegen oder mutigen Nachbarn versteckt. Aber ihre Zahl ist erschreckend gering, und nur wenige sind übrig. Im Juni hat Goebbels die Reichshauptstadt für *judenfrei* erklärt. Doch die Jagd auf die paar tausend noch in Freiheit Verbliebenen geht weiter. Ist Ida noch am Leben? Letzten Endes hat er darauf nur das Wort eines Mörders.

Erst als er das Café Bollenmüller erreicht hat, merkt er, dass er gerannt ist. Er spürt einen Asthmaanfall nahen und lehnt sich keuchend an eine Hauswand. Merkwürdig, in Bozen ging es ihm mit der Krankheit viel besser. War es die Bergluft oder die Illusion der Freiheit? Erst als der Atem sich beruhigt, hebt er den Blick.

Und da ist sie. Das Notizheft vor sich, sitzt sie dort, an demselben Tisch wie immer, als seien nicht zwei Jahre, ja nicht einmal zwei Tage vergangen. Karl starrt sie an und spürt, wie ihm die Tränen in die Augen steigen. Sie hat sich nicht verändert. Das Haar fällt in einer goldenen Welle auf ihre Schultern. Unter den kurzen Ärmeln ihres blauen, weiß gepunkteten Sommerkleides schauen die wohlgeformten hellen Arme hervor. Sie wirkt schmaler, aber nicht abgezehrt. Er braucht ihr Gesicht nicht anzuschauen, ihr Anblick hat sich ihm ins Herz geprägt. Er hat sie tausendmal gezeichnet.

Karl läuft einige Schritte, doch es erscheint ihm als unglaublich große Distanz, die er kaum überbrücken kann – die Distanz zwischen ihm und der Frau, die er liebt. Er setzt sich neben sie und stellt den Koffer zu seinen Füßen auf den Boden.

»Was machst du denn hier?« Ida starrt ihn erstaunt an, und Karl weicht verwirrt zurück. Es stimmt nicht, dass sie sich nicht verändert hat. Die Stirn ist von tiefen Furchen durchzogen. Um den sinnlich geschwungenen Mund ist ein bitterer Zug erkennbar. Doch vor allem ihre Augen, ihre lachenden, ausdrucksvollen blauen Augen sind leer, wie die einer Puppe, gleichsam erstorben. Mit einem Schlag begreift er, und Mitleid erfasst ihn. Er würde sie gern in die Arme schließen, die Vergangenheit und alles, was geschehen ist, ungeschehen machen. Aber er kann sie jetzt nicht trösten. Es gibt nur eines, was er für sie tun kann, deshalb ist er gekommen.

»Es würde zu lange dauern, dir alles zu erzählen.« Er greift nach ihrer Hand. Ihre Haut ist so zart. Ihm wird bewusst, dass er seit Jahren keine Frau mehr berührt hat.

»Karl, du darfst nicht bei mir bleiben«, sagt Ida besorgt. »Es ist wunderschön, dich zu sehen, aber …« Ihr Blick streift über die wenigen, am Straßenrand parkenden Fahrzeuge.

»Ich weiß, mach dir keine Gedanken, ich habe an alles gedacht.« Karl lässt ihre Hand los und öffnet den Koffer. »Bald wirst du sie anrufen, um ihnen zu verraten, wo sie mich finden.«

»Das verstehe ich nicht.«

»Du wirst es gleich verstehen. Sag, haben sie deine Eltern geholt?«

»Ja. Sie sind in der Großen Hamburger Straße.«

»Wie ist es passiert?«

»Wir sind der Razzia vom Februar entgangen, weil wir nicht zu Hause waren. Dank deiner Freunde haben wir falsche Papiere bekommen und uns versteckt. Eines Tages bin ich raus, und eine Freundin hat mich erkannt. Ich wusste nicht, dass sie für die andere Seite arbeitet.«

»Und nun?«

Ida schweigt. Sie hat Bilder vor Augen, die nur sie sieht, deren Anblick sie mit niemandem teilen kann.

»Karl, ich bin nicht mehr die Ida von früher.«
»Niemand ist mehr so wie früher.«
»Du verstehst nicht. Sie haben auch mich geholt.«
Doch Karl hat bereits verstanden, als er ihr Gesicht gesehen hat. Adrett, gepflegt und verzweifelt: eine verräterische Kombination. Ida ist dem Schraubstock der letzten Monate nicht entkommen, weder dank ihres »arischen« Aussehens noch durch Oskars vermeintlichen Schutz. Sie haben sie festgenommen. Zu ihrem Vergnügen missbraucht, daran besteht kein Zweifel. Und dann haben sie eine noch perfidere Art gefunden, sich ihre Schönheit zunutze zu machen.
»Du bist eine Greiferin geworden«, sagt er. Seine Stimme ist voller Bedauern.
Greifer sind jene Juden, die andere, noch in Freiheit lebende Juden aufspüren und an die Gestapo ausliefern. Oft sind es Frauen, die man mit der Androhung der Auslieferung in ein Konzentrationslager erpresst.
»Die vom Widerstand haben mich zum Tode verurteilt: Für sie bin ich eine Verräterin«, erklärt Ida mit bitterem Lächeln. »Sie kommen zu spät. Die Nazis haben mich schon vor Jahren dazu verurteilt.«
»Auch ich arbeite für sie. Du wolltest wissen, wie ich hergekommen bin? Mit Oskar. Er hat mir erzählt, wo du steckst.«
»Dein Halbbruder? Aber der ist bei der SS.«
»Genau. Er hat mich von Anfang an überwacht. Seit ich mit russischer Hilfe Berlin verlassen habe. Auch ich bin in ihren Händen. Und auch ich bin ein Verräter. Der einzige Unterschied zwischen uns ist, dass du mehr gelitten hast.«
Er greift mit der Hand zwischen die Kleider im Koffer und zieht drei Pässe hervor.
»Ida. Diese Papiere sind vollkommen echt. Man muss nur die Fotos auswechseln und den Stempel ergänzen. Es wird schon noch irgendeinen Helfer in der Stadt geben, der das erledigen kann. Einer ist für meine Mutter, einer für meinen Vater, auch

wenn er vermutlich nichts mehr bringen wird. Und einer für dich.«

»Für mich?«

»Natürlich für dich.« Mit rascher Bewegung schiebt Karl die Ausweise in die Tasche auf Idas Knien, dabei streift er flüchtig die nackte Haut ihrer Beine. »Du kannst nichts mehr für deine Eltern tun, Liebling. Du musst verschwinden. Mit diesem Pass kannst du nach Italien und von dort wohin du willst.«

»Italien ist ein Schlachtfeld. Die Amerikaner sind bereits in Sizilien.«

»Ich weiß. Du musst dich beeilen.«

»Es ist zu spät.«

»Das ist nicht wahr!« Karl ergreift erneut ihre Hand und schaut ihr in die Augen. Er kennt diese Resignation, den Fatalismus der Opfer. Aber sie ist eine Kämpfernatur. »Ida, du wirst überleben. Du musst es nur wollen.«

Er nähert sein Gesicht dem ihren und küsst sie ein letztes langes Mal. Als sich ihre Lippen voneinander lösen, stehen ihr Tränen in den Augen.

Karl sieht auf die Uhr des Lokals, er hat sich zu viel Zeit gelassen. Wenn er nicht Gefahr laufen will, dass sie ihn bei sich daheim suchen und seiner Mutter Ärger machen, muss er sich ihnen stellen.

»Ruf sie jetzt an, bitte.«

»Ich wusste, dass du verliebt bist. Aber so über beide Ohren!«, ruft Oskar amüsiert.

Er ist erleichtert, obwohl er sicher war, dass Karl, ganz auf sich gestellt in dieser nunmehr so heimtückischen Stadt, nicht allzu weit kommen würde. Aber er hatte befürchtet, länger nach ihm suchen zu müssen. Als der Anruf der jungen Jüdin kam, hat er die Mannschaft, die er zu dem Haus im Wedding geschickt hatte, zurückgerufen. Karl ist an einem Cafétisch

festgenommen worden. Denunziert von seiner Verlobten. Welch geradezu poetisches Ende einer Flucht aus Liebe.
»Wir werden stets von denen verraten, die wir lieben«, bemerkt Oskar, als sei das ein moralischer Lehrsatz.
Karl antwortet nicht. Er hat getan, was er tun musste, er fühlt sich von einer Last befreit und gleichzeitig vor Kummer wie erdrückt.
Der Wagen fährt gen Norden, in Richtung Oranienburg.
»Wegen dir habe ich eine wichtige Verabredung nicht eingehalten. Du weißt, dass du dir solche Eskapaden nicht erlauben kannst. Beim nächsten Mal mache ich kurzen Prozess.«
Sie kommen durch den Wedding, und Karl denkt an seine Mutter. Ob sie durchhält? Oder ist sie eine gebrochene Frau wie Ida? In diesem Augenblick ist er froh, es nicht zu wissen. Und ebenso froh ist er, dass sie nichts von ihrem Sohn weiß. Von dem, was allein um der schwachen Hoffnung auf ihre Rettung willen aus ihm geworden ist.
Das Auto steuert links an einer Mauer vorbei, hinter der die Wipfel eines Waldes hervorlugen. Auf der rechten Seite Militärgebäude. Sie biegen auf einen weiträumigen Platz ein, auf dem in langen Reihen Laster und Militärfahrzeuge stehen. Im Hintergrund ein Torbogen mit einem Turm. Zu beiden Seiten eine hohe, oben durch Stacheldraht gesicherte Umzäunung. Als sie aus dem Wagen steigen, sieht Karl, dass das Tor durch ein Gitter versperrt ist.
Ein junger, wachhabender Offizier mit dem Abzeichen der SS-Division Totenkopf begrüßt Oskar. Karl weiß, wo sie sich befinden: in Sachsenhausen, dem 1936 vor den Toren von Berlin errichteten Vorzeigelager. Das in einer ruhigen Gegend unweit der Hauptstadt zwischen Bäumen versteckte Lager hat den Grundriss eines gleichseitigen Dreiecks.
Oskar und Karl steuern auf das Eingangstor zu, auf dem die Aufschrift ARBEIT MACHT FREI prangt.

22

Das Grauen hautnah

Ende August 1943

Im gleißenden Sonnenlicht erkennt Karl vor sich unscharf eine dunkle, vollkommen reglose Masse. Sie bildet einen Halbkreis auf dem zentralen Platz, den Oskar und er betreten, während sich das Tor hinter ihnen schließt. Er hört, wie diese Masse ein dumpfes Geräusch von sich gibt, dem schweren Atem eines mit dem Tod ringenden Körpers gleich. Und er sieht, dass es Menschen sind. Hunderte von Menschen. Unzählige Menschen in gleichförmig in der Mittagsglut aufgestellten Reihen. Sie tragen gestreifte Sträflingsanzüge. Er sieht ausgezehrte Gesichter mit tiefliegenden Augen und aschfahler Haut. Die Luft ist von einem üblen Gestank erfüllt. Eine metallische Stimme verliest über Lautsprecher eine Liste von Namen. Karl und Oskar sind während des täglichen Appells gekommen, der bisweilen stundenlang dauern kann.

»Wir haben hier über dreiundzwanzigtausendvierhundert Gefangene«, erklärt der junge SS-Mann, der die Führung übernommen hat. »Der Appell dauert so lange, bis die Schar der Aufgerufenen, Baracke für Baracke, exakt mit der Liste der Zentralverwaltung übereinstimmt.«

»Und stimmt sie überein?«, fragt Karl, von diesem Bild des Jammers in den Bann gezogen.

»Nicht immer«, antwortet der Wachtposten. »Dummerweise sterben einige während des Appells. Sie sind zu schwach, um sich auf den Beinen zu halten. Das macht die Sache kompliziert. Und wer versucht, sich vor dem Appell zu drücken, dem blüht das da«, fügt er hinzu und deutet auf eine kleine Erhebung in der Mitte des Platzes, wo zwei Galgen stehen.

»Willkommen in Sachsenhausen, lieber Karl«, grinst Oskar. »Du hast noch längst nicht alles gesehen.«
»Bin ich gekommen, um hierzubleiben?«
»Wer weiß?« Der Halbbruder läuft hinter dem Aufseher her. Doch Karl achtet nicht weiter auf die Drohung. Er mustert die Gesichter der Gefangenen.
»Ist unser Vater hier?«
»*Dein* Vater? Nein, ich glaub nicht. Die haben genug Kommunisten hier. Als die russischen Gefangenen gekommen sind, musste man extra Platz für sie schaffen. Im September 1941 hat man zehntausend von ihnen umgebracht. Eine zeitraubende Angelegenheit.«
»Ein echtes Unterfangen«, bemerkt ihr Führer. »Es hat lange gedauert, die ganzen Leichen zu verbrennen.« Er deutet auf einen hohen Schornstein, aus dem dicker schwarzer Rauch aufsteigt. »Und außerdem müssen immer die Abfälle aus der Grube beseitigt werden.«
»Sie stellen hier unter anderem Ziegel her«, erklärt Oskar. »Es gibt eine Lehmgrube in der Nähe. Harte Arbeit, es entsteht eine Menge Abfall.«
»Was für Abfall?«
»Ich meine die Toten. Unlängst haben sie noch eine Rüstungsfabrik eingerichtet: Munition und Granaten. Auch dort gibt es viele Verluste, aber an Arbeitskräften herrscht schließlich kein Mangel.« Er deutet in die Richtung, aus der sie gekommen sind. »Hast du das Gebäude rechts neben dem Eingang gesehen? Es ist die Zentralverwaltung für alle Konzentrationslager des Reiches. Was glaubst du, wie viele Leute die zu verwalten haben.«
»Du scheinst dich hier ja gut auszukennen«, bemerkt Karl.
»Ja, ziemlich. Ich bin fürs Rekrutieren zuständig.«
»Von Gefangenen?«
»Sehr witzig. Von Leuten mit Talent, wie dich. Aber nicht alle werden so rücksichtsvoll behandelt«, ergänzt Oskar.

»Für Intellektuelle wie deinen Vater und deine Mutter gibt es zum Beispiel die Station Z. Dort kommt niemand mehr raus. Soll ich dir erklären, weshalb?«

Karl schweigt.

Ihr Führer unterbricht das Gespräch. »Wir sind da. Block neunzehn.«

Sie stehen vor einem mit Stacheldraht verstärkten Metallzaun. Er trennt zwei Holzbaracken, zwischen denen eine breite Teerstraße verläuft, vom restlichen Lagergelände. Der junge SS-Mann öffnet eine Tür und läuft vor ihnen her einen schmalen Flur entlang. Schon am Geruch und den Geräuschen erkennt Karl, wo sie sich befinden. In solcher Umgebung kennt er sich besser aus als in jeder anderen: Es ist eine Druckerei.

Sie betreten einen großen, von hellen Deckenstrahlern erleuchteten Raum. Die Fensterscheiben bestehen aus Mattglas und sind mit dicken Stahlgittern gesichert. Dutzende Gefangene sitzen stumm an der Arbeit. Sie achten nicht auf die Ankömmlinge. Rechts neben dem Eingang sind vier große Druckpressen in Betrieb. Ein paar Schritte weiter steht ein langer Trockentisch mit verschiedenen Klingen für die Nachbearbeitung. Auf weiteren Tischen stapeln sich Bündel von Banknoten. Britische Pfund, genau dieselben, die Karl in Meran mit in den Chrysler des Japaners eingeladen hat.

»Guten Tag, meine Herren«, empfängt sie Krüger, der aus einem Büro am Ende der Baracke getreten ist.

»Heil Hitler«, grüßt Oskar mit ausgestrecktem Arm.

Karls Blick wird von den Banknoten angezogen.

»Bewundern Sie unsere Arbeit?«, fragt der Offizier zufrieden. »Recht so. Nicht mehr lange, und wir können an die Stelle der Bank von England treten!«

Oskar reicht ihm den Stahlkoffer und folgt ihm ins Büro. Karl bleibt in Begleitung des jungen SS-Mannes zurück und schaut sich um. Es bedarf keiner langen Erklärungen. Er befindet sich im Herzen einer Falschgeldfabrik zur Herstellung britischer Pfundnoten, die so täuschend echt sind, dass selbst Banker darauf hereinfallen. Das Geld wird auf Auslandskonten in der Schweiz und Lateinamerika geschafft. Um Rohstoffe zu erwerben und die Aktivitäten der NS-Agenten im Ausland zu finanzieren.

Die Fälscher aus Block 19 sind echte Profis. Sobald die Blüten getrocknet sind, werden sie zerknautscht, wieder geglättet und sogar durchstochen, als stammten sie aus einem Bündel, das zur Aufbewahrung im Safe mit einer Nadel zusammengehalten wurde. Sie werden mit Stempeln von englischen Provinzbanken und Notizen versehen, wie sie Kassierer auf den weißen Flächen zu vermerken pflegen, wenn sie die Tageseinnahmen nachzählen.

»Hier wird effiziente Arbeit geleistet, was?«, bemerkt sein Begleiter nach einer Weile. Er langweilt sich und würde sich gern eine Zigarette anzünden, aber Krüger will nicht, dass hier drinnen geraucht wird. »Wir haben etwas gefunden, bei dem sich sogar Juden nützlich machen können.«

»Sind Juden dabei?«, fragt Karl, während sein Blick über die Arbeiter schweift.

»Es sind alles Juden«, erwidert der andere. »Polen, Tschechen, Österreicher, Russen. Und Deutsche natürlich. Juden, Halbjuden, Vierteljuden ... ganz egal. Sie scheinen die geborenen Fälscher zu sein. Eine hinterhältige Rasse«, fügt er hinzu.

»Natürlich, Juden.« Karl nickt bedächtig. Lithographen, Drucker, Zeichner, Ingenieure. Dem Tod in den Lagern von Auschwitz, Birkenau oder Buchenwald entrissen, weil die Nationalsozialisten sie brauchen. Hier tragen sie nicht die gestreifte Sträflingskleidung, haben keine rasierten Köpfe. Aber wenn sie sich nicht genug anstrengen, bedeutet das ihren Tod. Und wenn sie sich zu sehr anstrengen und die Arbeit, für die sie unentbehrlich sind, beendet haben, bedeutet das ebenfalls ihren Tod.

»Soweit ich sehe, bist du vom Fach«, nimmt der SS-Mann das Gespräch wieder auf. Aber Karl hat keine Lust, sich mit Folterknechten wie ihm zu unterhalten. Er schweigt beharrlich. Es kommt ihm wie eine Ewigkeit vor, ehe sich die Bürotür wieder öffnet.
»Deine Druckplatten sind einwandfrei«, verkündet Oskar.
»Das eigentliche Problem ist das Papier«, fügt Krüger hinzu. »Das war schon bei den Pfundnoten so. Es ist sehr schwierig, die Beschaffenheit von Papiergeld zu analysieren. Sie haben ein kleines russisches Genie gefunden, das für diesen Zweck geeignet scheint. Wir werden sehen.«
»Jedenfalls wird es noch eine Weile dauern, bis die Dollar-Blüten gedruckt sind«, endet Oskar und hakt sich bei Karl unter. »Kommst du mit mir oder bleibst du hier?«

Die drei unheilvollen Signaltöne des Fliegeralarms dringen aus den Lautsprechern der Stadt. Die Berliner, die bis eben die Waffenruhe eines Sommerabends genossen haben, blicken zum Himmel. Nirgends eine Wolke. Die Mondsichel schimmert milchig. Die Sicht für die englischen Piloten ist perfekt. Aber auch für die Hunderte von Luftabwehrstellungen zur Verteidigung der Hauptstadt. Es ist der 23. August, 21.30 Uhr, und vier Millionen Berliner begeben sich auf die Suche nach einem Luftschutzraum.
Oskar verlässt das Büro des wohl rätselhaftesten Mannes des gesamten Reiches: Martin Bormann. Sekretär und Vertrauensmann Adolf Hitlers. Seit Rudolf Heß nach England geflüchtet ist, gilt er als die Nummer zwei des Regimes. Von seinem Schreibtisch in der imposanten Reichskanzlei in der Voßstraße aus plant er den Terminkalender des Führers, organisiert seine Treffen, entscheidet, wer mit ihm sprechen darf, wer nicht, und welche Themen angeschnitten werden. Göring und Himmler beneiden ihn. Die Generäle verabscheuen ihn. Bormann kostet seine Rolle des Strippenziehers im Hintergrund

weidlich aus. Die Launen und Phantastereien des Führers setzt er in knappe Befehle und Anweisungen um. Er hat es verstanden, sich unverzichtbar zu machen.

Oskar grüßt eine junge Frau.

»Gehst du in den Luftschutzkeller?«, fragt sie ihn.

»Nein«, antwortet er. Sein Blick wandert zu Karl, der mit den Schultern zuckt. »Wir werden uns draußen ein bisschen die Beine vertreten.«

Sie laufen eine Treppe hinunter und treten durch einen Ausgang hinaus auf die Voßstraße.

»Hübsches Mädel, was?«, bemerkt Oskar.

Karl erwidert nichts. Dieser Tag erscheint ihm immer unwirklicher. Erst ein Konzentrationslager, dann der Palast der Macht. Warum schleppt Oskar ihn überall mit hin? Ist er ihm als Gefangener nützlich? Ist er ein Sündenbock? Oder hat er nur, wie Karl allmählich zu glauben beginnt, das Bedürfnis nach einem Bruder, nach dem bisschen Familie, das ihm geblieben ist?

»Das war Bormanns Sekretärin«, fährt Oskar fort. »Er geht natürlich auch mit ihr ins Bett. Wer sollte es ihm verübeln … Sie heißt Else und ist Krügers Base. Sie hat dieses Treffen für mich organisiert.«

»Ihr habt ganz schön was zu tun«, bemerkt Karl.

»Überleben ist eine Vollzeitbeschäftigung.«

Plötzlich beginnt die Erde unter ihnen zu beben.

»Gibt es einen Luftschutzkeller in der Nähe?«, fragt Karl.

»Was ist? Hast du Angst? Ach ja, stimmt, Bomben unterscheiden nicht zwischen Gut und Böse.«

»Selbst wenn sie es täten, wäre es in meinem Fall schwierig. Da ich noch am Leben bin, heißt das wohl, dass ich auf der Seite der Bösen stehe.«

Oskar blickt nach oben. Am Himmel, in sechstausend Metern Höhe, donnern die Avro Lancaster vorüber und werfen zwei Tonnen schwere Bomben ab. Auch Brandbomben wie

die, mit denen vor einigen Wochen Hamburg verwüstet worden ist.
»Sie bombardieren Steglitz und Tempelhof«, bemerkt er. »Sie zielen auf die Fabriken.«
Er zieht eine Schachtel Zigaretten hervor, zögert kurz und bietet auch Karl eine an. Herausfordernd sieht er ihn an. Karl erwidert den Blick. Dann schaut er auf das Päckchen und streckt die Hand aus.
Schweigend zündet Oskar beide Zigaretten an. Der Rauch steigt langsam in den vom Explosionslärm zerrissenen Himmel. Karl denkt an seine Mutter. Vermutlich ist sie in den zum Luftschutzraum umfunktionierten Keller ihres Wohnhauses hinabgestiegen. Und Ida? Ist sie im Keller der Großen Hamburger Straße in Sicherheit? Was wird sie mit den Pässen anfangen, die er ihr gegeben hat?
»Karl«, unterbricht Oskar das Schweigen. »Ich will dir was zeigen. Aber wir müssen ein Stück laufen.«
»Laufen, jetzt?«
»Im Bombenhagel«, nickt Oskar. Sein Blick verrät nicht die geringste Spur von Angst. Offenbar will er mit dem Tod Verstecken spielen. Warum nicht? Auch Karl hat nichts mehr zu verlieren.
»Also los«, ermuntert er ihn mit ironischer Geste. Eiligen Schrittes machen sie sich auf den Weg, einer neben dem anderen.
»Mir scheint, dass es diesmal ein Weilchen anhalten wird«, bemerkt Oskar, während sie den Tiergarten in Richtung Zoo passieren. »Das ist die neue Taktik der Engländer und Amerikaner: Sie fliegen jetzt Überraschungsangriffe mit Unmengen von Fliegern.«
Seine Stimme wird vom Lärm der Flakbatterien übertönt. Hunderte von Kanonen jeden Kalibers sind rings um Berlin und sogar im Zentrum plaziert. Der Himmel wird von gewaltigen Scheinwerfern durchkämmt, um die Position der

Bombenflieger ausfindig zu machen und sie besser unter Beschuss nehmen zu können. Die Detonationen sind allmählich ohrenbetäubend. Karl bemerkt, dass Dutzende Menschen in dieselbe Richtung rennen wie sie.
Sie erreichen ein hohes Gitter, das von Soldaten bewacht wird, das Gewehr im Anschlag. Im von glühenden Blitzen durchzuckten Halbdunkel erkennt Karl ein riesiges Gebäude. Ein fensterloser Bunker aus Stahlbeton. Die Wachen grüßen militärisch und lassen sie passieren. Die Menge drängelt, um zu einem anderen, breiteren Eingang zu gelangen. Mit Tritten und Schüssen sorgt eine Gruppe Soldaten für ein Mindestmaß an Ordnung.
Oskar und Karl passieren eine weitere Kontrolle vor einer pneumatisch betriebenen Panzertür.
»Der sicherste Ort in ganz Berlin«, sagt Oskar. »Flakturm Nummer eins, unzerstörbar.«
»Kann mich gar nicht dran erinnern.« Karl sieht sich um.
»Er war noch im Bau, als du fort bist.« Sein Halbbruder hat bereits die Stahltreppe einer der vier Türme betreten, die an jeder Ecke dieses architektonischen Ungetüms aufragen. »Die Wände sind über zwei Meter dick, der Grundriss ein Quadrat von siebzig Metern Seitenlänge, das Ganze vierzig Meter hoch, und oben wirst du gleich sehen …«
»Aber wo wollten die Leute da draußen hin?«, fragt Karl.
»Der Bunker hat sechs Stockwerke. Er bietet Platz für zehntausend Personen. Mit Wasservorräten, Stromgeneratoren und sogar einem Krankenhaus. Verstehst du? Mach dir also keine falschen Hoffnungen. Das Deutsche Reich lässt sich nicht so leicht in die Knie zwingen!«
Sie haben das oberste Stockwerk erreicht und gelangen in einen Kontrollraum. Auf dem Dach schießt ununterbrochen eine Flakbatterie. Ein Lastenaufzugsystem schafft die im Keller des Bunkers gelagerte Munition herauf, das Nachladen erfolgt automatisch. Es herrscht ein ohrenbetäubender

Lärm. Die Militärs tragen zusätzlich Lärmschutz unter den Helmen. Von einer Radarüberwachungsstation erhalten sie Anweisungen, die sie an die für die Regulierung des Abschusswinkels zuständigen Soldaten weiterleiten.

Karl verspürt eine seltsame Mischung aus Grauen und Faszination. Oskar geht entschlossen voran, sie beide haben ebenfalls Ohrenschützer aufgesetzt. Nach den letzten Stufen gelangen sie zu einer weiteren Panzertür. Sie treten hinaus auf die Abschussrampe des Flakturms.

Acht 12,8-Zentimeter-Flugabwehrkanonen, über dreißig Tonnen schwere Kolosse, spucken Feuer in die Luft. Die englischen Bombenflieger nehmen Rüstungsfabriken, Bahnhöfe, Eisenbahntrassen und Brücken unter Beschuss. Doch die Schaltstellen der Macht werden von drei Flaktürmen beschützt, die Hitler eigens geplant hat. Dafür ergießt sich der tödliche Bombenregen auf die Straßen und Häuser der Wohnviertel, wo Hunderttausende Zivilisten in den Kellern zusammenkauern. Sie sitzen in der Falle wie ihre fernen Leidensgenossen: die Bewohner von London, Liverpool, Coventry oder Birmingham, aber auch Prag, Warschau, Leningrad, Stalingrad. Allesamt sind sie hineingezerrt worden in einen Strudel der Gewalt, und ihre einzige Hoffnung bleibt, mit dem Leben davonzukommen. Vom Dach des Bunkers aus, inmitten des Infernos, hat Karl das Gefühl, diese Welt, über die ein mörderischer Sturmwind hinwegpeitscht, zu beherrschen. Vielleicht zum allerersten Mal begreift er seinen Bruder.

Oskar blickt in die tobende Nacht hinaus. Er verzieht keine Miene. Nur die Augen glühen vor Zerstörungswut.

»Schau nur, Berlin!« Karl liest ihm die Worte von den Lippen, während die Stimme sich im Sturm verliert. »Berlin, wie es kämpft.«

Karl schüttelt den Kopf. Zögernd legt er seinem Bruder eine Hand auf die Schulter und murmelt: »Schau nur, Berlin, wie es brennt.«

23

Donnergrollen

September 1943

Am Ende ist der Krieg zu ihnen gekommen. Trotz der Opfer, der an fernen Fronten gefallenen Söhne, der Heimkehrer mit ihren Alpträumen, war es unmöglich, Bozen mit seinen majestätischen Bergen und stillen Tälern davor zu bewahren. Nachdem die Südtiroler beschlossen hatten zu gehen und anschließend doch geblieben sind, haben sie sich der falschen Hoffnung hingegeben, die Geschichte könne sie vergessen. Aber seit am 2. September die ersten amerikanischen Bomben am Stadtrand eingeschlagen sind, ist der Krieg plötzlich da. Die Boeing B-17 nehmen das Schienennetz und den Bahnhof unter Beschuss, wobei sie nicht immer genau ihr Ziel treffen.

Hella wird von den Sirenen des Luftalarms überrascht. Sie ist gerade dabei, in einem Geschäft in der Laubengasse ein Kleid anzuprobieren. Eine Hochzeit in Kriegszeiten darf nicht allzu prunkvoll sein, aber ein neues Kleid muss schon sein. Zusätzlich zum Brautkleid natürlich. In einem Monat ist bereits die Trauung.

»Scheinbar ein Bombenangriff«, bemerkt Hella.

»Auf Bozen?«, fragt die Verkäuferin ungläubig.

Sie tritt ans Schaufenster, doch unter den Arkaden ist kein bisschen Himmel zu erspähen. Was soll ihnen im Schutz dieser alten Bogengänge schon passieren? Und weshalb sollte man es überhaupt auf das friedliche Bozen abgesehen haben?

»Die Engländer und Amerikaner haben offenbar die Meerenge von Messina überschritten«, sagt Hella.

Die junge Frau antwortet nicht, sie möchte ihr lieber die Stoffe zeigen als über Kriegsstrategien reden. Das elegante

Fräulein Rizzolli einzukleiden ist ein Privileg. Sie entrollt ein feines Tuch von warmer goldbrauner Farbe.
»Es entspricht genau Ihrer Augenfarbe«, bemerkt sie. »Ihr Verlobter wird begeistert sein!«
Hella zieht eine Grimasse. In letzter Zeit geizt Tobias ziemlich mit Komplimenten. Zwar weiß sie, dass er sie begehrt, aber sie muss sich bemühen, seine Leidenschaft wachzuhalten. Auf diese neue Aufgabe stürzt sie sich nun mit demselben Eifer, der zuvor ihrer Arbeit gegolten hat. Die ist inzwischen ein abgeschlossenes Kapitel. Wer gehen wollte, ist gegangen. Wer lieber abwarten und bleiben wollte, wird seine Meinung gewiss nicht mehr ändern. Sie muss jetzt an ihr eigenes Leben denken.

Auch Karl hat beim Heulen der Sirenen aufgeschaut. Nach seiner Berlinreise ist er nicht mehr in die Gerbergasse und auch nicht in die Druckerei von Doktor Franz zurückgekehrt.
»Jetzt wird es ernst«, hat Oskar gesagt. »Ich kann es mir nicht mehr erlauben, ein Risiko einzugehen.« Er hat ihm einen Schreibtisch in der Zentrale des SD zugewiesen, in einem direkt von seinem eigenen Büro aus zugänglichen Raum. Aus reiner Vorsicht?
Karl sieht auf die Uhr: 11.30 Uhr. Fast gleichgültig fragt er sich, wo die Bomben wohl einschlagen werden. Es kommt ihm vor, als habe er in jener Nacht auf dem Flakturm eine Art Feuertaufe empfangen. Unmöglich, noch Angst zu verspüren.
Es ist auch keine Zeit mehr dafür. Oskars neuer Auftrag erweist sich für ihn als weitaus schwieriger und dringlicher als der vorherige: »Bormann ist ein großartiger Mann. Er blickt nach vorn und will nach vorn. Du hast die Ehre, ihm dabei zu helfen.«
Karl betrachtet den Stapel grauer, lediglich von 1 bis 100

numerierter Akten. Hundert zu kreierende Existenzen. Bormann hat hundert neue, absolut wasserdichte Identitäten angefordert. Mit entsprechenden Papieren: Pässe, Referenzen, Zeugnisse, Liebesbriefe und gegebenenfalls die eine oder andere Zeichnung.

»Lass dir was einfallen«, hat Oskar gesagt. »Du hast schon immer viel Phantasie gehabt. Und dir stehen alle Mittel der hiesigen Verwaltung zur Verfügung. Stempel, Briefköpfe, Pässe, was du willst.«

»Für wen?«

»Das ist das Einzige, was ich dir nicht sagen kann. Weder ich noch Krüger haben irgendeinen Schimmer. Nur Bormann selbst weiß, um wen es sich dabei handelt.«

»Und euer Führer«, hat Karl hinzugefügt.

»Und unser Führer ... vielleicht.«

Karl hat eine der Akten aufgeschlagen. Sie enthält die Eckdaten für die Erstellung der Papiere: Alter, Größe, Augen- und Haarfarbe, akademischer Grad, Beruf ...

»Und wie handhaben wir das mit den Fotos?«

»Du bekommst sie ganz zum Schluss.«

»Bis wann muss ich fertig sein?«

»Bevor die Russen Berlin erreichen und die Amerikaner den Brenner überschreiten.«

»Also besser jetzt als gleich«, hat Karl mit einem Anflug von Ironie bemerkt.

»Noch vor dem Ende«, hat Oskar ohne ein Lächeln geantwortet.

Karl überlegt, wie er vorgehen soll. Die Gruppe der hundert, sinniert er. »Hundert Mann, die es um jeden Preis zu retten gilt. Wer mögen sie sein?«

Das unheilvolle Heulen der Sirenen ist auch durch die dicken Mauern des Gotteshauses gedrungen. Der junge Priester des Bozener Doms lässt sich nicht aus der Fassung bringen.

Vittorio steht vor ihm im Pfarrhaus. Während der Carabiniere sich seiner Uniform entledigt, versucht er, den Geistlichen zu überzeugen: »Du musst mit mir kommen: Die Situation kann von einem Moment auf den anderen außer Kontrolle geraten.«

»Ein Grund mehr, zu bleiben.«

Vittorio lauscht angestrengt. Ist es eine neue Bedrohung, oder steht die Befreiung vor der Tür?

»Der König und Badoglio haben den Waffenstillstand akzeptiert. Die Kapitulation wird zwar erst in ein paar Tagen bekanntgegeben, aber sie ist ein offenes Geheimnis. Alle wissen, dass es für Italien zu Ende ist. Man wird versuchen zu retten, was noch zu retten ist, und schwören, nichts mit alledem zu tun zu haben. Alles ist Mussolinis Schuld. Er allein hat die Diktatur errichtet, er allein hat den Krieg geführt. Ganz klar.«

Vittorio zieht die Franziskanerkutte über und bindet die als Gürtel dienende Kordel um: »Die Amerikaner und Engländer sind in Kalabrien. Das ist erst der Anfang.«

»Es ist noch ein ganzes Stück bis hierher«, bemerkt der Priester.

»Ja, die Deutschen werden in der Tat zuerst da sein«, bekräftigt Vittorio. »Rommel hat bereits seine Truppen losgeschickt. In ein paar Tagen sind sie in Bozen. Damit ist unser Schicksal besiegelt.«

»Wie meinst du das?«

»Welche Wahl haben denn die italienischen Soldaten? Entweder sie kämpfen, trotz des Waffenstillstands, mit den Nationalsozialisten oder sie werden in irgendeinem Lager interniert. Und auch du bist vor nichts gefeit.«

»Die Kirche ist groß, mein Sohn.«

»Nicht groß genug, um dir Schutz zu bieten. Für Bozen ist es mit der Ruhe vorbei. Komm mit mir nach Süden. Bei Trient schließen sich bewaffnete Gruppen zusammen …«

»Das sind doch Kommunisten. Soll ich als Priester etwa mit den Roten kämpfen?« Der Geistliche zieht die Augenbrauen hoch. »Und wo wir schon dabei sind: Willst du als Carabiniere gemeinsame Sache mit den ›Banditen‹ machen?«
»Für derlei Bedenken scheint es mir ein bisschen spät zu sein. So wie es aussieht, wollen mir nun Hitlers bis gestern mit Mussolini verbündete Soldaten ans Leder. Wenn Stalins Genossen uns die Hand reichen, sollten wir nicht zögern, sie zu ergreifen.«

Als Tobias die Flugzeuge vorbeifliegen hört, zündet er sich eine Zigarre an. Der Italienfeldzug hat begonnen. Man muss kein großer Stratege sein, um vorauszusehen, wie er ausgehen wird. Die Alliierten werden auf der Halbinsel vorrücken und die lebensnotwendigen Versorgungswege kappen. Die Deutschen werden die Grenze am Brenner bis zum Äußersten verteidigen. Und ausgerechnet an dieser Grenze lebt seine Familie: Hermann, Sepp und nun auch Hella.
»Tobias! Geht es dir gut?« Seine Verlobte betritt eilig die Bar des Hotel Greif und bringt einen Schwall frischer Septemberluft mit herein. Er fragt sich, ob er richtig entschieden hat. Sie ist hübsch, begehrenswert, voller Lebenskraft. Aber auch jung und verwöhnt, und ihr Herz birgt eine noch nicht verheilte Wunde. Wird sie ihm eine Gefährtin sein, auf die er in den kommenden schwierigen Zeiten bauen kann, oder eher eine zusätzliche Last? Doch als er sie küsst, verschwinden all diese Fragen.
»Ich bin sofort zu dir gekommen, als ich den Alarm gehört habe«, erklärt Hella, während sie neben ihm am Tisch Platz nimmt. Überflüssig zu erwähnen, dass sie zuvor noch den besten Preis für das goldbraune Tuch ausgehandelt hat. »Du bist mein einziger Schutz!«, sagt sie in scherzhaftem Ton.
»Bei mir bist du in Sicherheit«, bestätigt Tobias, legt einen Arm um ihre Schultern und drückt ihr einen Kuss auf das

duftende Haar. Doch über ihren brünetten Kopf hinweg blicken seine Augen düster. Gibt es überhaupt noch irgendwo Schutz? Die Deutschen verwandeln sich von Verbündeten in Besatzer. Sie werden Lebensmittel benötigen und Männer, um die Bahntrassen zu reparieren, einen Ordnungsdienst aufzustellen und um weiterzukämpfen. Und sie werden alle holen, ohne Unterschied. Auch ihre Südtiroler »Brüder«.

Die ersten deutschen Soldaten der 44. Infanterie-Division treffen in der Nacht vom 8. auf den 9. September 1943 gegen drei Uhr morgens in Bozen ein. Man erwartet sie mit gemischten Gefühlen. Alle wissen von ihrer Ankunft. Vorsichtshalber haben Rommels Truppen bereits gegen Ende Juli mit der Überschreitung des Brenners begonnen. Am 8. September wird im Radio die Kapitulation der neuen römischen Regierung vor den Alliierten bekanntgegeben. Mit einem Schlag ist – das zwar bereits zuvor strategisch bedeutsame – Südtirol zum Brennpunkt des Geschehens geworden. Ein Bollwerk des letzten Widerstands des im Zusammenbruch begriffenen Nationalsozialismus.
Doktor Franz, der über seiner Druckerei wohnt, leidet bereits seit Jahren an Schlafstörungen und bekommt oft kein Auge zu. Dafür lauscht er gern auf die Geräusche der Stadt. Er weiß, wie sie atmet, spürt, ob sie nervös oder heiter ist. In dieser Spätsommernacht vernimmt er als einer der Ersten das Dröhnen der deutschen Jeeps und Lastfahrzeuge. Befehle werden mit lauter Stimme erteilt, Stiefel hallen auf dem Pflaster.
Er schaltet das Licht aus und lupft ein wenig den Vorhang seines schlichten Schlafzimmers. Vor dem Haus errichten NS-Soldaten eine Absperrung aus Stacheldraht und ein Wachhäuschen.
Wie lange sie wohl bleiben werden?, fragt er sich.
Er lässt den Vorhang fallen und legt sich wieder hin. Seine

Stadt wird das tun, was alle Städte tun, die sich befreit glauben. Morgen werden die Frauen herbeieilen, um die Soldaten zu küssen, und die Männer werden ihnen Wein anbieten, murmelt er vor sich hin. Und dann?

Doktor Franz wälzt sich von einer Seite auf die andere und denkt, wie leicht sich die Menschen doch täuschen können. Wie rasch sie bereit sind zu vergessen, vergangenes Elend zu verdrängen. Und neues Elend zu schaffen.

24

Blumen, Wein und Angst

Mitte September 1943

Seit dem 10. September untersteht Bozen der Kontrolle der nationalsozialistischen Behörden. Die gesamte Region, einschließlich der Provinzen Trient und Belluno, ist nach dem Waffenstillstand mit einem Schlag besetzt und unter dem Namen Operationszone Alpenvorland zum Militärgebiet erklärt worden. In diesem Zusammenhang hat Hitler den bisherigen Gauleiter von Tirol-Vorarlberg Franz Hofer zum Obersten Kommissar ernannt.

Die letzten vermeintlichen Spuren italienischer Herrschaft sind beseitigt worden. Die Besatzungsmacht hat Präfekten, Bürgermeister und Staatsbeamte durch Männer und Frauen ihres Vertrauens ersetzt, ausgewählt unter denen, die sich 1939 für die deutsche Staatsbürgerschaft entschieden haben. Die Optanten, die angesichts der militärischen Niederlagen des Deutschen Reiches in den vergangenen Monaten beunruhigt waren, fühlen sich erneut bestärkt.

Am 12. September ist Mussolini von deutschen Fallschirmjägern aus seinem Gefängnis auf dem Gran Sasso befreit worden, aber er ist nur noch eine Marionette in den Händen des Führers. Eigentlich hatte er vorgehabt, ausgerechnet in Bozen eine neue faschistische Regierung zu bilden, aber Hitler hat ihn durch stichhaltige Argumente davon abbringen können. Er hat ihm jedoch gestattet, sich 150 Kilometer weiter südlich, in Salò, am Ufer des Gardasees, niederzulassen. Dort hat der Duce eine Scheinrepublik errichtet, von dort wohnt er tatenlos jener erbitterten Militäroffensive zwischen Alliierten und Nationalsozialisten bei, die um die Vormachtstellung in Italien kämpfen. Und die das Land zerstören.

Hella denkt, dass sie glücklich sein müsste. Auf den Dächern, wo einst die italienische Flagge wehte, sind keinerlei Symbole des italienischen Staates und der verhassten Faschisten mehr zu sehen. Nur noch rote Hakenkreuzfahnen. Die auf den Straßen patrouillierenden Soldaten und die Offiziere, denen man begegnet, tragen allesamt Uniformen der Wehrmacht oder der SS. Das italienische Heer ist entwaffnet worden, die Soldaten hat man im städtischen Stadion zusammengetrieben, bevor sie nach Deutschland in die Gefangenenlager transportiert worden sind. Obwohl Hella in den finstersten Zeiten des Faschismus unter den Militärs zu leiden hatte, verspürt sie nun doch Mitleid mit diesen Männern und ihren Familien. Wie viele werden aus der Internierung aus diesem durch seine Niederlagen verrohten Land zurückkehren? Tobias hat ihr erklärt, dass Hunderttausende in Gefangenschaft geraten seien. Und da sie als Verräter gelten, genießen sie nicht einmal den Schutz der Genfer Konvention.

Sie kommt am Bahnhof von Bozen vorbei und versucht, nicht an die Züge zu denken, mit denen sie abtransportiert werden. Als seien von hier nicht schon genug junge Männer in Uniform aufgebrochen. Ihr Blick streift über die Stapel aus Sandsäcken und die Flugabwehrbatterien. Die Eisenbahntrasse über den Brenner ist für das NS-Regime bedeutsamer denn je. Denn sie garantiert die Versorgung der Verteidigungslinien, die den Vormarsch der Alliierten im Süden des Landes verhindern. Auch deshalb ist diese Trasse vorrangiges Ziel amerikanischer und englischer Bombenangriffe.

Hella gelangt zum Hotel Bristol und bleibt vor dem Eingang zum Garten stehen, in dem sie so viele Monate verbracht hat. Die Arbeit der AdO und der ADERSt wird eingestellt. Die beiden Behörden, die mit der Planung der »Massenauswanderung« ins Deutsche Reich betraut waren, werden nicht mehr gebraucht. Das Reich ist nun hier. Die neue lokale Polizeibehörde, der sogenannte Südtiroler Ordnungsdienst, ist schon vor einem Monat ins Leben gerufen worden. Man war vorbereitet, nichts ist dem Zufall überlassen worden. Am Tag nach dem Einmarsch der Deutschen in die Stadt trugen bereits etliche die Armbinde mit der Aufschrift SOD. Aufgabe dieser neuen Truppe ist es, für Ordnung und Sicherheit zu sorgen. Eine neue Miliz mit der Entscheidungsmacht darüber, wer gut ist und wer böse.

»Heil Hitler!« Der Gruß lässt sie zusammenzucken. Ein Soldat, den sie oft im Bristol gesehen hat, winkt ihr zu, überquert die Straße und kommt näher.

»Heil Hitler«, erwidert sie. Der für alle Deutschen schon lange verbindliche Gruß wird nun auch in Bozen zur Pflicht. Er ist ihr vertraut, ihre Schwestern Gusti und Mariedl beenden bisweilen ihre Briefe aus Graz so. Aber ihn auf offener Straße in ihrer Stadt zu hören erscheint ihr merkwürdig. Und sie verspürt dabei nicht das eigentlich erwartete Hochgefühl.

»Sehen Sie, Fräulein Rizzolli? Wir haben Sie endlich von den Faschisten befreit!«

»Und wie rasch es ging!« Hella blickt ihn an. Ein blutjunger Bursche, blond und voller Elan. Vielleicht hat er in Deutschland eine Verlobte, oder er hat hier eine gefunden. Oder beides. »Aber ist denn all dieser Stacheldraht nötig?«, fügt sie mit einem die Frage abmildernden Lächeln hinzu. »Die Wachhäuschen, die Absperrungen …?«

»Es sind reine Sicherheitsvorkehrungen, Fräulein«, versichert der Soldat. »Wir wollen doch nicht, dass so hübsche Geschöpfe wie Sie unnötiger Gefahr ausgesetzt werden, nicht wahr?«

Hella nickt nur, deutet einen Gruß an und eilt weiter in Richtung Greif. Tobias' Schwester Gretl erwartet sie, um mit ihr die Speisefolge für die Hochzeitsfeier zu besprechen. Es scheint eine merkwürdige Unruhe in der Luft zu liegen. Alle fragen sich, ob sich die Dinge nun zum Besseren wenden werden. Und falls ja, ob für alle oder nur für einige? In den

Bergen kann es rasch zu einem Wetterumschwung kommen. Stürme ziehen plötzlich auf.

Karl hat sich mit Leib und Seele in die Arbeit gestürzt. Seit seiner Rückkehr aus Berlin ist er in der grünen Villa des SD eingesperrt. Er arbeitet in einem Büro im ersten Stock, direkt neben dem von Oskar, und schläft in einem Zimmer im Souterrain. Obschon er bereits zuvor in der Falle gehockt hat, konnte er sich damals zumindest noch der Illusion eines normalen Lebens hingeben, mit frischer Luft am Morgen und dem Gruß der Kollegen in der Druckerei von Doktor Franz. Was wohl aus dem guten Mann geworden sein mag? Einmal ist ihm herausgeschlüpft, dass er sich in den Bergen verstecken wolle. »Ich geh dahin, wo keine Ratte mehr herumschnüffeln kann«, hat er gesagt.
»Ratten schaffen es überallhin.« Karl schlägt die nächste Akte auf. Hundert Leben sind eine ganze Menge.
»Was machst du da? Träumst du mit offenen Augen?« Oskars Stimme lässt ihn zusammenzucken, er hat ihn nicht hereinkommen hören. »Du hast keine Zeit zu verlieren, hörst du?«
Karl sieht zu seinem Halbbruder auf. Der Ton ist barsch wie immer, aber sein Gesicht verrät Erschöpfung. Karl weiß, dass die neuen Besatzer Südtirols nicht zu seinem Kreis gehören. Sein Geheimdienst, der mit Auslandsangelegenheiten beschäftigte SD Walter Schellenbergs, ist an den Rand gedrängt worden. Ganz eindeutig: Das Kommando hat die für innere Angelegenheiten zuständige Gestapo übernommen. Widerwillig hat Karl sich eingestehen müssen, dass die Machtkämpfe, in denen sich die Spitzen des NS-Regimes zerfleischen, ihn – einer großen, tödlichen Schachpartie gleich – faszinieren.
Zug und Gegenzug zwischen Spielern, die sicher wissen, was sie tun. Aber Karl begreift, dass dieses Durcheinander für

Oskar, den stets gehorsamen Vollstrecker, äußerst heikel ist. Er weiß nicht mehr, wem er gehorchen soll.

»Und wo steht Hitler bei alledem?«, fragt er bisweilen, wenn sein Halbbruder ihm diese Machenschaften schildert.

»Hitler stellt sich mit bloßen Händen Amerika und Russland entgegen«, lautet die Antwort. »Er hat keine Zeit für derartiges Gerangel.«

»Und wenn er den Krieg verliert?«

»Bis dahin musst du auf jeden Fall mit diesen Akten fertig sein.«

Aber die Arbeit geht langsam voran. Oskar durchblättert die wenigen fertiggestellten Papiere und schnaubt.

»Das ist alles? Kein Wunder, wenn ich dich dabei erwische, wie du Löcher in die Luft starrst und vor dich hin träumst wie ein junges Mädchen ...«

»Oskar, ich tue, was ich kann«, erwidert Karl. »Aber du hast mich gebeten, mir hundert höchst ungewöhnliche Südtiroler aus den Fingern zu saugen.«

»Wieso ungewöhnlich?«

»Lauter Männer zwischen fünfzig und fünfundsechzig, von denen kein einziger Landwirt, Weinhändler oder Arbeiter ist.«

»Es gibt schließlich nicht nur Bauerntölpel hier unten«, wendet Oskar ein.

»Unverheiratete oder verwitwete Männer ohne Kinder, die vom Militärdienst befreit wurden«, fährt Karl fort. »Und das in Südtirol!«

Oskar erhebt sich mit einem Seufzen. Er ist ungeduldig, aber er ist nicht dumm, er hat das Problem verstanden. Wenn alles zusammenbricht, werden Papiere allein nicht genügen: Man muss auch die richtigen Antworten parat haben. Die Sieger werden Fragen stellen. Vielleicht kennen sie diese Gegend nicht genau, aber werden ihnen derartige Ungereimtheiten entgehen? Die Männer von hier bearbeiten ihr Land, sie haben zahlreichen Nachwuchs, ihre Hände sind schwielig, und oft genug haben sie in einem der Kriege, in die sie hineingezogen wurden, Verletzungen davongetragen.

»Sag ihnen, dass sie sich ein bisschen verstellen müssen«, endet Karl. »Wobei ich nicht weiß, ob es damit getan ist.«

»Mir wird schon was einfallen«, unterbricht ihn der Halbbruder. »Und du mach dich wieder an die Arbeit.« Er wendet sich zum Gehen, doch dann hält er inne. »Hast du von Männern gesprochen? Sind keine Frauen auf der Liste?«

»Keine einzige.«

»Bist du sicher?«

»Absolut.«

Überall sind deutsche Soldaten. Neumarkt, Pinzon, Montan: Auf den Straßen wimmelt es nur so von Männern in Uniform. Viele größere Höfe der Umgebung bieten ihnen so lange Unterkunft, bis die italienischen Kasernen frei werden und sie aufnehmen können. Auch das große Haus in Pinzon hat seine Türen geöffnet. Jakob und Josef halten die Weinflaschen bereit, um die Neuankömmlinge zu bewirten, Hella sorgt dafür, dass stets ein Korb mit frischem Obst in der Stube bereitsteht. Wie viele andere junge Frauen hat auch sie den vorbeiziehenden Truppen Blumen zugeworfen. An dem Mieder ihres Dirndls prangte ihr altes Abzeichen des Bunds Deutscher Mädel, das sie bis dahin nie hat zur Schau stellen dürfen.

Heute, am Sonntag, dem 19. September, wird in der kleinen Kirche von Pinzon eine Messe zum Gedenken an Rosa Tiefenthaler gehalten, die drei Jahre zuvor, am 25. des Monats, für immer die Augen geschlossen hat. Elsa und ihr Sohn Franz sind mit dem jüngsten Sohn Heini aus Neumarkt gekommen. Die drei älteren sind noch im Elsass, in Rufach und Achern, wie so viele ihrer Altersgenossen des Südtiroler Bürgertums. Aber die Mütter sind in Sorge. So auch Elsa: Wenn der Krieg andauert, wird die Gegend dort gefährlich.

»Wie schmuck die Burschen in Uniform aussehen«, bemerkt Elsa. Sie steht unter der großen Linde auf dem Platz von Pinzon und wartet gemeinsam mit Hella auf den Beginn der Messe. Die Männer sind noch in der Stube und reden über Politik. Ein Militärlaster kommt die schmale Straße zum Dorf herauf. Hella, die auf dem Rand des Brunnens gesessen hat, springt auf und eilt ins Haus.

»Schnell, schafft Wein herbei!«

Als sie, gefolgt von zwei Dienstmädchen mit Flaschen und Gläsern, Brot und Speck, wieder hinaustritt, ist ein halbes Heer eingetroffen und Elsa von Uniformen umringt. Sie lacht, wie stets eine glimmende Zigarette zwischen den Fingern.

»Unterstehen Sie sich, so etwas zu sagen, ich bin eine verheiratete Frau!«, wendet sie sich entrüstet an einen Offizier.

»Aber ich bin es noch nicht!«, zwitschert Hella, und die Aufmerksamkeit richtet sich auf sie. Sie trägt ein hübsches Dirndl mit blauer Schürze und rotem Mieder. Das Reinweiß der Bluse scheint ihrer Haut Konkurrenz machen zu wollen. Sie bringt Erfrischungen. Die Soldaten lassen sich zu einem kurzen Beifall hinreißen. Nach vier Kriegsjahren sind sie einen ganz anderen Empfang gewohnt.

»Hierherzukommen ist, als käme man ins Paradies«, bemerkt der Offizier und nimmt einen Schluck. Der Platz hat sich rasch gefüllt, und es herrscht spontane Festtagsstimmung.

»So ist es«, bestätigt Hella. »Es ist unser Paradies. Und beinahe hätten wir es verlassen müssen.«

Seit einiger Zeit hat sie eingesehen, dass die Steiners recht hatten. Die Zukunft liegt hier. Eng verwoben mit der Vergangenheit.

Der Offizier stammt aus Innsbruck und kennt das Problem der Optanten: »Ich weiß, Fräulein, ich weiß. Für alle, die tatsächlich fort sind, war es gewiss nicht leicht.«

»Wahrscheinlich nicht, aber wir hatten keine andere Wahl«, sagt Hella, wie um sich zu rechtfertigen.

»Jedenfalls sind wir nun aufs Neue vereint.« Der Mann will die Stimmung nicht verderben. »Und alles wird sich zum Guten wenden.«

»Wohin seid ihr unterwegs?«, mischt sich Jakob ein. »Falls ihr das überhaupt verraten dürft.«

»Das ist kein Geheimnis, leider weiß inzwischen jeder, wie weit der Feind vorgedrungen ist. Wir sind unterwegs zur Viktor-Linie, nördlich von Neapel. Wir werden den Amerikanern Einhalt gebieten.« Der Offizier gibt sich optimistisch, er mag die hübsche junge Frau und all die anständigen Leute hier nicht enttäuschen. Aber ganz so naiv sind die Südtiroler nicht.

»So, wie ihr den Russen Einhalt geboten habt, was?«, fragt eine schlanke Frau mit schönen grünen Augen. Einer ihrer Söhne ist bereits an der Ostfront gefallen, ein zweiter soeben einberufen worden. Und sie bangt um den jüngsten, der gerade achtzehn geworden ist. Der siegessichere Ton erscheint ihr fehl am Platz.

Die Stimmung kühlt schlagartig ab, und Hella wirft ihrer Landsmännin einen vorwurfsvollen Blick zu. Sie kann ihren Schmerz und ihre Sorgen verstehen, aber das oberste Gebot ist Gastfreundschaft.

»Wir haben hier in der Gegend zahlreiche Verluste zu beklagen«, erklärt sie dem Offizier schlicht. »Viele unserer jungen Männer sind ausgezogen, um in der Ferne zu kämpfen. Mein Verlobter ist in der Ukraine gefallen.«

»Im Krieg geschieht so etwas leider«, nickt er. »Deshalb sind wir auch so dankbar für euren freundlichen Empfang.« Über die Gefallenen an der Ostfront zu sprechen ist für seine Jungs bestimmt nicht gerade aufbauend. »Lasst uns anstoßen«, beendet er daher das Thema und hebt sein Glas. »Auf unsere großzügigen Südtiroler Gastgeber!«

Die Spannung löst sich in einem Chor aus Prosit-Rufen auf. Kurz darauf beginnen die Kirchenglocken zu läuten. Der Pfarrer ruft seine Schäfchen. Zur Messe, aber auch, um dem lebhaften Durcheinander aus jungen Dorfmädchen und diesen hübschen deutschen Soldaten ein Ende zu bereiten.

Der Offizier reicht Hella die Hand und drückt sich die Mütze auf das kurze braune Haar.

»Auch ich habe in der Ukraine gekämpft«, sagt er, als habe er es sich noch einmal anders überlegt. Offenbar fällt es ihm schwer, darüber zu sprechen. »Ich war dabei, wie von Manstein den Belagerungsring bei Stalingrad zu durchbrechen versucht hat. Wir mussten uns zurückziehen. Falls es Sie interessiert: Ich glaube, es war ein Fehler.«

»Was?«

»Die Entscheidung, Paulus und seine Leute in den Trümmern von Stalingrad zurückzulassen. Wir hätten weiterkämpfen sollen. Alle wissen es, aber niemand traut sich, es zu sagen.« Dann wendet er sich abrupt von ihr ab, als würde er dieses Eingeständnis bereuen, und steigt in den Wagen. »Es tut mir leid für Ihren Verlobten«, fügt er förmlich hinzu.

Hella erwidert spontan: »Ich heirate nächsten Monat.«

In seinen Augen liest sie eine Spur von Befremden. Während sich das Fahrzeug in Bewegung setzt, hat er den Blick auf sie geheftet. Inmitten der zeitlosen Schönheit Pinzons hat ihr Lächeln ihn schmerzlich getroffen. Es hat ihm die grausamste Wahrheit des Krieges enthüllt: Die Soldaten sterben, und das Leben geht weiter.

25

Die Macht des Bösen und der Mut zum Guten

Bozen, Sommer 2014

Das hartnäckige Festhalten der Südtiroler am Nationalsozialismus, das sich aus dem Mythos des Deutschtums, den großen Umsiedlungsplänen und dem irrigen Glauben an den Endsieg speist, erreicht im September 1943 seinen absoluten Höhepunkt. Es ist der Moment, als Italien unter der Führung Badoglios die Waffen streckt und die Deutschen gleich darauf einmarschieren.

Gefeiert als Befreier.

Sie wurden mit Gesang, Beifall, Blumenregen, Obst und Wein empfangen. Das bestätigen mir die Bewohner der von mir besuchten Dörfer. Viele haben Soldaten und Offiziere in ihren Häusern aufgenommen, derweil die Italiener aus den Kasernen »geräumt« wurden. Das weiß ich auch von meiner Familie mütterlicherseits, die zweifelsohne zu den begeisterten Befürwortern zählte.

Für die Südtiroler Optanten erwacht erneut die Hoffnung: Ihr Land wird deutsch. Wenn Hitler den Krieg gewinnt, so denken sie, wird er sich seinen fernen »Verwandten« für die ihm bewiesene Treue erkenntlich zeigen. Wer die deutsche Staatsbürgerschaft gewählt hat, zeigt sich zufrieden, manch einer sogar überheblich. Der große Fluss der Geschichte ist in sein Bett zurückgekehrt, hat der italienischen Vorherrschaft ein Ende gesetzt. Und den Kontrast zu den Dableibern verschärft. Nach dem Fall des Duce, so heißt es, werde Hitler sich Südtirol einverleiben, und den Preis dafür hätten die Dableiber zu zahlen. Wie die Familie von Sepp Perwanger. »Kreisleiter Viktor Walch rief genau hier, im Zirmerhof, eine

Versammlung ein. Er trug seine schicke SS-Uniform«, erzählt Sepp und berichtet weiter, wie Walch ankündigte, alle Dableiber als Verräter zu bestrafen. Zwar werde man Milde walten lassen, doch sollten sie finanziell zum Ruhm des Deutschen Reiches beitragen. Eine Woche später erhielt die Familie ein amtliches Schreiben: Der Zirmerhof habe der Wehrmacht gratis 30 000 Kubikmeter Holz zur Verfügung zu stellen. Die Mutter begann zu weinen. Doch der Vater lachte nur: »Rechne einmal nach, Hanna. Das ist überhaupt kein Problem«, erklärte er. »Hitler spricht immer vom Tausendjährigen Reich. Macht also 30 Kubikmeter im Jahr, das lässt sich verkraften …« Der Sinn für Humor ist offenbar der gesamten Familie eigen. Sepp hebt sein Glas, um anzustoßen, und der intensive Duft seines köstlichen Marilleler scheint ihm die Erinnerung zu versüßen. Nichts geht ihm über den heimischen Aprikosenschnaps. Doch der Eindruck täuscht. Vielen ist der Einmarsch der deutschen Truppen in Bozen noch lebhaft in Erinnerung und mit großer Angst verbunden. So wehrt sich beispielsweise Martha Ebner vehement gegen die Vorstellung, alle Südtiroler hätten die Deutschen als Befreier empfangen. Sie selbst tat das nicht.

Zwar hätten viele Menschen, darunter auch Freundinnen, ihnen zugejubelt, berichtet sie, aber es habe einige gegeben, die ganz anders darüber dachten. Sie seien natürlich weniger in Erscheinung getreten. Sie selbst war an jenem 9. September auf dem Ritten, wo sie zunächst auch blieb. Niemand wusste, was weiter geschehen würde. Martha war, wie sie erzählt, auch in großer Sorge um ihren Onkel, der erst im letzten Augenblick mit Hilfe der Abwehr hatte fliehen können. Obschon es sich bei der Abwehr von Admiral Canaris ebenfalls um Deutsche handelte, standen sie seit jeher im Konflikt mit der SS. Und Canaris war ein heimlicher Gegner Hitlers.

Kanonikus Gamper verbrachte die folgenden Wochen versteckt in einem Kloster in Florenz, später ging er in den Vatikan. Die Zeit dieser erzwungenen Abwesenheit aus Südtirol nutzte er zum Verfassen eines Memorandums für die Alliierten, in dem er die Vielschichtigkeit seiner Heimat zu erklären versuchte. Gamper hatte sich keine leichte Aufgabe gestellt. Seine Nichte sollte diesen Anfang September 1943 begonnenen Bericht später fortsetzen.

Sie schildert mir, wie sie wenige Tage später nach Bozen an ihren Arbeitsplatz als Sekretärin des Kanonikus im Athesia Verlag zurückkehrte, um ihre Sachen abzuholen. Sie hatte nicht vor, dort zu bleiben. Doch die Büros waren bereits von den Männern des SOD in Beschlag genommen worden und alle Unterlagen konfisziert. Unter ihnen war auch ein ehemaliger Angestellter, der 1939, nach seiner Option für das Deutsche Reich, die Arbeit aufgegeben hatte. Er hieß Seybold und gehörte nationalsozialistisch gesinnten Kreisen an. Nun saß er auf Gampers Platz. Während Martha Ebner ihre Sachen zusammensuchte, sagte er: »Du darfst nicht gehen, du hast Dienstpflicht.« Einst, als Kinder, waren sie befreundet gewesen, jetzt, unter der neuen Verwaltung, war er zu einer bedeutenden Persönlichkeit aufgestiegen. Alle Angestellten wurden gezwungen, Hitlerfotografien an die Wände zu hängen, schließt Martha ihren Bericht.

Das ist erst der Anfang. Schikanen gegenüber den Dableibern sind bereits seit Jahren an der Tagesordnung, doch sie nehmen zu. Nachbarn stellen sich gegen Nachbarn, Väter gegen Söhne: Der 1939 entstandene Riss wird zum unüberwindbaren Abgrund. Und man verschließt die Augen vor der Wirklichkeit: Der Krieg dort draußen läuft schlecht für Hitler. Aber inmitten der Berge will das niemand wahrhaben. Durch die deutschen Besatzungstruppen in Bozen und das Gebaren der Optanten wird die Illusion aufrechterhalten, ein Sieg des Deutschen Reiches sei noch immer möglich. Und eine von Rassenwahn besessene Ideologie könne es mit einem weltweiten, gerade dank seiner Vielfalt starken Bündnis aufnehmen.

Heute führt ein überdachter Durchgang, halb versteckt zwischen einer Bar und einer Fleischerei, zur sogenannten »Passage der Erinnerungen«. Ein schmales, wenige hundert Meter langes Gässchen, rechts eine graue Mauer, links ein Dutzend Erklärungstafeln in verschiedenen Sprachen. Zusammen mit ein paar Kunstwerken an anderen Orten der Stadt ist das alles, was von dem einstigen, finsteren und berüchtigten Lagerkomplex in der Reschenstraße übrig geblieben ist. Das im Juli 1944 von den Nationalsozialisten geschaffene Durchgangslager erreicht zwar nicht die Dimensionen von Sachsenhausen, Dachau oder Mauthausen, aber das Böse hat im Herzen Bozens Einzug gehalten und dort eine seiner Festungen errichtet. Von dort sind fast 9500 Gefangene abtransportiert worden, darunter etwa 300 Juden.
Das Lager existiert seit vielen Jahren nicht mehr, es ist dem Bau von Mietshäusern gewichen. Von seiner Vergangenheit sind nur wenige Spuren geblieben. Die Stimme der Geschichte schweigt. An einem wolkigen Spätsommernachmittag streife ich die graue Mauer dieser halb versteckten Gasse entlang, während einige Kinder in Richtung des nahe gelegenen Kindergartens an mir vorbeiflitzen. Hier ist nicht der Ort, an dem ich die Erinnerung an das Böse finden werde.
Aber ich finde diese Erinnerung, eindringlich und laut, in der Stimme einer ihrer schonungslosesten Hüter. Lionello Bertoldi, achtundachtzig Jahre alt, hat bereits früh seinen Kampf gegen das Vergessen aufgenommen, und er führt ihn mit unerschöpflichem Eifer weiter. Er ist in Levico im Trentino geboren und hat dort während des Krieges gelebt. Schon als junger Mann war er Mitglied der Kommunistischen Partei und wurde 1987 für eine Legislaturperiode in den Senat gewählt. Heute ist er Vorsitzender der italienischen Partisanenvereinigung ANPI in Bozen und im dortigen Büro empfängt er mich auch. Es hängt voller Porträts und Flaggen, die von seinem Stolz auf die eigene Vergangenheit und die Resistenza

zeugen. Ohne überlegen zu müssen, zählt er die für Bozen so beschämenden Fakten auf: »Insgesamt waren 9500 Personen in dem Lager inhaftiert. Bis zu 1300 konnte es aufnehmen, und wenn es voll war, wurden die Gefangenen in Zügen abtransportiert. 3500 Gefangene landeten in Konzentrationslagern. 2050 sind gestorben, niemals zurückgekehrt. Der erste Konvoi ging im August 1944 nach Mauthausen. Der letzte, mit demselben Ziel, fuhr am 1. Februar 1945.«

Den Juden erging es in Südtirol nicht besser als im übrigen Europa. »Wen wundert das?«, fragt mich Lionello. »Damals galt: *mors tua vita mea.* Die Meraner Juden sind von ihren eigenen Nachbarn bestohlen worden.« Über die bisweilen beachtlichen Vermögen, die manche im Zuge der jüdischen Tragödie angehäuft haben, ist niemals wirklich offen gesprochen worden. In dieser Gegend genauso wenig wie anderswo. »Auch in Bozen haben sich die Nachbarn bespitzelt. Die ersten Deportationen aus Italien sind von hier erfolgt: Die Opfer waren bereits von den Faschisten identifiziert und ausgesondert worden. Als die Nazis kamen, stellte man ihnen die Listen zur Verfügung. Drei Tage später hatte man sie bereits in Züge verfrachtet. Aus Meran waren es rund siebzig. Zum Glück waren viele zuvor bereits geflohen.«

Lionello bestätigt mir, dass mehr Südtiroler als Italiener in das Lager gelangten. Es seien in erster Linie Wehrdienstverweigerer gewesen, von denen es eine ganze Menge gegeben habe. Man habe nicht nur sie, sondern auch all ihre Angehörigen verhaftet. Die barbarische, aber effiziente Methode der Sippenhaft. Die Geiselnahme von Familienmitgliedern, um die Deserteure zu zwingen, sich zu stellen.

»Es war zwar ein Durchgangslager«, fährt Lionello fort, »aber dennoch sind einige hundert Menschen dort umgebracht worden.« Allein dreiundzwanzig am 12. September 1944: italienische Freiwillige, die an einer Mission der Alliierten beteiligt gewesen waren. Sie sollten in dem von den

Nationalsozialisten besetzten Gebiet zu den Stellungen der Resistenza vordringen, so Lionello. Sie wurden allesamt verhaftet, erst nach Verona und anschließend in Block E des Bozener Lagers geschafft. Im Morgengrauen des 12. September brachte man sie in die Mignone-Kaserne in Oberau und tötete sie per Genickschuss.

Lionello Bertoldis Stimme klingt durchdringend, und die blauen Augen sind hart. Er kann sich noch immer entrüsten, und er ist stolz darauf. Aber 1944 und 1945, so erinnere ich ihn, haben nicht viele reagiert, weder Italiener noch Deutsche. Und die Südtiroler müssen von der Existenz der Lager gewusst haben. Von dem in Bozen ebenso wie von den weiter entfernten. Nach seiner Aussage war zwar das Lager in der Reschenstraße bekannt, aber über die Lager des Deutschen Reiches wusste man fast nichts: »Manche hatten Verwandte, die in Deutschland in den Lagern arbeiteten, aber die anderen hatten kaum Informationen«, beteuert Lionello. Die Juden seien sofort abtransportiert worden, man habe sie nie wiedergesehen. Es sei bekannt gewesen, dass sie Zwangsarbeit verrichten mussten, aber von der Vernichtung habe man nichts gewusst. »Einige glaubten tatsächlich, die Gefangenen mit Kleidung, ja sogar mit Geld unterstützen zu können. Sie schickten es an den im Ausland tätigen Widerstand.« Er streckt die Hand nach den von der ANPI veröffentlichten Büchern auf dem Tisch aus. Sie sind denen gewidmet, die dem Nationalsozialismus in jenen Zeiten mit einem »Nein« begegnet sind, als es das Leben kosten konnte.

Einer der Bände ist der Prozessbericht zu Mischa Seifert, dem berüchtigten Peiniger aus der Reschenstraße. »Mischa, ein so wohlklingender Name«, bemerkt Lionello. Aber in Wahrheit war er ein Aufseher von erbarmungsloser Grausamkeit. Etwa zwanzig Gefangene hat er getötet und Dutzende gefoltert. Nach dem Krieg gelang ihm die Flucht nach Kanada. 2000 hat man ihn aufgespürt und in Vancouver verhaftet. In Italien ist ihm in Abwesenheit der Prozess gemacht worden, er erhielt »lebenslänglich« und wurde 2008 ausgeliefert. 2010 ist er im Krankenhaus von Caserta gestorben. Ohne ein Wort der Reue für die von ihm begangenen Taten.

»Den Letzten, Bortolo Pezzuti, hat er Ostern 1945 umgebracht«, setzt Lionello seinen Bericht fort. Der Bischof aus Belluno war ins Lager gekommen, um die Ostermesse zu feiern. Mit scharfen Worten verurteilte er das, was dort geschah. Derweil drangen deutlich vernehmbar Bortolos Schreie aus einer der Zellen zu den Gefangenen herüber: »Mutter, Mutter, ich will nicht sterben!« Sie hatten ihm den Bauch aufgeschlitzt und die Augen ausgerissen. Er war siebzehn Jahre alt, stammte aus einem Dorf bei Bergamo und war noch nicht einberufen worden. An einem Samstagabend war er ins Kino gegangen und hatte den Schal umgebunden, den seine Geliebte für ihn gestrickt hatte. Einen roten Schal. Die Faschisten kamen herein und forderten ihn auf, ihn abzulegen. Er weigerte sich, sie schlugen ihn zusammen und lieferten ihn dann der Gestapo aus, die ihn nach Bozen zum Verhör brachte. Sie wollten von ihm wissen, wer seine Leute waren. »Das ist die Geschichte von Bortolo Pezzuti«, endet Lionello.

In dem kleinen, von Büchern und Erinnerungen dominierten Büroraum der ANPI wird es still. Wie ließ sich damals gegen das Böse ankämpfen, das sich ins Herz Bozens eingeschlichen hatte? Wie dem Übel Einhalt gebieten? Lionello erzählt mir, dass er gern zur Resistenza gegangen wäre. »Aber ich war ein Feigling«, sagt er trocken. Als er mit sechzehn Jahren eine Allee entlanglief, in der an jedem Baum ein Partisan aufgeknüpft war, habe ihn der Mut verlassen. Er erklärt mir, dass es in Bozen nicht so einfach war, sich der »offiziellen« Resistenza anzuschließen.

Der CLN, das Komitee der nationalen Befreiung, war im übrigen Alpenvorland, in den Provinzen Trient und vor allem Belluno aktiv, aber für Bozen galt der Befehl, keine Wellen zu schlagen: »Mao sagt, der Guerillakämpfer bewege sich im Volk wie ein Fisch im Wasser, nur dass hier kein Wasser mehr war«, beginnt er erneut. »Denn die Gegensätze der verschiedenen Ethnien machten das Ganze gefährlich, es herrschte extremes Misstrauen. Es gab keinen Raum für Widerstand. Selbst Partisanen wie der unter dem Decknamen Kommandant Fausto Corti bekannte Andrea Mascagni zogen es vor, ins Trentino zu gehen. Leute wie Manlio Longon, die das Vertrauen des für Oberitalien zuständigen CLNAI genossen, erhielten lediglich den Befehl, die aus dem Lager entkommenen Partisanen und Antifaschisten zu schützen und ihnen zur Flucht zu verhelfen. Keine weiteren Aktionen.«

Die Geschichte der italienischen Resistenza ist komplex, nicht selten kommt es zu Konflikten zwischen bewaffneten Gruppen, charismatischen Persönlichkeiten oder politischen Strömungen. Südtirol bildet da keine Ausnahme. Es gab mindestens zwei Widerstandsgruppierungen. Naheliegenderweise eine italienische und eine deutsche. Und sie waren in einer Frage gespalten: der nach dem letztlichen Ziel. Zwar war allen klar, dass die Deutschen den Krieg verlieren würden. Aber was sollte danach geschehen? Die Italiener hofften, Südtirol werde italienisch bleiben. Die Südtiroler wollten dagegen die Unabhängigkeit.

»Wir hatten eine bescheidene, auf wenige Helden beschränkte Resistenza«, fährt Lionello fort, »mit zwei verschiedenen, unvereinbaren Sichtweisen. Es bestand nie die Möglichkeit, gemeinsam zu agieren.« Die italienische Gruppierung wird von Manlio Longon, einem leitenden Angestellten der Firma Magnesio in Bozen, angeführt. Er hält den Kontakt zum Mailänder CLN. Hauptvertreter der deutschen Gruppierung ist neben Michael Gamper und Friedl Volgger der Unternehmer Erich Amonn, einer der führenden Köpfe der Dableiber. Außerdem ist in den Bergen unter Hans Egarter eine Guerilla gegen die Besatzer entstanden, die vor allem aus Deserteuren der umliegenden Täler besteht. Um zu begreifen, welche Kluft zwischen diesen Widerstandsbewegungen besteht, sei daran erinnert, dass Egarter nach dem Krieg die von den Amerikanern verliehene Auszeichnung an besonders aktive italienische Widerstandskämpfer, das sogenannte »Patent Alexander«, ablehnte. Er und seine Leute hätten nicht für Italien gekämpft, so Egarters Begründung, sondern für die Rückkehr Südtirols ins Mutterland Österreich.

Beide Hauptgruppierungen haben Kontakt mit den Alliierten und wissen, dass es besser wäre, an einem Strang zu ziehen. Ende 1944 sei ein Treffen zwischen Longon und Amonn geplant gewesen, so Lionello. Doch im Dezember desselben Jahres wurden bei einer ersten versuchten Widerstandsaktion in Bozen alle Italiener verhaftet und in Konzentrationslager geschafft. »Sie hatten versucht, die Bahnverbindung zu unterbrechen. Das Lager war überfüllt, ein Gefangenentransport geplant, und sie wollten versuchen, ihn zu stoppen. Den nötigen Sprengstoff hatten sie bereits aufgetrieben, aber in der Gruppe war ein Spion, der alle verraten hat. Man hatte sie offenbar schon vorher überwacht. In puncto Geheimaktivitäten waren viele ziemlich naiv.«

Diese Verhaftungswelle vernichtet mit einem Schlag die gesamte Basis des Bozener CLN. Longon wird von der Gestapo und später im Lager gefoltert und am 1. Januar 1945 im Gefängnis ermordet. »Seitdem hielten die Frauen von außerhalb des Lagers die ganze Sache am Laufen«, bemerkt Lionello.

Denn Resistenza bedeutet nicht nur Bomben legen, Brücken zum Einsturz bringen und Schienen sprengen. Oder, wie Egarter, die Familien der Deserteure zu unterstützten. Es geht auch darum, Nachrichten, Lebensmittel und andere wichtige Güter in die Reschenstraße zu schmuggeln. Die Protagonisten dieser Aktionen sind Frauen und Priester, »harmlose« Individuen, die ein wenig mehr Bewegungsfreiheit hatten. Ein Beispiel dafür ist Franca Turra, mit Decknamen Anita. Sie war Buchhalterin, erzählt Lionello, und insofern gefährlich, als sie, wie in diesem Beruf üblich, alles aufschrieb. Sie war für die Fluchten zuständig, sie trieb Geld, ein Fahrrad und einen Unterschlupf auf. Gelang die Flucht, schrieb sie: »Partie gewonnen.« Nach dem Krieg fand man ihr Notizheft, in dem zweiundsechzig gewonnene Partien vermerkt waren.

Wie überall gab es Leute, die die Augen verschlossen, aber auch solche, die sich so gut es ging solidarisch zeigten, und schließlich die wahren Helden. »Wenn die Frauen am Morgen zur Kommunion gingen, legten sie dem Pfarrer heimlich die Brotmarken auf den Hostienkelch«, setzt Lionello seine Schilderung fort. »Der ging damit zum Bäcker und kaufte das bisschen, was er dafür bekam. Da er Zugang zum Lager hatte, konnte er es den Gefangenen bringen. Aber ein Beutel Brot für 1200 Hungernde ist lediglich ein Symbol der Hoffnung. Ein Hilfskoch aus dem Bahnhofshotel kam jede Woche gemeinsam mit einem Südtiroler Kollegen ins Lager, um eine Tonne mit Resten zu bringen. Wenn dieser Sadist Mischa Seifert sie nicht auskippte, konnten die Gefangenen sich die Gaben teilen.«

Es mag wenig erscheinen, aber für Menschen unter einem Schreckensregime ist es eine Menge. Kleine alltägliche Gesten. Die Macht des Guten.

26

Der Tag des Jaworts

Oktober 1943

Donnerstag 14. Oktober. Der Walther-Platz ist um diese frühe Nachmittagsstunde beinahe wie ausgestorben. Das liegt nicht nur am schlechten Wetter. Etwa zehn Tage zuvor sind erneut amerikanische und britische Bomber über die Stadt geflogen. Die Leute sind vorsichtiger geworden. Sie spähen in den Himmel, spitzen die Ohren aus Furcht vor Fliegeralarm. Überall gibt es plötzlich Luftschutzräume. An den Wänden kleben Plakate mit Anweisungen für den Ernstfall. Und man heiratet nicht mehr in der Früh, sondern wartet, bis die Angriffszeiten vorüber sind.

Hella strahlt in ihrem langen weißen Kleid mit dem Tüllschleier. Sie trägt helle Handschuhe und im Arm einen Strauß Rosen. Tobias, in dunklem Anzug, mit eleganter weißer Seidenfliege um den Hals, wirkt wie ein junger Bursche. Alle nahen Verwandten sind dabei: Jakob, Josef, Franz und Elsa, Tobias' Söhne Hermann und Sepp, seine Schwestern mit Familie. Die Hochzeitsfeier wird von seinem Schwager im Hotel Greif organisiert. In Zeiten wie diesen ist Maßhalten Pflicht, aber ganz ohne Feier geht es nicht: Schließlich soll es für Hella der schönste Tag im Leben sein. Die jüngste von Rosas Töchtern verlässt das Nest. Gusti hat bereits um ihre Entlassung beim Roten Kreuz ersucht, um zurückzukehren und sich um das väterliche Haus zu kümmern. Sie ist als Einzige noch ledig, und alles deutet darauf hin, dass sie es bleiben wird. Seit Jahren spricht man in der Familie hinter vorgehaltener Hand von ihrer großen, unglücklichen Liebe zu einem verheirateten Mann.

Das große Domgebäude ist bisher von Bomben verschont

geblieben. Es ist zwei Uhr nachmittags, und feierliche Orgelmusik erfüllt den Kirchenraum. Hella schreitet am Arm des Vaters zum Altar. Sie denkt nicht an die Explosionen, unter denen das Etschtal tagtäglich erzittert, nicht an die vor kurzem eingetroffenen deutschen Soldaten und auch nicht an die näher rückenden Alliierten. Stets hat sie getan, was sie glaubte, tun zu müssen. Nun will sie nur noch Frieden: in ihrem Herzen und in ihrem Leben.

Sie schaut nicht zur Familienbank, sie will nicht Josefs finsterem Blick begegnen. Er traut Tobias nicht, er glaubt nicht, dass sie mit ihm glücklich werden kann. Sie wünschte, ihre Mutter Rosa wäre hier, sie hätte bestimmt Verständnis. Sie würde heimlich in ein Taschentuch weinen, wie es sich für eine Brautmutter gehört. Aber im Grunde wäre sie froh. Sie war immer in Sorge ob des widerspenstigen Charakters ihrer Jüngsten gewesen. Wie sehr sie gelitten hat, als man sie in die Basilikata in die Verbannung schickte. Sie hat ihr offen vorgehalten, sich für diesen gottlosen Hitler zu begeistern. Ob sie der Gedanke, dass sie diesen reifen Mann, Witwer und Familienvater heiratet, endgültig beruhigt hätte?

Hella ist davon überzeugt. Rosa würde ihren Wunsch nach Ruhe und einem sicheren Hafen verstehen. Sie hatte das Glück, viele gemeinsame Jahre mit dem Mann ihres Lebens verbringen zu können. Natürlich hätte sie sich dasselbe für ihre Tochter gewünscht: den Bund mit der großen Liebe.

Aber die große Liebe gibt es nur einmal, Mama, denkt Hella bei den letzten Schritten zum Altar. Und das Schicksal hat anders entschieden.

»Du selbst hast so entschieden«, würde Rosa mit sanfter Strenge erwidern. »Heute, im Angesicht Gottes, musst du ganz und gar aufrichtig sein. Du und Wastl, ihr habt beide an den Krieg geglaubt.«

Wir waren zu jung, und wir haben beide einen zu hohen Preis

bezahlt, sagt sich Hella beinahe ungestüm. Wastl ist in der Eiseskälte eines fremden Landes umgekommen, und sie muss als Zeugin den Untergang eines Ideals erleben, für das sie beide gekämpft haben. Einen Augenblick lang sieht sie den Offizier auf dem Dorfplatz von Pinzon vor sich. Sie hat die Missbilligung in seinen Augen erkannt, als sie ihm sagte, dass sie heiraten würde. Aber sie will leben.
Sie hebt den Blick zu Tobias, der neben dem Altar steht und lächelt. Sie lässt Jakobs Arm los, um die Hand ihres zukünftigen Gatten zu ergreifen. Eine neue Liebe, eine neue Familie, ein neues Dasein.
»Ja«, spricht Hella leise.

Karl durchstöbert die Stapel der für die Südtiroler Optanten bestimmten Pässe. Viele werden gar nicht mehr gebraucht, und falls doch, muss sich die Behörde eben etwas einfallen lassen. Bormanns Anliegen geht vor, und Karl hat das Recht, jeden beliebigen Ausweis zu beschlagnahmen. Die Zeiten, in denen er Feuer im Hotel Bristol legen musste, um sie zu entwenden, sind vorbei.
Klara beobachtet ihn erstaunt.
»Kann ich dir helfen?«, fragt sie. Seit der Ankunft der Deutschen ist sie aus der Poststelle des Bristol versetzt worden und arbeitet nun für den ehemaligen Leiter der AdO, Peter Hofer, der inzwischen zum Präfekten von Bozen ernannt worden ist. Vieles hat sich sehr verändert. Früher hat sie sich als Teil einer nützlichen Organisation gefühlt. Sie hat den Auswanderungskandidaten bei ihrem Aufbruch in eine leuchtende Zukunft auf deutschem Boden geholfen, zumindest glaubte sie das. Nun gilt es nur noch dafür zu sorgen, dass keiner der allgemeinen Mobilmachung entkommt. Ein Großteil der AdO hat sich dem Ordnungsdienst SOD angeschlossen, zu dessen offiziellen Aufgaben auch die Entscheidung gehört, wer einberufen wird. Solange es noch etwas zu

entscheiden gibt, versteht sich. Wenn der Krieg so weitergeht, werden bald alle gehen müssen.
Karl blättert in den Pässen. »Ich komm schon alleine zurecht, danke«, erwidert er.
Klara wird ärgerlich: »Und was soll ich denen sagen, denen du ihre Papiere wegnimmst?«
»Was weiß ich, denk dir was aus«, brummt er. »Vielleicht kannst du ihnen klarmachen, dass es besser ist, keinen deutschen Pass zu haben. Er ist ein einfacher Fahrschein an die Front. Keine Rückfahrt inklusive.«
»Das stimmt zwar, aber es ist nur die halbe Wahrheit«, murmelt sie. »Inzwischen werden auch die anderen, die Dableiber, eingezogen.«
Karl schaut einen Augenblick lang erstaunt von seiner Arbeit auf.
»Aber es sind italienische Staatsbürger. Die können sie doch nicht ins deutsche Heer einberufen!«
Klara zuckt mit den Schultern. »Sie tun es trotzdem.«
Natürlich, denkt Karl. Wen sollte es verwundern, dass die Nationalsozialisten internationale Abkommen nicht einhalten?
»Zumindest ist die Situation jetzt klarer«, bemerkt er. »Früher haben euch die Deutschen das Blaue vom Himmel versprochen. Jetzt machen sie euch nichts mehr vor. Sie brauchen Kanonenfutter und holen es sich, wo immer sie es kriegen.«
Klara beugt sich zu ihm hinüber.
»Es ist nicht nur das«, flüstert sie. »In Meran haben sie die Juden geholt. Es ist einer der ersten Befehle an Karl Brunner gewesen.«
Brunner ist seit 1939 der Stellvertreter Himmlers in Bozen. Er hat keine Zeit verloren, die Pläne seines Vorgesetzten voranzutreiben. Karl denkt an Ida und den Pass, den er ihr gegeben hat. Er hofft von ganzem Herzen, dass sie von ihm Gebrauch gemacht hat.

»Woher weißt du von diesen Dingen?«
»Einige unserer Leute haben der SS geholfen. Mitarbeiter des SOD. Manche haben Adressen verraten, andere die Wachen zu Häusern geführt, in denen Juden versteckt waren.« Sie scheint den Tränen nahe zu sein. »Als man mir davon erzählt hat, wollte ich es nicht glauben. Aber ich fürchte, es ist wahr.«
»Komm, hilf mir.« Karl weiß nicht, wie er sie trösten soll. Alles, was er für sie tun kann, ist, sie durch Arbeit abzulenken, damit sie nicht zu sehr ins Nachdenken kommt. »Mich interessieren nur Männer ab fünfzig. Außerdem brauche ich militärische Entlassungsscheine.«
»Die könnten alle gebrauchen«, bemerkt Klara und beginnt, die Pässe durchzusehen. »Jeder weiß, wie sie bei Deserteuren vorgehen. Sie machen Jagd auf ihre Familien. Was nutzt die Flucht in die Berge, wenn sie deine Angehörigen als Geiseln nehmen …«
Karl spart sich den Kommentar. Was haben diese Südtiroler eigentlich geglaubt? Dass sie die nationalsozialistische Bestie gezähmt hätten? Dass sie ihr entkommen könnten? Wahrscheinlich haben sie es gehofft, er selbst hat es versucht, aber die Bestie ist schlau, unnachgiebig und gut organisiert. Sie kennt die Schwachstellen der Opfer ihres Terrors. Und sie versteht es, willige Helfer zu rekrutieren. In den überwiegend aus jungen Männern und Veteranen bestehenden Reihen der örtlichen Polizei sind nicht nur anständige Leute, die sich nützlich machen wollen. Es werden nicht nur harmlose Aktionen wie die Überwachung des Bahnhofs oder anderer neuralgischer Punkte durchgeführt. Manche nutzten die Situation, um alte Rechnungen zu begleichen. Andere schlagen Profit daraus. Und dann gibt es aus Sicht des Regimes, noch die richtig Gewieften, die besonders kritische Bürger genau im Auge behalten. Jene Bürger, die nie an die Verheißungen des Deutschen Reiches geglaubt haben. Und all jene, denen allmählich Zweifel kommen.

Ein Prosit, ein Prosit der Gemütlichkeit …
Wie bei allen Feiern in Südtirol wird gesungen. Es gibt kein sangesfreudigeres Volk, denkt Hella zufrieden. Während ihrer Arbeit als Geheimschullehrerin hat sie den Kindern besonders gern Volkslieder beigebracht. Und kaum war das Verbot, in der Öffentlichkeit Deutsch zu sprechen, aufgehoben, hat sie die Mädchen aus Pinzon auf dem Dorfplatz zum gemeinsamen Singen zusammengerufen. Sie hebt das Glas und lächelt Tobias zu. Ihrem Ehemann. Nach der Trauung im Dom brauchten die Gäste nur den Walther-Platz zu überqueren, um am gedeckten Tisch Platz zu nehmen. Man wird bis zur Sperrstunde feiern.
Die Männer haben angefangen, über Geschäftliches und die kommenden Zeiten zu sprechen. Tobias, Jakob, Josef und Franz kennen sich seit jeher und teilen dieselben Sorgen: Felder, Wälder, Obsthaine und Weinberge. Sie haben den Faschismus, die Wirtschaftskrise, schlechte Ernten überstanden. Als sich der Wein in Österreich nicht mehr verkaufen ließ, haben sie ihn nach Süden exportiert. In besonders finsteren Zeiten haben sie Grappa gebrannt. Heimlich, bei Nacht. Jetzt können sie darüber lachen, aber damals hatten sie Angst.
»Weißt du noch, welche Sorgen wir ausgestanden haben?«, fragt Josef. »Die ganze Nacht haben wir gebibbert, dass bloß keine Streife vorbeikommen möge … Der Schnapsgeruch ließ sich einfach nicht verbergen!«
»Heutzutage sind die italienischen Streifen kein Problem mehr«, bemerkt Franz. Er hat unter den Faschisten zu leiden gehabt. Als er sich weigerte, seinen Nachnamen, Deutsch, ändern und italianisieren zu lassen, hat er seinen Arbeitsplatz verloren. Seitdem hält er sich mit privater Beratertätigkeit über Wasser, zum Glück sind seine Kenntnisse als Förster sehr gefragt. Unter der neuen Verwaltung wird es einfacher für ihn.

»Es ist nur noch eine Frage von Monaten, bis die Deutschen den Norden und den Süden wieder zusammenführen«, sagt Josef. »Dann haben wir endlich erneut ein geeintes Tirol!«

»Franz Hofer würde das gefallen ...«, bemerkt Franz.

»So weit wird es nicht kommen. Hofer hat nicht viel zu sagen«, mischt Tobias sich ein.

»Und wieso nicht?«, fährt Josef auf, verärgert durch den selbstsicheren Ton des Schwagers.

»Solange Hitler Mussolini braucht, wird er sich hüten, ihn auf diese Weise zu brüskieren. Zumal Südtirol momentan ein eher drittrangiges Problem ist.«

»Immerhin hat er gleich als Erstes seine Truppen hierhergeschickt«, entgegnet Josef.

Tobias zuckt mit den Schultern. »Die Brenner-Grenze existiert praktisch nicht mehr. Aber man muss so tun, als gäbe es sie noch.«

»Italien hat Deutschland gestern offiziell den Krieg erklärt«, gibt Josef zu bedenken.

»Welches Italien?«, fragt Josef. »Die Deutschen haben Rom genau an dem Tag eingenommen, an dem sie in Bozen einmarschiert sind. Der König und Badoglio sind geflohen. Mussolini tut so, als habe er dort unten in Salò noch irgendetwas zu vermelden. Aber welche Rolle spielt Italien noch?«

»Eine ziemlich beachtliche«, antwortet Tobias ruhig. »Wenn Italien, oder was davon noch übrig ist, Deutschland den Krieg erklärt hat, so deshalb, um am Ende auf der Seite der Sieger zu stehen.«

»Deutschland könnte sich noch einmal erheben ...«, wendet Josef vorsichtig ein.

»Daran glaubt keiner mehr«, unterbricht ihn Tobias. »Die Niederwerfung des Reiches ist nur noch eine Frage der Zeit. Amerika produziert mehr Panzer und Flugzeuge als die Deutschen, und die Russen ebenfalls. Außerdem können sie mehr Soldaten aufbringen. Man braucht nur eins und eins zusammenzuzählen ...«

»Tobias!« Jakobs Stimme klingt mahnend. Zwar sind nur Angehörige und Freunde im Saal, aber solche Reden zu führen ist unklug.

»Für uns wird sich nichts ändern.« Tobias redet wie stets zu viel. Jakob würde ihn lieber seine üblichen dreisten Witze erzählen hören. Er mag sie zwar nicht, aber sie sind weniger heikel. »Die Alliierten werden gewinnen. Es wird eine Weile dauern, ein, zwei Jahre, aber sie werden gewinnen, und die Grenze wird bleiben, wie sie ist. Italien bleibt Herr über Südtirol: der Lohn der Alliierten für die Kehrtwende. Österreich wird man bestrafen, weil es nicht gegen die Deutschen aufbegehrt hat. Und den Deutschen selbst wird es noch schlechter ergehen, das ist so sicher wie das Amen in der Kirche.«

»Und wir bleiben in unserer Heimat«, fügt Franz hinzu. »Das ist immerhin einiges wert.«

27

Krieg im eigenen Haus

November 1943

Karl und seine beiden ständigen Begleiter sind auf dem Weg zurück in die grüne Villa des SD. So lautet der Befehl: bei Fliegeralarm sofortige Rückkehr. Seit der Errichtung der Operationszone Alpenvorland sind in der gesamten Region neue Büros und Kommandoposten der SS sowie der Wehrmacht entstanden, aber dieses Gebäude ist Sitz der geheimsten Aktionen geblieben. Nachbarn und Passanten halten gebührenden Abstand.

In der Umgegend werden immer mehr Soldaten rekrutiert, Gauleiter Franz Hofer hat die Mobilmachung der vor 1924 geborenen Männer angeordnet. Später wird man die Anordnung auf alle Südtiroler zwischen siebzehn und fünfzig Jahren ausdehnen. Wer versucht, sich zu drücken, wird aufgestöbert. Es droht die Todesstrafe. In wenigen Tagen soll ein Sondergericht eingerichtet werden mit der Aufgabe, bei Verstößen gegen die von der neuen Verwaltung erlassenen Dekrete für eine schnelle Verurteilung zu sorgen. Die »Befreier« haben sich schnell in Unterdrücker verwandelt.

Karl begreift, dass sich die Lage rapide verändert und das NS-Regime unter großem Druck steht. Am 6. November hat Hitler den für die Verteidigung Italiens zuständigen Wehrmachthelden Rommel zurückgerufen und nach Frankreich geschickt, wo man die Landung der Alliierten fürchtet. Das Kommando auf der Halbinsel hat General Albert Kesselring übernommen. Es ist nun seine Aufgabe, die vorrückenden Alliierten im Zaum zu halten. Berlin wird immer stärker von Bomben verwüstet. Karl erinnert sich nur zu gut an jene Nacht, als er den Kampf über der Metropole hat wüten sehen.

Er fragt sich, was aus der Stadt geworden sein mag, in der er seine Vergangenheit, seine Familie zurückgelassen hat. In Bozen ist zumindest das Zentrum bisher verschont geblieben.
Während er in Begleitung seiner beiden Bewacher voraneilt, kommt ihm der Gedanke, dass er inzwischen eigentlich alle benötigten Papiere beisammen haben dürfte. Er führt etliche Pässe und einige Blanko-Führerscheine mit sich. Sie überqueren den Walther-Patz, und der Anblick erscheint ihm wie die Fotografie einer im Untergang begriffenen Welt. Der Dom wacht über die reglose Ödnis. Zwei Straßenbahnen stehen still auf den schimmernden Gleisen. Die Cafétische sind menschenleer. Einige Offiziere in Uniform haben beschlossen, den Fliegeralarm zu ignorieren. Ein Glas in den Händen, stehen sie herum und blicken suchend in den Himmel. Es herrscht vollkommene Stille.
Plötzlich ist ein leises Zischen zu hören und dann ein Knall aus Richtung des Doms. Für den Bruchteil einer Sekunde denkt Karl, dass es unmöglich ist. Dann folgt eine ohrenbetäubende Explosion. Er wirft sich zu Boden. Über ihm und seinen Wächtern geht ein Regen aus Schutt und Metallsplittern nieder. Eine Bombe ist im Mittelschiff explodiert.
Karl kommt wieder auf die Beine. Eigentlich müsste sein erster Gedanke der Flucht gelten. Aber das ist nicht der Fall. »Kommt!«, schreit er den beiden eigentlich zu seiner Bewachung abkommandierten Soldaten zu.
Er rennt durch die über dem Platz stehende Staubwolke. Unter den Füßen spürt er Trümmer und das Knirschen von Glassplittern. Beim Näherkommen erkennt er das Ausmaß des Schadens. Eine Seite des Schiffes ist vollkommen zerstört. »Pater! Pater!«, schreit er, während er über Steinbrocken und zerbrochene Bänke steigt. Die beiden Soldaten bahnen sich ebenfalls ihren Weg. Der Altar ist verschont geblieben. Auch das Gesicht Jesu Christi am Kreuz hat keinen Schaden genommen. Die Dornenkrone ist von einer weißen Schicht

überzogen. Die hölzernen Augen scheinen voller Kummer auf das Chaos zu seinen Füßen zu blicken.

Karl hält mitten in der Kirche inne. Sie wirkt verlassen. Bestimmt sind alle geflüchtet, als sie die Sirenen gehört haben. Alle, aber auch *er?* Er hastet weiter durch den Schutt, dicht gefolgt von den beiden Wachen. Sie schauen nach oben, um herunterfallenden Putz- oder Ziegelstücken ausweichen zu können. Durch das Dach erblickt man ein Stück grauen Himmels.

»Pater!«

Keine Antwort. Sie gelangen vor den Altar.

»Pater!«, rufen nun auch die Wachen. Doch nur die Geräusche der weiterbröckelnden Mauern des getroffenen Doms sind zu hören. Vielleicht hat sich der Priester ins Pfarrhaus geflüchtet?

Dann ein leises Stöhnen. Sie folgen ihm bis hinter den Altar. Das kleine Tor zur Kapelle mit dem Allerheiligsten ist geöffnet. Auf der anderen Seite des schmalen Durchgangs, schon halb davor, liegt der junge Priester an die Rückseite des Hauptaltars gedrückt, das Gesicht auf den kalten Boden gepresst. Aus der gebrochenen Nase fließt Blut. Karl kniet nieder, dreht ihn behutsam um und stellt zu seiner Freude fest, dass er die Augen aufschlägt. Ein Hustenanfall schüttelt seinen Körper, endlich richtet er sich auf den zerborstenen Bodenplatten zum Sitzen auf.

»Ich wollte mich gerade für die Messe umkleiden, danach kann ich mich an nichts erinnern«, sagt der Priester. Ein Silberkandelaber ist bis zu ihm gerollt. Durch die Explosion sind Teile der Ausstattung, Kerzen, Tücher, Heiligenbilder, hinabgeschleudert worden. Doch der Hauptaltar zwischen ihm und dem Kirchenschiff hat als Bollwerk fungiert.

»Durch ein Wunder am Leben«, bemerkt Karl leise.

Der Priester kommt etwas wackelig auf die Beine und betrachtet seine drei Retter.

»Drei ungewöhnliche Schutzengel«, bemerkt er nicht ohne Ironie. »Danke«, fügt er hinzu, während sie sich den Weg zum Ausgang bahnen.
Draußen heulen die Feuerwehrsirenen. Karl umklammert die Ledertasche mit den Papieren: Er hat sie keinen Augenblick aus den Augen gelassen.
»Das wird einige Zeit brauchen«, seufzt der Priester beim Anblick des zerstörten Bozener Doms. Er wird diesen 10. November noch lange im Gedächtnis behalten, den Tag, an dem ein Marmoraltar ihm das Leben gerettet hat. »Zeit, um alles wieder aufzubauen«, fügt er hinzu und meint damit nicht nur das Kirchengebäude.

Das Kaminfeuer in dem großen Haus in Neumarkt brennt. In einer Ecke hat Hella ihren Tisch mit der Schreibmaschine aufgebaut, obwohl sie in letzter Zeit wenig Gebrauch davon macht. Eigentlich schade, sie war schon recht flink geworden.
»Vielleicht könnte ich erneut unterrichten«, sagt sie zu Tobias, der im Sessel sitzt. Mit diesem Gedanken spielt sie bereits, seit im Oktober die deutschen Schulen in Südtirol wieder geöffnet haben. Für Volksschulen galt das dank der Initiative der AdO und der ADERSt bereits ab 1940, aber um die Mittel- oder Oberschule zu besuchen, musste man nach Deutschland gehen, nach Rufach oder Achern. Nun kann die Südtiroler Jugend wieder vollständig in der Muttersprache unterrichtet werden.
»Hast du ein Lehrerdiplom?«, fragt Tobias leicht spöttisch, ohne von seinem Buch aufzusehen.
»Du weißt genau, dass ich keins habe, jedenfalls kein richtiges.« Es ärgert sie, wenn er sie nicht ernst nimmt. »Aber ich habe mein Leben lang unterrichtet. Ich habe auch Kurse besucht, weißt du?«
»Ja, natürlich. Bei den Nationalsozialisten.« Während der

vergangenen drei Jahre haben viele Mitglieder der AdO Kurse der NS-Kaderschulen in den Ordensburgen von Sonthofen, Erwitte, Hohenwerfen und am Krössinsee besucht. So auch Hella. »Du bist bestens qualifiziert … um Unterricht über Leben und Werk des Führers abzuhalten.«

»Ich bin besser fürs Unterrichten qualifiziert als du für das Amt des Kreisbauernführers!«, entgegnet Hella gereizt. In Wahrheit ist sie stolz, dass ihr Mann diese Aufgabe übernommen hat. Aber sie will ihn aus der Reserve locken, will, dass er irgendwie reagiert. Sie erträgt es nicht, wenn er so distanziert ist und ihr kaum Beachtung schenkt. Als sei sie bloß ein launisches Mädchen.

Doch Tobias zuckt nur mit den Schultern. »Wahrscheinlich hast du recht«, erwidert er. »Aber ich habe mich nicht um dieses Amt gerissen. Von mir aus können sie mich gerne wieder absetzen und es deinem Bruder überlassen. Das wäre eine großartige Wahl …«

»Hast du etwa was gegen Josef?« Hellas Stimme klingt geradezu schrill.

Er hebt eine Augenbraue.

»Hat jemand was gegen Josef gesagt?«

Sie schauen sich an. Ihre Augen schleudern Blitze, aus seinen spricht Gereiztheit. Manchmal begreift Tobias einfach nicht, wie eine so intelligente junge Frau derart naiv sein kann. Vielleicht ist sie noch von alten Ideologien verblendet und klammert sich an das, was ihr an falschen Hoffnungen geblieben ist? Wie das Bild von Wastl, das in dem Buch auf ihrem Nachttisch steckt. Tobias weiß, dass sie es oft betrachtet, aber er sagt nichts. Nichts liegt ihm ferner, als gegen einen Toten zu kämpfen. Doch langsam ist er Hellas dauernde Unruhe und Traurigkeit leid.

Sie dagegen wünscht sich einen Ehemann, der sie öfter an sich drückt, um die Kälte in ihrer Brust zu vertreiben. Diese Eiseskälte, die wenig mit der Jahreszeit und dem tiefen grauen Himmel über dem Tal zu tun hat. Eine unerklärliche Mutlosigkeit durchdringt sie wie ein unbarmherziger Winterwind.

»Vielleicht hast du recht. Vielleicht bin ich gar nicht mehr in der Lage zu unterrichten«, murmelt sie.

»Das weiß ich nicht«, sagt er versöhnlicher. »Aber die Zeiten sind vorbei, Hella. Denk an unser Heim. Hast du nicht genug zu tun?«

Sie antwortet nicht. Das ist ein weiteres Problem. Sie hätte nie geglaubt, dass die Führung eines Haushalts sie so in Anspruch nehmen würde. Die Dienstboten, die Ausgaben … Und dazu zwei Stiefsöhne, denen die Ersatzmutter nicht gerade willkommen ist. Sie fragt sich, wie ihre Mutter es mit sechs Kindern geschafft hat. Eines davon mitten im Krieg geboren: sie selbst, die Jüngste. Vielleicht ist das der Grund, weshalb der Krieg sie so mitnimmt.

»Ich würde nur gern etwas tun«, sagt sie. »Nicht im Haus, sondern außerhalb. Für meine Heimat. Es sind schwierige Zeiten.«

»Sie werden nicht leichter. Das einzig Kluge, was du tun kannst, ist, dich herauszuhalten.« Tobias wendet sich wieder seinem Buch zu.

Er ist zynisch, aber er hat recht. Angesichts der jüngsten Entwicklungen verspürt Hella immer stärkeres Unbehagen. Dieselben NS-Leute, die für die Wiedereröffnung der deutschen Schulen gesorgt haben, schließen nun die kirchlichen Institute. So weit sind früher nicht einmal die Faschisten gegangen. In Bozen hat es das Franziskanergymnasium getroffen, ebenso wie das Internat der Englischen Fräulein in Brixen und die Lehranstalt der Marcelline-Schwestern. Sie beschlagnahmen die Gebäude für ihre eigenen Schulen oder zu Verwaltungszwecken.

Und am Sonntag hat ihr Vater ihr hinter vorgehaltener Hand von Kanonikus Gamper erzählt. Ein Mann, den Hella gut kennt: Unter seinen Fittichen hat sie die ersten Versuche als Geheimschullehrerin gewagt. Dann haben sie plötzlich an verschiedenen Fronten gestanden, sie hat dafür gekämpft, die Südtiroler zum Fortgehen zu bewegen, und er dafür, dass sie bleiben. Während besonders erbitterter Auseinandersetzungen hat auch sie die Dableiber »Verräter« genannt, aber sie hat es nie gebilligt, wenn sie denunziert oder misshandelt wurden. Weshalb haben es die Nationalsozialisten jetzt auf Gamper abgesehen und auf Friedl Volgger, der wenige Tage zuvor verhaftet worden ist? Hella ist nicht derselben Meinung wie der Kanonikus, aber sie respektiert ihn. Nun hat Jakob ihr erzählt, dass er untergetaucht ist, vermutlich irgendwo in Italien. Offenbar haben ihm die Männer von der Abwehr geholfen zu entkommen. Deutsche, die einem Südtiroler bei der Flucht vor anderen Deutschen helfen. Hella findet sich nicht mehr zurecht.

»Ich fürchte, der Zeitpunkt rückt näher, an dem wir uns zwischen dem Hakenkreuz und dem Kreuz Christi entscheiden müssen«, hat Jakob leise mit Blick auf das alte Triptychon in der kleinen Kirche von Pinzon bemerkt. In der Stille des Gotteshauses haben die Worte in ihren Ohren wie ein Fluch geklungen. Als verdamme er alles, woran er geglaubt hat, aber auch sie.

In Oskars Büro ist eine wütende Diskussion im Gange. Karl erkennt die Stimme des Halbbruders, nicht jedoch die andere, die gebieterischer, strenger, frostiger klingt. Er steht auf und nähert sich der Verbindungstür. Sie ist nicht ganz geschlossen. Durch den Spalt sieht er einen ihm unbekannten hohen Offizier. An seinem Uniformkragen prangt das Totenkopfabzeichen. Ein weiterer Kollege der SS-Division Totenkopf, denkt Karl.

»Wenn du mit Bormanns Forderungen nicht klarkommst, beschwere dich bei ihm!«, schreit der Unbekannte.

»Du musst mir erst einmal erklären, wieso die Befehle nicht mehr …«

»Ich? Ich *muss* dir gar nichts erklären! Vielmehr bist du eine Erklärung schuldig … wenn ich es verlange.«

Karl öffnet die Tür. Gerade rechtzeitig, um zu hören, wie sein Bruder leise knurrt: »Willst du mir drohen?«

Karl bemerkt, dass der Offizier, mit dem er diskutiert, die Rangabzeichen eines Obersturmbannführers trägt. Oskar im Streit mit einem Vorgesetzten? Der Bruder dreht sich zu ihm um. Karl erkennt die Wut in seinen Augen.

»Du kommst gerade recht.« Oskar greift nach seiner Uniformmütze auf dem Schreibtisch. »Habe die Ehre, dir Oberst Otto Kempf vorzustellen«, sagt er ironisch. »Er hat das Kommando unserer Operation übernommen.«

»Heil Hitler!«, grüßt Kempf.

Oskar streckt den rechten Arm aus und schlägt die Hacken zusammen. »Heil Hitler«, erwidert er trocken. Dann verlässt er das Büro, das nicht länger seines ist.

Karl rührt sich nicht. Er muss an die Worte des Priesters und Freundes beim Anblick des zerstörten Doms denken. »Die Vorsehung kann sich nicht um alle kümmern«, murmelt er leise.

»Was sagen Sie da?«, herrscht Kempf ihn an, während er in Oskars Sessel Platz nimmt.

»Nichts, nichts … Ich habe nur an die Vorsehung gedacht, dank derer ein Priester im Bozener Dom mit dem Leben davongekommen ist.«

Kempf nimmt dieses seltsame Geständnis mit einem eisigen Lächeln entgegen. »Es wird gewiss nicht die Vorsehung sein, die die Hand im Spiel hat, wenn Sie Ihre Mission zu Ende bringen«, bemerkt er. »Wir haben es selbst in der Hand. Und wir werden alles daransetzen.«

Karl betrachtet den grauen Himmel hinter dem Fenster. Bald wird der erste Schnee fallen.

Er hört Kempfs Stimme: »Druck von oberster Stelle ... jeder noch so kleine Fehler ist zu vermeiden ...«
Er starrt auf die Fenstergitter und ertappt sich bei dem Gedanken an Oskar. Was mag aus dem in Ungnade gefallenen Bruder werden? Ihm kommt die Absonderlichkeit dieses Gedankens zu Bewusstsein. Welchen Sinn hat es, sich um einen Menschen zu sorgen, der sich zu seinem Feind gemacht hat?
Kempf redet weiter: »Es gibt einen Aspekt, der vollkommen außer Acht gelassen wurde. Vollkommen ... ein gravierender Mangel ...«
Und was wird aus ihm, wenn Oskar von der Bildfläche verschwindet? Was, wenn tatsächlich er es ist, der seine Mutter und Ida beschützt?
Die plötzliche Stille reißt ihn aus seinen Gedanken. Kempf hat den Blick auf ihn gerichtet. Ob er ihm eine Frage gestellt hat? Karl schweigt vorsichtshalber.
»Ich sagte: Sie werden vermutlich neue Zeichenblöcke benötigen!«
»Zeichenblöcke?«
Der andere schnaubt: »Wundert mich nicht, dass die Arbeit so langsam vorangeht. Ich will von Ihnen wissen, welche Materialien Sie für einige Erkundungstage benötigen. Schließlich haben wir Sie zu ebendiesem Zweck am Leben gelassen.«

28

Eine Frau in Schwarz

Dezember 1943

Hella. Karl hat sie dort im kalten Regen, der die Stadt wie mit einem Leichentuch überzieht, trotz des schwarzen Schleierhütchens sofort erkannt. Natürlich war absehbar, sie hier bei der Trauerfeier für Peter Hofer zu treffen. Der Bozener NS-Präfekt ist vier Tage zuvor, am 2. Dezember, bei einem Bombenangriff ums Leben gekommen. Getroffen von einem amerikanischen Sprengkörper, während er mit dem Auto durch die Weggensteinstraße fuhr. Nichts ist mehr übrig geblieben. Er, der Fahrer und seine beiden Leibwachen sind vollkommen zerfetzt worden. Die Behörden hätten die Nachricht gern vertuscht, aber in Bozen ist das undenkbar. Es spricht sich alles schnell herum. Hinter dem Rücken der Besatzungskräfte haben die braven Bürger die Köpfe geschüttelt: »Ein schlechtes Omen.« Ob bei dem Bombenwurf Gott selbst die Hand im Spiel hatte? Die frommen Südtiroler sind beunruhigt: Wenn die Vorsehung sich gegen die Nationalsozialisten wendet, ist es vielleicht an der Zeit, die Seiten zu wechseln. Aber wie?

Die zur Trauerfeier auf dem Rathausplatz versammelte, dicht gedrängte Menge schweigt. Hakenkreuzfahnen bedecken die vier aufgereihten Bahren. Gauleiter Franz Hofer geht in erster Reihe, gefolgt von Wehrmacht- und SS-Offizieren, dann die Führungskräfte des SOD, die Kader der Besatzungskräfte und ihre Kollaborateure vor Ort. Der designierte Nachfolger Hofers, Rechtsanwalt Karl Tinzl, ist ebenfalls anwesend. Über siebzig Blumenkränze sind geschickt worden, einer sogar von Hitler persönlich.

Karl hält sich abseits, unweit von Oskar, der am Rand einer

der Sitzreihen Platz genommen hat. Neben sich der unverzichtbare Begleitschutz. Anfangs hatte sich der Fälscher geweigert, an dieser Bestattungszeremonie teilzunehmen.
»Ein Nationalsozialist weniger ist kein Grund zur Trauer«, hat er gesagt.
Aber Oskar ließ nicht mit sich reden. Seit der Ankunft Kempfs ist er äußerst nervös. Nun, da man ihn aus seinem Büro vertrieben hat, bewegt er sich wie ein Tier im Käfig durch die grüne Villa. Oft kommt er in den Raum, in dem Karl arbeitet, sitzt stundenlang herum und raucht, während der Halbbruder sich um die Akten kümmert. Sobald Kempf zur Tür hereinkommt, um zu schauen, wie die Arbeit vorangeht, steht Oskar auf und verschwindet. Er ist weniger gesprächig als früher, die Zeiten, in denen er ihm von den Machenschaften der NS-Spitzen berichtet hat, sind vorbei. Karl vermutet, dass er wegen eines neuen Auftrags bald zurück nach Berlin muss. Er hat sich bei dem Gedanken ertappt, dass er ihn vermissen wird.
»Kommt nicht in Frage, dich hier alleine zu lassen«, hat Oskar bei seinem Versuch, sich um die Bestattung Peter Hofers zu drücken, geknurrt. »Dir würde garantiert irgendetwas zustoßen. Die Situation hat sich verändert, und Kempf ist gefährlich.«
»Du bist äußerst fürsorglich. Soll ich dir dafür dankbar sein?«
Oskar hat gezögert.
»Wenn du mit dieser Liste fertig bist, kehren wir nach Berlin zurück«, hat er schließlich gesagt und nichts weiter hinzugefügt. Es schien keine Drohung zu sein.
Aber Karl weiß, dass sein Bruder immer weniger Macht hat. Kempf dagegen immer mehr. Suchend schaut er sich nach ihm um. Er sieht ihn nicht, obwohl er in der Nähe sein muss. Im Hintergrund lauernd.
Sein Blick wandert zurück zu Hella, während eine kurze,

zackige Rede auf die andere folgt, untermalt von Trauermusik der Militärkapelle. Als er sie das letzte Mal gesehen hat, wirkte sie so lebendig. Nun hat sie dieselben traurigen Augen, die ihn am Bahnhof in Berlin so beeindruckt haben. Sie haben sich in all den Jahren selten und fast immer nur zufällig getroffen, aber sollte er auch nur eine Freundin in Bozen benennen, so wäre sie es. Sie haben sich nie einander anvertraut, und dennoch spürt er, dass sie Verbündete sind, Schiffbrüchige im selben Sturm.

Hella drückt sich an die Seite eines schlanken, gut gekleideten, deutlich älteren Mannes als sie. Sein schwarzer Anzug sitzt perfekt.

Sollte das ihr Gatte sein? Hat Hella ihre große Liebe schon vergessen? Ihren schmucken Soldaten, der sie verlassen hat, um in den Krieg zu ziehen, und von dem sie vergeblich auf einen Brief gewartet hat. Warum ist es so rasch still geworden um Sebastian Tschigg? Karl fragt sich, ob Wastl jemals an die Verlobte geschrieben hat. Vielleicht hat er, trotz der schützenden Entfernung, nicht zu erzählen gewagt, was er gesehen und getan hat. Er wird das Erlebte nicht mehr preisgeben. Sein Geheimnis liegt unter dem Eis der ukrainischen Weiten begraben.

Die Menge beginnt sich zu zerstreuen, die Offiziere steigen in ihre Wagen und fahren im Regen davon. Einige schwarze Schirme schließen sich zu kleinen Grüppchen zusammen, wahrscheinlich, um ein paar vorsichtige Worte über das Schicksal Südtirols auszutauschen. Die Trauernden haben sich zu einer Reihe formiert und nähern sich ehrerbietig den Bahren. Die Männer ziehen die Hüte ab, die Frauen bekreuzigen sich zaghaft. Seit die Nationalsozialisten gekommen sind, hat man es als Katholik nicht mehr so einfach.

»Wo willst du hin?«, fragt Oskar. Karl nähert sich Hella und tut, als habe er ihn nicht gehört. Oskar folgt ihm, halb verärgert, halb aus Neugierde.

Noch immer am Arm ihres Mannes, spricht Hella mit einer hochgewachsenen Frau, einer beeindruckenden Gestalt. Im Näherkommen denkt Karl, dass er diese Frau gern einmal zeichnen würde. Selbst unter der schweren schwarzen Kleidung erahnt sein Kennerblick ihre offenbar perfekten Proportionen.
»Karl!«, ruft Hella, als sie ihn erkennt, und auf ihrem müden Gesicht zeichnet sich das alte Lächeln ab. Dann starrt sie auf Oskar, der in seiner SS-Uniform hinter ihm steht, und auf die beiden Wachen mit den glänzenden Helmen. Karl streift seine Begleiter mit einem Blick und erwidert leicht verlegen Hellas Lächeln. Sie deutet auf den Mann an ihrer Seite.
»Das ist mein Ehemann, Tobias Brenner.« Karl beobachtet erstaunt, dass ihr die Tränen in die Augen steigen. Das Wort »Ehemann« ist ihr nur mühsam über die Lippen gekommen. Und dennoch kann sie höchstens seit ein paar Wochen verheiratet sein, überlegt er. Eigentlich müsste sie noch im siebten Himmel schweben.
»Karl Müller.« Er reicht Tobias die Hand. »Und das ist … Oskar.« Erneut fällt sein interessierter Blick auf die große Frau. Sie hat braunes, unter dem Hütchen hochgestecktes Haar und ernste, klare Augen, die unschlüssig von ihm zu Oskar wandern.
Hella beobachtet Karl und kann sich ein vielsagendes Lächeln nicht verkneifen.
»Das ist meine Schwester Gusti«, stellt sie sie vor.
Im Gegensatz zu Tobias, der es geschickt zu vermeiden weiß, den SS-Leuten die Hand zu reichen, begrüßt Gusti diese mit allem Respekt. Sie nimmt ganz offenkundig keinen Anstoß an den Uniformen. Zu anderer Gelegenheit wäre Oskar ihr mit einiger Galanterie begegnet, sie scheint sein Typ zu sein. Aber momentan fühlt er sich verunsichert. Er darf nicht dulden, dass Karl sich derart viel herausnimmt. Was fällt ihm ein, sich mit dem Südtiroler Bürgertum zu verbünden?

Auch Tobias fühlt sich unwohl. Diese Bekannten von Hella gefallen ihm nicht.
Einen Augenblick lang, während sich alle steif mustern, hört man nur den auf die Schirme prasselnden Regen.
»Wann hast du geheiratet?«, fragt Karl schließlich an Hella gewandt.
»Vor knapp zwei Monaten, im Oktober«, erwidert sie beinahe mechanisch. Ihre Stimme klingt freudlos. »Und wie geht es deiner Familie?«, fügt sie rasch hinzu, um das Thema zu wechseln.
Karl wirft Oskar einen kurzen Blick zu.
»So weit gut … glaube ich«, antwortet er.
»Sagen wir, so weit alles in Ordnung«, ergänzt Oskar.
»Das ist erfreulich«, stimmt Hella zu. »Ich muss jetzt gehen … Pass auf dich auf.« Tobias zieht sie bereits fort von diesen Uniformierten und dem jungen Kerl mit den blauen Augen, der ihm ein wenig allzu vertraulich scheint.
»Du tust mir weh!«, beschwert sie sich. Mit einem Ruck reißt sie ihren Arm von ihm los und wendet sich erneut an Karl.
»Ich habe noch immer deine Zeichnung«, flüstert sie. »Von der Zugfahrt. Ich habe sie sogar bei meinem Umzug nach der Hochzeit mitgenommen.«
»Und ich habe dein … Geschenk, das du mir in der Bar gegeben hast, mit nach Berlin genommen.« Er lächelt, und seine blauen Augen sind voller Wärme. »Es war sehr hilfreich.«
Hella nickt.
»Das freut mich. So bin vielleicht auch ich am Ende zu etwas nütze gewesen.«
»Vielleicht haben wir beide getan, was wir tun konnten«, erwidert Karl.
»Hella!« Tobias' Stimme klingt ungehalten. »Meine Schwester erwartet uns!«
Karl streckt einen Finger aus und zeichnet den Umriss des regennassen Gesichts der jungen Frau nach. Dabei legt er

ebenso viel Feingefühl an den Tag wie damals, vor langer Zeit, als er ihr Porträt zu Papier gebracht hat.

»Auf, verärgere nicht deinen Ehemann. Viel Glück.«

»Und du, pass auf dich auf«, sagt sie mit leiser Stimme. Derselben Stimme, die es nicht vermocht hat, Wastl aufzuhalten.

Karl schaut ihr hinterher, wie sie sich eilig und mit gesenktem Kopf entfernt, während ihr Mann auf sie einredet und die Schwester aufrecht an ihrer Seite schreitet. Was wohl aus dieser Familie werden wird? Haben sie ihren Weg tatsächlich so klug gewählt, wie sie zu glauben scheinen?

»Wenn du aufgehört hast, den Schmachtlappen zu spielen, kehren wir in die Zentrale zurück«, reißt ihn Oskars Stimme aus den Gedanken. »Ausgerechnet mit einer verheirateten Frau …«, fügt er gespielt vorwurfsvoll hinzu.

»Sie ist das Mädel mit dem Brief«, erklärt Karl.

»Ah. Ich hatte nur Fotos von ihr gesehen. Jetzt verstehe ich, wieso du dich so ins Zeug gelegt hast … Auch die Schwester ist nicht übel.« Oskar schaut hinüber zu den Lauben, wohin das Südtiroler Terzett verschwunden ist. Und er erstarrt.

Ein Mann in Uniform hat sich aus dem Schatten der Bogengänge gelöst. Kempf. Die Brüder starren ihn an, als seien sie auf frischer Tat ertappt worden. Auf die Entfernung hebt Kempf den Arm zum nationalsozialistischen Gruß, aber seine Augen sind auf Karl geheftet. Raubtieraugen.

»Gehen wir, rasch«, befiehlt Oskar und winkt seine Leute herbei. »Genug gefaulenzt.« Er treibt die kleine Gruppe der vermeintlichen Sicherheit der grünen Villa entgegen, aber im Grunde seines Herzens weiß er, dass es bereits zu spät ist.

»Hella, was tust du hier? Du wirst dich erkälten!«

Sie rührt sich nicht. Ob sie nicht gehört hat? Zu schlafen scheint sie allerdings nicht. Wie sollte sie auch bei dieser Kälte? Gusti nähert sich der Schwester, die, in einen Schal gehüllt, auf dem Bänkchen im Rosengarten hinter dem Haus in Pinzon sitzt. Die Sonne ist gerade untergegangen, die Dämmerung verheißt neuen Schnee, und es ist beißend kalt. Sicher nicht der richtige Zeitpunkt, um sich am Anblick der Pflanzen zu erfreuen. Und auch die Jahreszeit ist definitiv die falsche. Zwei Wochen noch bis Weihnachten.

»He, hast du mich gehört?«, ruft sie ungeduldig und legt ihr eine Hand auf die Schulter. Die kleine Schwester hebt das tränenüberströmte Gesicht. »Hella! Was ist passiert?«

»Nichts, ich … nichts.« Hella bricht in Schluchzen aus. Ungeachtet der Kälte und der feuchten Bank, die ihr das Kleid ruinieren wird, setzt Gusti sich neben sie und umarmt sie, während Hella ihren Tränen freien Lauf lässt. Sie scheinen nie mehr versiegen zu wollen. Was ist geschehen? Vorhin haben sie die sonntägliche Mittagstafel aufgehoben, bei der es länger und lustiger zugegangen war als gewöhnlich und die sie mit ein paar Runden Grappa abgeschlossen haben. Sie haben miteinander gelacht und gescherzt und die anstehenden Weihnachtsfeierlichkeiten geplant. Als Elsa, Franz und Heini zurück nach Neumarkt aufgebrochen sind, hat Hella sie nicht begleitet, sondern verkündet, sie wolle noch ein wenig bleiben. Dann ist sie verschwunden. War sie etwa eine ganze Stunde hier draußen? Ihre Hände sind eiskalt.

»Ist es wegen dieses jungen Mannes, den wir letzte Woche bei der Beerdigung getroffen haben?«, versucht Gusti zu erraten. Nach dem Treffen war die Schwester den ganzen Tag über so seltsam gewesen. Später im Greif hat sie dauernd rätselhafte Sätze über die Rettung der Seele von sich gegeben. Tobias ist ungehalten geworden, er hat zu viel getrunken und dann angefangen, einer der Bedienungen derbe Komplimente zu machen. Und das Schlimmste daran war, dass es Hella völlig egal zu sein schien.

»Karl? Nein«, erwidert sie mit leiser, vom Weinen erstickter Stimme und vergräbt ihr Gesicht in das Kleid.

»Dann wegen Wastl?« Gusti weiß, dass der Verlust eines geliebten Menschen gerade an Festtagen besonders schwer zu ertragen ist. Aber auch die Unerreichbarkeit des Geliebten, denkt sie traurig. Sie hatte geglaubt, das erste Weihnachtsfest als frischvermählte Braut werde die Schwester endlich wieder freudig stimmen. Aber wer entscheidet, wann es so weit ist, das Leiden zu beenden? »Fehlt er dir noch immer so?«

Hella nickt, an ihre Brust gedrückt. Dann schüttelt sie langsam den Kopf.

»Nein, das stimmt nicht«, sagt sie ernst. »Es ist nicht, weil Wastl mir fehlt. Das wäre gelogen.«

»Weshalb dann?«

»Ich weiß es nicht.« Gusti liest eine ohnmächtige Wut in ihren Augen, es ist der Blick einer vom Schicksal betrogenen Frau. »Vielleicht fehlt mir unser altes Leben. Weißt du noch? Es war alles so einfach.«

Gusti schweigt. Einfach? Sie denkt an die vergangenen Jahre in Graz. Die ersten Zeiten in der Traminer Weinstube waren unbeschwert, jeden Abend hat sie für kecke Burschen in Uniform gesungen und gespielt. Vielleicht dieselben, die irgendwann später in dem Lazarett gelandet sind, in dem sie als Rotkreuzhelferin tätig war. Und wo die Hoffnung, alle Verletzten retten und den Sterbenden beistehen zu können, dem Versuch gleichkam, das Meer mit bloßen Händen leer zu schöpfen. Gewiss, die Dinge haben sich verändert. Aber trotz allem hat sie ihre Meinung nicht geändert. Es gab tragische Irrtümer, doch der Traum von einem starken, vereinten Großdeutschland war und bleibt für sie ein ehrenwertes Ideal. Auch wenn das für ihre Schwester nicht mehr gelten mag.

»Nichts wird einfacher. Aber Weinen bringt dich nicht weiter, Hella.«

»Du weinst nie.«

»Nicht, solange es anderes zu tun gibt. Und das ist fast immer der Fall«, erklärt Gusti mit Nachdruck. »Du hast zum Beispiel einen Ehemann und zwei kleine Buben, um die du dich kümmern musst. Es ist Sonntag, und bestimmt erwarten sie dich schon zum Abendessen.«

»Ich will nicht mehr dorthin«, flüstert Hella.

»Du willst nicht mehr nach Hause?«

»Mein Zuhause ist hier!«

Gusti starrt sie sprachlos an. Was ist in sie gefahren? Sie kann verstehen, dass der kleinen Schwester die Last des Ehelebens schwerfällt, aber sie selbst war es, die Tobias unbedingt hat heiraten wollen.

»Dein Platz ist an der Seite deines Mannes. Es ist deine Pflicht, Hella«, mahnt sie und versucht, Geduld zu bewahren.

Hella hört den Vorwurf in ihrer Stimme. Sie weiß, dass ihre Lieblingsschwester sie gern hat, aber sie spürt ihr Unverständnis. Gusti lebt in einer Welt, in der es nur Schwarz und Weiß gibt und jeder eindeutige Pflichten hat. Für Hella ist dagegen alles hoffnungslos verworren. Doch hat es wenig Zweck, ihr das erklären zu wollen. Eines steht jedoch fest: So kann es nicht mehr lange weitergehen. Sie richtet sich auf und zieht ein Taschentuch hervor. Sie trocknet sich die Augen und schneuzt sich energisch.

»Du hast recht. Es ist meine Pflicht. Ich habe es so gewollt«, murmelt sie. Sie stiert die Pflanzen an, die starren Zweige, die sich aus dem schneebedeckten Boden in den düsteren Himmel erheben. »Im Mai werden die Rosen wieder blühen, oder?«, setzt sie zögernd hinzu.

»Aber natürlich.« Gusti spürt Unbehagen aufsteigen. Dieser starre Blick und die tonlose Stimme erschrecken sie mehr als das Weinen und die Erregung zuvor. »Wir werden sie pflücken und vor Mutters Bild stellen, wie immer.«

»Kümmere dich gut um die Rosen, Gusti«, fährt Hella fort, als habe sie ihre Worte nicht gehört. »Sie blühen so kurz.«

29

Auf Fluchtwegen

Dezember 1943

Knietiefer Schnee. Schritt um Schritt kämpft Karl sich vorwärts, zwischen kahlen Bäumen hindurch, die an die Säulen uralter Tempel erinnern. Trotz der Wollhandschuhe sind die Finger so steif, dass er kaum den Bleistift halten kann.
»Zeichnen Sie!«, befiehlt Kempf unerbittlich.
Und Karl zeichnet. Einen Felsausläufer. Eine Wegkreuzung. Einen Wasserfall. Eine kleine Steinbrücke. Eine Hütte weiter unten im Tal. Einen Heuschober, einen Stall, in der Ferne eine Burg. Sogar einen als Windschutz dienenden Erdwall. Er weiß, wonach er suchen soll: nach Schlupfwinkeln, Verstecken, Plätzen, an denen man ausruhen kann. Überflüssig, Kempf nach dem Zweck seiner Skizzen zu fragen: Es sind Fluchtwegverzeichnisse. Für die, denen im Ernstfall keine Wahl bleibt.
Vier Tage zuvor, eine Woche nach der Bestattungsfeier für Peter Hofer, haben sie mit den Erkundungen begonnen. Anfangs hat Karl es geradezu als Segen empfunden, die grüne Villa in Bozen zu verlassen, er kam sich fast vor wie im Urlaub. Oskar sei nicht eingeweiht worden, hat ihm sein neuer Vorgesetzter Kempf erklärt. Während er ihn in das kleine Kettenfahrzeug, einen Greif, steigen ließ, hat Karl hinauf zu dem ehemaligen Bürofenster seines Bruders geschaut.
Es schneit in dicken Flocken. Unaufhörlich. Die fünfte Kriegsweihnacht steht vor der Tür, eine weiße Weihnacht. Aber vielleicht wäre in diesen Zeiten selbst Gottes Sohn lieber nicht zur Welt gekommen.
Von den sechs Soldaten, die den Trupp begleiten, laufen drei vorweg, drei hinten dran. Sie sprechen kein Wort, spitzen die Ohren, die Finger stets am Abzug der Gewehre. Wie Jäger

auf Beutejagd pirschen sie vorwärts, wild entschlossen, nicht selbst zur Beute zu werden. In den Bergen gibt es Flüchtlinge, Deserteure und Aufständische. In diesen Wäldern sind die Südtiroler in ihrem Element.

Nachts sinkt Karl erschöpft auf einem notdürftig auf irgendeiner Lichtung aufgeschlagenen Lager nieder. Die Soldaten bleiben auf, um Wache zu schieben. Manchmal beneidet er sie, sie scheinen weder Kälte noch die Anstrengung zu spüren, die ihm selbst bleischwer in die Beine dringt. Und vielleicht auch keine Verzweiflung, keinen Kummer. Kein Mitleid. Nein, er beneidet sie nicht.

Kempf hat das Fahrzeug in dem rund zwei Fahrstunden von Bozen entfernten Dorf Sand in Taufers geparkt. Von dort sind sie zu Fuß in Richtung der ehemaligen österreichischen Grenze aufgebrochen. Während sie unaufhörlich aufwärts durch den Schnee marschieren, befragt Kempf Hirten und Bauern. Im ersten Moment sind die Leute auf ihren entlegenen Höfen entsetzt, einen SS-Trupp herannahen zu sehen. Aber Kempf redet, lächelt, schiebt auch mal ein Scheinchen rüber. Er beruhigt sie: Sie brauchen nichts zu befürchten. Schmuggel, Schwarzmarkt, illegale Schnapsbrennerei, all das interessiert ihn nicht. »Nicht im Geringsten«, erklärt er lachend.

Denn wer sind die Schmuggler? Letzten Endes mögliche Führer. Sie kennen jeden Handbreit dieser erbarmungslosen Berge, in denen man sich rasch verirrt und noch rascher ums Leben kommt. Nicht nur im Winter, sondern auch in der Sommersonne. Ein paar falsche Schritte genügen. Welches sind die kürzesten und sichersten Pfade? Wo befinden sich Quellen und Furten?

Am Ende packen die Bergbewohner aus. Denn sie wissen, wenn sie es nicht freiwillig tun, wird Kempf Gewalt anwenden. Sie nennen die Namen: Birnlücke und Schwarzenstein. Unwegsame, aber sichere Übergänge: Zu Zeiten des Kaiserreiches sind die Schmuggler dort mit Maultieren hinübergeritten. »Das ist auf jeden Fall zu schaffen. Man braucht nur die richtige Beschreibung und ein wenig Mut.«

Eben wegen dieser »Beschreibungen« hat man Karl hierhergebracht. Um ihn den Verlauf zweier verschiedener Wege über die Grenze zeichnen zu lassen. Ergänzt durch alle für einen Flüchtenden notwendigen Orientierungspunkte.

»Die Ratten verlassen das sinkende Schiff?«, fragt er Kempf mit keuchender Stimme, während es wieder einmal bergauf geht.

Der Gefragte lächelt. Die Zähigkeit des jungen Fälschers beeindruckt ihn. Er ist erschöpft, aber keine Klage kommt ihm über die Lippen. Wenn die Dinge anders gelaufen wären, hätte er vielleicht gar einen guten Soldaten aus ihm machen können.

»Reicht der Atem noch, um den Witzbold zu spielen? Konzentrieren Sie sich lieber auf die Arbeit«, weist er ihn in eher nachsichtigem Ton zurecht. »Bei mir darf sich keiner einen Fehler erlauben.«

Das hat Karl sofort begriffen. Er fragt sich, ob das auch Oskar klar ist. Aber schließlich hat der Bruder ihm das Leben zur Hölle gemacht. Warum soll er sich jetzt um ihn sorgen, wo er ihm nie wirklich ein Bruder gewesen ist?

Der Trupp ist die beiden beschwerlichen Wege in die Freiheit in beiden Richtungen abgelaufen und hat nichts dem Zufall überlassen. Wenn alles nach Plan läuft, werden bald andere Schritte ihren Spuren folgen. Die hundert Mann, die Bormann zu retten beabsichtigt, weil ihr Überleben unabdingbar ist.

Aber wer mögen sie sein, fragt sich Karl. Welches Geheimnis verbirgt sich hinter ihnen?

Als sie endlich zu dem geparkten Greif zurückgelangen, lässt Kempf sich zu einem ungewöhnlichen Kompliment hinreißen. »Sie haben gute Arbeit geleistet«, sagt er zu Karl. Mit einem Anflug von Bedauern blickt er sich um. »War gar keine so üble Mission. Ich mag den Schnee.«

»Ich dachte, Sie hätten in Russland gekämpft.«

»So ist es. Und ebendort habe ich wie alle anderen gelernt, im Schnee zu kämpfen und zu überleben. Eine harte Lektion, die sich noch als nützlich erweisen wird.«

»Ihr werdet nicht weit kommen«, gibt Karl zu bedenken.

»Glauben Sie etwa, die Alliierten könnten uns aufhalten?« Kempf lacht barsch. »Noch dazu Alliierte wider Willen! Ein unfähiger Präsident, ein saufender Premierminister und ein psychopathischer Diktator. Sind das die Feinde, vor denen das Deutsche Reich erzittern soll? ›Bedingungslose Kapitulation‹, haben sie verlangt. Dann lieber weiterkämpfen. Lieber sterben!«

»Oder fliehen«, wirft Karl ein, aber Kempf hört ihm nicht zu.

»Bei dem Tempo, mit dem die Amerikaner vorrücken, werden die selbst dann noch nicht hier sein, wenn Ihnen längst alle Ihre hübschen blonden Haare ausgefallen sind!« Karl bemerkt, dass die Begleitsoldaten sich angrinsen.

»Ich glaube nicht, dass mir so viel Zeit bleibt«, bemerkt er, während sich der Offizier eine Zigarette anzündet. »Aber euch genauso wenig. Oder meint ihr, dem Vormarsch der Amerikaner standzuhalten?«

»Wir werden standhalten. Wir sind Kämpfer!« Kemps Gesicht läuft vor Wut rot an.

»Deshalb haben wir vier Tage damit verbracht, Fluchtwege zu zeichnen, nehme ich an.« Karl sieht die Hand des SS-Manns zur Luger greifen. Reglos starrt er sie an.

»Wollen Sie mich der Feigheit bezichtigen?«, fragt Kempf gefährlich ruhig.

»Auch Soldaten ergeben sich.« Karl weiß, wo er die wunden Punkte trifft. »Denken Sie an Paulus.«

Doch zu seinem Erstaunen entspannen sich Kempfs Muskeln. »Tja, Paulus.« Er nimmt einen langen Zug an seiner Zigarette, der Blick verliert sich in der Ferne. »Wissen Sie, in Stalingrad war ich es, der auf von Mansteins Befehl hin die feindlichen Linien überschritten hat, um Paulus den Auftrag zum Durchbrechen des Belagerungsrings zu erteilen. Ich habe mein Leben riskiert. Und er hat sich ergeben. Ergeben!«

»Seine Männer waren nicht mehr in der Lage zu kämpfen. Er hat gerettet, was noch zu retten war.«

»Er hat niemanden gerettet. Der Führer hat richtig daran getan, ihm den Suizid zu befehlen. Was glauben Sie, was die Russen mit denen gemacht haben, die sie lebend erwischt haben? Als ihnen die Männer in die Hände gefallen sind, die ihre Söhne getötet, ihre Frauen vergewaltigt, ihre Dörfer niedergebrannt hatten? Kapitulation ist ausgeschlossen. Es gibt kein Zurück.« Mit harscher Geste schmeißt er die Zigarettenkippe in den Schnee und richtet den Blick erneut auf Karl. »Sie sind niemals ein Kämpfer gewesen, und Sie werden es auch niemals sein. Sie sind ein Schwächling«, fügt er in scharfem Ton hinzu. »Genau wie Ihr Bruder. Ein halber Mann, der keinen einzigen Tag seines Lebens an der Front verbracht hat!«

Karl starrt in das vor Verachtung verzerrte Gesicht des Offiziers. Endlich begreift er, warum Kempf einen derartigen Hass gegen Oskar verspürt.

»Er hat sich bequem in seinen Büros ausgebreitet, während andere ihren Kopf für ihn hingehalten haben. Das Deutsche Reich kann auf Leute wie ihn verzichten«, fährt der SS-Mann fort. »Nur wer sein Leben auf dem Schlachtfeld riskiert, hat das Recht mitzureden. Nur wer dem Tod ins Auge sieht, hat ein Recht zu leben!« Er wendet sich dem Kettenfahrzeug zu, um einzusteigen.

»Mir steht es nicht zu, in dieser Angelegenheit den Schiedsrichter zu spielen.«

Kempf lacht kurz auf, und seine Wut scheint ebenso rasch zu verfliegen, wie sie gekommen ist.

In der Fahrerkabine des Greif breitet sich Schweigen aus. Der leistungsstarke Motor dröhnt, die Ketten fressen sich durch den Neuschnee.

»Flocke um Flocke, Schicht um Schicht wird der Schnee uns verschlucken. Wir müssen die Spuren vernichten«, sinniert Kempf und streicht mit der Hand über den Totenkopf am Kragen. Über dieses pulsierende Herz des Bösen. »Wir haben die *Pflicht* zu überleben.«

Ein Schwächling. Karl denkt an Kempfs Worte, während er sich, einige Tage später, an seinem Tisch über die Arbeit beugt. Der Alltag zwischen seiner Kammer und dem Büro hat wieder begonnen, nur Oskar hat er nicht mehr gesehen. *Ein Schwächling.* Aus dem Mund eines Mannes wie Kempf klingt es wie ein vernichtendes Urteil. Aber warum sollte er sich Sorgen machen? Für was?

Er wendet sich erneut der Arbeit zu, die ihn gegen seinen Willen fasziniert. Es ist eine beachtliche Herausforderung an seine Fähigkeiten als Fälscher. Hundert falsche Identitäten zu konstruieren, ohne zu wissen, für wen. Sich gleichsam durch ein Schattenreich zu bewegen und diesen Schatten Leben einzuhauchen.

Als er das nächste Mal aufblickt, ist es bereits Nacht. Das Geräusch der Tür hat ihn aus seiner vollkommenen Konzentration gerissen. Der Raum ist dunkel, einzige Lichtquelle ist die helle Lampe an seinem Tisch, die auf die hundert grauen Aktenordner gerichtet ist. Karl runzelt die Stirn und versucht, die Umrisse der eintretenden Männer zu erkennen. Dann schaltet Kempf die Deckenbeleuchtung an, das Licht blendet beinahe. Karl erkennt, dass auch Oskar dabei ist, von zwei Wachen am Arm gehalten.

»Es gibt ein kleines Problem«, beginnt Kempf mit seiner wie gewohnt höflichen Stimme.

Sein Blick schnellt von Karl zu Oskar, dessen Gesicht versteinert ist.

»Wessen Problem?«, fragt Karl.

»Das werdet ihr mir verraten … Ihr beiden feinen Brüder«,

antwortet Kempf. »Denn man darf nicht vergessen, dass ihr Brüder seid, nicht wahr?«

»Wie Kain und Abel«, spottet Karl.

»Mag sein. Aber ohne *Kain* wären Sie längst tot. Ebenso wie Ihre Eltern. Ihr Bruder hat sich sehr bemüht, alle davon zu überzeugen, welch unverzichtbares Werkzeug wir damit in der Hand hatten. Eine Art Geheimwaffe.«

Kempf greift nach einem der auf dem Tisch verstreuten Ordner. Er blättert in den darin enthaltenen Papieren: ein Pass, ein Zertifikat, ein Brief. Allesamt perfekt. »Sie leisten gute Arbeit«, fügt er hinzu. »Das Problem ist das hier.« Er zieht ein schwarzes Heftchen aus der Tasche.

»Ein auf den Namen Johann Steiner ausgestellter Pass. Offensichtlich gestohlen. Man hat ihn bei einem britischen Agenten gefunden, der versucht hat, in die Schweiz zu entkommen, der aber von unseren Leuten rechtzeitig abgefangen wurde.«

Karl spürt das Blut in die Wangen steigen. Das war's dann. Aber was hat Oskar damit zu tun?

»Ich bin nicht der einzige Fälscher aus Südtirol«, murmelt er, aber er weiß, dass es eine schlechte Ausrede ist.

»Eben das ist der Punkt. Sie sind *kein Fälscher aus Südtirol.* Sie sind ein Fälscher aus Berlin. Wenn Sie hier sind, so nur deshalb, weil Ihr Bruder es gewollt hat.«

Erst jetzt begreift Karl. Sie benutzen ihn tatsächlich als Geheimwaffe. In dem unerbittlichen Krieg zwischen diesem Mann und Oskar.

»Nun kann es natürlich unterschiedliche Gründe dafür geben, dass zwei Brüder derart viele … Unannehmlichkeiten in Kauf nehmen, nur um zusammenzuarbeiten. Zum Beispiel Liebe.« Das Wort kommt ihm geradezu zärtlich über die Lippen.

»Das würde ich ausschließen«, knurrt Oskar. Karl wundert sich über den Klang seiner Stimme. Er ist so hart wie schon lange nicht mehr. Er sieht ihm nicht in die Augen.

»Eine andere Möglichkeit wäre Verrat«, fährt Kempf unbeirrt fort.
Verrat. Die Wahnvorstellung aller, die in der Falle sitzen, denkt Karl. Und der beste Vorwand, sich seiner Feinde zu entledigen. Kempf brauchte eine Anschuldigung gegen Oskar und hat sie gefunden. Sollte es etwa Karl gelungen sein, die SS-Wachen zu überlisten und einem ausländischen Agenten einen gefälschten Ausweis zu übergeben? Vollkommen ausgeschlossen. Viel naheliegender ist die Annahme, Oskar habe die Sicherheit des Reiches gefährden wollen und sich der Tätigkeit des Bruders bedient, um den Alliierten zur Flucht zu verhelfen.
»Ich habe bereits nach Berlin Bericht erstattet. Im günstigsten Fall wird es heißen, bei der Fälschungsaktion Südtiroler Pässe sei geschlampt worden. Dilettantischer geht es kaum.« Auf dem Gesicht des SS-Manns zeichnet sich ein honigsüßes Lächeln ab. »Aber im *ungünstigsten* Fall wird es sich nicht um Fehler, sondern um Sabotage handeln. Was denken Sie?«, fragt er Karl in weltmännischem Ton.
Er darf nicht schweigen. Die Worte, zu denen er ansetzt, werden das bisschen Leben, das ihm noch bleibt, verkürzen. Aber er kann nicht zulassen, dass sein Bruder die Schuld auf sich nimmt.
»Er denkt nicht, er gehorcht«, kommt ihm Oskar zuvor. »Sein Vater ist Kommunist. Er ist ein Fälscher und Verräter. Er hat lediglich Befehle ausgeführt. Meine Befehle.« Und mit tiefster Verachtung fügt er hinzu: »Kempf, du bist die Schande Deutschlands und der Nationalsozialisten.« Erst dann wendet er sich Karl zu, und seine Augen haben alle Härte verloren.
Mit einer einzigen Bewegung dreht Kempf sich um, zückt die Luger und feuert ab. Ein Schuss genügt. Oskar sinkt zu Boden, den Blick auf Karl geheftet. Es ist die erste Begegnung der beiden in brüderlicher Liebe. Und die letzte.

30

Endgültig in der Falle

März 1944

»Du bist mit deiner Arbeit fast am Ende.«

Karl blickt nicht auf. Nach Oskars Tod fällt es ihm schwer, Kempf ins Gesicht zu sehen. Er muss sich eingestehen, dass das Verschwinden des Bruders auch eine Befreiung war. Aber der Hass auf den Mann, der ihn getötet hat, kennt keine Grenzen.

»Und damit wohl auch mit meinem Leben«, erwidert er trocken. »Oder haben Sie weitere Pläne?«

»Ich habe noch nichts entschieden. Bist du in Sorge?« Karl ist nicht entgangen, dass der Offizier ihn mit einem Mal duzt. Als wolle er sich ihm als neuer Mentor anbieten. Er hat ihm versichert, dass sich für seine Angehörigen in Berlin nichts ändern wird. Ein grausames Spiel, aber auch eine Garantie für seinen Leistungswillen. Der von Bormann ersonnene Plan muss in jedem Fall ausgeführt werden. Der Sekretär des Führers ist mächtiger denn je, er hat die Kontrolle über das gesamte belagerte Reich übernommen und ist entschlossen, zu retten, was zu retten ist. Ihm weiterhin nützlich zu sein ist der einzige Weg, um zu überleben.

»Es bleibt nicht mehr viel Zeit. Du musst die Papiere vervollständigen. Mit den Fotos.« Kempf tritt ans Fenster. Bozen liegt eingebettet wie in einen Kokon zwischen den noch schneebedeckten Bergen. Die Kälte ist beißend in diesem Frühjahr, und über allem schwebt drohend der Krieg. Der Offizier schweigt. Inzwischen kennt Karl diesen Kemp: Er ist ein Mann der Tat. Vermutlich wägt er bloß seine Worte ab.

»Nur, wie wollen wir es mit deinem Gedächtnis handhaben?«

Karl richtet sich auf. Der Aktenstapel ist fast komplett. Hundert Identitäten, hundert neue Leben. Ausweise, Briefe, Zertifikate, sogar persönliche Aufzeichnungen. Alles seiner Phantasie entsprungen. Hätten diese grauen Aktendeckel Namen statt Zahlen, würden sie eher wie Grabplatten wirken. Aufgestellt, um den Zugang zu einem furchtbaren Geheimnis zu versperren.

»Mit meinem Gedächtnis?«

Kempf beugt sich über den Schreibtisch. Er weiß, dass Karl gute Arbeit geleistet hat: ohne es zu wollen, hat er Gefallen an seiner Arbeit gefunden. Die Adressaten dieser Unterlagen können erklären, woher sie kommen, wohin sie gehen und was sie während dieser finsteren Jahre getan haben. Sie können von ihren Familien erzählen, den letzten Brief der Ehefrau oder den Totenschein eines an der Front gefallenen Sohnes vorweisen. Sie sind Händler, Angestellte, Handwerker, Pensionäre, einfache Leute aus dieser so geschundenen Gegend. Der wachhabende Soldat, egal ob Amerikaner, Engländer oder Russe, wird sie durchlassen. Vielleicht ist der Großteil dieser Papiere überflüssig: Stempel und Unterschrift auf den Ausweisen sind perfekt. Das genügt.

»Stell dir vor, du erkennst ein Gesicht wieder«, sagt Kempf. Karl hält den Blick starr auf die akkurat gepflegten Fingernägel des SS-Mannes gerichtet, aber er spürt, wie dieser ihn mustert. »Du sitzt da und befestigst das Foto in einem der Pässe. Du fälschst in aller Ruhe den Stempel. Dann schaust du dir das Bild genauer an: Mensch, den Kerl kenne ich doch, denkst du. Du notierst dir den falschen Namen, den du ihm verpasst hast, und überlegst dir ein System, wie du die Sache publik machst. Bei den anderen …«

»Und wie sollte ich das anstellen, wenn ihr mich hier gefangen haltet?«

»Ich weiß es nicht«, erwidert Kempf. Er hat sich das selbst schon gefragt. Und er sucht weiter nach der möglichen Schwachstelle im System. Es muss sie geben, auch wenn er sie nicht findet. »Ich weiß es noch nicht. Aber das bedeutet nichts. So wusste zum Beispiel nicht mal dein Bruder, dass du mit britischen Spionen in Kontakt treten konntest. Und dass die italienischen Geheimdienste dich in der Hand hatten.«

Karl denkt an Vittorio, den er nach jenem Abend, an dem er ihn vor den Repressalien des SD bewahrt hatte, nicht mehr wiedergesehen hat. Er wird geflohen sein, vielleicht hat er sich der Resistenza angeschlossen. Es heißt, in der Nähe von Rom hätten einige königstreue Offiziere und Carabinieri eine Geheimorganisation gegründet.

»Dinge, die ich nicht weiß, bereiten mir Sorge«, fährt Kempf fort. »Im Unbekannten nistet die Gefahr. Deshalb gibt es Folter und Einschüchterung. Um herauszufinden, was wir nicht wissen.«

»Und funktioniert das System?«, fragt Karl mit leiser Stimme.

»Wohl eher nicht, wenn man bedenkt, dass wir im Begriff sind, den Krieg zu verlieren.« Kempf erhebt sich. »Du wirst Zugang zu den Fotos der hundert Personen erhalten, deren Papiere du erstellt hast. Aber ich traue dir nicht: Du bist ein aufgeweckter Bursche. Allzu aufgeweckt.«

Er dreht sich um und verschwindet in seinem Büro. Mit einem Kästchen in der Hand kehrt er zurück. Karl nimmt es ihm ab und fragt. »Warum machen Sie das nicht selbst? Ein paar Fotos anbringen ist ziemlich einfach, wissen Sie? Natürlich nicht ganz so einfach, wie jemandem einen Kopfschuss zu verpassen. Aber ich kann es Ihnen beibringen, wenn Sie möchten. Sie nehmen die Liste, befestigen die Fotos und fertig. Oder trauen Sie am Ende nicht mal sich selbst?«

Kempf deutet eine Art Lächeln an.

»Mir selbst schon, aber sonst niemandem«, antwortet er. »Dinge, die du nicht weißt, können tödlich für dich sein. Aber auch Dinge, die du weißt. Schon, dass ich diese Liste mit den alten Namen habe, ist gefährlich. Die neuen will ich gar nicht erst erfahren.«

»Wohingegen ich die neuen kenne, aber nicht weiß, wem sie zugewiesen werden«, schließt Karl. »Somit ist all die Vorsicht überflüssig. Ich werde die besagten Diener der Reiches wohl kaum wiedererkennen.« Plötzlich sieht er auf, und sein durchdringender Blick trifft auf den überraschten Ausdruck des SS-Mannes. »Glauben Sie, ich hätte nicht begriffen, worum es sich dreht? Die Ausbildung, die sie genossen haben, die Qualifikationen … Ich kenne diese Gesichter nicht, keiner kennt sie.« Er klopft mit dem Finger auf das Kästchen.

»Das lässt sich nicht mit Sicherheit sagen«, knurrt Kempf. »Woher will unser Fälscher-König außerdem wissen, dass er da drin nicht auf Adolf Hitler stößt?«

»Ein schlechter Witz«, bemerkt Karl. »Deutschland ist also nicht einmal mehr für seinen großen Führer ein sicherer Ort.«

»Irgendwann werde ich deine Unverschämtheiten leid sein, und du wirst dasselbe Ende nehmen wie dein Bruder«, warnt ihn der Offizier, während er in sein Büro zurückkehrt.

Karl antwortet nicht. Er würde Oskars Tod gern stärker bedauern, aber er fühlt sich wie betäubt. Mit einem Schlag unempfindlich gegen alles. Nicht einmal der Gedanke an seine Mutter und Ida kann ihn mehr aufrütteln. Was den Vater betrifft, hofft er nur noch, ihn nie wiederzusehen. Was sollte er ihm über die Kriegsjahre erzählen?

»Zwei Söhne, aber kein einziger Held«, bemerkt er mit bitterer Selbstironie. »Auf an die Arbeit.«

Er fährt tastend über den Holzdeckel des Kästchens. Der Lack unter den Fingerkuppen ist glatt. Er öffnet es. Lauter Fotos im selben Format, auf der Rückseite von eins bis hundert numeriert. Namenlose männliche Gesichter. Mit der Geste eines Glücksspielers, der einen frischen Stapel Karten prüft, lässt er sie durch die Finger gleiten. Wie vermutet, ist ihm keines der Gesichter bekannt. Keiner der Männer trägt Uniform. Vielmehr sind alle schlicht gekleidet. Graue Jacken, weiße Hemden, dunkle, unauffällige Krawatten. Wer sind diese Männer, die Bormann um jeden Preis retten will? Karl kann es sich denken.

In den Dörfern hat es sich schnell herumgesprochen. In Eppan, Aldein, St. Pauls, aber auch in der Stadt. In Rom ist ein Unglück geschehen. Niemand weiß genau, worum es sich dreht. Die Soldaten rufen aus der Hauptstadt an, teilen ihren Angehörigen mit, dass sie »noch leben«, dass »alles in Ordnung« ist. Dann legen sie auf. Die Telefonverbindungen sind schlecht. Aber selbst wenn es anders wäre, würde keiner mehr sagen. Ein falsches Wort an die Familien genügt, um des Verrats bezichtigt zu werden.

Die Lage in Südtirol ist verworren, und täglich hört man von neuen Wendungen in dem Konflikt. Die Deutschen sind Mitte September 1943 in Rom einmarschiert. Zu den ersten Maßnahmen hat die Razzia im Ghetto vom 16. Oktober gehört. Über tausend Verhaftete, die in das polnische Vernichtungslager Auschwitz deportiert wurden. Doch dafür sind auch Tausende Juden dieser ersten »Säuberungsaktion« entkommen, manche fanden Hilfe oder Zuflucht bei anderen Italienern.

Als die Alliierten im Januar 1944 bei Anzio gelandet sind, ist Rom immer stärker in die Zange genommen worden. Unter dem Befehl von Oberst Herbert Kappler sind scharenweise SS-Truppen einmarschiert. Aber die ewige Stadt lässt sich nicht unterkriegen. Es wird bewaffneter Widerstand geleistet. Kommunisten, Antifaschisten, Sozialisten, königstreue Soldaten. Lauter unorganisierte Splittergruppen. Die Deutschen greifen zu Massenverhaftungen, Folter und Hinrichtung. Doch die Guerilla-Aktionen gehen weiter.

Der Vormarsch der Alliierten kommt in Churchills und

Roosevelts Augen viel zu langsam voran, sie lassen ihren Generälen keine Ruhe. Die deutschen Truppen unter Generalfeldmarschall Kesselring fordern einen hohen Preis für jeden Meter, den sie auf diesem für Verteidigungszwecke so geeigneten Gelände verlieren. Am 15. Januar haben die Engländer und Amerikaner die furchtbare Schlacht um Montecassino begonnen, die noch immer tobt. In der wunderschönen Abtei finden deutsche Fallschirmjäger Zuflucht und eine für ihren Kampf geeignete Stellung. Am Ende werden nur noch Trümmer übrig bleiben.

Unterdessen sind die Nationalsozialisten in Anzio zum Gegenangriff übergegangen. Für einige Tage ist das Schicksal Italiens in der Schwebe. Die Amerikaner würden am liebsten an Bord ihrer Schiffe zurückkehren, doch für Churchill kommt das nicht in Frage. Die Stellung muss um jeden Preis gehalten werden.

Vor diesem Hintergrund sind im Februar die Männer der 11. Kompanie des III. Bataillons des Polizei-Regiments Bozen in Rom eingetroffen. Es ist eines der vier neuen, von Gauleiter Franz Hofer persönlich ins Leben gerufenen Regimenter. Eigentlich handelt es sich um territoriale Polizeikräfte, aber sie werden auch in anderen Gebieten eingesetzt. Jeden Morgen exerzieren die Männer aus Bozen auf dem Piazzale Flaminio und kehren anschließend singend in die Kaserne zurück. Sie kommen immer durch dieselbe Straße Richtung Palazzo del Viminale. Der halbstündige Marsch einer 250 Mann starken Truppe, die lieber daheim in Südtirol geblieben wäre.

In Bozen kursieren die ersten Gerüchte über ihr Schicksal bereits am Nachmittag des 23. März 1944. Es ist der Gründungstag der sogenannten *Fasci di combattimento,* jener Kampfbünde, die sich fünfundzwanzig Jahre zuvor in Mailand zusammengeschlossen hatten. Die Partisanen haben ein symbolträchtiges Datum für ihren Angriff gewählt. Erst zwei

Tage später bestätigt eine lakonische Mitteilung des deutschen Rundfunksenders das Ereignis. Dreiunddreißig Männer aus Bozen sind bei einem Sprengstoffanschlag in der Via Rasella ums Leben gekommen. Ermordet auf angloamerikanische Veranlassung durch »kriminelle Elemente« und »ruchlose Banditen«. Später erfährt man, dass für jeden gefallenen deutschen Soldaten zehn »Badoglio-treue Kommunisten« erschossen worden sind.
Für Hella, die Elsa in ihrem schönen Heim unter den Neumarkter Lauben besuchen kommt, um über die jüngsten Ereignisse zu sprechen, sind es beängstigende Tage. Die Familien rufen sich gegenseitig an, um zu erfahren, wie es um Söhne, Brüder, Väter steht. Es gibt zahlreiche Schwerverletzte. Im Frühling 1944 haben nunmehr alle begriffen, dass es in diesem Krieg keine edle und sinnvolle Art gibt, sein Leben zu lassen. Aber als Südtiroler ausgerechnet in Rom? Dem Inbegriff faschistischer Macht?
»Weswegen sind sie nach Rom gegangen?«, will Hella von Elsa wissen.
»So lautete der Befehl«, erwidert die Schwester und zieht nervös an ihrer Zigarette. Es könnte auch ihren Sohn Hubert treffen. In wenigen Monaten beendet er seine Ausbildung in Rufach. Und im Sommer wird er eingezogen. »Dieser verfluchte, nicht enden wollende Krieg!«, fügt sie aufgebracht hinzu. »Sie sind schon vor Monaten gelandet, und noch immer gibt es Tote in Rom!« Zwar werden die Alliierten wohl gegen die Deutschen gewinnen, aber es steht zu befürchten, dass sie den Wettlauf gegen die Zeit verlieren. Die rettende Zeit für ihren Sohn.
Hella blickt sich um. Sie sind im Haus, aber auch hier scheint ihr Vorsicht geboten. »Pass auf, was du sagst«, murmelt sie. Die Angst um Tobias genügt ihr. Er redet zu viel, vor allem, wenn er getrunken hat. »Ich verstehe, dass du dich um Hubert sorgst, aber …«

»Nein, das verstehst du nicht«, sagt Elsa bitter. »Wie solltest du auch? Tobias' Söhne sind jung, ihnen droht keine Gefahr. Und außerdem, verzeih mir, sind es nicht deine eigenen.«

Hella holt Luft, dann platzt sie mit der Neuigkeit hinaus: »Ich bin schwanger.«

»Schwanger!« Elsa tut überrascht, obwohl sie es gar nicht ist. Sie hat es längst gewusst, schließlich hat sie selbst vier Kinder zur Welt gebracht und kennt die Zeichen. Außerdem ist der Bauch inzwischen zu sehen. Aber Hella hat nichts gesagt … und sie wirkt nicht gerade wie eine glückliche werdende Mutter. Seit Wochen ist sie blass, das Gesicht angespannt, die Augen sind gerötet. Alle in der Familie machen sich Sorgen um sie. Josef beharrt darauf, es gleich gewusst zu haben. Dass dieser Schürzenjäger von Tobias sich wieder umschauen wird. Elsa sieht in Brenner dagegen einen anständigen Kerl, der jedoch nicht gut zu ihrer Schwester passt. Im Grunde ist Hella nach wie vor ein romantisches Geschöpf. Was sie braucht, sind Zuneigung und Zärtlichkeit und nicht einen deutlich älteren Ehemann mit festen Gewohnheiten und komplizierten Familienkonstellationen. Aber nun, da sie schwanger ist, könnte sich das ändern. Kinder geben einem so viel Freude.

»Hella, das ist wunderbar!« Sie schließt die Schwester fest in die Arme. »Ein Kind! Welch Glück für dich! Seit wann weißt du es?«

»Seit einer Weile.« Hella erwidert die innige Umarmung, aber ihre Stimme verrät eine Spur von Kälte. Wie der letzte Winterschnee, den kein Frühling zum Schmelzen zu bringen vermag.

»Und du hast mir nichts gesagt … Tobias wird überglücklich sein!« Insgeheim hegt sie jedoch ihre Zweifel. Tobias macht ihr auch mit Hermann und Sepp keinen allzu väterlichen Eindruck.

»Ja, natürlich. Es heißt, dass unsere Leute sich nicht an den

Repressalien beteiligt haben«, wechselt sie das Thema. Sie merkt, dass sie eigentlich keine Lust hat, über ihre Schwangerschaft zu reden. All die Glückwünsche, lächelnden Blicke, Ratschläge. Vielleicht wird sie in ein paar Wochen in passenderer Stimmung sein. Oder in ein paar Monaten. Heute nicht. Heute scheint ihr das Grauen jener fernen Toten jede mögliche Freude zu übersteigen, die ihr der Gedanke an das neue Leben in ihrem Schoß schenken könnte.

Elsa starrt sie lange und erstaunt an, unschlüssig, ob sie insistieren soll. Das ist nicht normal. Bei dieser frohen Botschaft will sie über Politik reden? Natürlich ist die Nachricht aus der Via Rasella erschütternd, aber …

»Unsere Leute bringen niemanden kaltblütig um«, sagt sie schließlich.

Um die dreiunddreißig Männer aus Bozen zu rächen, haben die Deutschen 335 Gefangene aus ihren Zellen geholt. Kommunisten, Juden und aufs Geratewohl Verdächtigte, Opfer von Denunziantentum. Man hat sie auf Lastwagen verfrachtet, in einen stillgelegten Tuff-Steinbruch geschafft und erschossen. Immer fünf auf einmal, per Kopfschuss. Kappler sowie seine Stellvertreter Erich Priebke und Karl Hass haben persönlich daran teilgenommen. Die Überlebenden aus Bozen haben sich hingegen geweigert zu schießen. Sie haben sich auf ihren Glauben an Gott berufen und darauf, dass die Massakrierung Unschuldiger den Angehörigen ihre getöteten Soldaten nicht zurückbringt.

»Hermann ist ums Leben gekommen.« Hella streckt eine Hand zu der Nazionali-Packung der Schwester aus und steckt sich eine Zigarette an. Elsa würde ihr gern sagen, dass sie in ihrem Zustand besser nicht rauchen sollte, aber sie lässt es bleiben.

»Hermann?«

»Wastls Vetter.« Hermann Tschigg ist in der Via Rasella verletzt worden, konnte seine Familie jedoch nicht rechtzeitig

benachrichtigen. Kurz nach der Einlieferung ins Krankenhaus ist er gestorben. »Er war zwei Jahre älter als Wastl, im nächsten Monat wäre er dreiunddreißig geworden.«
»Das tut mir leid.« Elsa kann den Kummer der Schwester nun besser begreifen. All die traurigen Erinnerungen sind wieder wach geworden. Aber trotz allem passt diese Apathie nicht zu ihr.
»Wastl ist beim Einmarsch in die Ukraine gestorben, ohne zu wissen, wo er sich befand. Und Hermann bei der Verteidigung Roms, der Hauptstadt eines ihm verhassten Staates.«
Elsa weiß nicht, was sie ihr antworten soll. Sie weiß nur, dass sie nicht länger bloß beunruhigt, sondern zutiefst besorgt um die Schwester ist. Die Hella von einst wäre traurig, aber auch wütend gewesen, bereit, gegen das Schicksal aufzubegehren. Nicht so niedergeschlagen und resigniert.
Schweigend rauchen sie zu Ende, dann steht Hella auf. Sie beugt sich hinab, um der älteren Schwester einen Kuss zu geben.
»Das hat alles keinen Sinn mehr«, sagt sie.
Sie verschwindet unter den Lauben von Neumarkt und begibt sich auf den Heimweg. Aber ist es wirklich ihr Heim? Manchmal fühlt sie sich dort noch immer wie ein Gast. Sie läuft langsam, im Herzen eine Verzagtheit, gegen die sie nicht mehr ankommt.

31

Bormanns Liste

April 1944

Karl liegt in seiner Kammer im Souterrain. Heute, am 20. April 1944 hat man ihn hier eingeschlossen. In der grünen Villa herrscht Stille. Alle nehmen an der von deutschen Offizieren in der Stadt organisierten Feier anlässlich von Hitlers Geburtstag teil. Obwohl Karl den Verdacht hat, dass nur wenigen zum Feiern zumute ist.

Er streift über die Seite der Matratze, die sein Geheimnis birgt. Hundert kleine Zeichnungen. Während er die Fotografien mit einer geeigneten Zange in den für Bormanns Schützlinge bestimmten Ausweisen befestigte, hat er heimlich von jedem dieser Gesichter ein Porträt angefertigt. Rasche, aber sehr getreue Skizzen. Jedes Fetzchen Papier, das ihm untergekommen ist, hat er genutzt. Nun hat er die Gesichter. Er kennt ihre neuen Identitäten. Es fehlt nur noch ein Puzzlestück: die Liste mit den wahren Namen dieser Personen. Bormanns Liste. Und natürlich fehlt die Gelegenheit, alle Informationen aus dieser verdammten grünen Villa herauszuschaffen.

Der Schlüssel dreht sich im Schloss, ein hartes Geräusch in der Stille. Auf der Schwelle erscheint eine Gestalt: Krüger, Oskars ehemaliger Vorgesetzter.

»Komm mit«, befiehlt er ohne weitere Erklärungen.

»Was ist los?«, fragt Karl, während er sich von seinem Lager erhebt. Er hat den Offizier seit jenem Tag in Sachsenhausen nicht mehr gesehen. Er würde ihn gern fragen, was er zu Oskars Tod sagt, er schien ihn zu mögen. Aber vermutlich ist es für ihn nur ein Kollateralschaden. Oder hat Kempf am Ende gar auf seinen Befehl hin gehandelt?

»Sei still und folge mir.« Krüger gibt der Wache ein Zeichen und eilt Karl voran in Richtung Hauptausgang. Aber der macht nicht mit. In einem verlassenen Flur bleibt er stehen. Er ist es leid, hin- und hergeschleppt zu werden, wie ein Diener im Gefolge.
»Wo gehen wir hin?«
Krüger packt ihn am Arm. »Das geht dich nichts an!«, sagt er trocken.
»Dann geht es vielleicht Kempf was an.« Karl befreit seinen Arm mit einem Ruck. »Wollen wir auf ihn warten, um ihn zu fragen?«
Der andere überlegt kurz.
»Die Liste«, zischt er mit zusammengepressten Zähnen. »Bormann hatte mir versprochen, dass auch meine Base Else und ich dabei sein würden.«
»Deine Base mit Sicherheit nicht«, erklärt Karl, ihn wie selbstverständlich duzend. Die Zeiten, sich diesen Leuten gegenüber respektvoll zu geben, sind vorbei. »Frauen kommen nicht vor.«
»Ich weiß, Oskar hat es mir bereits gesagt. Daher war er der Meinung, dass auch ich nicht dabei sei.«
»Das stimmt. Es sei denn, du bist auf dem Foto äußerst schlecht getroffen. Aber auch dann hätte ich dich erkannt.«
Die beiden Männer starren sich schweigend an.
»Deshalb ist Oskar also gestorben«, sagt Karl schließlich. »Nicht, weil Kempf ihn wegen eines vermeintlichen Komplottes mit den Engländern in Verdacht hatte. Er ist gestorben, weil er über die Liste gesprochen hatte. Mit dir.«
»Er war ein treuer Mann.«
»Er war ein Idiot«, platzt Karl wütend heraus. »Lässt sich töten, um einen Mörder zu retten.«
Krüger packt ihn erneut am Arm, diesmal folgt ihm Karl, beinahe mechanisch. Ein ungewohntes Gefühl hat sich seiner bemächtigt: ein heftiger Schmerz angesichts des Todes seines

Bruders. Die Trauer, die er wochenlang nicht verspürt hat, ist da. Oskar hat sich wie ein treuer Soldat gegenüber seinem Vorgesetzten verhalten. Oder gegenüber einem Freund. Das vermag niemand mehr zu entscheiden.

»Denk, was du willst«, unterbricht ihn Krüger. »Jedenfalls bin ich aus ebendiesem Grund jetzt hier.«

Die beiden SS-Wachen rufen »Heil Hitler!«, als sie an ihnen vorbeigehen. Vor der Villa wartet eine auf Hochglanz polierte schwarze Limousine.

»Ich verzieh mich in die Schweiz«, erklärt Krüger mit leiser Stimme. »Du musst mir die Papiere fälschen und dann die Arbeit mit den Dollarnoten zu Ende bringen. Wir werden reich.«

Karl sieht ihn verächtlich an. Er kann verstehen, dass er seine Haut retten will. Aber sich obendrein an dem von ihm mitgeschürten Hass und Leid zu bereichern?

»Danke, dass du an mich gedacht hast«, erwidert er kalt. »Aber erspare mir das Happy End.« Er befreit seinen Arm aus Krügers Griff. »Wenn du gehst, sag den Wachen, sie sollen mich wegen einer dringenden Arbeit in mein Büro bringen.«

»Ich werde ihnen höchstens sagen, dass sie dich wieder in deine Kammer bringen«, knurrt Krüger. »Wo du von mir aus verfaulen kannst!«

»Wie du willst. Dann werde ich auf dem Weg dorthin bekanntgeben, dass du versucht hast, mich ohne Kempfs Wissen herauszulassen. Ich glaube, es wäre ihm ein Vergnügen, dich wiederzusehen.«

Krüger sieht ihn sprachlos an. Der Ausdruck der blauen Augen, die seinen Blick erwidern, ist hart und entschlossen. Begehrt der sanftmütige Fälscher also auf? Er hat ihn in der Hand, keine Frage. Die beiden Wachen werden im Zweifelsfall tun, was Karl sagt. Sie unterstehen Kempfs Befehl, nicht dem seinen.

»Sei vernünftig«, versucht er ihn umzustimmen. »Du weißt, dass sie dich umbringen werden. Oder glaubst du, dein Freund Otto Kempf wird dich mit einem freundlichen Dankeschön gehen lassen?«

»Wenn ich Glück habe, wird mich mein Freund Otto töten, ohne mich zu foltern«, erwidert Karl. »Aber zuvor muss ich noch etwas erledigen.«

»Du bist verrückt«, antwortet Krüger. »Und außerdem eine wandelnde Leiche.«

»Das scheint in der Familie zu liegen.« Karl lächelt mit einem Anflug von Traurigkeit. »Wir lassen uns für vollkommen sinnlose Ideen töten. Auch mein Vater ist zu diesem Zeitpunkt vermutlich bereits nicht mehr unter den Lebenden, ohne dass ich davon erfahren hätte. Ganz zu schweigen von Oskar …«, fügt er mit einer abfälligen Geste auf den Totenkopf an Krügers Kragen hinzu.

Der kocht vor Wut, doch bleibt ihm keine Zeit für Diskussionen. Er bemerkt, dass die Wachen bereits unruhig werden. Dieses Gespräch zwischen ihm und dem Gefangenen ist merkwürdig. Wenn er ihn erschießt, wird er nicht so einfach hier wegkommen. Er deutet ein Nicken an und erteilt einen knappen Befehl. Dann steigt er in den Wagen und rast mit voller Geschwindigkeit davon.

Karl wird an seinen Arbeitsplatz geführt. Er setzt sich, greift nach einer der wenigen noch fertigzustellenden Akten und beginnt mit der Arbeit, als sei sie äußerst dringend. Sie schließen ihn ein. Aber keiner denkt daran, die Verbindungstür zu Kempfs Büro zu kontrollieren. Nur Karl weiß, dass sie nicht abgesperrt ist: der SS-Mann läuft gern zwischen beiden Räumen hin und her.

Es bleibt nicht viel Zeit. Kempf kann jeden Augenblick zurückkommen. Er ist nicht der Typ, der allzu viel Zeit mit dem Anstoßen auf Hitlers Geburtstag verschwenden wird, zumal es vielleicht dessen letzter ist. Außerdem könnte Krügers ab-

wegiger Besuch die Wachen alarmiert haben. Möglicherweise haben sie ihn rufen lassen.
Karl weiß, wonach er sucht. Und er glaubt zu wissen, wo er fündig wird. Seit Tagen denkt er darüber nach. Er hat Kempf beobachtet, seinen Ordnungssinn, sein Misstrauen. Irgendwo hier drin sind garantiert die beiden Listen und warten darauf, zusammen mit den gefälschten Papieren nach Berlin übergeben zu werden. Die erste mit den echten Namen derer, die Deutschland verlassen sollen. Die zweite mit den neuen Identitäten.
»Martin Bormanns Liste ist Karl Müllers Liste«, murmelt Karl.
Er sitzt an Kempfs aufgeräumtem Schreibtisch: ein alter, stabiler Tisch ohne Schubfächer. Aber damals, als Oskar ... Er legt die Hand auf die rechte Seite und tastet nach dem richtigen Punkt, auf den es zu drücken gilt. Endlich springt eine Klappe auf. Er greift hinein und zieht eine kleine Mappe hervor, auf der ein einziges Wort steht: *Adlerflug.*
Darin enthalten die maschinengeschriebenen Blätter mit den Namen. Hundert Leben, die besagten hundert Ziffern entsprechen. Er überfliegt Bormanns Liste. Und er begreift, dass sein Verdacht begründet war. Was bleibt ihm angesichts eines solchen Planes zu tun?
Noch könnte er aufstehen und in seine Kammer zurückkehren. Oder mit ein bisschen Glück sogar fliehen. Die Villa ist an diesem Tag kaum bewacht. Er späht durch das Fenster, und in seinem Kopf entsteht ein Plan. Ja, das könnte gelingen.
Einen kurzen Moment lang hält er inne. Dann senkt er den Blick und beginnt zu lesen.
Als sich die Bürotür öffnet, kommt es ihm vor, als sei erst eine Minute vergangen. Kempf sieht adrett aus in seiner schicken Uniform und wütend. Flüchtig blickt er zu den Listen auf dem Tisch. Karl richtet sich auf und wartet auf das Donnerwetter. Aber der Offizier beißt die Zähne zusammen.

»Warum hast du das getan?«, fragt er mit einem Ton furchtbarer Verbitterung in der Stimme.

Während Hella den großen Festsaal der Schule in der Rottenbuch-Straße betritt, hat sie das Gefühl, alle würden sich nach ihr umdrehen, ihre Schwangerschaft bemerken und Kommentare fallenlassen, wie sehr sie zugenommen hat. Vor allem die vielsagenden Blicke, weil sie allein gekommen ist, kann sie sich denken. Na, so was, nach kaum sechs Monaten Ehe begleitet er sie schon nicht mehr zu offiziellen Anlässen?
Traurig denkt sie an die letzte Diskussion mit Tobias zurück. Er hat sich geweigert mitzukommen, obwohl sie so sehr darauf beharrt hat. Noch dazu hat er sich derb über sie lustig gemacht: Wo willst du denn hin, so unförmig und aus dem Leim gegangen, wie du bist? In letzter Zeit ist die Maske des aufmerksamen und zärtlichen Verehrers gefallen. Tobias hat andere Sorgen, die politischen Entwicklungen beunruhigen ihn, und mit der jungen Ehefrau verliert er allmählich die Geduld. Er ist barsch, bisweilen überheblich. Abends kommt er immer später nach Hause, oft hat er getrunken.
»Frau Brenner«, begrüßt sie ein Herr um die sechzig in Trachtenuniform. Er ist Trompeter im Orchester der Standschützen, das an diesem 20. April anlässlich der Feierlichkeiten zu Hitlers Geburtstag auftritt. Voller Stolz trägt er das traditionelle Kleid.
»Wie geht es Ihnen?«, lächelt sie. »Freut mich zu sehen, dass die Südtiroler zu ihrer alten Tracht zurückgefunden haben.«
»Es ist schön, dass man sie jetzt wieder tragen darf«, erwidert er.
Mit der Ankunft der Deutschen haben sich alle unter den Faschisten verbotenen Südtiroler Heimatverbände, von den Schützen bis zu den Dorfchören, wieder zusammenschließen dürfen. Hella passt nicht mehr ins Dirndl, so trägt sie heute ein leichtes perlgraues Gabardinekleid, das sie sich für die

Feierlichkeiten im Frühling hat nähen lassen. Sie schaut sich in dem gefüllten Saal um. Auf den Tischen stehen Blumen und Obst, Süßigkeiten und Wein. Das Orchester stimmt die Instrumente, und die Volksschulkinder bereiten sich auf ihren Auftritt vor. Dann fällt ihr Blick auf die roten Fahnen mit dem Hakenkreuz. Dieses so vertraute Banner erscheint ihr einen Augenblick lang fremd.

»Heil Hitler«, ruft eine Stimme neben ihr. Sie gehört zu einer ehemaligen Mitstreiterin, beide waren sie einst als Lehrerinnen in den Geheimschulen tätig.

»Heil Hitler«, erwidert Hella ohne sonderlichen Elan. »Maria, schön dich zu sehen!« Sie beugt sich vor, um ihr einen Wangenkuss zu geben, wobei ihr der Bauch im Weg ist.

»Ich gehöre zu den Organisatoren«, erklärt Maria und lässt stolz den Blick schweifen. »Die Zeiten, in denen wir uns verstecken mussten, um unsere Sprache zu sprechen, sind vorbei. Der Führer hat wieder alles gerichtet!« Sie deutet auf das Hitler-Porträt, das, umrahmt von Blumen, auf dem Tisch thront. »Und dein Sohn wird als Deutscher auf deutschem Boden geboren!«, fügt sie hinzu.

Hella legt eine Hand auf den Leib. »Ich weiß gar nicht, ob es ein Junge oder ein Mädchen wird«, widerspricht sie zaghaft. Marias Energie und Begeisterung erdrücken sie. War sie selbst früher wirklich genauso? Sie schaut in die hellen, ein wenig vorstehenden Augen der Freundin, in denen ein beinahe fiebriger Glanz liegt, und plötzlich spürt sie Groll aufsteigen.

»Verzeihung, ich muss mich setzen«, sagt sie.

»Natürlich, nimm nur Platz. Die Feier beginnt bald! Es wird ein wunderbares Gedicht vorgetragen: *Adolf Hitler als Mensch.*« Maria entfernt sich geschäftig und mit fröhlicher Miene.

Der Trompeter führt sie zu einem Stuhl.

»Wir spielen Wagner«, erläutert er, gleichsam Zustimmung erheischend.

»Ich kann es kaum erwarten, Sie zu hören«, erwidert Hella lächelnd. Sie fühlt sich entsetzlich müde. Selbst Wagner interessiert sie nicht. Aber das ist kein Grund zur Unhöflichkeit. »Gehen Sie nur zu Ihren Leuten«, fordert sie ihn auf. »Ich sitze sehr gut hier.«

Das Konzert ist schön. Hella liebt Musik, und die Schützen geben ihr Bestes, um dem zum Symbol für das Deutschtum erhobenen Komponisten gerecht zu werden. Sie starrt auf das Hitler-Porträt und denkt an den Reichsparteitag von 1936 in Nürnberg zurück, als sie auf der Ehrentribüne der Rede des Führers gelauscht hat. Sie sieht ihn vor sich, wie er die Massen begeistert, nur wenige Meter von ihr entfernt. Er war ihr so nahe. Sie war noch so jung. Alles musste erst noch geschehen.

Und nun ist alles vorbei. Der Traum von einer besseren Welt und auch der von einem besseren Leben. Die Deutschen, die sie von den Faschisten erlösen sollten, sind an allen Fronten auf dem Rückzug. Sie säen Schrecken und ernten einen Sturm aus Feuer und Stahl. Um Europa zu befreien, greifen die Alliierten zu Bomben, die Deutschland in Schutt und Asche legen und auch über ihrer Heimat niedergehen.

Sie spürt, dass sie eine ausweglose Richtung eingeschlagen hat. Wem kann sie dieses Gefühl des Scheiterns, der Nutzlosigkeit gestehen, das jeden ihrer Tage überschattet? Sie wollte eine erstorbene Liebe vergessen, wollte ein Kind, das den Beginn eines neuen Lebens markiert. Stattdessen stürzt sie in eine Verzweiflung, aus der niemand sie erretten kann. Mit wem bloß darüber sprechen? Ihr Vater würde sie nicht verstehen, er ist Rosa niemals auch nur einen Augenblick von der Seite gewichen, nicht einmal nach ihrem Tod. Gusti reist ständig zwischen Graz und Pinzon hin und her, damit beschäftigt, möglichst viele Soldaten zu beherbergen und zu bewirten. Josef beschwert sich, dass der Geldschrank, seit sie den Schlüssel hat, ständig geplündert ist. Gustis Überzeu-

gungen sind seit jeher unerschütterlich. Wie sollte sie Verständnis für ihre Zweifel aufbringen?
Hella hört die Kinder singen, und bittere Tränen steigen ihr in die Augen. Einst hat sie den Kleinen die Geschichte ihrer Heimat erzählt und den Erwachsenen eine strahlende Zukunft ausgemalt. Nun wüsste sie nicht, wie sie ihrem eigenen Kind den Sinn des Lebens erklären sollte. Die Welt hat ihre Bedeutung verloren und Hella ihre Unschuld.

32

Die Stunde der Wahrheit

Mai – Juli 1944

Kempf hat Karl erklärt, dass man ihn erhängen wird, die übliche Strafe für Verräter. Aber gegen eine letzte Gefälligkeit kann er ihm die Folter ersparen. Er soll ihm einen norwegischen Diplomatenpass fälschen.

»Haben Sie den beim Einmarsch in Norwegen mitgehen lassen?« Vorausschauend, diese treuen Schergen des Führers, denkt Karl. »Dabei wart ihr doch dabei zu gewinnen.«

»Falsche Pässe dienen nicht nur zur Flucht«, entgegnet Kempf. Auf seinem Schreibtisch verstreut liegen Dutzende von Papieren. Nachdem man Karl auf frischer Tat ertappt hatte, ist seine Kammer sorgfältig durchsucht worden.

»Wieso habe ich nicht daran gedacht, jeden Abend dieses Kellerloch kontrollieren zu lassen?«, sagt Kempf mehr zu sich selbst. »Ich hätte eher erkannt, was du im Schilde führst. Und du müsstest jetzt nicht hingerichtet werden.«

»Sie hätten mich so oder so umgebracht«, wendet Karl ein.

»Hätte ich das?« Der Offizier greift nach einer der Zeichnungen, die nach der Vorlage der hundert Fotografien entstanden sind. Rasche, präzise Linienführung, die Ähnlichkeit ist perfekt. Die Augen des Mannes auf dem Porträt wirken lebendig. »Ja, ich hätte es getan. Aber es ist schade um das Talent.« Sein erbarmungsloser Blick ist auf Karl geheftet. »Heute wirst du diesen Pass fertigstellen und morgen sterben. Noch Fragen?«

»Kann ich einen Priester sehen?«

Kempf hebt die Augenbrauen. »Du? Ein Kommunist? Was willst du von einem Priester?«

»Sie bringen was durcheinander. Der Kommunist war mein

Vater. Mein Bruder war Nationalsozialist. Meine Verlobte Jüdin.« Kempf hat ihm erzählt, dass man Ida mit dem Pass von Dora Steiner in der Tasche verhaftet hat. Und dass seine Mutter mit einem Zug nach Ravensbrück geschafft wurde. Keine der beiden hat er retten können, vielmehr hat er sie mit in den Abgrund gezogen. Aber er weiß, dass es nicht vergeblich war. »Und ich selbst dachte eigentlich, jeglichen Glauben verloren zu haben«, fügt er hinzu. »Aber dieser wie durch ein Wunder vor der Bombe gerettete Priester hat mich nachdenklich gestimmt. Vielleicht gibt es Gott doch.«
Kempf deutet ein höhnisches Grinsen an. »Gott ist tot.«
»Wollen wir wetten?«, schlägt Karl vor. »Lassen Sie mich die Beichte ablegen, Sie vollbringen damit eine gute Tat. Wenn es Gott gibt, gewinnen Sie. Gibt es ihn nicht, verliere ich. Bitte!« In seinen ernsten blauen Augen liegt ein Flehen.
Kempf ist sprachlos. Dann lacht er kurz auf. Das ist die verzweifelte Bitte eines gescheiterten Mannes. Eines Gebrochenen. Er beschließt, sich barmherzig zu zeigen. Er hat verstanden, wie dieser junge Mann funktioniert: Er wird größere Sorgfalt auf seinen Pass verwenden, wenn er sich zu Dank verpflichtet fühlt.
»Du bekommst deinen wundersam erretteten Priester morgen zu Gesicht«, verkündet er in gleichgültigem Ton. »Und anschließend geht es direkt ins Paradies.«
Im Hinausgehen wirft Karl einen Blick auf den Kalender. Am 13. Mai wird er sterben.
Kempf zündet sich eine Zigarette an und betrachtet die lebendige Zeichnung in seinen Händen. Dann hält er die Flamme daran und beobachtet das brennende Papier.

Der Priester trifft zeitig am nächsten Morgen ein. Er ist zu Fuß gekommen: Vom Bozener Dom ist es nicht weit, so schnell wie er läuft. Er weiß, weshalb sie ihn gerufen haben. Kempf hat ihm Bescheid gegeben und ihn angewiesen, sich zu beeilen. Nun, da er seinen Pass hat, brennt er nur so darauf, den Fälscher loszuwerden.

»Tut mir leid, dass wir uns unter solchen Umständen begegnen«, beginnt der Priester.

»Das ist schon in Ordnung. Bitte komm ein Stück näher.« Karl gibt ihm ein Zeichen mit der Hand.

»Meinst du, das sei die richtige Art, ein Sakrament zu empfangen, mein Sohn?«, fragt der Geistliche vorwurfsvoll, doch dann nimmt er neben ihm auf der Pritsche Platz, den Rücken zur Tür gewandt. Karl vergewissert sich, dass er nahezu vollständig hinter ihm versteckt ist. Mit einem raschen Blick nach draußen schiebt er die Hand, die auf der Decke gelegen hat, beiseite und zieht einen Bleistiftstummel hervor.

»Nimm das Messbuch und schreibe, wo Platz ist«, befiehlt er.

Der Priester sieht ihn entgeistert an: »Weißt du eigentlich, wie eine Beichte abläuft?«

»Es gibt, verdammt noch mal, keine Zeit zu verlieren«, gibt Karl im selben Atemzug zurück und wirft erneut einen nervösen Blick zur Tür. »Wo war dein Gott in all den Jahren? Ich will seine Vergebung nicht.«

»Welche Vergebung willst du dann?«

»Die meines Vaters«, erwidert Karl.

»Du bist der erste Gefangene, der nach einem Priester verlangt, um zu fluchen.« Doch er nimmt den Bleistift und öffnet das Messbuch. »Sage mir, mein Sohn, was du zu beichten hast«, fordert er ihn mit erhobener Stimme auf.

Und Karl beginnt mit seiner leisen, bedächtigen Litanei. Eine endlose Reihe von Namen und Nachnamen. Die aus Bormanns Liste und die der neuen, von ihm selbst erschaffenen Identitäten. In einer langsamen Prozession ziehen die Gesichter hinter seinen geschlossenen Lidern vorbei.

Aufmerksam lauscht der Priester dieser seltsamen Beichte. Wie ein Mann im Gebet beugt er sich über das Messbuch, verbirgt die über die Seite gleitende Hand. Das heilige Buch füllt sich mit profanen Namen.

Als Karl das Diktat dank seines exakten fotografischen Gedächtnisses beendet hat, öffnet er wieder die Augen.

»Wer sind diese Personen?«

»Leute, die an die Wiederauferstehung glauben«, antwortet Karl. »Aber nur an die eigene. Sie sind …«

Draußen hört man Sirenen und im Flur das Geräusch von Schritten. Ein Wachtposten erscheint in der Tür. »Fliegeralarm!«, schreit er. »Pater, beeilen Sie sich, Sie müssen fort. Schnell!«

»Gleich, ich muss diesem Mann noch die Absolution erteilen«, erwidert der Priester, während er sich erhebt. »Was soll ich mit dieser Liste? Wer sind sie?«, fügt er leise hinzu.

Karl kniet nieder und flüstert: »Ingenieure, Chemiker, Biologen: die Erfinder der Gase, Gifte und Waffen des Reiches. Bormann will sie aus Deutschland herausschleusen, bevor es zu spät ist. Du kennst nun ihre wahre und ihre falsche Identität. Nutze dieses Wissen.«

Eine Explosion lässt die grüne Villa erbeben. Karl sieht zu dem Priester auf und bemerkt spöttisch: »Es scheint fast, als würdest du die Bomben anziehen, Pater.«

»Ego te absolvo.« Er schlägt das Kreuz in der Luft. *»In nomine Patris, et Filii, et Spiritus Sancti. Amen.«*

»Das Ganze nennt sich Operation Adlerflug«, antwortet Karl. »Geh nach Rom. Halte sie auf.«

»Pater, schnell, lasst uns gehen!« Der Wachtposten kommt mit großen Schritten herein und schiebt den Geistlichen aus der Kammer. Explosionen erschüttern das Gebäude. Karl spürt die Erde beben wie in Berlin.

Er lächelt, fühlt sich leicht. Sein Plan hätte tausendmal scheitern können. Wenn Kempf ihn, statt ihn zum Tode zu verurteilen, gleich umgebracht hätte, als er ihn mit den Listen erwischt hat. Wenn er ihm die letzte Beichte verwehrt hätte.

Wenn der Priester sich geweigert hätte zu kommen und er die Informationen nicht hätte weitergeben können …
Er setzt sich zurück auf sein Bett und atmet so tief und frei, wie er es nie für möglich gehalten hätte. Vielleicht gibt es Gott am Ende doch.
Wenige Minuten später die Explosion.
Beim Bombenangriff am 13. Mai wird der Bozener Dom schwer beschädigt. Ein junger Priester bleibt vermisst. Auch eine grüne Villa unweit des Zentrums wird dem Erdboden gleichgemacht. Die Hilfsmannschaften kommen zu spät und können nur noch Leichen aus den Trümmern bergen. Zahlreiche deutsche Soldaten, darunter einige von der SS, Offiziere des SD und ein paar Zivilisten. Dienstpersonal? Gefangene? Wer weiß? Sie sind bis zur Unkenntlichkeit entstellt.

Hella schaut auf. Schon wieder Bombenalarm heute? Die Verbindungswege am Brenner stehen ständig unter Beschuss. Am 5. Juni sind die Amerikaner in Rom einmarschiert, ein paar Tage später landeten die Alliierten in der Normandie. Das deutsche Heer kämpft noch in der Nähe von Florenz. Hella weiß, dass das Ende naht.
Mühsam steigt sie in den Dienstwagen ihres Schwagers Franz, und der Fahrer schließt die Tür. Die Schmerzen im Unterleib sind bereits heftig und die Abstände kurz, die Geburt steht unmittelbar bevor. Elsa kann sie nicht in die Klinik begleiten, sie liegt mit hohem Fieber im Bett. Vielleicht ist sie vom vielen Weinen krank geworden. Ein paar Tage zuvor ist ihr Hubert in die Fallschirm-Panzer-Division »Hermann Göring« einberufen worden. Ein paar Monte Ausbildung erwarten ihn und anschließend die Front.
»Lieber Gott, lass ihm nichts zustoßen«, betet Hella. »Und auch nicht Herlinde und den anderen Kindern. Lass die am Leben, die noch wissen, wofür sie leben.«
Frieden, Frieden um jeden Preis. Sie verlangt nichts weiter,

alles andere ist egal. Sie weiß, dass die Fahrt zwischen Neumarkt und Bozen gefährlich ist. Die Straße ist von Bombenkratern gesäumt. Ständig drohen neue Angriffe. Doch Hella hat keine Angst. Sie spürt, dass sie das Schicksal nicht mehr in den Händen hat. Seit Wochen gibt sie sich innerlich der Resignation hin. Ein so tröstliches Gefühl.

Kathi, Elsas beste Freundin, steigt ins Auto. Sie ist wie eine Schwester für sie.

»Wir haben mit Gusti in Graz telefoniert«, erzählt sie ihr in aufmunterndem Ton und drückt ihre Hand, die auf dem Autositz ruht. »Sie wird so rasch als möglich zur Stelle sein.«

»Gusti.« Hella lächelt wehmütig. Sie hofft, dass die Schwester es rechtzeitig schafft. Sie muss mit ihr sprechen, sie bitten, sich um die Familie zu kümmern. »Die Kinder werden ihre Tante brauchen«, sagt sie.

»Wieso Kinder?«

»Es sind zwei. Ich habe sie gespürt. Arme Geschöpfe«, fügt Hella hinzu. »Sie werden in eine Welt des Todes hineingeboren.«

»Sag nicht so etwas. Wirst sehen, der Krieg ist bald zu Ende.«

Aber Hella schüttelt den Kopf. Sie sieht aus dem Wagenfenster. Auf die noch schattigen Sträßchen von Neumarkt, durch die schon bald das Sonnenlicht fluten wird. Auf die vom Alltagsleben erfüllten Lauben. Dann verändert sich die Landschaft. Links fließt die Etsch in Richtung Talsohle, dorthin, wo die Apfelbäume voller Früchte hängen. Rechts, an den Ausläufern der Berge, erstrecken sich gleichförmig die Weingärten, überkrönt vom dunkleren Grün der Wälder.

Hella kurbelt die Scheibe hinunter und beugt sich zum Fenster vor. Der warme Wind schlägt ihr ins Gesicht. Flüchtig erkennt sie den Kirchturm von Pinzon in der Ferne, und sie sieht die lächelnde Rosa vor sich. Sie schließt die Augen, erfüllt von der Schönheit eines Landstrichs, den ihr Volk hat bewahren wollen. Im Guten wie im Schlechten.

Dann kurbelt sie das Fenster hoch.
»Ist dir übel?«, fragt Kathi besorgt.
»Nein.« Hella lehnt sich zurück, und auf ihren Lippen zeichnet sich ein Lächeln ab. Das erste wahrhaftige Lächeln seit Monaten. »Ich wollte nur noch einmal all die Orte richtig sehen, die ich geliebt habe. Um sie mit mir zu nehmen.«
»Wie kommst du darauf?«, wundert sich Kathi.
»Weil ich sie nie mehr wiedersehen werde.«

Die Geschichte nach der Geschichte

Hella stirbt am 5. Juli 1944 in der Klinik in Bozen. Offiziell bei der Entbindung, aber in meiner Familie heißt es immer, dass sie die Lust am Leben verloren hatte. Die bedingungslose Kapitulation Deutschlands wird ein knappes Jahr später, Anfang Mai 1945 unterzeichnet. Doch als Hellas Leben zu Ende geht, ist das Schicksal des Deutschen Reiches bereits besiegelt.

Die sowjetischen Truppen haben ab Mitte April 1945 freie Bahn bis Berlin. Allerdings müssen sie sich eine Häuserschlacht liefern, um bis zu Hitlers Bunker vorzudringen, und bei diesem erbitterten Kampf verlieren sie fast 80 000 Soldaten. In seinem Versteck aus Stahlbeton feiert der Führer am 20. April 1945 seinen Geburtstag und nimmt sich am 30. April, gemeinsam mit seiner Geliebten Eva Braun, die er kurz zuvor geheiratet hat, das Leben.

Im Westen sind die Alliierten am 6. Juni 1944 in der Normandie gelandet und haben im August Paris befreit. Im Winter kommt es in den Ardennen zu einer letzten Gegenoffensive der Wehrmacht, aber die amerikanische Luftwaffe und die Kampfpanzer unter General Patton wehren sie ab und schlagen auch an dieser Front eine Bresche in Richtung Deutschland.

Im Juli 1944 unternimmt eine Gruppe deutscher Offiziere ein Attentat auf Hitler. Eine in einem Lederkoffer versteckte Bombe explodiert zu Füßen des Diktators. Doch durch den Schutz eines massiven Holztisches kommt er wie durch ein Wunder unbeschadet davon. Es folgen grausame Repressalien. Die Verschwörer werden verhaftet, gefoltert, hingerichtet, ihre Angehörigen verschleppt. Hitlers Rache fordert fünftausend Opfer. Das Erstaunlichste an der ganzen Geschichte ist die Verwundbarkeit des Diktators. Eine Handvoll entschlossener Militärs hat sein Leben in Gefahr bringen können. Es ist ihnen gelungen, dem absoluten Überwachungs- und Terrorregime, das Deutschland seit zehn Jahren im Griff hat, zu trotzen. Aber ist es im Juli 1944 nicht schon zu spät, um die eigene Soldatenehre zu retten? »Nein« zu sagen ist eine große Geste. Doch wahrhaft mutig ist nur, wer es rechtzeitig zu sagen weiß.

Ende 1944 tobt noch immer der Kampf – im Osten an der Oder und im Westen am Rhein –, aber die Mächtigen warten nicht bis zum Waffenstillstand, um die Bilanz dieses ersten weltweiten Konflikts der Geschichte zu ziehen. Anfang Februar 1945 treffen sich Roosevelt, Churchill und Stalin in Jalta und teilen die Welt auf. Vor allem Europa.

Der amerikanische Präsident ist ein müder Mann. Er weiß, dass seine Bürger den Krieg satthaben und keine weiteren Söhne nach Europa in den Tod schicken wollen. Churchill hat lange Zeit allein gegen Hitler angekämpft und später ein Bündnis aufrechterhalten, das Deutschland und Japan nur mit vereinten Kräften besiegen konnte. Dieser Krieg hat Großbritannien ein Weltreich gekostet. London wird Jahre brauchen, um wieder aus der Asche aufzuerstehen, und es wird nie mehr der Mittelpunkt der Welt sein. Das Herz des Westens schlägt nun in Washington, der Hauptstadt der Vereinigten Staaten.

Unter den in Jalta versammelten Männern wird Stalin als der eigentliche Sieger hervorgehen. Er steht an der Spitze des mächtigsten europäischen Heeres, und angesichts der über zwanzig Millionen gefallenen russischen Soldaten kann er seine Rechte geltend machen. Er wird die Kontrolle über ganze Länder, Völker, Nationen und ihre Reichtümer übernehmen, um sein rotes Imperium zu errichten. Der Krieg hat ihn nicht verändert. Er hat ihn noch unerbittlicher und mächtiger werden lassen. Stalin ist und bleibt der blutrünstige und paranoide Diktator, der bereits vor dem Krieg elf Millionen Bauern, Soldaten und Oppositionelle getötet hat. Und es weiterhin tun wird. Er wird selbst den großen Mitstreitern, die sein Regime und sein Leben beschützt haben, den Prozess machen und sie zum Tode verurteilen. Sein mörderischer Wahn wird erst mit seinem Tod im Jahr 1953 enden.

Zwei Monate nach Jalta stirbt Roosevelt. Im Juli 1945 erhält Churchill von den Briten den Dank für seine Mühen: Er verliert die Wahlen. Der neue amerikanische Präsident Harry Truman bereitet dem Krieg im Pazifik ein Ende: mit den ersten beiden Atombomben der Geschichte, über Hiroshima und über Nagasaki. Eine Warnung auch an die UdSSR und ihre Expansionsbestrebungen in Westeuropa. Deutschland ist geteilt und ebenso Berlin, der Kalte Krieg beginnt.

In Italien wird Mussolini am 28. April verhaftet und hingerichtet. Die Passanten auf dem Piazzale Loreto in Mailand spucken auf den Leichnam. So begraben sie den Faschismus oder glauben, ihn zu begraben. Es werden Jahre vergehen, ehe man dieses schändliche Kapitel der Geschichte wieder aufschlägt.

An einem Morgen im Mai 1945 erreichen die Amerikaner Unterradein. Ein Wagen mit sechs Soldaten, darunter zwei Schwarze. Ein überraschender Besuch für die Bewohner des kleinen Bergdorfes. Noch dazu sprechen sie eine vollkommen unverständliche Sprache.

»Mein Vater schickte mich vor, um mit ihnen zu reden«, erinnert sich Sepp Perwanger. Auf Drängen seiner Mutter Hanna hatte er bereits als Kind angefangen, Englisch zu lernen. »Die Amerikaner boten meinem Freund und mir Zigaretten und Bonbons an, dann nahmen sie uns beiseite: ›*We are here for two days, we must have girls!*‹«

Die Yankees versprachen noch mehr Zigaretten und einen Haufen Dollar, wenn den Burschen die Sache mit den Mädchen gelingen sollte. »Amerikanische Zigaretten waren Gold wert«, fügt Sepp hinzu. Aber in Unterradein gibt es die gesuchte Art von Frauen nicht. Sepp und sein Freund sind unerfahren und wenden sich Rat suchend an einen Tischler, der als Frauenheld gilt. In einem der Nachbardörfer lebt eine junge, für ihre Freizügigkeit bekannte Frau namens Lisetta. Die beiden Burschen schwingen sich aufs Fahrrad. »Wir klopften an die Tür, und Miss Südtirol öffnete. Sie sah nicht nur gut aus, sondern umwerfend. Es war Lisetta. Wir erklärten ihr, dass die Amerikaner da waren und uns gebeten hatten, ihnen Gesellschaft zu verschaffen.« Doch sie schüttelte bedauernd den Kopf und erwiderte: »Ach, wie schade, dass ich es abschlagen muss. Großmutter kann nicht mehr arbeiten. Und Mutter, die nun so viel zu tun hat, ist krank. Ich komm kaum noch mit allem hinterher, muss Tag und Nacht schuften. Mir steht die Arbeit bis zum Hals.« Sepp ahmt lachend Lisettas Geste nach, mit der sie sich über die Kehle fährt. Dann ruft er sich die enttäuschten Gesichter der Soldaten in Erinnerung, die ihm und seinem Freund dennoch großzügig eine Stange Zigaretten überließen.

Es ist eine ungewöhnlich klare Erinnerung an die Ankunft der Alliierten. Viele Zeitzeugen waren damals Kinder, und Amerika wird von ihnen lediglich mit der freigebigen Verteilung von Kaugummi und Schokolade assoziiert. Oder mit den leisen Schritten dieser neuen Besatzer, deren Stiefel mit Paragummi und nicht, wie bei den Deutschen, mit Leder besohlt waren.

Es ist natürlich nur ein Erinnerungsausschnitt. Aber er veranschaulicht das Bild eines Landstrichs, in dem von Anfang an die Losung von Versöhnung und Wiederaufbau galt. So war es auch in Prags, während einer Episode, die mir seit jeher als ein zeitloses Sinnbild erscheint.

Der Pragser Wildsee im Hochpustertal ist ein Ort der Schönheit, des Friedens und der Ruhe. Er ist umgeben von dichten Pinienwäldern und weißen Felsgipfeln, die direkt ins Wasser zu stürzen scheinen. Dominiert wird das Alpenidyll von der gewaltigen Silhouette des Grandhotels mit seiner weitläufigen Terrasse, auf der sich hungrige Wanderer zur Stärkung einfinden.

Dieser Ort hat Geschichte. Hier kam es zu einer der letzten Episoden eines scheinbar niemals endenden Krieges. Ein letztes Zusammenspiel, dessen Echo sich weit über die Südtiroler Berge hinaus erstreckte.

Es ist der 30. April 1945, und 139 Gefangene befinden sich seit Tagen auf der Reise, bewacht von Soldaten der SS-Division Totenkopf. Sie stammen aus insgesamt siebzehn verschiedenen Lagern des Netzwerks nationalsozialistischer KZs. Man hat sie in Dachau zusammengetrieben und dann in das Lager Reichenau bei Innsbruck geschafft. Anschließend wurden sie auf Lastern Richtung Südtirol transportiert.

Es sind ganz besondere Gefangene: eine von den obersten NS-Funktionären Müller, Kaltenbrunner und Bormann zusammengestellte Gruppe. Die Geiseln werden an die voraussichtlich letzte Verteidigungslinie geschafft, in die Alpen, die die Nationalsozialisten in eine uneinnehmbare Bastion verwandeln wollen. Die eher pragmatisch Gesinnten wie Bormann erhoffen sich dadurch vor allem Geld. Und eine rettende Ausreisegenehmigung: nach Lateinamerika, genauer gesagt Argentinien, wo Bormann schon seit Jahren den ehrgeizigen Oberst Juan Perón unterstützt.

Am 30. April wird der Konvoi in dem kleinen Ort Niederdorf von einer regulären Wehrmachtseinheit gestoppt. Am Ende des Pustertals weiß es noch niemand, aber am Tag zuvor ist das KZ Dachau von den Amerikanern befreit worden, und in Berlin hat sich Hitler soeben in seinem von den Sowjets belagerten Bunker das Leben genommen. Das Reich ist untergegangen, und nach sechshundert Tagen mühsamen Vormarschs stehen die Amerikaner kurz vor Südtirol. Die Männer der Wehrmacht trauen den SS-Leuten nicht und

wollen die ohnehin bereits sehr heikle Situation nicht weiter verschärfen. Sie übernehmen die Kontrolle des Konvois.
Sofort entschließen sich fünf Italiener zur Heimkehr und verlassen die Gruppe, ebenso wie ein Brite, der sich mit den Alliierten in Verbindung setzten will. Der befehlshabende Offizier, Hauptmann Wichard von Alvensleben, überlegt, wo er all die anderen unterbringen soll. Für den Fall, dass die SS ihre Beute zurückzugewinnen versucht, wählt er ein zwischen Bergen eingeschlossenes, schwer zu erreichendes und leicht zu verteidigendes Gebäude: das Grandhotel am Pragser Wildsee. Seit der Krieg 1942 die letzten Touristen von dort verjagt hat, ist es außer Betrieb.
Die Besitzerin, Emma Heiss, wird eilends aus Brixen herbeigerufen. Sie befindet sich in einem weiteren Hotel der Familie, dem Hotel Elephant, das deutsche Truppen seit 1943 in Beschlag genommen haben. Sofort begibt sie sich nach Prags, wo es seit Jahren weder Küche noch Bedienung gibt und erst alles organisiert werden muss für die unvorhergesehenen 133 Gäste. Deren Namen bilden eine eindrucksvolle Liste: Kurt von Schuschnigg, der letzte österreichische Bundeskanzler, mit Ehefrau und Tochter, der ehemalige französische Premierminister Léon Blum und seine Lebensgefährtin, der einstige ungarische Premierminister Miklós Kállay, der französische Bischof Gabriel Piguet, außerdem griechische Generäle und britische Offiziere. Auch deutsche Geiseln sind darunter, etwa die Frau des Grafen von Stauffenberg, des führenden Kopfes der für das Hitler-Attentat vom 20. Juli 1944 verantwortlichen Verschwörer. Der Großindustrielle Friedrich Thyssen, ein von Beginn an treuer Unterstützer Hitlers, gehört ebenfalls dazu. Er hat sich gegen den Krieg gewendet, als es bereits zu spät war, ist mit seiner Frau in Sachsenhausen inhaftiert und anschließend nach Dachau deportiert worden.
An den Ufern des Pragser Wildsees vollzieht sich eine Art Wunder. In den stillen Räumen des großen Gebäudes beginnt

für diese dem Tod entronnenen Männer und Frauen erneut das Leben. Die Blums, Thyssens und Stauffenbergs sind bunt zusammengewürfelt und reden miteinander. Verschiedene Sprachen, Überzeugungen, Geschichten: in der Kälte eines Alpenwaldes schimmert erneut ein Funken jenes Europas der Nationen, aber auch der Religionen und Kulturen auf, die Hitler zu zerstören versucht hat. Die Vielfalt, die – ausgehend von Jerusalem, Athen und Rom – Europa an den Ufern des Mittelmeers zum Leben erweckt hat, ist wieder aufgelebt. Die Vielfalt, die es in kosmopolitischen Städten wie Prag, Wien und Berlin hat wachsen lassen. Das Mosaik, das der Führer zerschlagen wollte, beginnt, sich erneut zusammenzusetzen.
Emma trommelt ein paar Angestellte zusammen, lässt Holz hacken, die Öfen und Kamine anfeuern. Sie gibt sich alle Mühe, die dem Unheil entronnenen, in einer improvisierten Arche Noah zusammengekommenen Schiffbrüchigen zu versorgen. Bald gehen ihr die Vorräte aus, und um Abhilfe zu schaffen, wendet sie sich an ein ungewöhnliches, aber zukunftsweisendes Duo: Karl Tinzl, der als Präfekt des NS-Regimes die Nachfolge Peter Hofers in der Region angetreten hat, und Erich Amonn, einer der Anführer des Südtiroler Widerstandes und späterer Mitbegründer der Südtiroler Volkspartei.
Weshalb sind sich all diese Menschen nicht schon früher begegnet? Wie konnten sie glauben, die eigene Haut ohne die Hilfe der anderen zu retten? Auf einer vom letzten Schnee umgebenen, von der SS bedrohten und der Wehrmacht beschützten Insel kommt es zu einem kleinen Vorgeschmack dessen, was die zukünftigen Vereinten Nationen ausmachen wird. Am 4. Mai 1945 trifft ein amerikanischer Trupp ein, der die »Beschützer« verhaftet und die Geiseln offiziell befreit. Doch Letztere haben bereits in jenen Tagen in der Schwebe an den Ufern des grün schillernden Pragser Wildsees ein wenig wahre Freiheit gekostet. Die Freiheit, sich die Zukunft auszumalen und die Hoffnung aufleben zu lassen.

Im Frühjahr 1945 wollen alle den Schlussstrich unter diese unermessliche Tragödie setzen. Die amerikanischen Soldaten, denen Sepp in Unterradein begegnet, wollen wieder aufatmen, die frische Luft des Zirmerhofs, den Duft einer Frau auskosten. Die dem Lagertod entronnenen prominenten Geiseln wollen Jahre der Angst vergessen. Und die Seele des alten, weltoffenen und gebildeten Europa wiederfinden, das sie aus den Trümmern auferstehen lassen müssen. Sofern das möglich ist.

Und die Südtiroler? Mehr als alle anderen wollen sie vergessen und nach vorne schauen, Abstand gewinnen zu der durchlebten Katastrophe. Dabei besteht die Versuchung, das nationalsozialistische Grauen zu leugnen. Martha Ebner hat mir erklärt: »Ich glaube nicht, dass dieser Teil der Geschichte in Südtirol hinreichend aufgearbeitet worden ist. Das kollektive Interesse hat überwogen.« Gegenseitige Anklagen und Beschuldigungen hätten lediglich eine Front geschwächt, die in jedem Fall geschlossen auftreten musste.

Im Gästebuch des Hauses in Pinzon durchblättere ich die Seiten aus jener Zeit. Nach 1945 tauchen mit einem Mal Einträge auf Englisch auf: Danksagungen für die Beherbergung, das Versprechen, sich erkenntlich zu zeigen, der Wunsch nach einem Wiedersehen. Auf denselben Seiten auch Sätze in deutscher Sprache, wie das herzliche Dankeschön der 26. Panzer-Division vom 20. Mai 1945. Noch später, im Oktober, lobt ein gewisser Roy Buckley, dem Namen nach offenbar Amerikaner, die Gastfreundschaft des Hauses. Er schreibt, dass »einige Freunde«, die vermutlich einige Monate zuvor vorbeigekommen waren, ihm den Besuch empfohlen hatten.

Das Ende eines blutigen Krieges ist kein Kinderspiel, aber der kollektive Wunsch nach Versöhnung ist offenkundig. Die fliehenden Deutschen finden mit Hilfe von Südtirolern, die ihnen Unterschlupf, Verpflegung und Geleit auf den sichersten Pfaden gewähren, den Heimweg. Die Engländer und

Amerikaner werden mit gemischten Gefühlen, mit Sorge und Erleichterung empfangen. Während des Krieges lautete die Parole: Hauptsache überleben. Nach dem Krieg lautet sie nicht anders.

Die Alliierten machen in Norditalien etwa 150 000 Gefangene, die nach und nach freigelassen und nach Hause geschickt werden. In den Nachkriegswirren nutzen viele Nationalsozialisten falsche Papiere und die lange im Voraus ersonnenen Fluchtwege. Es sind die von den Engländern sogenannten *»ratlines«*. Die Ratten verlassen das sinkende Schiff. Durch die hiesige, ihnen wohlgesonnene Region gelangen sie nach Genua, von wo sie sich nach Spanien und anschließend nach Südamerika einschiffen.

Die Angehörigen einiger hoher NS-Funktionäre wie Mengele, Himmler und Göring finden in Südtirol Zuflucht und eine neue Existenz. Auch Bormann gehört dazu, dessen Frau 1946 im Krankenhaus von Meran an Krebs stirbt.

In der großen Schachpartie um das Schicksal Europas zählt dieses Fleckchen Erde nicht viel. Am 13. April 1945 haben die Russen Wien eingenommen. Die Rote Armee tränkt ihre Pferde an den historischen Brunnen im Herzen des alten Kontinents. Die siegreichen Kommunisten sind gefürchteter als die niedergerungenen Nationalsozialisten. Und die Alpengrenze am Brennerpass ist eine natürliche, für die Amerikaner unverzichtbare Verteidigungslinie. Woodrow Wilson und dem Recht auf Selbstbestimmung zum Trotz wissen sie sehr genau, dass Italien eine strategische Rolle spielt. Es muss unter westlichem Einfluss bleiben. Die Grenzen zur Diskussion zu stellen kommt nicht in Frage. Das im Zuge des Ersten Weltkrieges geteilte Tirol wird durch den Zweiten Weltkrieg nicht wiedervereint. Und wenige Jahre später wird erneut Blut fließen.

Doch das ist ein anders Kapitel unserer Geschichte.

Dank

Ein aus den Erinnerungsfäden eines ganzen Volkes geknüpftes Buch ist unweigerlich zahlreichen Menschen zu Dank verpflichtet.

An erster Stelle sei wie stets der Name meines Mannes, Jacques Charmelot, genannt: An meiner Seite hat auch er einem heftigen Sturm standhalten müssen, denn das Eintauchen in die Geschichte und Kultur Südtirols war kein leichtes Unterfangen. Danke, Jacques, für die vielen gemeinsamen Kilometer auf gewundenen Sträßchen, für die nachmittagelangen Korrekturen, für die Magenschmerzen von zu vielen Knödeln, für jeden Tag und jedes Wort in all diesen Monaten. Ein ebenso großer Dank gilt meiner Familie: Ohne die Tatkraft und Geduld meiner Schwester Micki, die Sanftmut und Bereitschaft meiner Mutter Herlinde und die Unterstützung aller Mitglieder einer Verwandtschaft, für die der gegenseitige Beistand nach wie vor ein hoher Wert ist, wären wir verloren gewesen. Ich danke meinen Onkeln, vor allem Hubert Deutsch, aber auch Norbert und Heinrich Deutsch, für ihre mit mir geteilten Erinnerungen und Gedanken. Und auch den gastfreundlichen Verwandten, wie dem Sohn von Tobias, Hermann Brenner, sowie Hellas liebenswürdigem Sohn Gerhard Brenner und dessen Töchtern Mariedl, Waltraud und Rosemarie Gruber-Wenzer: Sie alle haben mir geholfen, die Geschichte meiner, unserer Familie zu begreifen und zu vertiefen.

Danke an die Frauen, die sich gemeinsam mit mir auf die Jagd nach Erinnerungen begeben haben. An Margot Tschöll, die mich in die Stuben, Gartenlauben und auf Kirchtage begleitet hat; an Ulli Sailer, die mir das wertvolle Tagebuch ihres Onkels zur Verfügung stellte; an Gerlinde Rizzolli und die aus ihren Schubfächern zutage geförderten Überraschungen; an

Graziella Rizzolli, dafür, dass sie einer weiteren Materialsichtung zugestimmt hat. Und natürlich der unerbittlichen, längst zur Ehren-Südtirolerin avancierten Lektorin Michela Gallio. Ein Dankeschön an den Verlag Rizzoli, der mir mit Francesco Casolo, Davide F. Jabès, Francesco Peri sowie den Mitarbeiterinnen von Michela Cosilis Lektoratsbüro Studio Littera – und allen voran Sara Grazioli – auch diesmal ein großartiges Arbeits- und Rechercheteam an die Seite gestellt hat.
Mein Dank gilt den Zeitzeugen, die in diesem Buch zu Wort kommen: Martha Ebner, Lionello Bertoldi, Valerio Fontanari und seine Ehefrau, Pietro Moltrer und Sepp Perwanger sowie deren Familien. Ebenso danke ich denen, die hier nicht zu Wort gekommen sind, die mich jedoch empfangen und den Tresor ihrer Erinnerungen für mich geöffnet haben, um mich mit ihren Geschichten zu inspirieren. Dazu gehören vor allem der Bruder und die Familie von Hellas großer Liebe Sebastian Tschigg; außerdem Nandl und Engelbert Amort, Toni Amplatz Saltnerbühel, Viktoria Broseghini, Hans Clementi und seine Frau, Alfons Giovanett, Anna Goldner, Kathi Hilber, Erich Kobler, Leo Pichler, Rudi Stocker, Leo Tiefenthaler und seine Frau Ulrike, Margareth und Mario Todesca, Gottlieb Unterthiner und Anna Vescoli.
Danke den Experten für Heimatkunde und vieles andere, den Journalisten, Intellektuellen und Wissenschaftlern, die mich beraten und mir geholfen haben, mich in einer sowohl für das Weltgeschehen als auch für Südtirol äußerst komplexen historischen Epoche zurechtzufinden. Die unverzichtbaren Ratschläge Günther Pallavers, der meine Arbeit während verschiedener Phasen begleitet hat, und auch die Anmerkungen meiner aufmerksamen Leser Toni Ebner, Germana Nitz, Paolo Pagliaro und Leopold Steurer haben mir wertvolle Denkansätze geliefert. Bei der Klärung dunkler Punkte waren mir Lorenzo Baratter, Luciano De Marchi, Josef Fontana, Ettore Frangipane, Carla Giacomozzi, Hans Heiss, die Bür-

germeisterin von Montan Monika Hilber Delvai, Brigitte Mazohl und der Bürgermeister von Bozen Luigi Spagnolli behilflich. Außerdem standen mir Experten verschiedener Bereiche zur Seite: zum Thema Eisenbahnwesen Silvio Gallio, zu rein militärischen Fragen Niccolò Tognarini und Raffaele D'Aniello, zur Notaphilie Claudia Maresca und Umberto Moruzzi. Bei den Recherchen im Archiv der RAI in Bozen wurde ich durch Markus Perwanger unterstützt; im Archiv in Berlin durch Clemens Maier-Wolthausen, im zentralen Staatsarchiv Italiens durch Carlo Fiorentino und im Staatsarchiv Bozen durch Harald Toniatti und Pietro Vezzani. Mein Dank auch an Andrea di Michele, Fabrizio Miori und den Maresciallo »aiutante« (Oberstabsfeldwebel) Mario Rizza.

Danke an die Fotografen Gregor Khuen Belasi, Francesca Witzmann und Bruno Marchetti, die ihre Zeit und Arbeitskraft geopfert haben, und an Giorgio Armani für seine wie stets großzügig überlassenen Kreationen.

Nicht zuletzt gilt mein Dank natürlich meiner Heimat und ihrer kollektiven Umarmung. Ich hoffe, mit diesen Seiten wenigstens einen Teil des Mutes, der Wärme und der Erinnerungen zurückgeben zu können, die mir diese Monate beschert haben.

Glossar

Ahnenerbe: Kurzform für die 1935 von Heinrich Himmler gegründete Forschungsgemeinschaft Deutsches Ahnenerbe e.V. Aufgabe dieses SS-Organs war die Sammlung jedweden Materials (von Möbeln bis zu Volksliedern, von Gebrauchsgenständen bis zu Sagen und Legenden), das als Teil des kulturellen und anthropologischen Erbes eines vermeintlich zur »arischen Rasse« gehörigen Volkes gelten konnte. Letztes Ziel des Ahnenerbes war der Versuch, die gesamte Menschheitsgeschichte durch die »Entdeckungen« und »Theorien« von Wissenschaftlern und Experten zu erklären, die zur Untermauerung der Thesen des Reichsführers SS bereit waren. Vertreter des Ahnenerbes waren seit Januar 1940 auch in Südtirol aktiv.

Ahnenpass: persönliches Dokument zum Nachweis der »arischen Abstammung« und der »Reinheit des Blutes« mittels einer detaillierten Stammtafel. Der im nationalsozialistischen Deutschland eingeführte Ahnenpass wurde in Südtirol für diejenigen zur Pflicht, die sich als Optanten für die Abwanderung ins Deutsche Reich entschieden.

Amtliche Deutsche Ein- und Rückwanderungsstelle (ADERSt): Verwaltungsbehörde zur Umsetzung der italienisch-deutschen Abkommen. Mittels eines weitverzweigten, ganz Südtirol erfassenden Verwaltungsapparates war sie für die Durchführung der Option und die Unterstützung der nachfolgenden Massenauswanderung zuständig.

Arbeitsgemeinschaft der Optanten für Deutschland (AdO): offiziell im Januar 1940 zur Unterstützung der Optanten ins Leben gerufene Organisation, die ziemlich genau die Strukturen und die Ideologie des illegalen Völkischen Kampfrings (VKS) widerspiegelt. Zwischen 1940 und 1943 verfolgt die AdO das Ziel, mittels verschiedener Bereiche (Frauen, Freizeit, Kultur etc.) das Volk zu mobilisieren und auf die Auswanderung ins Deutsche Reich vorzubereiten. Die Dableiber und alle, die Kritik an nationalsozialistischem Gedankengut erhoben, wurden angefeindet.

Gauleiter: Titel der obersten Funktionäre der NSDAP (vergleichbar dem Rang des faschistischen Federale). Der Gauleiter kümmerte sich um die

Angelegenheiten der Partei innerhalb eines bestimmten Gebiets, des sogenannten Gaus, sowie um Fragen und Belange der Bürger. Die Gauleiter wurden von Hitler persönlich unter seinen treuesten Anhängern ausgewählt und unterstanden nur ihm. Sie bildeten den ursprünglichen Kern der Partei und erlangten mit der Zeit teilweise eine gewisse Unabhängigkeit.

Geschlossener Hof: ein über mehrere Generationen im Familienbesitz gebliebener Gutshof. Das Gut wird nicht zwischen mehreren Nachkommen aufgeteilt, sondern bleibt in der Hand eines einzigen Erben, in der Regel des ältesten Sohnes. Der geschlossene Hof ist ein in Tirol übliches, jahrhundertealtes Rechtsinstitut, das Frauen jedoch stark benachteiligte, bis 2001 die erbrechtliche Gleichstellung beider Geschlechter per Gesetz festgeschrieben wurde.

Katakombenschulen: die einzige Möglichkeit für Südtiroler Kinder, unter der faschistischen Diktatur Deutsch zu lernen. Diese Geheimschulen waren verboten, die Lehrer wurden verfolgt und streng bestraft. In der Zeit der Katakombenschulen von 1923 bis 1939 hatte vor allem die deutschsprachige Bevölkerung des Südtiroler Unterlandes unter den Repressionen der Faschisten zu leiden.

Kreisleiter: direkte Untergebene der Gauleiter, als deren verlängerter Arm sie vor Ort dienten.

Nationalpolitische Erziehungsanstalt: auch unter der Abkürzung NPEA oder Napola (für Nationalpolitische Lehranstalt) bekannte Ausbildungsstätten an verschiedenen Orten des Deutschen Reiches sowie der besetzten Gebiete. Sie unterstanden direkt der SS und waren für Schüler zwischen zehn und achtzehn Jahren gedacht, die unter »rassischen«, intellektuellen und körperlichen Gesichtspunkten geeignet schienen, zur nationalsozialistischen Führungselite herausgebildet zu werden. (So waren beispielsweise Brillenträger oder Hörgeschädigte nicht zugelassen.)

Operationszone Alpenvorland: durch den Führererlass vom 10. September 1943 deklarierte Zone. Sie umfasst die Provinzen Bozen, Trient und Belluno, die nach dem Waffenstillstand zwischen Alliierten und Italienern vom 8. September 1943 von den Deutschen besetzt wurden. Das neue Gebiet unterstand dem Kommando des Obersten Kommissars und Gauleiters von Tirol-Vorarlberg, Franz Hofer. Die Operationszone sollte nach Absicht der Nationalsozialisten nur so lange bestehen bleiben, bis nach siegreich beendetem Krieg die gesamte Region dem Reich angeschlossen würde.

Option: in Hitlers und Mussolinis Augen die Lösung des Südtirol-Problems. Im Oktober 1939 vereinbarten sie, alle Südtiroler deutscher Zunge vor die Wahl zu stellen: entweder sie verließen ihr Land, auf dem ihre Vorfahren seit rund 1300 Jahren gelebt hatten, und »kehrten heim ins Reich«, oder aber sie blieben auf ihrem Heimatboden und verzichteten auf jeglichen Minderheitenschutz. Die Bevölkerung spaltete sich in sogenannte »Optanten« und »Dableiber«. Über achtzig Prozent, rund 200 000 Personen, entschieden sich für die Abwanderung, doch durch den Verlauf des Zweiten Weltkrieges verließen nur 75 000 tatsächlich das Land, und viele von ihnen kehrten heimlich zurück.

Rufach und Achern: Ab 1940 entstanden für Knaben im elsässischen Rufach (heute Rouffach) und für Mädchen im baden-württembergischen Achern Oberschulen für sogenannte Volksdeutsche, also für Personen deutscher Volkszugehörigkeit, die nicht auf deutschem Boden lebten. Neben dem Erlernen der deutschen Sprache standen stark nationalsozialistisch geprägte Inhalte auf dem Lehrplan. Viele Kinder Südtiroler Optanten des gehobenen Bürgertums besuchten diese Schulen, um anschließend in der Politik und Wirtschaft besagter Region wichtige Funktionen zu übernehmen.

SS-Obergruppenführer: Dienstgrad der Waffen-SS, bei heutigen Streitkräften etwa dem des Generalleutnants vergleichbar. In der allgemeinen SS konnte er jedoch auch einem anderen Rang entsprechen.

Südtiroler Ordnungsdienst: eine 1943 – zeitgleich mit der nationalsozialistischen Besetzung Südtirols – durch die AdO geschaffene Miliz, die zunächst Beistand und Hilfe beim Einmarsch der deutschen Truppen leistete und später, mittels eines weitverzweigten, bis in die einzelnen Dörfer reichenden Netzwerkes die Kontrolle über das Gebiet übernahm. Die aus Südtiroler Optanten bestehenden Truppen wurden mit Waffen ausgerüstet, die man den italienischen Streitkräften entwendete.

Südtiroler Unterland: auch Bozener Unterland (it.: *Bassa Atesina*), ist das Gebiet in Südtirol zwischen Branzoll und Salurn, durch das die Etsch, die Autobahn und die Brenner-Eisenbahn verlaufen.

Südtiroler Volkspartei (SVP): eine ethnische Sammelpartei christlich-sozialer Prägung, die bis vor wenigen Jahren über 80 Prozent der Deutsch und Ladinisch sprechenden Bevölkerung Südtirols repräsentierte. Im Mai 1945 gegründet, forderte sie zunächst das Selbstbestimmungsrecht und in einem zweiten Schritt den Autonomiestatus für Südtirol. Bis 1964 war sie die einzige deutschsprachige Partei auf Provinz- und Regionalebene. Seit den ersten Regionalwahlen 1948 stellt sie den Präsidenten der autonomen Provinz Bozen. Mit den Regionalwahlen von 2013 hat sie erstmalig in ihrer langen Geschichte die absolute Mehrheit der Sitze des Provinzrates (Consiglio provinciale) verloren. Dennoch bleibt sie in Südtirol führend. Darüber hinaus ist sie die einzige konstant im italienischen und europäischen Parlament vertretene Partei der deutschen Minderheit in Italien.

Tiroler Schützen: ein zwischen dem 16. und 20. Jahrhundert bestehender paramilitärischer Freiwilligenverband aus Südtiroler Bürgern, der sich um den Schutz der Region kümmerte. Entsprechende Nachfolger dieser Tradition existieren in der Gegend noch immer. Sie fördern und bewahren lokales Brauchtum und übernehmen bei Veranstaltungen und Kundgebungen repräsentative Funktionen.

Völkischer Kampfring Südtirols (VKS): Vorläufer sind einige kleine Geheimorganisationen junger Leute (darunter zahlreiche Studenten), die zwischen 1928 und 1933 mit dem Ziel entstanden, die deutsche Kultur zu schützen und zu verbreiten. Obschon sich der 1934 gegründete VKS nicht explizit auf die NSDAP berief, übernahm er doch deren hierarchische Organisationsstruktur und das grundsätzliche Programm.

Volksdeutsche Mittelstelle (VoMi): eine unmittelbar Himmler unterstellte SS-Behörde, die nach und nach die Kontrolle über alle zum Schutz der deutschen Minderheiten im Ausland geschaffenen volksdeutschen Organisationen übernahm und schließlich zu einer zentralistischen Organisationsstruktur fand.

Welsche: in deutschsprachigen Ländern unter anderem Bezeichnung für italienisch sprechende beziehungsweise aus Italien stammende Personen. Mit »Welschtirol« ist das »italienische Tirol«, also das Trentino, gemeint.

Ortsnamen

Ahrntal – Valle Aurina
Aldein – Aldino
Bergisel – Monte Isel
Bozen – Bolzano
Brenner (Pass und Gemeinde) – Brennero
Brixen – Bressanone
Bruneck – Brunico
Dolomiten – Dolomiti
Eisacktal – Val d'Isarco
Entiklar – Niclara
Eppan – Appiano
Etsch – Adige
Etschtal – Valle dell'Adige
Feldthurns – Velturno
Fennberg – Favogna
Fersental – Valle dei Mocheni
Fleimstal – Val di Fiemme
Franzensfeste – Fortezza
Glen – Gleno
Kalditsch – Doladizza
Kurtatsch – Cortaccia
Margreid – Magrè
Meran – Merano
Montan – Montagna
Nauders – Nodrio
Neumarkt – Egna
Nonstal – Val di Non
Oberradein – Redagno di Sopra
Passeiertal – Val Passiria
Passer (Fluss) – Passirio
Pinzon – Pinzano
Prags – Braies
Pustertal – Val Pusteria
Ritten – Altopiano del Renon
Salurn – Salorno
Sand in Taufers – Campo Tures
Signat – Signato
Sterzing – Vipiteno
St. Michael an der Etsch – San Michele all'Adige
St. Pauls – San Paolo
Südtirol – Alto Adige, auch Südtirol
Talfer (Fluss) – Talvera
Tramin – Termeno
Überetsch-Unterland – Oltradige-Bassa Atesina
Unterradein – Redagno di Sotto
Vinschgau – Val Venosta
Vorarlberg (das westlichste Bundesland Österreichs)

Anmerkungen

1 Zitat aus Hitlers Rede vom 30.1.1939 in Berlin (im Internet zugänglich). Zitiert nach: http://www.worldfuturefund.org/wffmaster/Reading/Hitler%20 Speeches/Hitler%20rede%201939.01.30.html.

2 Zitat aus Hanna Perwangers Erinnerungsbuch S. 147.

3 Zitat aus Hanna Perwangers Erinnerungsbuch S. 147.

4 Dieses sowie alle folgenden Zitate aus der von Goebbels vorgetragenen Hitler-Rede vom 22.6.1941 sind im Internet zugänglich z.B. unter: http://www.google.de/url?sa=t&rct=j&q=&esrc=s&source=web&cd=5&ved=0CDoQFjAE&url=http%3A%2F%2F7stern.info%2FTexte_Deutschland%2FHitlers_Rede_vor_dem_Russlandfeldzug.doc&ei=Wum8VO3lD4iqOvvFgeAN&usg=AFQjCNG8RdND9RfkCGXLmItU_sq59bPKTA&bvm=bv.83829542,d.d2s&cad=rja.

5 Dieses sowie alle folgenden Zitate aus Hitlers Rede vom 11.12.1941 finden sich im Internet unter:
https://archive.org/stream/AdolfHitlerKriegGegenDieUsaUndKriegsbericht1941/AdolfHilterKriegUsa11Dez1941_djvu.txt.

6 Zusatz der Übersetzerin, da es in diesem Kontext in erster Linie um Geisteskrankheiten geht. Vergleiche dazu auch den Wortlaut im Gamper-Artikel, der downloadbar ist unter: www.stol.it/content/download/702044/7405064/file/SchussenriedC.pdf.

7 Dieses Gamper-Zitat ist downloadbar unter: www.stol.it/content/download/702044/7405064/file/SchussenriedC.pdf.

8 Zitat aus Hanna Perwangers Erinnerungsbuch S. 145/46.

9 Die Ausgabe der »Dolomiten« vom 29.7.1942, in der folgende Todesanzeige abgedruckt ist, findet sich in digitalisierter Form im Internet unter: http://digital.tessmann.it/tessmannDigital/Zeitungsarchiv/Jahresuebersicht/Zeitung/4.

10 Von der Autorin gekürztes Zitat aus einem Brief von Hella Rizzolli, Original S. 212/13.

11 Brief von Hella Rizzolli.

12 Dieses wie alle folgenden Goebbels-Zitate dieses Kapitels stammen aus seiner Sportpalastrede vom 18.2.1943 und sind im Internet zu finden unter: http://www.1000dokumente.de/index.html?c=dokument_de&dokument=0200_goe&object=translation&st=&l=de.

13 Diese Radiomeldung findet sich in dem online einsehbaren Buch von Hans Woller, *Die Abrechnung mit dem Faschismus in Italien 1943 bis 1948*, München 1996, S. 10.

Inhalt